「十二五」普通高等教育本科国家级规划教材
普通高等学校体育教育专业主干课教材

球类运动

——足球（第四版）

蔡向阳　王崇喜　主编

高等教育出版社·北京

内容提要

本书是在第三版的基础上进行的全新修订。内容包括足球运动的起源与发展，足球基本技术，足球技术教学与训练，足球战术理论与原则，足球进攻战术，足球防守战术，足球战术教学与训练，中小学足球教学基本理论与方法，足球训练基本理论与方法，足球比赛的指导工作，足球运动员常见运动损伤的预防、处理与康复，足球科研工作，足球运动竞赛与裁判工作，五人制足球等。

本书为普通高等学校体育教育专业主干课教材，既适用于足球普修课教学，也可以作为运动训练专业足球专项课和体育教育专业足球专项选修课的辅助教材。

图书在版编目（CIP）数据

球类运动．足球 / 蔡向阳，王崇喜主编．-- 4版
．-- 北京 : 高等教育出版社，2021.9
ISBN 978-7-04-056239-2

Ⅰ．①球… Ⅱ．①蔡… ②王… Ⅲ．①足球运动-高等学校-教材 Ⅳ．①G84

中国版本图书馆CIP数据核字(2021)第109557号

球类运动——足球（第四版）
Qiulei Yundong——Zuqiu

策划编辑 范 峰　　责任编辑 郭 恒　　封面设计 王 洋　　版式设计 于 婕
插图绘制 邓 超　　责任校对 高 歌　　责任印制 赵 振

出版发行 高等教育出版社
社 址 北京市西城区德外大街4号
邮政编码 100120
印 刷 天津鑫丰华印务有限公司
开 本 787mm × 960mm 1/16
印 张 28.25
字 数 510千字
购书热线 010-58581118
咨询电话 400-810-0598
网 址 http://www.hep.edu.cn
http://www.hep.com.cn
网上订购 http://www.hepmall.com.cn
http://www.hepmall.com
http://www.hepmall.cn
版 次 2005年7月第1版
2021年9月第4版
印 次 2021年12月第3次印刷
定 价 54.00元

物 料 号 56239-00

编委会

导 言

足球运动有着悠久的历史，被称为世界第一运动。起源于春秋战国时期的蹴鞠被认为是古代最早的足球游戏，《战国策》和《史记》等历史文献中均有关于蹴鞠的记载。“临淄甚富而实，其民无不吹竽鼓瑟，弹琴击筑，斗鸡走犬，六博踏鞠（即蹴鞠）者。”因此，山东省临淄被认为是蹴鞠的发源地。2004 年 2 月 4 日，国际足联宣布：足球起源于中国古代的蹴鞠。同年 7 月 15 日，时任国际足联主席布拉特在中国国际足球博览会开幕式致辞中说：“中国足球有着优秀的发展传统，山东淄博的蹴鞠，对足球运动的发展有着极大的贡献。感谢中国将这项运动带给了世界，世界因为有了足球而变得更为精彩！”2005 年，在国际足联成立 100 周年庆典的闭幕式上，国际足联为山东淄博临淄颁发了“足球起源地认证书”。

美国历史学家芭芭拉·塔奇曼曾这样写道：“在人类活动中，球的发明可以和车轮的发明相提并论”，而用脚来踢球状物体又是人的天性，如此看来，足球运动命中注定就应该是世界第一运动。在 1896 年第 1 届现代奥运会上，足球被列为表演项目。1908 年在伦敦举行的第 4 届奥运会上，举行了真正意义上的足球赛，当时有 6 支球队参赛。经过激烈争夺，英国队与丹麦队进入决赛，最后东道主英国队以 2：0 的比分战胜丹麦队，荣膺冠军。国际足球联合会（FIFA）于 1904 年成立，目前有会员协会 211 个，是会员协会最多的国际单项体育组织之一。1930 年，在乌拉圭举行了第一届世界杯足球赛，而后每 4 年举办一届。世界杯足球赛是国际足联会员协会国家级别球队参加的比赛，象征足球界的最高荣誉，是知名度和影响力最大的足球赛事。如今，世界杯足球赛不仅成为最令人瞩目的体育竞赛，更是各个国家在足球领域梦寐以求的神圣荣誉，成为全世界人们向往的狂欢节。

足球不仅是“sports”的一种，更是一种生动活泼的教育方式，对促进人的全面发展有着独特的作用。参与足球运动，不仅可以增强体质、强健体魄，而且可以使人坚定团结拼搏的信念，树立战胜困难的信心和勇气，培养人生所必须具备的品质，它使参与者守规则、明善恶、知礼仪、肯吃苦、勇拼搏、胜不骄、败不馁、懂得努力、懂得担当、懂得分享。因此，足球运动是智慧与体能、科学与艺术、道德与修养的完美结合，可以说是生动的人生教育课。参与足球运动，不仅可以培养人们的体育精神，更可以为幸福的人生奠定基础。2017 年 6 月 14 日，习近平总书记在会见国际足球联合会主席詹尼·因凡蒂诺时指出，建设体育大国和体育强国，是中国人民实现“两个一百年”奋斗目标的重要组成部分。中国政府高度重视发展足球运动，给予有力的、持续性的支持。他表示，足球运动的真谛不仅在于竞技，更在于增强人民体质，培养人们爱国主义、集体主义、顽强拼搏的精神。

足球作为世界第一运动，担负着一种社会责任，在社会、文化、教育、经济发展中可以发挥很大的作用。国际体育社会学学会主席约瑟夫·马奎尔说:“将体育和社会割裂开来所做的体育研究都是不完整的。”足球作为一种文化生活而存在，足球著作、足球文学、足球报刊、电视转播、微信微博等渗透在人们精神生活之中，人们关注足球、谈论足球、参与足球、享受足球，足球已成为人们生活和现代社会必不可少的一部分。而足球运动中攻守的矛盾与转换，比赛过程的跌宕与起伏，比赛结果的必然与偶然，蕴含着丰富的哲理，它在给人们带来快乐的同时，也给人们的生活带来无限的启迪和教益。

现代足球运动 100 多年的发展历程，也是职业化、市场化、社会化的过程。在欧洲，职业足球的产业化发展得非常迅猛，对刺激内需、拉动经济起着十分重要的作用。足球产业实力的基础在于这一产业的“人口”存量。国际足联统计数据表明，全球共有 150 万支足球队，有 2.4 亿名球员从事这项运动。此外，还有 3 000 万人从事与足球相关的工作。有关研究机构发现，足球产业“人口”每年的增量接近800万人。足球产业的结构从转播权、吉祥物、门票、赞助商、指定体育服装和比赛用球、广告营销，到衍生的体育博彩、体育文化开发、球迷虚拟社交增值服务，再到足球培训和慈善业等，内容繁多无所不包，形成了一个完整的产业形态。俄罗斯世界杯比赛期间的主要转播时段，世界杯节目的市场占有率日均达40%；英超联赛2016—2019年三个赛季的国内电视转播权，拍出了51.36亿英镑的天价，折合人民币434亿元；在意大利，职业足球是其国民经济的十大支柱产业之一，被称为意大利的“无烟工业”。足球产业已经成为世界第一大运动产业，约占体育产业总产值的43%。全球范围内足球产业年生产总值达5 000亿美元之多，因而被冠以“世界第17大经济体”的称号。

足球之所以如此吸引人，它还是一种脚下的艺术，是睿智的艺术语言，是艺术灵动的展现。大卫·贝克汉姆射出的足球在空中划过的一道奇妙的弧线，就像雕刻大师手中的人体优美线条，梅西优美舒展、令人眼花缭乱、防不胜防的过人动作，罗纳尔多弯弓射雕、势大力沉的“电梯球”射门，马拉多纳长途奔袭，万马军中单枪匹马直捣龙门的震撼场景……足球这个绿茵场上的精灵，在球员脚下展现的运动之美令人迷恋。足球是一种艺术，是运动中的艺术，是一种撬动地球的艺术。由法国雕刻家阿贝尔·拉夫勒(Abel Lafleur)设计的雷米特杯，又称金女神杯，以希腊传说中的胜利女神尼凯为原型，身着古罗马束腰长袍，双臂伸直高高举起一只大杯，充满着神圣的艺术灵感。由意大利人加扎尼亚设计的国际足联世界杯，又称“大力神杯”，基座由两层孔雀石构成，外形如两个大力士高举双手撑起地球，象征着人们对世界第一运动的顶礼膜拜。这既是对足球运动最美好的表达与诠释，也是无价的艺术之宝。足球是艺术性的、创造性的、美轮美奂的，它令人激动、令人神往、令人产生无限遐想。

足球运动是一门科学，现代科技对足球运动的发展所起的作用是巨大的，不仅涉及教育学、训练学，更涉及心理学、社会学、生物力学、生物化学、运动生理学、运动医学、建筑学、材料学、信息工程、计算机技术等多学科的知识。足球运动员基本装备的发展；从最初如同靴子一般笨重的足球鞋到今天美观舒适、轻巧透气的足球鞋；从简单的棉质比赛服到今天速干透气、弹性面料的比赛服；从我国古代用动物膀胱制成的“蹴鞠球”到今天的“飞火流星”“团队之星”“普天同庆”足球；从人工的观察统计到足球技战术统计分析软件，以及运动员赛后的营养恢复、场地的科学养护、比赛转播的同步分析、大数据的展示应用、视频裁判的参与、赛事组织与管理等，无不显示着足球是科技发展的时尚展台。

足球运动的内涵是丰富多彩的，短短数言难以表达。在本次修订过程中，我们力求编写一本富有时代特征的教材。结合当今校园足球蓬勃开展的实际，努力吸收足球科学发展的新理念、新手段、新方法，力求为学生领会足球技战术知识、强化足球技能提供帮助，为体育专业的学生今后从事足球教学、训练、竞赛、科研等工作提供有价值的材料，也希望为足球文化的传承发挥一点作用。在本书编写中，我们力求在优化教学内容方面有所突破，在篇章结构和内容方面均进行了一定的修改，并增添了部分新理论、新知识、新案例。全书编写以学生认知规律和技能发展规律为基础，以学生创新精神和实践能力培养为落脚点，既注重基本理论、基本知识，又结合案例进行评析，并通过二维码的形式关联视频资源，以启发学生思维，帮助学生了解足球运动发展的实践要求，加深对足球运动的理解，达到举一反三的作用。

足球是一门实践性很强的课程，我们也希望同学们在学习过程中，不仅要掌握足球的基本理论、基本知识、基本技能，更要注重教学、训练、裁判等技能的实践参与，注重创新精神和实践能力的培养，为今后从事体育教育工作打下坚实基础，帮助青少年在参与足球活动的过程中享受乐趣、增强体质、健全人格、锤炼意志，为我国足球事业的发展作出应有的贡献。

编　者

2021 年 1 月 12 日

目 录

第一章 足球运动的起源与发展

本章提要

足球运动是世界上开展最广泛、影响最大的体育运动项目之一。本章从文化的角度介绍足球运动的起源与发展历程。

学习目标

1. 通过对中国古代足球发展与兴衰历程的学习，培养学生对中国传统体育文化的自信

2. 通过对现代足球运动发展历程的学习，培养学生对现代足球运动的认知

3. 通过对国内外足球运动发展的比较，培养学生投身于体育事业的意志和爱国情怀

第一节 古代足球运动的起源与发展

一、国外古代足球运动的起源与发展

一直以来，关于足球运动的起源有很多说法。国外研究足球历史的学者认为，足球可能起源于中国古代的“蹴鞠”、日本的“克马锐”（Kemari）、罗马的“哈巴斯托姆”（Harpastum）、希腊的“埃佩斯卡洛斯”（Episkaros）、意大利的“吉奥库迪·卡利西奥”（Gioco del Calcio，一种踢球的动作）。其中，前三种说法都能在历史遗留的线索中找到依据。1901 年，朱塞兰德（Jusserand）提出，英国和法国的乡间足球有很多相似之处，它们很可能起源相同。据法国的相关文字记载，足球是在 11 世纪由诺曼底人带到英国的。另外，还有学者推断，在历史发展的某个阶段，中国、日本、希腊、意大利、古罗马、英国、法国等国家，基本上都有人从事一种球类运动，这种球类运动被认为与原始的足球有着某种必然的联系。

在足球运动的发展过程中，球的制作工艺、技术的发展以及军事上对此项活动的需要使得比赛的方式多种多样。哈巴斯托姆的比赛分为上、下半时，双方的目的是要把球带过对方的底线。在法国，比赛方式同哈巴斯托姆基本一样，只是球场非常大，可以有一条街长，或把临近两个村内的教堂或公共建筑物作为场地的两条底线。据有关文献记载，公元 1066 年后，哈巴斯托姆传入英国，并在 11—12 世纪时开始盛行。当时既无规则又无场地，成群结队的人常常在街道上，甚至闹市区用脚或手任意踢球、掷球。这种比赛粗暴、混乱，严重影响了社会公共秩序，遭到当时统治者的反对。在 1314 年至 1660 年间，当地政府禁止开展足球及其他相关活动的记录超过 30 次。但这种运动在民间一直发展着，在 1490 年正式定名为足球（football）。

1681 年，英王查理二世废除禁令，这种类似足球运动的活动重获自由。到了 18—19 世纪，英国不少大学开始盛行足球活动。19 世纪中期，这种足球活动不仅在学校中广泛开展，社会上也有很多人参加。

二、中国古代足球运动的起源与发展

（一）中国是足球的发源地

蹴鞠就是踢球，是中国古代足球运动的名称。《辞海》中说：“蹴鞠亦作蹵鞠，踏鞠，鞥（ēng）鞠，蹴踘，蹴鞫……”。关于蹴鞠的起源，西汉学者刘向在《别录》中说："蹴鞠者，传言黄帝所作。"关于蹴鞠最早的文字记载见于《战国策·齐策》："临淄甚富而实，其民无不吹竽鼓瑟，击筑弹琴，斗鸡走犬，六博踏鞠者。"这说明蹴鞠的起源早于战国时期。

殷墟出土的甲骨卜辞记载："庚寅卜，贞。呼舞，从雨。"（陈锡康《甲骨文字概论》）体育史学家唐豪先生认为，""可能就是"鞠"字，"舞"即"鞠舞"，就是边踢球边挥动长袖而舞。1953 年，考古工作者在西安半坡发现了新石器时代人类的古村落遗址，其使用的石器中有不少是石球，这很可能是当时作为游戏的用具。从时间和地点来看，都与黄帝部落居住的地区和纪年吻合。1973 年，长沙马王堆墓出土的帛书《黄帝十六经·正乱》中记述了黄帝与蚩尤部落战争结束时的一个场景：在胜利之后的欢庆中，剥下敌人的皮制成箭靶，剪下敌人的毛发做成旗头，割下敌人的胃当球踢。这种在胜利之后的报复性做法在世界上许多民族的历史中都曾出现过。

根据多方面的考证，国际足联于 2004 年 2 月 4 日宣布：足球起源于中国古代的蹴鞠。2004 年 7 月 15 日，在北京第三届中国国际足球博览会开幕式上，国际足联和亚洲足联一致认同：中国是足球的故乡，中国淄博（临淄）是足球最早的发源地。时任国际足联主席布拉特在致辞中说："中国足球有着优秀的发展传统，山东淄博的蹴鞠，对足球运动的发展有着极大的贡献，感谢中国将这项运动带给了世界，世界因为有了足球而变得更为精彩！"2005 年 5 月 20 日，在瑞士苏黎世举行的国际足联百年庆典闭幕式上，布拉特先生向足球起源地淄博颁发了"足球起源地认证书"。

（二）战国时期

从文献记载来看，2 500 年前的战国时代就有了蹴鞠。从名称上看，汉代以前用"蹋鞠"一词，而"蹴鞠"一词是在汉代出现的，汉代初年两词并用，以后才确定"蹴鞠"的基本叫法。虽然在各个朝代出现许多不同的名词，但"蹴鞠"一词一直被沿用下来。

当时的球用皮革制成，中间填满毛发。蹴鞠是什么样的，目前尚无法考证，但可以肯定的是，当时开展的蹴鞠多是平民式的消闲娱乐活动，具有很强的群众性。这与军队的练武手段和庙堂祭祀的鞠舞在性质上有很大的区别。

（三）两汉时期

汉代蹴鞠的发展有两方面特征：一是娱乐性增强，配合音乐伴奏，由自娱性消闲娱乐发展为观赏性表演娱乐，成为"百戏"表演中的一个节目；二是发展成为军事训练手段，是军事检阅的一个部分，在运动形式上发展为有较强对抗性的竞赛。这两种蹴鞠在西汉时期都得到了广泛的开展。

东汉人李尤在《鞠城铭》中描述了汉代足球运动的面貌："圆鞠方墙，仿象阴阳。法月衡对，二六相当。"这说明当时球场是长方形的，两端各设六个月洞式圆形"鞠室"，四周有围墙，含天圆地方的寓意。书中还记述了"建长立平，其例有常"的竞赛办法，说明两队有队长，比赛有规则、有裁判员。"不以亲疏，不有阿私，端心平意，莫怨其非。鞠政由然，况乎执机"，说明对参赛选手和裁判均有所要求。虽然这还不能完全说清楚蹴鞠的方法和规则，关于球场设备和双球门的竞赛方法还需进一步寻求佐证，但是汉代蹴鞠是激烈对抗的竞赛形式是可以肯定的。

据《汉书·艺文志》所刊目录记载，我国第一部专门论述足球比赛方法和技术的书籍是汉代的《蹴鞠二十五篇》。在汉代，蹴鞠已经传到天山南北，并逐步影响西亚各国。

（四）唐宋时期

唐宋时期的蹴鞠是节日娱乐活动的一项内容，不仅流行于民间，也流行于宫廷。在唐代，球的制作工艺比汉代有了很大的进步，已能用几何图形组圆，并用动物膀胱放在皮壳内，以嘴吹气，使球变得有弹性且可以弹起。

在唐宋时期，蹴鞠有两种踢法：一种是有球门的成队比赛，称为筑球，一般是在朝廷大宴及外交宴会上表演，是一种单球门的间接竞赛（图 1-1-1），但开展得不够广泛。另一种是没有球门的个人比赛，称为白打，有 1 人场，2 人场……直到 10 人场（图 1-1-2），这种踢法历史悠久，开展广泛。

图 1-1-1　唐代单球门蹴鞠图

图 1-1-2　蹴鞠三人场户

宋朝的皇帝和贵族都很喜欢蹴鞠，并在朝廷的礼仪中把蹴鞠定为朝廷大宴表演的项目之一。受其影响，北方的辽国、金朝也将蹴鞠作为宴会表演节目。在宋代，为了满足人们的文化娱乐需要，城市中有了综合性的游乐场——瓦舍，瓦舍中有供艺人演出的勾栏，蹴鞠也是在勾栏中进行的各种演出活动之一。另外，各种艺人还组织了自己的团体——会社。蹴鞠艺人的会社就叫齐云社。早在汉唐时期，皇室和贵族的家中就有专业的蹴鞠艺人，称为“鞠客”“内园小儿”，是专为统治阶级从事表演活动的。宋代的朝廷也有专业蹴鞠艺人，而城市瓦舍中的蹴鞠艺人则是民间的，是为市民表演娱乐的。河北博物院的“童子蹴鞠图”瓷枕，是反应宋代蹴鞠历史的重要实物（图 1–1–3）。

图 1–1–3 “童子蹴鞠图”磁枕（宋）

由于宋代蹴鞠开展得比较普及，当时出现了《事林广记 · 戊集》《万宝全书 · 戏球场科范》《蹴鞠图谱》和《蹴鞠谱》4 本介绍蹴鞠技艺的书籍。

（五）元明清时期

元代蹴鞠活动的发展表现在白打踢法的动作难度有所提高，并出现男女对踢，这是对封建礼教的冲击。元代出土文物“蹴鞠纹铜镜”背面就铸有元代男女对踢的装饰。除此以外，元代的散曲中也有反映男女对踢的套曲。

明代的蹴鞠活动曾遭到明太祖朱元璋和明熹宗的禁止，但封建朝廷的禁令并不能完全禁止社会上蹴鞠活动的开展，在广大下层社会中仍有较广泛的蹴鞠活动。另外，在有皇帝和贵族喜爱蹴鞠活动的朝代中，蹴鞠也是宫女和士大夫们消遣娱乐的手段。

由于清朝统治者对汉族的传统文化加以限制，使蹴鞠活动的发展受到影响。到了清代中叶，蹴鞠活动基本绝迹，只是在个别地区存在并流传。

第二节　现代足球运动的发展

一、现代足球运动发展概况

（一）现代足球运动的诞生、传播与发展

1848 年，在英格兰剑桥，来自 5 所中学的学生就一套足球比赛规则达成了一致，并制定了第一个共 10 条的足球竞赛规则。第一条是关于射门的："进球是指使足球进入球门，穿过横木底部，手使然除外。"第二条规定"停球和将球置于脚前场地上时方可使用手"，就是说不能拿着球跑，但可以用手处理球。第三条规定"出脚只能对准球"是说不能故意踢人。第四条有些含糊不清，规定"球在空中时，球员不能用脚踢"，可能是指严惩危险的抬脚过高动作。第五条规定"不允许将对方绊倒或者背后蹬踏"。第六条规定球出界后必须用脚踢回来，不能用手抛进来。第七条是关于球门球发球的问题。第八条规定开球时球员应离球六步远。第九条规定不能给前方球员传球，否则为越位。第十条是反对球场暴力，规定"一旦球赛出现死球，对抗必须立即停止"。这就是著名的"剑桥规则"。参与讨论的有原伊顿公学的学生查尔斯·思林，他在 1862 年出版了第一本有关足球规则体系的著作，名为《最简单的游戏》。

1857 年，英国成立了第一个足球俱乐部——谢菲尔德足球俱乐部。此后，英国各地区相继成立了足球俱乐部。由于比赛不断增多，迫切需要成立一个全国性的足球组织，统一全国的比赛规则，组织全国的足球比赛。1863 年 10 月 26 日，英国 12 个足球俱乐部的代表在伦敦召开会议，会上成立了世界上第一个足球运动组织——英格兰足球协会。为此，国际上把这一天视为现代足球运动的诞生日。同年 12 月 8 日，该协会修改了剑桥规则，制定了统一的比赛规则（共 14 条），规定在足球比赛中只能用脚踢球，不得用手触球，废止了绊人、踢人、拉人及推搡对方的做法，并把"football"称为"association football"，学校称为"soccer"。英格兰足协于 1872 年开始举办优胜杯赛，从而使现代足球运动流行全国。

现代足球运动在英国兴起后，通过海员、士兵、商人、工程师、牧师等传播到欧洲大陆和世界各地。到 19 世纪末，新西兰、阿根廷、智利、比利时和意大利等国相继成立了足球协会。1904 年 5 月 21 日，法国、比利时、西班牙、荷兰、丹麦、瑞典和瑞士的足协代表在巴黎成立了国际足球联合会（简称国际足联，法文缩写为 FIFA），以协调各国足球运动的开展，组织世界各国的足球竞赛活动。

1870 年，越位规则产生。该规则规定：进攻队员处于球的前方即为越位。因此，当时的足球比赛经常出现“奔跑带球射门”的场面。1875 年，对越位规则进行了修改，规定在进攻队员与对方端线之间防守队员不足 3 人时为越位。1925 年 6 月 13 日，国际足联对 1875 年以来实行的越位规则进行了修改，将不足 3 人改为不足 2 人。足球竞赛规则的改变，推动了足球技战术的发展。1930 年，英国人赫伯特・查普曼根据当时新的越位规则创造了“WM”阵型，此阵型在国际足坛盛行了 20 年之久。20 世纪 50 年代初，匈牙利人针对“WM”阵型的三后卫防守，创造了四前锋式打法，取代了“WM”阵型；1958 年，巴西人针对四前锋阵型重攻轻守的弱点，创造了“四二四”阵型，促进了足球技战术进一步发展；1974 年，荷兰人创造了全攻全守的整体型打法，使足球运动进入了全面型时代。

1885 年，英国首创了职业足球俱乐部，随后欧洲各国先后成立了职业足球俱乐部。20 世纪初，英国足协制定了一套较为完整的职业运动员注册和转会规章制度。继英国之后，欧洲和南美洲的一些国家在 20 世纪中叶大部分都实行了足球职业化，有关职业化的章程也逐渐完善。20 世纪 70 年代末至 80 年代初，在全球“足球热”浪潮的冲击下，掀起了世界足球职业化的热潮。20 世纪 90 年代初，亚洲各国也纷纷实行足球职业化（表 1-2-1）。

▶ 表 1-2-1　部分国家足球职业化时间表

国家	建立国内足球组织（年份）	开始国内业余足球联赛（年份）	足球开始职业化（年份）
英国	1863	1888	1885
苏格兰	1873	1890	1893
丹麦	1889	1913	1978
阿根廷	1893	1967	1931
瑞士	1895	1934	1933
比利时	1895	1896	1972
智利	1895	1933	1933
意大利	1898	1930	1929
荷兰	1899	1957	1954

续表

国家	建立国内足球组织（年份）	开始国内业余足球联赛（年份）	足球开始职业化（年份）
乌拉圭	1900	1900	1932
匈牙利	1901	1901	1926
澳大利亚	1904	1911	1924
巴拉圭	1906	1906	1935
西班牙	1913	1929	1929
巴西	1914	1971	1933
法国	1918	1932	1932
土耳其	1923	1959	1951

资料来源：D. Llevinson K. Christenser, Encyclopedia of World Sport from Ancient Times to the present; ABC—CL 10, Inc, 949.

目前，世界上职业联赛开展最好的是欧洲，而在欧洲开展最好、水平最高的联赛是英格兰足球超级联赛、西班牙足球甲级联赛、德国足球甲级联赛、意大利足球甲级联赛、法国足球甲级联赛，号称欧洲五大联赛。

（二）现代足球运动的不同流派

在足球运动的发展过程中，由于历史、文化等多种因素的共同作用，使足球运动产生了不同的流派。流派的划分是一种总体和宏观上的分类，在同一流派中也会有一些不同。目前，国际足坛公认的有三种不同风格的流派，即欧洲派、南美派、欧洲拉丁派。

1. 欧洲派

特点：讲究全队整体配合，长传准确，推进速度快，打法硬朗、简练、实用，防守逼抢凶狠，盯人紧；队员身体素质好，身材高大壮实，力量强。该流派的代表是德国、英格兰等国家和地区。

2. 南美派

特点：队员的个人技术娴熟细腻，队员的过人技巧、突破能力以及传、接、控球技术都非常出色；队员的随机应变能力强，短传渗透威胁大，即兴发挥令人防不胜防；

队员的灵活性、柔韧性、协调性较好。该流派的代表是巴西、阿根廷等国家。

3. 欧洲拉丁派

特点：队员灵巧、速度快，个人技术熟练、细腻，具有良好的身体素质；全队讲究整体配合，长短结合，防守坚实，善打快速反击。该流派的代表是西班牙、法国、意大利等国家。

随着足球运动日趋职业化和商业化，以及足球运动员在世界范围内的转会流动，使各种流派之间互相学习，互相融合，差异正在逐渐缩小。

（三）国际足联组织管理机构与重要比赛

19 世纪后期，足球运动在欧洲和拉丁美洲得到迅速发展，迫切需要建立一个国际性足球组织，以协调和组织各国间的足球竞赛活动。1904 年成立的国际足球联合会（简称国际足联）是国际奥林匹克委员会的一个单项体育组织。当时，由于英国采取怀疑态度，拒绝参加国际足联的筹备工作和成立大会。直到 1905 年，英格兰足协才宣布承认并要求加入国际足联。随后，苏格兰、威尔士和北爱尔兰也相继加入。

国际足联的宗旨是促进国际足球运动的发展，发展各国足球协会间的友好关系。国际足联目前有会员协会 211 个，是会员协会最多的国际单项体育组织之一。

1. 国际足联组织管理机构（图 1-2-1）

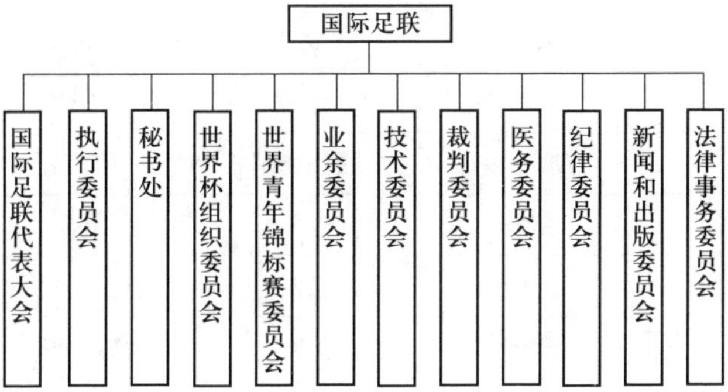

图 1-2-1 国际足联组织管理机构示意图

国际足联设主席 1 人（任期 4 年，可以连选连任），副主席 8 人。其中欧洲 2 人，亚洲、非洲、南美洲、中北美洲和加勒比地区、俄罗斯各 1 人，英国（4 个足协）1 人。

2. 由国际足联组织的重要比赛

国际足联组织的世界性比赛包括世界杯足球赛、奥运会足球赛、世界青年足球锦标赛、世界少年足球锦标赛、世界女子足球锦标赛、世界室内五人制足球锦标赛、世界俱乐部足球锦标赛、联合会杯足球锦标赛等。这些比赛推动了足球运动在世界各国的普及、发展与提高。

（1）世界杯足球赛。世界杯（World Cup，FIFA World Cup）即国际足联世界杯，是世界上最高规格、最高水平的足球比赛，与奥运会并称为全球体育两大顶级赛事。每四年举办一次，任何国际足联会员国（地区）都可以派出代表队报名参加该项赛事。1904 年 5 月 21 日，国际足联的第一任主席法国人罗贝尔·盖兰首次向各国足坛领导人提出了这种想法，并责成其秘书长荷兰人希尔施曼为此起草一份文件。1927 年 6 月 5 日，在赫尔辛基召开的国际足联会议上，决定举办世界杯。1930 年，第一届世界杯在乌拉圭举行。截至 2020 年年底，巴西男子足球队是夺得世界杯冠军荣誉最多的球队，共获得 5 次世界杯冠军，并在第三次夺得世界杯后永久保留了世界杯——雷米特金杯，现在的世界杯名叫大力神杯。历届世界杯足球赛比赛成绩如表 1-2-2 所示。

▶ 表 1-2-2 历届世界杯足球比赛成绩

届次	时间（年份）	举办国	冠军	亚军	季军
1	1930	乌拉圭	乌拉圭	阿根廷	南斯拉夫
2	1934	意大利	意大利	捷克斯洛伐克	德国
3	1938	法国	意大利	匈牙利	巴西
4	1950	巴西	乌拉圭	巴西	瑞典
5	1954	瑞士	联邦德国	匈牙利	奥地利
6	1958	瑞典	巴西	瑞典	法国
7	1962	智利	巴西	捷克斯洛伐克	智利
8	1966	英国	英国	联邦德国	葡萄牙
9	1970	墨西哥	巴西	意大利	联邦德国
10	1974	联邦德国	联邦德国	荷兰	波兰
11	1978	阿根廷	阿根廷	荷兰	巴西
12	1982	西班牙	意大利	联邦德国	波兰
13	1986	墨西哥	阿根廷	联邦德国	法国
14	1990	意大利	联邦德国	阿根廷	意大利

续表

届次	时间（年份）	举办国	冠军	亚军	季军
15	1994	美国	巴西	意大利	瑞典
16	1998	法国	法国	巴西	克罗地亚
17	2002	韩国、日本	巴西	德国	土耳其
18	2006	德国	意大利	法国	德国
19	2010	南非	西班牙	荷兰	德国
20	2014	巴西	德国	阿根廷	荷兰
21	2018	俄罗斯	法国	克罗地亚	比利时

（2）奥运会足球赛。从 1896 年第一届现代奥运会到 1908 年第 4 届奥运会，足球是表演项目。自 1912 年第 5 届奥运会起，足球成为正式比赛项目。1924 年第 8 届奥运会时，南美洲国家首次参加奥运足球比赛。从 1960 年第 17 届奥运会起，参赛队才明显增多。

由于当时奥运会不允许职业运动员参加，所以直接影响了奥运会足球比赛的水平。多年来，国际奥委会与国际足联进行过多次研究，作过多次规定。1960 年第 17 届奥运会时，国际奥委会规定，凡是参加过世界杯比赛的队员不得参加奥运会足球比赛。在 1972 年第 20 届奥运会上，国际奥委会决定停止执行关于参加过世界杯比赛的队员不得参加奥运会足球比赛的规定。1978 年召开的国际足联代表大会明确规定，欧洲和南美洲参加过世界杯足球比赛（包括预选赛和决赛）的足球运动员不得参加奥运会。1983 年举行的国际奥委会和国际足联会议再次重申，所有职业队员或虽不是职业队员但参加了世界杯足球比赛的队员不得参加 1984 年第 23 届奥运会足球比赛。1984 年 4 月国际足联宣布，除不准上述欧洲和南美洲参加过世界杯足球比赛的队员参加奥运会的限制外，今后不再区分职业和业余球员，但奥运会足球比赛对参赛队员的年龄加以限制，使它成为世界足球 4 个级别比赛中的一个。1993 年召开的国际足联执委会会议决定，允许每个参加奥运会足球决赛的队有 3 名年龄超过 23 岁的职业队员。至此，奥运会的足球比赛水平才有所提高。目前，参加奥运会足球决赛阶段比赛的队有 16 支。在 1996 年第 26 届奥运会上，女子足球成为正式比赛项目。历届奥运会足球赛比赛成绩（男子）如表 1-2-3 所示。

▶ 表 1-2-3　历届奥运会足球比赛成绩（男子）

届次	时间（年份）	举办地	冠军	亚军	季军
1	1896	雅典	丹麦	希腊	—
2	1900	巴黎	英国	法国	—
3	1904	圣路易	加拿大	美国	—
4	1908	伦敦	英国	丹麦	荷兰
5	1912	斯德哥尔摩	英国	丹麦	荷兰
6	未举行	—	—	—	—
7	1920	安特卫普	比利时	西班牙	荷兰
8	1924	巴黎	乌拉圭	瑞士	瑞典
9	1928	阿姆斯特丹	乌拉圭	阿根廷	意大利
10	未举行	—	—	—	—
11	1936	柏林	意大利	奥地利	挪威
12	未举行	—	—	—	—
13	未举行	—	—	—	—
14	1948	伦敦	瑞典	南斯拉夫	丹麦
15	1952	赫尔辛基	匈牙利	南斯拉夫	瑞典
16	1956	墨尔本	苏联	南斯拉夫	保加利亚
17	1960	罗马	南斯拉夫	丹麦	匈牙利
18	1964	东京	匈牙利	捷克斯洛伐克	联邦德国
19	1968	墨西哥城	匈牙利	保加利亚	日本
20	1972	慕尼黑	波兰	匈牙利	民主德国，苏联
21	1976	蒙特利尔	民主德国	波兰	苏联
22	1980	莫斯科	捷克斯洛伐克	民主德国	苏联
23	1984	洛杉矶	法国	巴西	南斯拉夫
24	1988	汉城	苏联	巴西	联邦德国
25	1992	巴塞罗那	西班牙	波兰	加纳

续表

届次	时间（年份）	举办地	冠军	亚军	季军
26	1996	亚特兰大	尼日利亚	阿根廷	巴西
27	2000	悉尼	喀麦隆	西班牙	智利
28	2004	雅典	阿根廷	巴拉圭	意大利
29	2008	北京	阿根廷	尼日利亚	巴西
30	2012	伦敦	墨西哥	巴西	韩国
31	2016	里约热内卢	巴西	德国	尼日利亚
32	2020	东京	巴西	西班牙	墨西哥

（3）欧洲与南美洲的重要比赛。目前，欧洲与南美洲的足球水平最高，两大洲的重要足球比赛同样精彩纷呈，引人入胜。欧洲和南美洲的重要比赛有：

① 欧洲足球锦标赛：简称欧洲杯或欧锦赛，是一项由欧洲足联举办的、欧洲足协成员国参加的最高级别的国家级足球赛事。于 1960 年举办第一届，此后每 4 年举办一届，至今已连续举办了 14 届。欧锦赛分为预选赛和决赛两个阶段进行，除当届主办国可以直接进入决赛阶段比赛外，其他队必须通过参加预选赛获得出线权才能进入决赛阶段。欧锦赛创办之初，决赛阶段只有 4 支球队；1980 年增至 8 支球队；1996 年增加到 16 支球队；2008 年 9 月 26 日欧洲足联宣布，从 2016 年起，决赛阶段参赛队伍将扩大到 24 支。

② 欧洲冠军联赛：简称欧冠，是欧洲足联主办的年度足球比赛，代表了欧洲俱乐部足球最高水平。其前身是在 1955—1956 赛季创建的欧洲俱乐部冠军杯。1992—1993 赛季，欧洲足联对这项杯赛的赛制和名称进行了修改，正式更名为欧洲冠军联赛。

③ 南美洲解放者杯：是 1960 年由南美洲足联开始主办的 10 个会员国最强俱乐部之间的比赛。南美解放者杯与欧洲的欧洲冠军杯规模差不多，当初只有各国联赛冠军才有资格参加。直到 1970 年，南美解放者杯的规模开始扩大，联赛亚军亦可以参与。直至现时，南美解放者杯共有 38 支球队参与角逐，除了巴西及阿根廷有 5 个参赛名额外，其余国家各有 3 席，每个国家的参赛资格则由各国自行决定。

④ 美洲杯：美洲杯足球赛诞生于 1916 年，是美洲历史最悠久的足球赛事。由南美洲 10 支实力最强的国家队参加。比赛由南美洲足联主办，开始时每年举办一次，后不定期举办。1959 年以后，改为每 4 年举办一次。

二、中国近现代足球运动发展概况

(一)中国近代足球运动开展情况

1840 年鸦片战争以后，香港沦为英国殖民地。19 世纪 60 年代前后，足球活动在香港逐渐活跃起来，也吸引了当地的中国人。19 世纪 80 年代，香港学校中的华人学生开始踢足球。随后，一些沿海大城市中的教会学校相继开展了现代足球运动。并从 1902 年起，香港、上海、广州、北京等地的一些学校之间先后举行了足球比赛。1908 年，香港成立了第一个足球运动组织——南华足球会。随着学生走向社会，足球运动也由学校扩展到社会，由沿海城市到内地。1923 年后，足球运动的开展逐渐广泛起来。

1913 年至 1934 年，旧中国足球队参加了 10 次远东运动会的足球比赛，9 次获得冠军。1910 年至 1949 年，旧中国共举行了 7 次全国运动会，每次都有足球比赛。

在中国共产党领导的革命根据地和解放区，足球运动也得到了一定的发展，曾举行过多次比赛。1940 年，陕北革命根据地成立了第一个体育组织——延安体育会。1942 年，延安举办了“九一”运动会，足球被列为表演项目。

1931 年，旧中国加入国际足联，并于 1936 年和 1948 年两次派队参加奥运会的足球比赛，但均在初赛时被淘汰。

(二)新中国成立后足球运动的发展情况

1. 创立基业(1949—1959 年)

新中国成立后，足球运动很快发展起来。1951 年，在天津举行了第 1 届全国足球比赛，参加比赛的有 6 大行政区和解放军、铁路共 8 支代表队。比赛后选拔了 30 多名运动员组成了国家足球集训队，他们是新中国开展足球运动的骨干力量。在新中国成立初期，我国的足球运动水平与国外相比还存在着较大差距。

1953 年起，全国各体育院、系先后开设各类足球课程。1954 年前后，部分大行政区和行业系统、各省市相继建立了足球队，并进行专门训练。1954 年 2 月，我国邀请了当时世界足球强国匈牙利国家队来华进行比赛和讲学，使我国足球界开阔了眼界，了解了当时世界上最新的技战术。同年 4 月和 10 月，我国先后派出了两批共 25 名青年足球运动员赴匈牙利学习。经过一年多的艰苦训练进步显著。这批队员于 1955 年 10 月回国，其中大部分队员成为国家队主力，对提高我国足球运动水平起到了积极作用。1955 年和 1956 年，我国还聘请了苏联和匈牙利的足球专家来华，以培养足球研究生、科研人员、专业师资和教练员。

为了适应国际交往和推动全国足球运动的开展，1955 年 1 月 3 日，中国足球协会成立，并于 1956 年建立了全国足球竞赛制度和运动员、裁判员等级制度，开始实行甲、乙级足球联赛。1957 年，又实行甲、乙级升降制。1959 年，足球被列为全运会比赛项目。

1957 年，中国足球队第一次参加世界杯预选赛遭到淘汰。1958 年 6 月 7 日，由于国际足联中少数人坚持“两个中国”的错误立场，我国宣布退出国际足联。

1958 年至 1960 年期间，我国在一系列国际邀请赛和友谊赛中取得较好成绩，足球水平有了较大的提高。

2. 曲折起伏（1960—1965 年）

在三年自然灾害期间，我国多数球队中断了训练和比赛，足球水平大幅下降。中国足球队在第 1 届新兴力量运动会的足球比赛中未能进入前 4 名。

1964 年，随着国民经济的好转，足球运动又恢复和发展起来。1964 年 2 月，由国家体委、全国总工会、共青团中央、教育部联合召开了全国足球训练工作会议。会议系统地总结了新中国成立 14 年来足球运动的开展情况、存在问题和今后发展方向。会后，国家体委发出了《关于大力开展足球运动，迅速提高技术水平的决定》。该决定针对我国足球水平不高和竞技水平下降的现状，提出了 4 项措施：一是广泛开展群众性足球运动，加强青少年的训练工作；二是加强专业足球队的思想政治工作和训练工作；三是改进全国足球竞赛制度；四是加强对足球运动的领导。该决定还提出了“三从一大”的训练原则，确立了“勇、快、巧、准”的足球技术风格，确定了北京、上海、天津、广州、沈阳、旅大、南京、武汉、延边、梅县等 10 个足球重点城市和地区。此后，群众性业余足球运动逐渐活跃起来。同年 6 月，共青团中央、教育部、国家体委联合发出了《关于在男少年中开展小足球活动的通知》，中小学足球运动也逐步活跃起来。此后，各专业足球队恢复了训练，甲、乙级足球联赛和青少年竞赛制度也得到了全面恢复，并邀请了巴西职业足球俱乐部马杜雷拉队来华访问比赛。

1965 年 6 月至 10 月，我国足球队在一系列国际比赛中取得较好的成绩。同年 9 月，我国举行了第 2 届全运会，各队的足球水平均有所提高。在此基础上，国家足球队重新组建，并于次年获得亚洲新兴力量运动会足球比赛的亚军。

3. 遭受严重破坏（1966—1976 年）

“文化大革命”使处于全面回升的我国足球运动遭到严重破坏。从 1966 年下半年起到 1970 年，全国足球竞赛、国际交往，连同足球教学、训练、科研等全部停止。

1971 年至 1976 年，各级足球竞赛活动有所恢复。1974 年 9 月 14 日，中国足球协会重新恢复了在亚足联的合法席位。同年，中国足球队参加了第 7 届亚运会足球比赛，但未获小组出线权。1976年，中国队首次参加亚洲杯足球赛，获得第3名。

4. 恢复与重建（1977—1991年）

20世纪70年代至80年代中期，我国足球运动处于逐步恢复时期。1978年，我国恢复了全国甲、乙级队双循环升降级制的比赛，并逐步建立了各级比赛系统。1977年至20世纪80年代前期，我国举办了几次国际足球邀请赛。

1979年6月，国务院批准了国家体委《关于提高我国足球技术水平若干措施的请示》，报告提出了9条措施：在群众中，特别是青少年中大力普及足球运动；抓好足球运动的重点地区；迅速组建国家青年足球队；派出去，请进来，加强国际交流；大力加强科研工作；继续举办国际足球邀请赛；兴建足球训练中心；加强宣传；请廖承志担任中国足协名誉主席。文件下达后，北京、上海、天津、沈阳、旅大、广州、武汉、长春、青岛、石家庄、重庆、南京、西安、昆明、延边和梅县16个足球重点城市和地区的足球运动蓬勃开展起来。

1980年1月，国家体委、团中央、教育部共同发出了《关于在全国中小学生中积极开展足球运动的联合通知》，提出了把开展足球活动纳入学校体育计划和共青团、少先队体育活动的一项内容；重点开展足球活动的学校要建立班级、年级或者校级运动队；要提高担任足球专项训练的体育教师业务水平等要求。这为在中小学中普及足球运动起到了推动作用。

此外，国家体委还重点抓了青少年足球竞赛的规模和质量。从20世纪80年代开始，我国建立了全国青少年足球比赛的固定赛制，每年举行全国青少年足球联赛，全国足球重点地区少年冠军赛按三个年龄组进行，12岁以下参加“萌芽杯”，14岁以下参加“幼苗杯”，16岁以下参加“希望杯”。在此基础上，还设立了全国业余体校少年足球赛和全国业余体校足球邀请赛。

20世纪80年代中后期，在我国改革开放大潮的推动下，足球改革逐渐被提上议事日程。足球界在领导体制上向实体化过渡，足球的社会化与科学化以及训练与竞赛等方面进行了改革、探索和实践，并取得了一些成效。

1979年，国际足联恢复了我国的合法席位，为我国足球队参加国际比赛创造了有利条件。在这一时期，我国加强了国际交往，部分省市先后聘请了外籍教练执教，国家队和省市队也经常出访进行比赛和短期集训。同年，我国国家队、青年队、少年队先后参加了世界杯预选赛、亚洲杯、亚运会、奥运会预选赛、世青赛、世少赛等重大国际比赛。

5. 职业化改革（1992年至今）

1992年6月，在北京红山口召开了全国足球工作会议。会议期间，中央领导明确指出："足球必须搞上去，足球体制必须改革。"中国足协向大会提交了一系列改革方案，向足球界提出了改革体制、转变机制、整顿队伍三大任务，并指出要坚定不移地走职业化道路，尽快实行俱乐部体制，把我国足球融入世界足球发展的潮流之中。"红山口会议"充满了改革的主旋律，被誉为中国足球史上"新的里程碑"。

1993 年，来自甲 A 的 8 个新成立的足球俱乐部在广东试行俱乐部杯赛。1994 年，中国足球职业联赛正式开始，共有 26 个俱乐部队参加，联赛采用双循环、主客场每周一赛制。联赛分为甲 A（12 个队）和甲 B（14 个队），实行升降级制度，每年甲 A 最后两名降入甲 B，甲 B 前两名升入甲 A。1998 年，中国足球职业联赛甲级 A 组由 12 支球队扩大为 14 支球队。

2004 年，中国足球职业联赛改名为"中国足球协会超级联赛"和"中国足球协会甲级联赛"。首届中国足球超级联赛有 12 支球队参加，此后，参赛队伍逐步扩大到 16 支球队。

自中国足球实行职业化改革以来，各俱乐部引进了几十名外籍教练员和上百名外籍运动员，中国足协先后聘请了施拉普纳、霍顿、米卢蒂诺维奇、阿里·哈恩、福拉多、杜伊、卡马乔等人担任国家队的主教练。

中国足球职业化已经进行了 20 年，在这 20 年间，中国足协制定了几十个重要法规文件来规范职业联赛，但职业联赛的大环境却越来越差。这引起了媒体和广大足球工作者、球迷的关注，更引起了中央高层领导的重视。2010 年，我国启动了中国足球的"反赌扫黑"，在司法介入下，数十人被判刑，对若干足球俱乐部和 30 多人作出了处罚。这些行动净化了足球职业联赛的大环境，使其逐步回到公平竞赛、诚信竞赛的道路上。

6. 校园足球活动的启动与发展（2009 年至今）

第一阶段：校园足球的启动（2009—2014 年）

早在 20 世纪 80 年代，邓小平同志就指出：中国足球运动要搞上去，要从娃娃和青少年抓起。为了强化青少年足球运动的普及和后备人才培养，促进我国足球运动整体水平的提升，2009 年 4 月 14 日，国家体育总局和教育部联合发布了《关于开展全国青少年校园足球活动的通知》，研制了《全国青少年校园足球活动实施方案》，决定在全国各省会城市和部分足球重点城市启动校园足球活动。至 2013 年 6 月，共建设青少年校园足球国家级布局城市 49 个，国家级试点县 3 个，省级校园足球开展省份 3 个，省级布局城市 57 个。

第二阶段：校园足球活动的全面发展（2014 年至今）

2014 年 11 月 26 日，国务院召开了全国青少年校园足球工作电视电话会议。会议决定在全国范围内广泛开展校园足球活动，表明校园足球已经进入全面发展阶段。会议强调校园足球对于建设体育强国、振奋民族精神、深化教育改革具有重要意义，是成就中国足球梦想，提升国家软实力的基础工程；是促进青少年全面发展，培育践行社会主义核心价值观的重要途径；是深化学校体育改革，推动健康中国建设的有力抓手。

2015 年 8 月 13 日，教育部等 6 部门联合颁布了《关于加快发展青少年校园足球的实施意见》，指出要充分发挥足球育人功能，遵循人才培养和足球发展规律，理顺管理体制，完善激励机制，优化发展环境，大力普及足球运动，培育健康足球文化，弘扬阳光向上的体育精神，促进青少年身心健康、体魄强健、全面发展，为提升人口素质、推动足球事业发展、振奋民族精神提供有力支撑。并指出，到 2025 年建设 5 万所特色学校和 200 个高校高水平运动队。此后，教育部连续印发了《关于加强全国青少年校园足球改革试验区、试点县（区）工作的指导意见》《全国青少年校园足球改革试验区基本要求（试行）》和《全国青少年校园足球试点县（区）基本要求（试行）》以及《全国青少年校园足球教学指南》和《学生足球运动技能等级评定标准》等文件。截至 2021 年 5 月，建设校园足球试点县（区）201 个，校园足球改革试验区 40 个，“满天星”训练营 110 个，校园足球特色学校 30 559 所，全国足球特色幼儿园 6 000 所，累计培训校园足球师资 35 万人次。校园足球活动不断深化，得到了全面发展。

7.《中国足球改革发展总体方案》的发布与实施

2015 年 2 月 27 日，中央全面深化改革领导小组第十次会议审议通过了《中国足球改革发展总体方案》（以下简称《方案》）。这是中国足球改革与发展的纲领性文件，标志着足球运动的改革已经上升到国家发展战略层面，这也是中国体育史上一个里程碑式的事件。

《方案》共分 11 条 50 款，指出足球运动具有广泛的社会影响，深受广大群众喜爱。发展和振兴足球，对提高国民身体素质、丰富文化生活、弘扬爱国主义和集体主义精神、培育体育文化、发展体育产业、实现体育强国梦具有重要意义，对经济、社会、文化建设也具有积极促进作用。指出要把足球改革发展作为建设体育强国的重要举措，坚持问题导向，改革创新体制，遵循足球发展规律，弘扬中华体育精神，加强思想作风和队伍建设，努力建立专业高效、系统完备、民主开放、运转灵活、法制健全、保障有力的体制机制，推动我国足球事业不断迈上新台阶。

《方案》规划了足球改革“三步走”战略发展目标。近期目标：改善足球发展的环境和氛围，理顺足球管理体制，制定足球中长期发展规划，创新中国特色足球管理模式，形成足球事业与足球产业协调发展的格局。中期目标：青少年足球人口大幅增加，职业联赛组织和竞赛水平达到亚洲一流，国家男足跻身亚洲前列，女足重返世界一流强队行列。远期目标：中国足球实现全面发展，足球成为群众普遍参与的体育运动，全社会形成健康的足球文化；职业联赛组织和竞赛水平进入世界先进行列；积极申办国际足联男足世界杯；国家男足国际竞争力显著提升，进入世界强队行列。

《方案》通过对管理机构重新设计、调整改革中国足球协会、改革完善职业足球俱乐部建设和运营模式、改进完善足球竞赛体系和职业联赛体制、改革推进校园足球发展、普及发展社会足球、改进足球专业人才培养发展方式、推进国家足球队改革发展、加强足球场地建设管理、完善投入机制加大财政投入、加强对足球工作的领导等涉及足球领域的各个层面的具体部署，对我国足球运动的改革发展进行了规划设计，并提出了具体的举措和实施路径，为中国足球今后的发展指明了前进的方向，成为指导我国足球事业整体发展的重要依据。

三、中国足球运动的组织管理机构和重要比赛

（一）中国足球运动的组织管理机构

中国足球协会是中国足球运动的组织管理机构，下设综合部、外事部、联赛部、女子部和技术部等职能部门。

（二）全国足球比赛

（1）男子。中国足球协会超级联赛（包括中超联赛和中超联赛杯赛）、中国足球协会甲级联赛、中国足球协会乙级联赛、中国足球协会杯赛、全运会足球比赛和全国青年足球联赛（U-21，U-19，U-17）等。

（2）女子。全国女子足球锦标赛、全国女子足球联赛、全国女子青年足球联赛、中国女子足球超级联赛和全运会女子足球赛等。

1994—2003 年中国足球职业联赛甲级队 A 组比赛成绩见表 1-2-4。2004—2008 年中超联赛比赛成绩见表 1-2-5。

▶ 表 1-2-4　1994—2003 年中国足球职业联赛甲级 A 组比赛成绩

时间（年份）	比赛名称	冠军	亚军	季军
1994	全国足球甲级队 A 组联赛	大连	广州	上海
1995	全国足球甲级队 A 组联赛	上海	北京	大连

续表

时间（年份）	比赛名称	冠军	亚军	季军
1996	全国足球甲级队 A 组联赛	大连	上海	八一
1997	全国足球甲级队 A 组联赛	大连	上海	北京
1998	全国足球甲级队 A 组联赛	大连	上海	北京
1999	全国足球甲级队 A 组联赛	山东	辽宁	四川
2000	全国足球甲级队 A 组联赛	大连	上海	四川
2001	全国足球甲级队 A 组联赛	大连	上海	辽宁
2002	全国足球甲级队 A 组联赛	大连	深圳	北京
2003	全国足球甲级队 A 组联赛	上海申花	上海国际	大连

▶ 表 1-2-5　2004—2019 年中超联赛比赛成绩一览表

时间（年份）	比赛名称	冠军	亚军	季军
2004	中国足球协会超级联赛	深圳健力宝	山东鲁能	上海国际
2005	中国足球协会超级联赛	大连实德	上海申花	山东鲁能
2006	中国足球协会超级联赛	山东鲁能	上海申花	北京国安
2007	中国足球协会超级联赛	长春亚泰	北京国安	山东鲁能
2008	中国足球协会超级联赛	山东鲁能	上海申花	北京国安
2009	中国足球协会超级联赛	北京国安	长春亚泰	河南建业
2010	中国足球协会超级联赛	山东鲁能	天津泰达	上海申花
2011	中国足球协会超级联赛	广州恒大	北京国安	辽宁宏运
2012	中国足球协会超级联赛	广州恒大	江苏舜天	北京国安
2013	中国足球协会超级联赛	广州恒大	山东鲁能	北京国安
2014	中国足球协会超级联赛	广州恒大	北京国安	广州富力
2015	中国足球协会超级联赛	广州恒大	上海上港	山东鲁能

续表

时间（年份）	比赛名称	冠军	亚军	季军
2016	中国足球协会超级联赛	广州恒大	江苏苏宁	上海上港
2017	中国足球协会超级联赛	广州恒大	上海上港	天津权健
2018	中国足球协会超级联赛	上海上港	广州恒大	山东鲁能
2019	中国足球协会超级联赛	广州恒大	北京中赫国安	上海上港

第三节　女子足球运动的发展

一、世界女子足球运动的发展概况

（一）古代女子足球运动

16 世纪，英格兰出现女子足球运动。1686 年，日本出版的《好色一代女》一书中记载了一些日本妇女经常从事一种由中国传入的“一般场户”蹴鞠游戏。18 世纪末，苏格兰爱丁堡及其附近的艾弗伊斯克城镇，每年都要在一些节日的庆祝活动中进行女子足球赛事。

（二）现代女子足球运动

1890 年，英国开始创建女子足球队，并出现了女子足球比赛。到了 19 世纪末，女子足球俱乐部在英国出现。20 世纪初，女子足球运动逐渐发展到欧美许多国家。

从 20 世纪 50 年代起，女子足球运动开始流行于世界各大洲。欧美国家逐步承认女子足球运动的合法地位。一些爱好者还自发地组织了各种非正式的世界女子足球比赛。

20 世纪 70 年代初，女子足球运动正式得到国际足联认可，世界女子足球运动开始步入正轨；80 年代，国际足联开始尝试举办国际女子足球比赛；90 年代初，国际足联成立了女子足球委员会，并于 1991 年在中国广州举办了第 1 届世界女子足球锦标赛，以后每 4 年举行一次。1996 年，在第 26 届奥运会上首次设立女子足球比赛。

二、我国女子足球运动的发展概况

（一）中国古代女子足球运动

1. 汉晋时期

东汉时期就有了女子古代足球游戏，主要是舞蹈形式的足球活动。两晋南北朝时期，少数民族中也有女子足球运动开展。

2. 唐宋时期

唐代男子足球运动盛行，女子足球运动也相应得到了发展，主要以宫女在宫廷中为皇室成员消遣娱乐为主。活动方式由足球舞蹈转为足球游戏，以无球门蹴鞠的“白打场户”最为常见。宋朝开始流行民间女子足球活动，妇女也有在清明节踢球的习俗，主要是无球门的一般场户和白打场户。

3. 元明清时期

元朝女子足球活动盛行，常有单个或多个妇女一起进行足球游戏，还公开与男子同场踢球，多为女伎和女艺，主要进行无球门的一人场和多人场，也进行单球门比赛。明朝时，女子足球运动仍很盛行，宫廷、民间均有女子踢球，甚至皇妃也参加。到了清朝，民间女子中仍流行一般场户中较少人数的场户。到了清朝中后期，由于妇女缠足风气日盛等多种原因，女子足球运动逐渐走向衰亡。

（二）我国现代女子足球运动

1. 我国近代女子足球运动简况

现代足球运动传入中国后，大约在20世纪20年代，在一些沿海城市出现了女子足球活动。1924年，上海两江女子体育专科学校的沈昆南先生翻译了英国女子足球运动情况及规则等书，并将足球列入体育课，还成立了女子足球队。

20世纪30年代，广州中山大学附中和西北大学积极开展女子足球活动。但由于多方面原因，女子足球运动未能延续下去。

2. 新中国女子足球运动简况

（1）1949年至20世纪70年代前期。1951年初，女子足球运动在香港出现。20世纪50年代末，我国南方两广及福建部分地区曾一度有过女子足球运动；60年代中期，香港足球总会专门成立了女子足球小组；60年代末，台湾省出现了女子足球运动。

（2）20世纪70年代中期至1981年。20世纪70年代中期，云南、辽宁的部分地区开展了女子足球运动。1979年，西安市的两所学校成立了女子足球队，陕西省也成立了女子足球队。随后，全国部分省市和地区纷纷成立女子足球队，并开展比赛。1981 年，云南楚雄地区率先举办了一次跨省市的女子足球邀请赛。

（3）1982—1988 年。全国各地女子足球队全面兴起，并开始参加和举办国际女子足球比赛；创建了国家女子足球队，逐步形成了国内女子足球竞赛体系。社会力量开始介入支持女子足球运动，出现了企业和体委联合办队、办赛的新局面。女子足球运动呈现出竞赛水平迅速提高、全面加速发展的势头。

（4）1989—1995 年。1989 年，中国女子足球队在第 7 届亚洲女子足球锦标赛中两克中华台北女子足球队，首登亚洲盟主地位。1990 年，在北京举行的第 11 届亚运会上，亚奥理事会首次将女子足球列为亚运会项目，中国女子足球队夺得冠军。1991 年，中国女子足球队在第 8 届亚洲女子足球锦标赛上蝉联冠军。1991 年，国际足联在中国广州首次举办了世界女子足球锦标赛，中国女子足球队获得第 5 名。

（5）1996 年至今。1996 年，国际奥委会在第 26 届奥运会上首次设立女子足球比赛项目，中国女子足球队获得亚军。1997 年，国内已有多家半职业或职业女子俱乐部。1999 年，中国女子足球队在第 3 届世界女子足球锦标赛冠军争夺战中，以点球惜败于美国队，获得亚军。2000 年，中国女子足球队队员孙雯荣获国际足联颁发的女子足球世界杯金球奖和金靴奖，并荣获亚足联授予的“最佳运动员”称号。2003 年，在第 4 届世界女子足球锦标赛上，中国女子足球队未能进入前 4 名。2004 年，中国女子足球队在奥运会预选赛中提前一轮出线，但在决赛阶段表现欠佳。

2001 年以后，朝鲜女子足球队逐渐取代了中国女子足球队的亚洲霸主地位，日本女子足球队进步较快，也构成了明显的威胁。虽然在 2006 年女足亚洲杯决赛中，中国女子足球队以点球决胜负的方式战胜了 2006 年加入亚洲足联的澳大利亚女子足球队，第八次获得了女足亚洲杯比赛的冠军，但在 2008 年女足亚洲杯决赛中不敌朝鲜女子足球队屈居亚军。随后，日本女子足球队异军突起，并于 2011 年战胜美国队获得女子足球世界杯冠军。

中国女子足球队曾经是国人的骄傲，铿锵玫瑰更是激励了整整一代人。然而好景不长，中国女子足球队也随着中国足球的整体下滑一起跌入了低谷。先是拱手让出亚洲女子足球霸主的地位，后又无缘德国世界杯、伦敦奥运会。2012 年中国女子足球队折戟奥运会预选赛之后，球队开始了重建，她们将担负起重振中国女子足球队辉煌的重任。

三、世界女子足球运动的新格局与特征

目前，世界女子足球运动发展迅猛。2003 年，在美国举行的国际足联第 3 届世

界女子足球研讨会上，有 130 多个国家或地区足协的女子足球运动专家和代表参加了会议，共同研讨了“如何将女子足球运动提升到一个崭新高度”的课题，这表明了世界各国对女子足球运动的普遍关注和重视。

部分国家在历届世界女子足球比赛上的成绩见表 1–3–1。

▶ 表 1–3–1 历届世界女子足球比赛成绩

比赛名称	冠军	亚军	季军	第 4 名	中国队
1991 年世界杯	美国	挪威	瑞典	德国	第 5 名
1995 年世界杯	挪威	德国	美国	中国	—
1996 年奥运会	美国	中国	挪威	巴西	—
1999 年世界杯	美国	中国	巴西	挪威	—
2000 年奥运会	挪威	美国	德国	巴西	第 5 名
2003 年世界杯	德国	瑞典	美国	加拿大	第 6 名
2004 年奥运会	美国	巴西	瑞典	挪威	未进前 8
2007 年世界杯	德国	巴西	美国	挪威	未进前 4
2008 年奥运会	美国	巴西	德国	日本	未进前 4
2011 年世界杯	日本	美国	瑞典	法国	未进入决赛阶段
2012 年奥运会	美国	日本	加拿大	法国	未进入决赛阶段
2015 年世界杯	美国	日本	英格兰	法国	进入前 8
2016 年奥运会	德国	瑞典	加拿大	巴西	进入前 8
2019 年世界杯	美国	荷兰	瑞典	英格兰	进入前 16

从表 1–3–1 可以看出，美国队在所有重大比赛中成绩最好，始终保持在前三名，表现出了强大的实力，在 14 次重大比赛中获得 8 次冠军，2 次亚军，3 次季军。德国队自 2000 年开始进步神速，到 2019 年，获得过 3 次冠军、1 次亚军、2 次季军，一度与美国队势均力敌。在北欧两强挪威队和瑞典队中，瑞典队近年的成绩更好一些。瑞典队在 2011 年世界杯获得了季军，在 2016 年奥运会获得了亚军，在 2019 年世界杯获得了季军。挪威队在 1991 年至 2000 年期间，其重大比赛成绩仅次于美国队，而 2001

年至今，只在 2004 年、2007 年获得过两次第 4 名，2008 年之后，前四名队伍中就没了挪威队的踪影。巴西队最辉煌的成绩是在 2004 年至 2008 年期间三获世界女子足球重大比赛的亚军。中国队在 1996 年和 1999 年两获世界重大比赛的亚军，在 2015 年、2016 年只进入了前 8 名。日本队自 2008 年奥运会上获得第 4 名之后，其技战术水平突飞猛进，于 2011 年获得世界杯冠军、2012 年获得伦敦奥运会亚军、2015 年获得世界杯亚军，令世界瞩目。法国队在此前 20 年中从未进入过前 4 名，但近年来，连续获得 2011 年世界杯、2012 年奥运会、2015 年世界杯第 4 名。

从世界女子足球强队的比赛可以看出其男子化的特征比较明显，具体表现为：身材、力量、技术动作男子化，技术风格向男足靠拢。

从竞技能力的主要因素来看，美国队、德国队、挪威队和瑞典队的队员身材高大、体格健壮、力量突出；美国队、德国队的队员技术简练实用，在强对抗中运用自如，战术打法上追求攻守平衡，强调整体，作风上勇猛顽强，沉着冷静，表现出很强的综合能力；挪威队和瑞典队的技术战术略显粗糙，但有时却非常实用；巴西队体能上很优秀，速度和灵敏性胜过欧美强队，但身材和力量略逊于欧美强队，她们技术精湛、优美，具有很强的个人能力，但在战术打法上攻强守弱，整体性略差。她们充满激情的艺术足球极具观赏性；日本队的崛起已经引起了国际足坛的高度关注，她们始终坚持自己的风格，以流畅的地面传球、默契的跑位、娴熟的配合将身材和体能明显强于自己的对手制约住，向世界展现出了超强的整体实力；非洲球队至今还没有进入世界强队的行列。

目前，世界女子足球比赛的对抗程度越来越激烈，在后备力量培养上不仅要提高运动员在高强度对抗压力下的技战术水平，运动员还必须具备出色的体能，这样才能与对手相抗衡。

第四节　现代足球运动的特征与发展趋势

一、现代足球运动的特征

作为当今世界上最受大众喜爱的运动项目之一，足球运动以其独特的魅力征服了不同国家、不同年龄、不同民族的人们，成为全球最具影响力的单项体育运动，有着“世界第一运动”的美誉。而随着其不断发展，足球的影响力已达到传统体育运动所不能企及的高度，直接或间接地影响了一个国家的政治、经济、文化、教育等方面。

（一）足球运动的育人特征

1. 方向性

足球运动育人的方向性是指足球运动要把立德树人作为最根本任务。足球运动育人是对参与者动机、立场、目标、信仰的培养，是“培养什么人、怎样培养人、为谁培养人”的内在要求，是中国特色社会主义共同理想在足球运动中的反映，是当代中国足球工作者价值观体系的重要组成部分。通过足球运动引导人、感化人、激励人，通过足球教育塑造人、改变人、发展人，树立报国、服务人民的崇高理想，参与者通过足球运动的学、练、赛，在不断的参与中享受乐趣、增强体质、健全人格、锤炼意志。

2. 超越性

足球运动的超越性是指参与者不畏艰险，知难而上，打破精神困惑，突破体能极限的精神超越和身体超越。足球运动需要不断地尝试，在一次次的努力中提升新技能，探寻新战术，构建新理论，打破纪录，超越前人。这种超越常态、自主探索的体育运动实践活动本质上是一个创新求异、改造物质世界对人束缚的过程，是一种物质超越的过程。在足球运动探索中，参与者在一次次的失败中，不会畏首畏尾，不会气馁抱怨，而是能够不忘初心，顶住压力，继续前行，最终获取人性的超越。这种由物质过渡到精神的双重超越是足球运动解放个性、完善人格的独有方式，从而实现了足球育人的本质要求。

3. 全面性

足球育人的全面性是指足球运动可以全面促进参与者的身体、心理、道德与社会适应。在身体方面，参与足球运动可以全面发展人的力量、速度、耐力、灵敏、柔韧、协调、平衡等身体素质，提高身体机能，促进身体形态发展，不断增强体质。在心理方面，足球运动可以调控情绪，促进心理健康，可以给参与者带来强烈的情绪体验，如胜利的喜悦、失败的沮丧、失误的懊恼等。在道德方面，足球比赛有良好的赛场礼仪，比赛开始前要和对手握手，足球比赛结束后要感谢裁判、观众，在潜移默化中逐渐养成良好的行为习惯。总之，足球运动可以教会人们如何正确面对成功、挫折和失败，培养团队协作能力、规则意识、纪律意识、担当意识，勇于在困难的时候挺身而出，在成功的时候戒骄戒躁。

4. 体验性

体验性是指通过参与亲身参与足球运动使参与者受到思想品德教育，并培养参与者良好的道德规范，促进个性发展。足球运动丰富的环境因素会直接影响参与者的态度、注意力、情绪、意志、动机、积极性、纪律性以及同伴之间的协作与关系等。在足球运动过程中，参与者不但承受运动生理负荷，还要承受运动心理负荷，这些生理上、心理上的直接经验会成为足球运动育人的宝贵资源。参与者和本队队员、对方队员的互动，个人和集体、个人和规则、个人和体育道德规范发生碰撞，集体主义、爱国主义、团队意识、竞争意识、拼搏精神等，均寓于体验性这一特点之中。

（二）足球运动的政治特征

1. 国家形象的塑造

在足球世界杯中，运动员们都身负国家的荣誉，代表各自国家参加比赛。一些杰出的足球明星则可以看作是国家的一张“名片”，如阿根廷的梅西、葡萄牙的C罗等。美国有线电视新闻网曾评论说：“足球能够鼓舞革命、引发战争，也可以创造和平，抬升国家荣誉。”足球事业的发展，不仅是国民身体素质提升的必然要求，更是树立国家形象、促进民族团结、建设文化强国的有力支撑。

2. 民族精神的代表性

足球赛场是一个不见硝烟的、国与国之间软实力较量的竞技场，足球运动员们便成了塑造国民形象、捍卫民族尊严、振奋民族精神的英雄。中国女足被誉为“铿锵玫瑰”，是对中国女足顽强战斗、勇敢拼搏精神的总概括。她们在世界足球赛事中，凭着顽强战斗、勇敢拼搏的精神，为祖国争得荣誉。她们的这种精神，给予全国人民巨大的鼓舞，大大地激发了中国人的自豪感、自尊心和自信心，为我们在新征程上奋进提供了强大的精神力量。一个具有精良技术、傲人成绩和俊朗外形的足球明星的影响力会渗透到不同民族、不同国家、不同人种之中。球迷们很容易将对这个足球明星的喜爱、对其个人成就或技术水平的崇拜，转化成对其所在国家和民族的正面评价和友好态度。

3. 国际外交的媒介性

足球作为一种全人类的共通语言，是人们沟通的桥梁，能更好地拉近彼此的距离。习近平以智慧谦和的足球迷形象示人，在德国他穿上勒沃库森10号球衣，在英国他接受了卡梅伦赠予的英格兰队战袍，在荷兰他与范德萨亲密交谈，在美国他承认是小贝的粉丝，在法国他提起了国足新帅佩兰，在墨西哥他感谢了米卢。2015年9月3日北京阅兵式中，捷克球星“铁人”内德维德陪同总统一同访华并出席了纪念中国人民抗日战争暨世界反法西斯战争胜利70周年大会。根据捷克本国媒体的相关报道，在习近平主席与捷克代表团的会见中，捷克总统特意向习近平主席介绍了内德维德：“上一次来中国访问我带来了鼹鼠（指动画片《鼹鼠的故事》），而此次再度访华，我则为您带来了世界上最好的足球运动员。”可见，球员树立足球形象的同时，足球形象也反作用于球员自身，甚至能推动球员成为国与国之间交流的一座桥梁。“捷克铁人”的形象不胫而走，更多让人联想到的是这个国家这个民族不屈、刚烈的意志品质。

（三）足球运动的文化特征

1. 时代性

足球文化由经济发展水平所决定，又为经济社会发展做贡献，这样的性质就确定了足球文化的时代性。自现代足球运动诞生以来，依靠着自身的魅力吸引了一大批足球运动爱好者，理所应当地成为世界第一大运动项目，足球运动也成为一种世界性文化现象。足球运动深受经济社会、文化历史、教育观念等多方面因素的影响。随着时代的发展，足球文化也随之发展，不同的时代背景下，足球文化也有着不同的特点。

2. 民族性

足球运动形成的文化，是世界的，更是民族的，是由一个个风格迥异、各有特点的民族足球文化所共同拼出的世界足球文化版图。受世界各民族文化和地理环境因素的影响，形成了不同风格、不同样式的足球文化。全攻全守的荷兰足球、热情奔放的南美足球、严谨狂热的德国足球、潇洒飘逸的意大利足球、均衡发展的葡萄牙足球，深深打上了民族的烙印。足球的民族性，一方面成了足球运动魅力的重要来源，另一方面也是促进世界足球大发展、大融合、大繁荣的重要因素。

3. 科学性

足球文化的科学性体现在足球文化的各个组成部分，贯穿于足球文化发展的全过程，科学性集中体现在足球文化中的物质文化、制度文化和精神文化之中。随着科学技术的发展，大量的新型科技手段和技术被运用在了足球赛场之上，包括 VR 技术、门线技术、鹰眼技术、实时回放等先进技术悉数登场，最大限度保障了现代足球比赛的公开、公平、公正，使足球文化的科学特性得到淋漓尽致的展现。随着足球运动的不断发展，足球制度也在发生着翻天覆地的变化，足球制度不断朝着科学、合理、全面的目标发展。

4. 人文性

足球运动人文性的核心是“人”，以人为本，关心人、爱护人、尊重人、充满人类关怀和生命关怀。足球运动承认人的价值，激发人的价值，创造人的价值。足球尊重人的个人利益，包括物质的利益和精神的利益。足球运动的人文性强调参与的过程，既要运动员实现自我成长，也要激发运动员的创造力和生命力。足球运动人文性着眼于足球文化对于运动员思想情感熏陶感染的文化功能，通过真善美的熏陶，意志品质的锻炼，使运动员自身的独特体验受到保护和尊重。

5. **系统性**

足球运动的系统性是指足球运动是一个系统的整体，发挥着整体的作用。不同的文化风格、不同的竞赛训练体系、不同维度的指标统一于足球运动这个大系统中。无论是“蹴鞠”的诞生，还是现代足球的发展，足球运动在漫长的历史长河中不断丰富完善。一方面足球文化的科学性、民族性、人文性以及专业性等都是相辅相成、互成体系，每一种特性不能够单独地存在，足球文化的每一项功能也不可能单独地被使用。另一方面足球文化的构成不仅是足球运动本身，随着时代的发展和足球运动自身的革新，足球文化逐渐形成了以足球运动为基础，以多种文化形式为载体，以足球赛事为平台，以经济社会活动、体育素质教育、竞技体育实力、专业人才培养等为主要内容的系统性综合体。

6. **专业性**

足球运动专业性是指不容易达到高水平的特性。无论是足球高水平运动员，还是教练员、管理者都需要常年练习、学习系统的足球知识、运动的专业知识，并且在实践中不断提升专门的能力和素养。一名运动员经过长年系统的训练和培养，具备了高水平的技术、战术、体能水平、自我管理等素养后才能进入职业队的梯队，此后再历经大赛的磨炼，才有可能成为球星代表国家参赛。此外，足球经济人、教练员、俱乐部管理者，甚至足球解说、啦啦队等都需要专业的培训和实践的积累。

7. **生活性**

足球运动是人类社会生活中的重要组成部分，在人类社会生活中发挥着不可代替的作用和意义。足球文化是接地气、具有生活性的文化，具有极强的“人情味”。最基本的一个表现，无论是专业足球运动员还是幼稚孩童，均可以“踢足球”，只要足球让人快乐、使人健康，那么就可以说是“踢了一场好球”。足球就是生活的一种体现形式，足球比赛就是生活的一个缩影。去踢球，去热爱足球，将成为人们热爱生活、勇攀高峰的动力源泉，这是足球文化生活性的最好印证。

（四）足球运动的经济特征

1. **足球产业体系的完整性**

全球的足球产业体系几乎涵盖了竞赛表演、生产制造、旅游观光、教育培训、文化艺术、广播电影电视等众多产业类型。以竞赛表演业为例，包括各级职业联赛、职业俱乐部、流动的教练员和运动员人才市场、稳步发展的电视转播市场以及相对稳定的门票收入和赞助群体等。根据 FIFA2019 年的统计，全世界有 187 个国家，至少有 128 983 名职业足球运动员。在 2018 或 2018/2019 赛季，205 个国家举行了国内顶级赛事。

2. **足球产业规模的扩张性**

足球是世界上影响最大的体育项目，高度的国际化、职业化和产业化发展趋势，使其具备了巨大的经济利益和商业价值。目前在欧洲足球产业已成为国民经济的重要产业之一。足球运动以其影响力和自身价值，促进了足球资源、信息技术、中介服务等市场体系的形成，提供更多的就业机会，促进国民经济发展，为社会创造财富。2019 年全世界 63% 的顶级赛事由冠名赞助商支持，其中电信、金融服务和食品饮料是最具代表性的行业。

3. **足球产业发展的非均衡性**

在足球产业发展过程中，受到经济发展水平、资源分布状况、居民体育需求和消费观念的影响，全世界的足球产业呈现出不同的发展态势，体现出明显的欧洲化空间结构特征。2019 年 211 个国家中有四分之一没有从国外引进球员，有 37 个国家的新签约球员超过 150 人，其中 70% 来自欧足联地区。2018 年，18 个国家足球的总支出超过 5 000 万美元，其中三分之二来自欧洲。

4. **足球产业消费的多样性**

职业俱乐部通过彩票、门票、转会、广告、电视转播等获得丰厚利润，同时足球运动的发展还可以带动运动器材、服装、饮食、中介、纪念品、旅游等相关产业的发展。在我国，随着居民收入水平和生活质量的提高，人们更加追求足球的参与性、享受性体育服务业消费，传统的单一体育用品消费观念得到转变。

（五）足球运动的竞技特征

1. **球队的集体协作性**

在现代足球比赛中，队员要做到思想统一、行动一致，不管是在进攻中还是在防守中，全体队员必须具有很强的整体协作意识，从而使团体竞技实力表现出整体功能的放大。

2. **个人能力的综合性**

（1）个人能力是足球队整体实力的基础。在现代足球比赛中，虽然球队是以一个整体表现实力，但球队的整体实力是建立在队员个人能力基础之上的，球员的个人能力是足球队整体实力的坚实基础。

（2）个人能力要与集体技战术有机结合。队员个人能力必须与球队的集体技战术有机结合，通过队友之间的相互协同促使个人能力得到淋漓尽致的发挥，使球队表现出“1 + 1 > 2”的整体竞技能力。

（3）个性特征和全面的技战术特点的有机结合。队员独特的个性使他们的技能具有鲜明特点，特征鲜明的个人竞技能力是球员在场上战胜对手的“推进器”。现代足球运动要求运动员必须具有全面的技战术特点，这样才能适应全攻全守的现代足球打法。全面与个性的有机结合是现代足球对运动员竞技能力结构的要求。

3. 对抗的复杂性

足球运动是一项竞争非常激烈的同场对抗性项目。比赛中，从单人之间的对抗到局部两三人之间的对抗再到整体对抗，从无球对抗到有球对抗，从地面对抗到空中对抗，从身体对抗到心理对抗，来自队友、对手、环境的压力都可能作用到一次简单的“对抗”中，这表明了足球运动对抗的激烈与复杂。

4. 技战术体能的专项性

现代足球运动员的技战术能力和体能更加表现出专项化的特征。现代足球比赛具有快速、对抗激烈、体能消耗大、恢复期限短等竞技特点，因而足球运动员的技战术能力和体能极具专项性。

5. 比赛情境的不可重复性

足球比赛的情境难以再现，更无法真实地还原比赛情境，因此在现代足球比赛中，对运动员的随机应变、快速反应、创新思维有着极高的要求。

6. 对抗中的准确性

现代足球比赛对抗十分激烈、攻守转换十分迅速，这对运动员战术思维及技术动作的准确性提出了更高的要求。

二、现代足球比赛的特征

（一）快速准确

在现代足球比赛中，运动员从个人技术动作的完成、奔跑移动的速度、战术思维决策、局部2~3人之间的配合到球队的整体攻守转换速度都体现出“快速”的特征。同时，在快速中，队员的个人技术动作、战术思维决策、队员之间局部战术配合思维及整体攻守战术思维的完成都必须准确无误。

（二）对抗激烈

在现代足球比赛中，为了实现对球的控制，每支球队都在力争对对方队员、重点区域、比赛节奏在时间和空间上实施全方位的控制。因此，比赛中冲撞、紧逼、破坏、突破、争抢等多种形式的对抗越来越频繁，也越来越激烈。据统计，世界优秀足球队在一场比赛中，处于对抗条件下运用技术占总数的50%以上，这充分说明了现代足球比赛的对抗程度越来越激烈。

（三）时空狭小

在现代足球比赛中，比赛双方围绕着球权在狭小空间中展开控制与反控制。加之现代战术意识的增强、体能训练水平的提高，奔跑速度越来越快，奔跑距离越来越长，留给队员完成技术动作和战术决策的时间越来越短，空间越来越小，难度越来越大。

（四）攻防频繁

现代足球比赛的明显特征是攻守之间的转换快速而频繁。在 90 分钟的比赛时间里，纯比赛时间大约为 60 分钟，而在这约 60 分钟的时间里，比赛双方要进行 300 多次的攻守转换，在短短的 1 分钟时间内双方攻守转换可达 5 次之多，这充分体现了现代足球比赛的攻守转换的高速度和高频率。

三、现代足球运动的发展趋势

（一）攻守矛盾的斗争促进了足球竞技水平的不断提高

在现代足球运动发展的百余年历史中，攻守矛盾的不断斗争始终是促进足球竞技水平提高的重要原因之一。进攻与防守这一对矛盾，既相互制约又相互促进。当进攻被防守遏制时，促使了进攻的发展与变化，同样在进攻发生变化的同时，也促使防守技战术要及时适应进攻的改变。

（二）全攻全守总体型打法是发展的必然趋势

自 20 世纪 70 年代全攻全守总体型打法诞生以来，世界足球运动沿着这个方向不断发展。注重攻守平衡，力争在局部区域造成以多攻少或者以多防少的优势局面，这是总体性打法所追求的目标。

（三）速度越来越快，攻守对抗越来越激烈

世界优秀足球队在一场比赛中，完成技术动作 900 余次，其中有 1/2 以上的技战术动作是通过对抗形式实现的，这充分表明现代足球比赛朝着高速度、强对抗的方向发展。双方运动员在比赛中为了实现对球的控制，必须对对手、对球场内特定区域、对比赛在时间及空间上实行全方位的控制，从而使得在比赛中各种形式的对抗越来越多，

球队对时间和空间的限制与弥补更为严密，比赛越来越激烈。

（四）各种技术流派相互学习、取长补短，不断完善和融合

在现代足球运动发展的百余年历史中，逐渐形成了欧洲派、南美派和欧洲拉丁派三大技术流派。虽然流派的形成与民族气质、地理环境、身体特征、文化背景等因素有着紧密关系，但也不是一成不变、牢固稳定的。随着现代足球运动的不断发展，各流派间相互学习、取长补短，使各自流派的技术打法不断完善，与其他流派相互融合，流派之间的差别逐步缩小，但各流派的技术风格还具有一定的特征。

（五）球星的作用与整体融为一体

随着足球比赛对抗性、整体性的特点越来越突出，球星的即兴发挥越来越需要与球队整体行动融合在一起，并将这些能力与球队的整体战术行动有机地融合在一起。

（六）运动员的竞技能力全面发展

现代足球朝着全面、快速、娴熟、简练、强对抗的方向发展，这对运动员竞技能力的全面性提出了更高的要求。运动员都身负攻守双重任务，因此必须具备进攻和防守的技能才能适应比赛的需要。所以，现代足球运动要求运动员在掌握全面技术的基础上，根据个人的特点和位置需要发展专长技术，同时在体能、智能、心理能力方面有更高的发展水平。

思考与练习

1. 现代足球运动的发展趋势是什么？
2. 现代足球比赛中的对抗有何特殊性？如何理解球星与整体的关系？
3. 为什么说全攻全守总体型打法符合现代足球发展的要求？
4. 谈谈我国足球运动发展的问题与对策。
5. 现代足球有哪些特征？

第二章

足球基本技术

本章提要

本章重点介绍了运球与运球过人、踢球、接球、头顶球、抢球与断球、掷界外球、守门员技术等足球基本技术的动作原理与方法，并在分析各个技术动作的动作过程、动作方法的同时，分析了学习足球基本技术时常犯的错误以及纠正错误的方法。

学习目标

1. 学习足球基本技术原理
2. 掌握足球基本技术动作
3. 了解学习中常犯的错误与纠正方法

第一节 足球技术的概念及其分类

足球技术是运动员在足球比赛中所采用的合理动作方法的总称，它是在比赛实践中逐步形成、发展和完善起来的。

随着足球运动的不断发展，现代足球在追求胜负结果的同时，以攻守平衡为原则，以时空控制权的激烈争夺为特点，把激烈的攻防、有效的配合、扣人心弦的进球等内容作为重要组成部分。为此，运动员只有熟练地掌握足球技术，才能在比赛中有目的地采取行动，正确合理地处理球，以达到战术上的要求。

技术是完成战术配合的基础，战术的发展又促进了技术的不断提高。现代足球运动全攻全守的打法，对进攻和防守技术都提出了较高的要求。因此，足球技术不论是在内容上，还是在难度上以及教学与训练的方法要求上，都向着全面、快速、准确、实用的方向发展。

足球运动是一项技术动作复杂的运动项目，根据球员在场上的位置，足球技术可分为锋卫队员技术和守门员技术两大部分。但是，不论是锋卫队员还是守门员，在比赛中不仅需要完成结合球的技术动作，而且还要完成许多无球的技术动作。所以，足球技术应分为有球技术和无球技术两大类（图 2-1-1）。

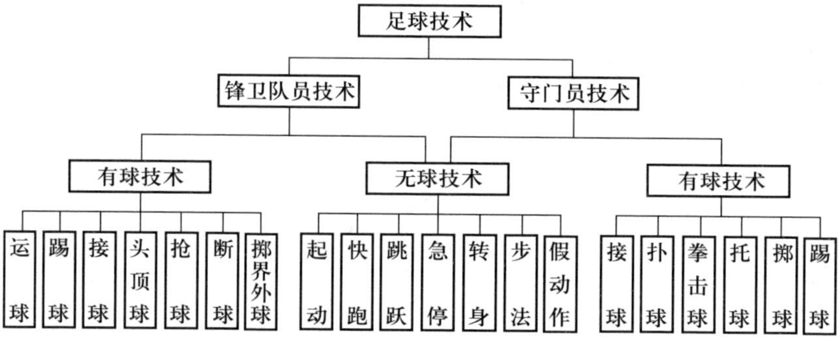

图 2-1-1 足球技术分类（一）

根据足球技术的实用性和基础性，还可以分为足球基本技术、足球实战技术和足球无球技术。实战技术是根据比赛的实际需要提炼而成的（图 2-1-2）。

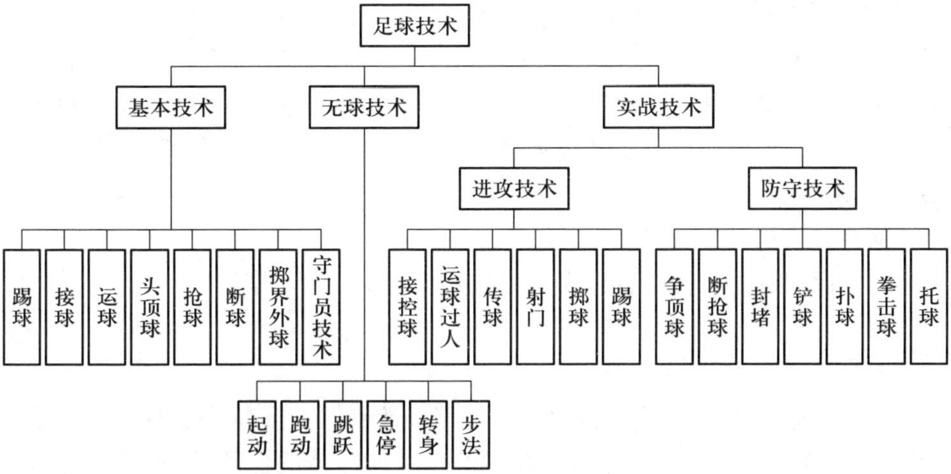

图 2-1-2　足球技术分类（二）

另外，足球比赛中运动员不仅要完成单个技术动作，更多的是若干技术动作的组合，是从获得球到处理球的完整动作过程。因此，根据动作的结构又可分为一元技术、二元组合技术、三元组合技术和四元组合技术（图 2-1-3）。

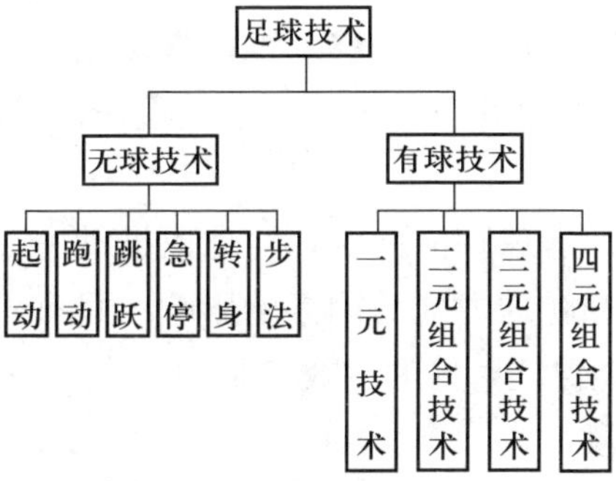

图 2-1-3　足球技术分类（三）

第二节　运球与运球过人

运球与运球过人是运动员个人控制球能力和个人进攻能力的集中体现，熟练掌握和合理运用运球与运球过人技术，对调控比赛节奏、丰富战术变化、突破密集防守、创造射门机会都具有实际的意义。运球与运球过人是指运动员有目的地控制球，它与盲目地向前带球推进有着不同的意义。学习运球与运球过人需要认真反复地练习，经过练习，每个人都可以形成自己的技术特点。

一、运球

运球是指运动员在跑动中有目的地用脚连续推拨球的动作方法。

（一）运球动作分析

运球技术包括跑动与触球两种要素。运球的跑动具有步幅小、频率快、重心低的基本特征。这种跑动方式有助于队员及时调整身体与球的位置关系，适应运球急停、变速和变向等需要。运球的触球动作是一种推拨式的触球，这种方式有助于队员在运球时，在力量、方向上对球进行有效的控制。跑动与触球动作的协调转换和有序交替，便构成运球的动作过程。

一个运球动作过程往往包含多种触球的动作方法。但不论哪种触球方法，完成一次运球动作都要经历以下三个阶段：

1. 支撑脚踏地蹬送阶段

蹬送动作的作用是推动人体重心前移，维持身体相对平衡，保证运球脚顺利完成触球动作。这一阶段，应尽量缩短支撑时间，积极蹬送，以加速重心的移动。

2. 运球脚前摆触球阶段

在支撑脚蹬送的同时，运球脚前摆触球给球以推动力。触球动作受到包括触球部位、触球时间、触球力量和触球方向等因素的影响。只有熟练地把握好这些因素，并协调其相互间的关系，才能保证对球的有效控制。

3. 运球脚踏地支撑阶段

运球脚触球后应顺势落地支撑，并随即过渡到蹬送动作，以保证重心移动的连续性，使人体与球的移动保持一种协调关系，为运球动作过程的连贯、流畅奠定良好的基础。

在运球过程中，撑、蹬、摆、送动作是有序的统一体，应连贯完成。在此基础上重点解决好运球脚的前摆触球环节，这是掌握和提高运球技术的关键。

（二）运球技术特点与动作要领

运球技术按脚接触球的部位分为脚背正面运球、脚背内侧运球、脚背外侧运球和脚内侧运球 4 种。

1. 脚背正面运球

特点：直线推拨，速度快，但路线单一。多在前方纵深距离较长的情况下运用（图 2-2-1）。

动作要领：运球跑动时身体自然放松，上体稍前倾，步幅稍小，两臂屈肘自然摆动。在运球脚提起时，膝关节微屈，脚跟提起，脚背绷紧，脚尖向下，在迈步前伸着地前，用脚背正面推拨球前进。

图 2-2-1 脚背正面运球

易犯错误：

（1）运球脚触球时松动不稳定，难以控制运球的力量和方向。

（2）膝、踝关节僵硬、变推拨为捅击动作，控制不住球。

（3）支撑脚离球过远，推球后重心滞后，人球分离。

脚背正面运球

纠正方法：

（1）可采取放慢运球速度的练习，固定触球脚的稳定性。反复练习并体会，步幅可小些，固定脚踝，掌握好蹬、摆用力方向。

（2）放慢运球速度，要求按照蹬、摆、推拨的顺序，做完一次，向前慢跑两步，再做一次，反复练习并体会，在熟练的基础上扩大视野。

2. 脚背内侧运球

特点：运球动作幅度大，控球稳，虽不能加快速度，但是左右转换方向都很容易。主要适用于掩护性运球或运球变向，它是比赛中使用得最多的运球方法。

脚背内侧运球

动作要领：跑动时身体放松，支撑脚落在球侧方，身体稍向支撑脚一侧倾斜，运球脚屈膝，脚尖稍外转，用脚背内侧部位推拨球的后中部，拨球后运球脚及时落地支撑（图 2-2-2）。

图 2-2-2 脚背内侧运球

易犯错误：

（1）身体重心过高或侧倾不够，影响对运球方向的控制。

（2）触球时脚型不稳，影响控制效果。

纠正方法：

（1）采用固定球练习，确定支撑脚的位置，进行反复练习，体会重心前移的动作要领。

（2）在练习中，可放慢运球速度，固定脚型，强调推拨的动作顺序，体会如何控制运球方向。

3. 脚背外侧运球

脚背外侧运球

特点：易于变化运球方向和发挥奔跑速度，还具有掩护球的作用。运用时灵活性、可变性强，运球形式可分为直线运球、曲线运球和变向运球（图 2–2–3）。

图 2–2–3　脚背外侧运球

动作要领：运球跑动时身体自然放松，上体稍前倾，两臂屈肘自然摆动，步幅稍小。运球脚提起，膝关节微屈，脚跟提起，脚尖稍内转。在迈步前伸着地前，用脚背外侧推拨球。

（1）直线运球时，自然跑动，步幅偏小，上体稍前倾，两臂协调摆动。运球脚屈膝提起前摆，脚趾稍内转并斜下指，当膝关节摆至球体后上方时，用脚背外侧推拨球的后中部，重心随即跟上。

（2）曲线运球时，触球作用力方向应偏离球心，使球呈弧线运行。

（3）变向运球时，应根据变向角度的大小，调整支撑脚的位置和触球部位及运球脚用力方向，保证蹬摆用力与推拨触球能协调一致。

易犯错误：

（1）运球脚直腿前摆，难以控制推拨力量。

（2）膝、踝关节僵硬，影响控球效果。

（3）身体重心偏高或后坐，影响重心跟进。

纠正方法：

（1）在练习中，确定支撑脚的位置和触球脚的部位，进行走步式练习，体会动作要领。

（2）在练习中，可变换运球方向，强调推拨的动作顺序。

4. 脚内侧运球

特点：与其他运球技术相比，速度最慢，容易控制，多用于掩护性运球或运球变向。

图 2–2–4　脚内侧运球

动作要领：运球时，支撑脚稍向前跨，踏在球的前侧方，膝关节稍弯曲，上体前倾向里转。随着身体向前移动，运球脚提起，用脚内侧推球的侧后中部（图 2–2–4）。

易犯错误：

（1）支撑脚选位不好，挡住球路或影响运球脚做动作。

（2）推拨球时，踝关节松动或脚尖外转不够，影响控制运球方向。

纠正方法：

（1）在练习中，确定支撑脚的位置，进行走步式练习，体会动作要领。

（2）在练习中，固定脚型，强调触球时脚尖外转。

二、运球过人

（一）运球过人动作分析

运球过人是指运动员根据战术需要以及对手的防守位置和重心变化情况，利用速度、方向或动作变化，越过防守队员的技术动作方法。通过运球过人可以获得时间和空间位置以及人数上的优势，从而突破对方防线，取得比赛主动。运球过人从动作过程上可大体分为以下三个阶段：

运球过人技术分析

1. 逼近调动阶段

当运球逼近防守队员时，重心下降，步幅变小。在控好球的同时，利用各种假动作诱骗对手，造成对手在防守中出现错误或漏洞（图 2–2–5）。

图 2–2–5　逼近调动阶段

2. 运球超越阶段

在攻防对峙中，运球队员运用假动作诱使对手，并利用速度或方向的变化创造出突破的时间差和位置差，然后利用快速运球超越对手（图 2–2–6）。

3. 跟进保护阶段

在进行突破动作的同时，身体重心应积极向球侧倾移，以保证超越后重心随球跟进，拉开与对手的距离，以巩固和扩大突破对手的优势（图 2–2–7）。

图 2–2–6　运球超越阶段

图 2–2–7　跟进保护阶段

为达到运球突破的目的，应在行动上注意以下几点：

（1）突破时机。突破时机是指攻防队员由于意识与行动上的错位，而产生的一种有利于突破的时间与空间位置上的差距。过人的时机要根据对手的防守情况来决定，一般是在遇到对手犹豫不决时，控球者突然起动，强行越过对手。

（2）突破距离。准备过人时，一般与对手保持一大步的距离为好，对手虽有可能触到球，但不能先于控球人触到球。在对手伸腿争抢时，可快速地运用过人技术，使对手转身不及而被越过。

（3）速度和方向的变化。运球越过对手时，要掌握球运行的速度和方向的变化，关键在于变化的突然性、敏捷性和多样性。只有能随心所欲地改变球的速度和方向，才能根据对手争抢时重心的移动，准确地掌握越过对手的时机，使对手猝不及防。

（二）运球过人的技术方法

运球过人在技术方法的形式上多种多样，但都是利用运球者速度或方向的变化，达到突破对手的目的。下面介绍几种典型的运球过人方法：

1．强行突破

强行突破是指以突然推球和快速起动相结合的动作越过对手的动作方法。采用此方法过人时应注意以下几点：

（1）队员奔跑速度快，起动动作快而突然。

（2）准确掌握起动的时机。一般应在对手企图抢球而又犹豫不决的刹那。

（3）对手的身后有较大的空当，突破后其他队员不能及时补位。

（4）推拨球的距离要稍远些，以便加快奔跑速度超越对手。

2. 假动作突破

假动作突破是指运球队员利用腿部、上体、头部虚晃或眼神的变化，佯装传球或射门以迷惑对手，使其产生错误的判断，从而趁机越过对手的动作方法（图 2–2–8）。采用此方法过人时应注意以下几点：

假动作突破

图 2–2–8 假动作突破

（1）将主要精力集中在观察对手的反应和动作上。

（2）随时准备，能突破就突破，不能突破也要控制住球。

（3）假动作要逼真，但晃动时身体重心不能超过支撑点。

（4）由晃到拨的动作要突然而快速。

3. 快速拉、扣、拨球突破

这种突破是指通过用脚的快速拉、扣、拨球动作，不断地变换运球方向，越过对手的动作方法。采用此方法过人时应注意以下几点：

（1）拉、扣、拨的动作必须熟练而准确。

（2）随时观察对手的反应，一有机会，马上突破。

（3）身体重心的移动和起伏不宜过大。

（4）要配合身体和头部的假动作。

4. 变速运球突破

变速运球突破是指利用运球速度的突然变化摆脱对手的动作方法。采用此方法过人时应注意以下几点：

（1）要以远离对手的脚控制球，并做侧身掩护动作。

（2）运球速度的变化要突然、隐蔽。

（3）能随时控制住运球的速度。

5. 穿裆球突破

穿裆球突破是指防守队员企图伸腿抢球时，运球队员突然推球从防守队员胯下穿过的动作方法（图 2-2-9）。采用此方法过人时应注意以下几点：

图 2-2-9 穿裆球突破

（1）运球接近对手时稍微侧身。

（2）运球时，重心不要太低，速度要稍慢些。

（3）随时注意对手的站立姿势及重心移动。一旦发现其两脚开立较大，重心又落于两脚之间时，立即推球穿裆，快速起动过人。

6. **人球分过突破**

人球分过突破是指运球者和球分别从防守者的两侧越过的动作方法。该方法多是在攻方队员处于活动中，而防守队员尚未取得正确防守位置时运用。采用此方法过人时应注意以下几点：

（1）运球的路线要稍偏于对手的一侧。

（2）要在对手即将取得正确防守位置之前进行突破。

（3）推出的球最好成弧线运行绕过对手。在推球的同时突然加速，从对手的另一侧越过得球。

（三）运球过人的基本动作

1. **拨球**

拨球是用脚踝的拨动动作，以脚背内侧或脚背外侧触球，使球向侧方或侧前方滚动。用脚背内侧拨球的动作叫“里拨”，用脚背外侧拨球的动作叫“外拨”（图 2-2-10）。

拨球

图 2-2-10 脚外侧拨球过人

易犯错误：

（1）拨球部位不准确，控制不好拨球方向。

（2）拨球时重心跟进慢，动作连贯性差。

2. **扣球**

扣球是运动员突然转身和脚踝急转扣压动作，以脚背内侧或脚背外侧触球，使球向侧后方停下或改变运动方向。用脚背内侧扣球的动作叫“里扣”，用脚背外侧扣球的动作叫“外扣”（图 2-2-11）。

易犯错误：

（1）支撑脚的位置和方向不正确，挡住球路或影响扣球变向的角度。

（2）扣球腿膝关节扣压不紧，缺少突然性。

1 脚内侧扣球过人

2 脚外侧扣球过人

图 2-2-11

扣球

3. 拉球

拉球是指用脚掌将球向前、向后或向左、向右做拖拉动作（图 2-2-12）。

图 2-2-12 拉球变向过人

拉球

易犯错误：

（1）脚掌压球太紧，拉动不灵活。

（2）髋关节过于紧张，拉转不够协调，影响拉球变向。

4. 挑球

一般是用脚背部位与脚尖翘起上挑的动作或用脚背上撩的动作，使球向上改变方向，从对手身侧或头上越过（图 2-2-13）。

图 2-2-13 挑球过人

易犯错误：

（1）挑球的部位掌握不好，影响出球的角度和方向。

（2）挑球后重心跟进迟缓，影响控球和快速衔接下一动作。

拨、扣、拉、挑既是过人的基本动作方法，又是技术教学中用于熟悉球性的行之有效的练习方法。在比赛中，这些动作既可单独使用，也可有机地组合使用，切忌僵化地套用概念模式，而应视比赛的需要，以娴熟的球性为纽带，通过合理的技术组合，使技术发挥更大的效力。

第三节 踢球

踢球是组织进攻、变化战术、渗透突破、创造和完成射门的重要手段，也是比赛中应用得最多的一项技术。学习传球和射门，首先要学会踢球。

一、踢球动作的技术环节分析

踢球是指运动员有目的地用脚的某一部位将球击向预定目标的动作方法。踢球技术是足球比赛活动中运用得比较多的技术手段。其表现形式为传球和射门两种。

踢球脚法很多，动作要领和方法也不尽相同。但不论哪一种踢球技术，其完整的动作过程都包括助跑→支撑脚站位→踢球腿摆动→脚击球→随前动作 5 个技术环节。其中，支撑脚站位→踢球腿摆动→脚击球三个环节是决定踢球力量及准确性的重要环节。

1. 助跑

助跑是指运动员踢球前的几步跑动。其作用有：一是调整人与球之间的相对位置，使踢球时有一个理想的支撑点，保证支撑脚选位的合理性和踢球方向的准确性；二是通过步幅和方向的调整，使踢球前获得一定的前移动量，通过动量传递，增加摆腿击球的力量和速度。

2. 支撑脚站位

支撑动作贯穿于整个踢球过程，它包含支撑脚的位置、落位方法、脚的指向和关节支撑等因素。支撑的主要作用是维持身体在踢球过程中的平衡，保证摆踢发力动作的顺利完成。

（1）支撑脚的位置。指支撑脚与球的方位关系，它对踢球动作的质量和出球状态都有一定的影响。一般来说，支撑脚与球的左右位置会影响踢球腿的摆动速度和击球的准确性，前后位置则会影响腿的摆幅以及出球的角度和高度。在一定范围内，站位越靠后，踢球腿的摆幅越大，出球角度越大，球易踢高。因此，支撑脚的选位应根据选用的踢球方法、球的起始状态以及出球的目标与目的来确定（图 2-3-1）。

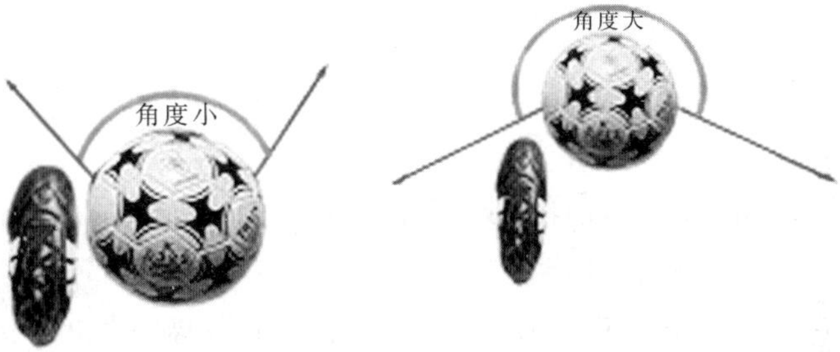

图 2-3-1 支撑脚位置确定

（2）落位方法。支撑脚一般采用脚跟积极踏地迅速过渡到全脚掌的落位方法，以减小身体前移的冲力。着地时膝关节应微屈，随重心继续前移，支撑脚以滚动方式由脚跟过渡到全脚掌支撑，使身体重心有一个稳固的支点。

（3）脚的指向。支撑脚落位时脚趾一般应指向目标方向，以保证击球瞬间身体能转到目标方向，带动踢球腿向目标方向顺利地踢摆，为有效控制出球方向打下良好基础。

（4）关节支撑。支撑效果很大程度上取决于支撑腿关节的用力及屈伸的程度。着地支撑时以缓冲身体冲力、控制平衡为目的。因此，膝关节既要适度弯曲，还应保持用力。而在前摆击球阶段，人体应稳固支撑，以保证踢摆发力。因此，支撑腿膝踝关节要有积极的蹬伸动作，以保证充分发挥踢球腿的击球力量。

3. 摆腿

摆腿是指踢球腿击球前的摆动过程。它是踢球的主要力量来源，按动作顺序分为后摆与前摆阶段。后摆是为增大前摆幅度和速度创造条件，前摆则是将助跑与后摆所储备的能量以及自身的能量集中作用于球体，使球获得足够的冲力。

踢球腿的摆动从形式上可分为“大摆幅式”和“小摆幅式”两种：

（1）“大摆幅式”。在跨步支撑的同时，踢球腿的大腿顺势后摆，小腿后屈与大腿形成一定的夹角，前摆时以髋关节为轴，大腿带动小腿前摆击球。这种踢摆动作的主要特点是摆幅大、力量强、摆时长。增加击球力量的主要途径是：靠大小腿折叠以缩短转动半径，增加转动角速度，并在角速度加大过程中，最大限度地增大摆动半径，以便有效地发挥肌肉力量。此种方式踢球的力量大、速度快，适用于远距离的传球或大力射门。但限于摆时较长，不适应快速出球的需要。

（2）“小摆幅式”。在跨步支撑的同时开始积极送髋，大腿前顶，小腿后屈，以膝关节为轴，小腿加速前摆击球。这种踢法以缩短半径、加快摆速为目的，动作快速突然，具有一定的隐蔽性，适用于在紧迫的环境和时间条件下快速出球的需要。但由于摆幅小，击球的力量相对也小，适用于中、短距离的传球与射门。

4. 脚击球

脚击球是踢球技术的核心，是决定出球质量的关键。它包含击球部位、击球时间和击球动作等因素。

（1）击球部位。指击球时选择的脚与球的接触点，如球的后中部、后中下部还是后侧部等。它决定了脚对球施加作用力的关系和效果。击球部位的选择取决于多种因素，其中应以出球的目标和目的为主要依据，以保证踢球的目的性和准确性都符合实际需要。

（2）击球时间。指踢球脚作用于球的时间。在固定条件下，增加作用时间，能加大击球力量，并有助于控制出球方向。若缩短作用时间，则可加快出球速度。

（3）击球动作。指脚击球时的脚型控制和用力情况。击球时脚型的稳定是保证踢球质量的基础，可确保作用力准确地作用于球体，使出球准确有力。而踢球脚在击球时的动作变化可以改变出球的性能和方向。

在足球比赛中，常见的击球方法有以下几种：

① 摆击。摆击动作是以髋关节为轴，大腿带动小腿的大摆幅踢摆，击球后有明显的随摆动作，出球力量大，速度快，适用于中远距离的传球和射门（图 2–3–2）。

② 弹击。弹击动作是以膝关节为轴，利用小腿的加速前摆击球。击球动作短促、快捷，适用于踢地滚球和反弹球（图 2–3–3）。

③ 抽击。抽击动作是在摆腿击球的刹那，大腿积极上提，小腿前摆停滞并顺势上拉，使球产生强烈的前旋，前冲力较大，适用于抽射空中球或弹起的高球（图 2–3–4）。

④ 推击。推击动作类似弹击，踢球腿无明显的后摆，前摆推送动作明显，作用时间长，出球平稳准确，但力量较小，适用于近短距离的传球和射门（图 2–3–5）。

⑤ 敲击。敲击动作后摆小，前摆短快，击球后有明显的停滞或后撤动作，出球平直，速度快，适用于近距离的直接传射（图 2–3–6）。

图 2–3–2　摆击

图 2–3–3　弹击

图 2–3–4　抽击

图 2–3–5　推击

图 2–3–6　敲击

5. 随前动作

随前动作是指踢球腿击球后的一段随球摆动过程。这种随前摆动可以对尚未达到最高速度的球起到进一步加速的作用，同时有助于控制出球方向的稳定。脚与球分离后顺势前摆着地，可产生制动效果，并有缓冲前移冲力的作用。

二、踢球动作的力学分析

在踢球过程中，不论采取何种踢球方式，其力学特征主要看踢球的作用力是否通过球的重心。

当作用力通过球的重心时，球被踢出时的方向就是作用力的方向，被踢出的球在一定外力的作用下（击球的外力、空气的阻力和球本身的重力等），直接平稳地飞向目标。

当作用力未通过球的重心时，球就会产生旋转。下面着重对弧线球进行分析。

弧线球是指当作用力没有通过球心时，球会产生相应的旋转，在空气阻力的作用下，旋转着的球将绕自身的旋转轴运行一段弧线距离。

在现代足球运动中，旋转球在运行过程中轨迹发生弯曲的技术特征被人们逐步认识和重视，成为比赛中用于绕过防守屏障进行战术配合或直接射门得分的特殊手段。比赛中常见的弧线球有抽踢的前旋球、搓踢的回旋过顶球以及侧旋球（内旋或外旋球）、侧回旋球和侧前旋球等。

对旋转球可以根据力的平移法则来认识，即偏离球心的作用力（F）将产生使球旋转的力矩 M 与平移的力 F'（图 2–3–7）。

根据力学原理：旋转力矩 M = 作用力（F）× 力臂（L）。由此可以看出，球旋转的强弱主要取决于作用力的大小以及力臂的长短。所谓力臂是指球心与作用力作用方向的垂直距离（图 2–3–8）。在最佳角度的限度内以及在作用力不变的条件下，力臂越长，则旋转力越大，反之则越小。

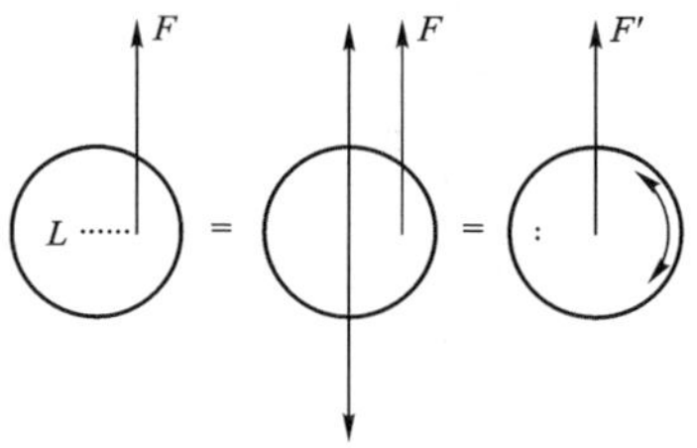

图 2–3–7 旋转球力学分析

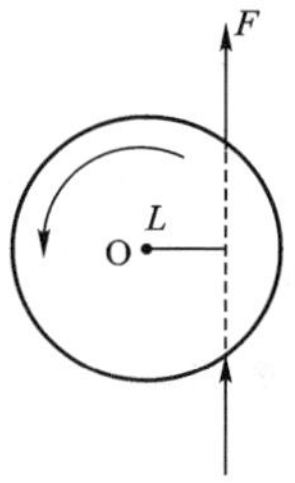

图 2–3–8 力臂

旋转球在空中运行时，会带动球体周围的空气随球体表面转动形成环流，并对球体产生不同的压力，而导致球体周围产生相应的气压差异。压力的大小遵循伯努利定律：“流速越快，压力越小；流速越慢，压力越大（图 2–3–9）。”如果前旋球在运行中，球体上沿的气流因逆空气阻力导致流速减慢，而下沿的气流则与迎面气流方向一致而

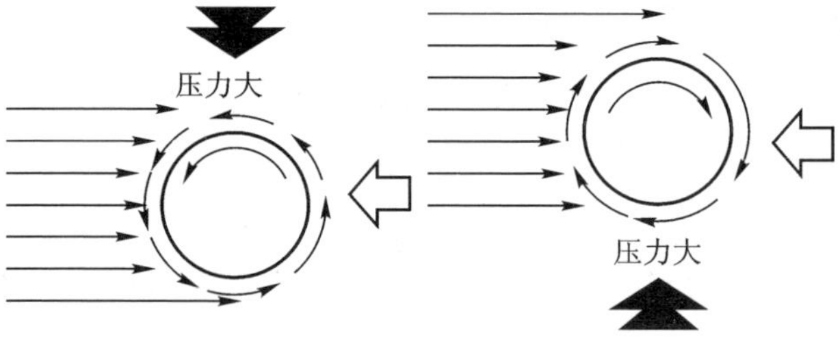

图 2–3–9 伯努利定律示意图

加快流速，因而产生上沿大、下沿小的压力差。在球的运行初期，由于速度较快，压力差对球的影响尚不明显，随球前移的速度减慢，而球的旋转变化不大时，这种压力差便对球体产生作用。从球的运行轨迹上可以看出，前半程弧度小，后半程弧度大，球的前移距离缩短，球的坠落速度加快（图 2–3–10）。

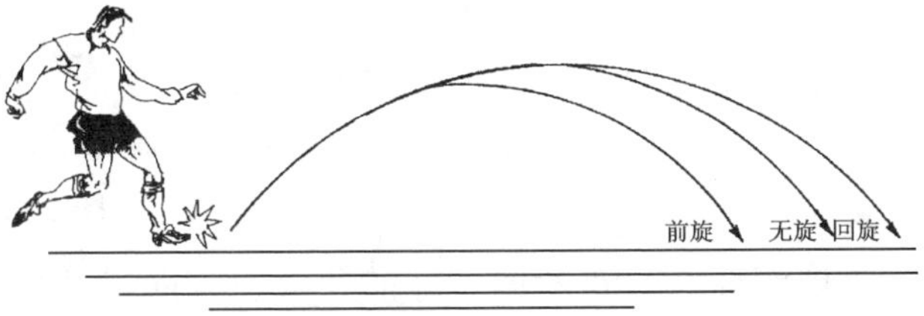

图 2–3–10　空气压力差对球旋转方向的影响

同理，对于内旋球和外旋球，由于球体周围的气流是环绕其纵轴运动的，因而球体两侧的空气流速不平衡导致压力差的存在，使球的运行轨迹向压力小的一侧弯曲，而形成内旋球或外旋球（图 2–3–11）。

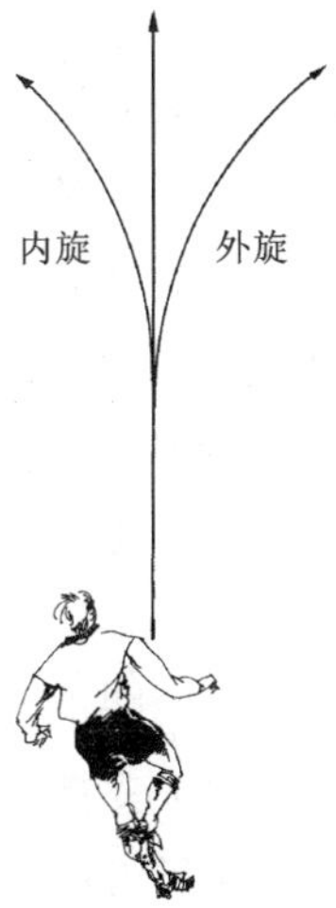

图 2–3–11　内旋球或外旋球

总之，在常规情况下（排除风力及其他影响），产生弧线球须具备两个基本条件：一是球必须旋转；二要与空气阻力发生作用。当作用力偏离球心时，球便会产生相应的旋转，在空气阻力的作用下，旋转球将会绕自身的旋转轴旋转，并由压力大向压力小的一侧产生一定距离的弧线位移，从而形成所谓的弧线球。

在足球实践中，可通过反复练习，如调整踢球力量、作用力方向或击球点等，来体会弧线球运行轨迹的变化特点和规律，但仍需要从理论上加深认识，这是掌握和运用弧线球技术不可缺少的一个方面。

三、各种踢球的技术特点与动作要领

踢球的方法很多，根据脚的接触部位不同，可分为脚内侧踢球、脚背正面踢球、脚背内侧踢球、脚背外侧踢球、脚尖踢球和脚跟踢球等。

（一）脚内侧踢球（又称脚弓踢球）

脚内侧踢球

特点：脚内侧是踢球时最常使用的部位，它触球的面积比脚的其他部位都大，这使得在踢球时可以更容易地控制球。因此，脚内侧踢球是进行短距离传球和射门的理想方法。

动作要领：

（1）踢定位球。直线助跑，支撑脚踏在球侧，膝关节微屈，脚趾指向出球方向。踢球腿以髋关节为轴由后向前摆动，膝踝关节外展，脚尖稍翘，以脚内侧对准来球，当膝关节摆至接近球体上方时，小腿加速前摆。击球刹那，脚跟前顶，脚型固定，用脚内侧击球的后中部（图 2-3-12）。

图 2-3-12 脚内侧踢球

（2）踢地滚球。踢地滚球时，要考虑来球的速度、方向以及摆腿的时间，以调整支撑脚的选位，保证踢球腿能顺利地摆踢发力。

（3）踢弧线球。小腿略呈弧线摆击，用内侧蹭踢球的侧面，使球侧旋运行。

（4）踢空中球。大腿要抬起，小腿应拖后，利用小腿加速前摆击球，抬腿的高度和摆腿的时间应与来球速度相对应，并根据出球的目标调整击球部位。

（5）踢反弹球。根据来球落点，及时移动到位，支撑脚的站位应与落点保持在踢定位球时支撑脚与球的相对位置。踢球腿摆动与踢定位球时相同。在球着地后刚弹离地面的瞬间用脚内侧击球的中部。

易犯错误：

（1）踢球腿膝踝关节外展角度不够，脚趾没有勾翘，击球脚型不正确，影响击球效果。

（2）踢球腿直腿摆击球，出球乏力。

（3）支撑脚位置靠后，击球刹那，脚型不固定，出球不顺畅。

纠正方法：

（1）可进行分解练习或无球模仿练习，也可结合固定球进行练习。

（2）在练习中强调支撑腿最后一步跨出的距离，使腿后摆充分伸展，膝关节放松。

（3）踢定位球时，确定支撑脚的支撑点，运用敲击的方式固定脚型。

（二）脚背正面踢球

脚背正面踢球

特点：脚背正面踢球的摆幅相对较大，摆踢动作顺畅快速，便于发力，但出球路线或性能缺乏变化，适用于远距离的发球和大力射门。

动作要领：

（1）踢定位球。直线助跑，支撑脚踏在球侧，脚趾指向出球方向，膝关节微屈。在支撑脚前跨的同时，踢球腿大腿顺势后摆，小腿后屈。前摆时，大腿以髋关节为轴带动小腿前摆，当膝关节摆至接近球体上方时，小腿加速前摆，脚背绷直，脚趾扣紧，以脚背正面击球的后中部。击球后，踢球腿顺势前摆落地（图 2-3-13）。

图 2-3-13 脚背正面踢球

（2）踢反弹球。准确判断来球落点、反弹时间和角度，选好支撑脚的位置，在球落地刹那，踢球腿小腿加速前摆抢点击球，在球反弹离地时击球的后中部。

（3）踢地滚球。支撑脚判断选位，踢两侧滚动来球时，脚趾对准出球方向，击球部位应准确，以保证击球能发上力。对速度较快的来球，要通过摆踢力量和方向的调整，消除其初速度对出球方向的影响。

（4）踢空中球。支撑脚的选位要稍远，以使踢球腿能顺利摆踢发力为原则，并可根据来球高度和出球目的选用抽击、弹击或摆击等踢球方法。

易犯错误：

（1）支撑脚选位不当，影响摆踢发力和击球效果。

（2）击球刹那，脚型不稳，脚尖上挑，影响出球力量和方向。

（3）踢球腿摆踢路线不直，身体后仰，膝关节没有顺势上提，出球方向不正，将球踢高。

纠正方法：

（1）进行徒手模仿练习，在强调支撑脚位置的同时，采用分解动作和固定球的方式，体会动作。

（2）在练习中固定脚型，稳固脚的击球部位，增大支撑腿最后一步跨出的距离，使后摆腿充分伸展，膝关节放松。

（3）强调用中等以下力量击球，控制击球点，运用敲击的方式固定脚型，使踢出的球低、平、直。

（三）脚背内侧踢球

特点：摆踢动作顺畅、幅度大，脚触球面积大，出球平稳有力，且性能和路线富于变化，适用于中远距离传球和射门。

动作要领：

（1）踢定位球。斜线助跑，助跑方向与出球方向约成 45°，支撑脚踏在球侧后，脚趾指向出球方向，膝关节微屈，眼睛看球，重心稍倾向支撑脚一侧。在支撑脚踏地的同时，踢球腿以髋关节为轴，大腿带动小腿由外后向前内略呈弧线摆动，膝踝关节稍外旋。当膝关节摆至接近球体的内侧上方时，小腿加速前摆。击球时，膝关节向前顶送，脚背绷直，脚趾扣紧斜下指，以脚背内侧击球的后中下部。击球后，踢球腿顺势前摆落地（图 2–3–14）。

脚背内侧踢球

图 2–3–14 脚背内侧踢球

（2）踢地滚球。要注意调整身体与出球方向的角度关系，以便踢球腿的摆踢发力。

（3）搓踢过顶球。踢球脚背略平，插入球的底部做切踢动作，击球后脚不随球前摆。

（4）转身踢球。助跑最后一步略带跨跳动作，支撑脚的脚趾和膝关节尽可能转向出球方向，击球点应在球的侧前部，并利用腰的扭转协助完成摆踢动作。

（5）踢内弧线球。击球点在球的后外侧，击球刹那，踝关节内旋发力，脚趾勾翘，使球内旋并呈弧线运行。

易犯错误：

（1）支撑脚选位不当，脚趾没对准出球方向，影响摆踢动作的完成。

（2）击球刹那，膝关节不向前顶送，而是顺势内拐，出球呈侧内旋。

（3）踢球腿后摆动作紧张，影响前摆速度，击球发力不足。

（4）支撑脚偏后，击球时上体后仰，出球偏高。

纠正方法：

（1）进行助跑后的模仿踢球练习，体会支撑脚的位置，注意身体的协调配合。

（2）在练习中，增大支撑腿最后一步跨出的距离，使后摆腿充分伸展，膝关节前顶，放松做随前动作。

（3）踢内弧线球时，强调触球的正确部位，踢球脚翘起，向出球方向顺势前摆。

（四）脚背外侧踢球

特点：预摆动作小、出脚快，能利用膝、踝关节的灵活变化改变出球方向和性质，具有一定的隐蔽性，是一种实用性较强的技术，同时也是一种较难掌握的踢球技术。

脚背外侧踢球

动作要领：

（1）踢定位球。该动作方法类似于脚背正面踢球，只是摆踢时，脚面绷直，脚趾向内扣紧并斜下指，用脚背外侧击球的后中部。击球后，踢球腿顺势前摆着地（图 2–3–15）。

图 2–3–15　脚背外侧踢球

（2）踢地滚球。对踢球腿同侧的来球多用直线助跑，对异侧来球则多用斜线助跑，支撑脚要适当提前选位着地，其他动作则类似于踢定位球。

（3）踢外弧线球。支撑脚踏在球侧后方，踢球腿略呈弧形摆踢，作用力方向与出球方向约成 45°，击球点在球内侧后部，脚型同踢定位球。击球后，踢球脚向支撑脚侧斜摆，以加大球的外旋力量。

易犯错误：

（1）支撑脚选位不当，影响摆踢发力。

（2）摆腿时髋关节内转或直腿击球，击球发力不足。

（3）膝、踝关节旋内不够，影响击球的准确性和前摆速度，击球发力不足。

（4）击球刹那，脚型不稳，脚尖上撩，出球不稳。

纠正方法：

（1）进行模仿踢球练习，确定支撑脚的位置，或结合固定球的练习，注意体会触球点和脚的触球部位。

（2）在练习中，身体伸展，重心前移，使后摆腿充分伸展，强调击球后膝关节和踝关节固定。

（3）踢外弧线球时，强调触球的正确部位，踢球脚向前摆动时，脚尖向支撑脚一侧略微转动，膝关节前顶，向支撑腿一侧内旋，并放松做随前动作。

第四节 接球

接球是指运动员运用身体的有效部位，将运行中的球有目的地接控在所需位置上的动作方法，是运动员获得球的主要手段。良好的接控球能力可为球队创造更多的进攻机会，也是保证进攻战术顺畅的重要因素。接球的方法有很多，有脚底接球、脚内侧接球、脚背正面接球、脚背外侧接球、大腿接球、胸部接球、腹部接球及头部接球等。

一、接球动作的技术环节分析

在足球比赛中，除守门员在罚球区内可以用手控球外，其他队员在场内任何地方都不允许用手或手臂推击或携带球。除此以外，身体其他各个部位几乎都可以作为接球部位。

接球是一种将运动状态的球控制住的过程。从其动作结构分析，一个完整的接球动作应包括判断选位→接球前的支撑→触球动作→接球后跟进 4 个技术环节。

（一）判断选位

运动员在接球前，首先要准确地判断来球的路线、落点、速度及性质等，并且要注意观察邻近同伴和对手的情况，在此基础上及时、合理地移动选位，占据有利的接球位置。

（二）接球前的支撑

稳固的支撑是接好球的保证。接球效果的好坏，取决于支撑脚的位置和支撑的稳定性。支撑脚的位置是指支撑脚与接球点的方位和距离。合理的支撑距离，有助于接球动作的顺利完成，而支撑脚的合理方位，则有助于运动员将球控制在所需的位置上，并能尽快地转入下一步行动。

因此，接球时支撑腿的膝关节应适度弯曲，身体重心略降，以加强支撑的稳定性。而支撑脚的选位则应根据接球的方法和目的来确定。

（三）触球动作

接球的根本问题是削弱来球的冲力，削弱来球冲力通常可采用缓冲或改变球运行路线的方法。

1. 缓冲

缓冲是削弱来球冲力的有效方法之一。根据动量原理：$F\Delta t = mv - mv_0$。物体的动量的变化是一定的，此时力的作用时间越短，力就越大；时间越长，力就越小。由于接球时，球的质量和速度是恒定不变的，因此，接球部位触球时间越长，其对球的缓冲作用就越好。为了延长触球时间，运动员可以通过接球部位的前迎来加大引球后撤的距离，从而减弱球的冲力。迎撤动作的幅度和速度决定缓冲的效果，应与来球的速度相对应。对一些球速较慢，力量较小的来球，可利用接球部位关节和肌肉的放松获得缓冲效果。

2. 改变球的运行路线

若要改变球的运行路线，必须合理利用身体的有效部位和地面这些非弹性体。因此，当球以一定的角度触及人体或地面时，其能量会受到损耗而削弱冲力。所以，运动员可以通过推压、切挡、拨转、拉引和收挺等动作，使球改变原来的运行方向，最终使球速减弱而达到控制球的目的。

缓冲和改变来球路线都具有削弱来球冲力的功效。一般来说，迎撤接球的准备期长，触球时间长，须有相对宽松的时空条件来完成动作。而加力接球的准备动作小，触球时间短，接球后改变方向能快速离开原地，可达到接球摆脱的技术效果，更适应于比赛的紧张环境。

比赛中常见的接球方式有以下几种：

（1）迎撤。指以接球部位前迎来球，触球刹那向回引撤以缓冲来球力量的动作方法。迎球和引撤动作要协调连贯，引撤的时机要恰到好处，迎撤的幅度与速度应与球速相对应，才能收到较好的缓冲效果。

（2）压推。指压和推合二为一的连贯动作，多用于接反弹球。在找好落点和选好支撑位置的基础上，接球部位呈某种角度对准球的反弹点，在球落地刹那，迎着球的反弹方向下压，随即与推合成一个动作，其作用力与球的反弹力形成的合力方向，使球变向运行并逐渐减速。运用压推动作的关键在于准确判断来球的落点、反弹时间和反弹路线，并能控制好动作时机和压推角度。

（3）切挡。指通过下切动作加快球的上旋速度，增大球与地面的摩擦阻力，使来球力量得以削弱，并利用接球部位挡住球路，从而达到控球目的。切挡接球的关键在于把握好动作时机以及下切角度和速度。球速越快，下切角度应适当调小，下切速度则应加快。反之相反。

（4）拨转。指拨球与转体连贯合一的动作过程。拨是通过调整拨球角度将球控向转体方向；转既是协调拨球动作的需要，又具有摆脱、突破和尽快面对进攻方向的积极意义。接球时，支撑脚的选位要利于蹬转，通过身体转动带动拨转。一般来说，拨球的力量应与来球力量成反比，拨球角度应与转体角度成正比。拨球时，身体重心应向拨球方向移动，接球脚拨球后要积极落地，并迅速过渡为支撑起动，保证重心随球快速移动。

（5）收挺。收挺动作多用于接空中球。收指身体或接球部位的后缩动作，具有引撤缓冲动作的功效；挺指身体或接球部位呈一定的角度主动迎球推送的动作，其作用是通过向上改变来球方向来达到控球目的。

（四）接球后跟进

接球后身体重心随球快速移动是迅速衔接控球动作的技术关键。接球动作开始时，重心位置落在支撑脚上，以保证接球动作的稳定性。但随动作发展，应有意识地将重心向接球方向转移，接球动作完成后，重心应在球运行的方向上及时移动，从而使身体的运动方向与球的运行方向相一致，保证身体能尽快地移动到控制球或支配球的位置上。

二、各种接球动作的技术特点与动作要领

从接球的部位来看，接球技术可分为脚部接球、胸部接球、腿部接球、腹部接球和头部接球 5 类。

（一）脚部接球

脚部接球的动作方法最多、运用最广，是接球技术的最基本内容。

1. 脚内侧接球

特点：脚内侧接球用途广泛、接球平稳、可靠性强，运用时灵活多变。

动作要领：

（1）接地滚球。判断来球的速度和方向，及时调整身体正对来球，观察周围情况，选好支撑脚位置，膝关节微屈。接球脚根据来球的状态相应提起，膝、踝关节旋外，脚趾稍翘，用脚内侧对准来球。触球刹那，接球部位做相应的引撤或变向接球，将球控在所需要的位置上（图 2–4–1）。

脚内侧接球（地滚球）

（2）接反弹球。选择最佳支撑脚的位置，同时身体要跟上，接球腿小腿与地面形成一定的夹角，向下做压推动作时，膝关节要领先，小腿留在后面（图 2–4–2）。

图 2–4–1　脚内侧接地滚球

图 2–4–2　脚内侧接反弹球

脚内侧接球（反弹球）

（3）接空中球。选择最佳支撑脚的位置，根据来球确定接球动作的方向，接球腿要屈膝抬起，可根据需要采取引撤或切挡动作，接球落地后，应随即将球在地面控制住或控制在下一个动作的准备中（图 2–4–3）。

图 2–4–3　脚内侧接空中球

脚内侧接球（空中球）

易犯错误：

（1）判断起动慢，不能选择最佳的迎球位置，影响下面动作完成的连贯性。

（2）接球腿、膝和踝关节外展不够，影响触球角度，导致控球不稳。

（3）迎撤接球时机控制不好，缓冲效果差。

（4）压推或拨转接球时，重心跟进慢，接、控动作脱节。

（5）接球腿动作僵硬，直腿接球，难以接控。

纠正方法：

（1）可进行分解动作和无球模仿练习，提高动作的协调性。

（2）在练习中强调反应快、起动快，抢站最佳接球的位置，进一步理解和体会主动接球的实际意义。

（3）接地滚球时，确定支撑脚的支撑点，要求由慢到快地迎撤接球，从而达到最佳的缓冲效果。

（4）用手接反弹球，体会接球的最佳时机（在球离开地面的瞬间）。

（5）接空中球时，在确定正确的技术动作时，强调接球腿一侧的髋关节要放松，注意培养整个身体的协调配合。

2. 脚背正面接球

特点：脚背正面接球的部位应是系鞋带的部位。其特点是迎撤动作自如、关节自由度大、接球稳定，但变化较少，适用于接下落球。

动作要领：身体正对来球，判断来球路线和速度，支撑脚稳固支撑，接球腿屈膝提起，以脚背正面对球迎出，触球刹那，接球脚引撤下放，膝、踝关节相应放松，以增强缓冲效果（图 2-4-4）。

脚背正面接球

图 2-4-4 脚背正面接球

欲将球接于体前或体侧时，接球脚跟稍提，触球刹那踝关节适度紧张，通过触球面角度的调整，控制出球方向；欲将球接至身后时，接球脚脚尖要勾翘，踝关节适度紧张，接球刹那引撤速度要快，身体随之转动，控制出球方向。

易犯错误：

（1）接球腿膝、踝关节紧张，动作僵硬，缓冲效果差。

（2）引撤时机和速度掌握不好，控球不稳。

（3）对球的判断不准，接球部位没对准来球。

纠正方法：

（1）进行无球模仿练习，或队员自抛自接或队员间进行手抛球的接球练习，体会技术动作。

（2）进行无球的身体协调性练习，使膝、踝关节在练习中充分放松。

3. 脚掌接球

特点：脚掌接球的部位是以前脚掌为主。其特点是动作简单，控球稳定可靠，适用于接迎面地滚球或反弹球。

动作要领：判断来球路线或落点，选好接球位置并稳固支撑，接球腿屈膝提起，脚尖勾翘，使脚掌和地面形成一定的仰角，球临近或落地刹那，接球腿有控制地下放，用脚前掌部位触压球的后中部，将球控制在脚下（图 2-4-5）。

图 2-4-5　脚掌接球

脚掌接球

采用脚掌接球方法时，为便于完成下一个动作，通常在脚掌触压球后连带一个拉引或推送动作，使球处在需要的位置上。欲将球接向身后，多用拉引动作；欲将球控在体前或体侧则可用推送的方法。做这些动作时重心要随之移动。

易犯错误：

（1）对球的落点判断不准或支撑脚站位不当，影响接球动作的完成。

（2）身体的配合不协调，抬脚高度和角度控制不好，接球时容易产生失误。

（3）接反弹球时踏压时机掌握不好，身体后仰，易出现触压不到球或漏掉球的情况。

纠正方法：

（1）进行前脚掌的踩、踏、拉地面球的练习，体会脚掌的触球部位。

（2）使踝关节在练习中充分伸展放松，根据不同方向的来球，确定和适应脚掌同地面的角度和身体的协调配合，从而做到运用自如。

4. 脚背外侧接球

特点：脚背外侧接球特点是动作幅度小、速度快、灵活机动、隐蔽性强，但动作难度较大，接球时常伴随假动作和转体动作，适用于接地滚球和反弹球。

脚背外侧接球

动作要领：脚背外侧接球后的动作衔接速度相对较慢。因此，支撑脚与接球腿的蹬摆动作要协调连贯，保证接球后身体重心随球快速跟进，缩短动作衔接时间，加快后续动作速度。

（1）接地滚球。在判断来球状况的同时，观察周围情况，选好支撑脚的位置，运用合理的假动作或转体动作进行接球，接球腿屈膝提起，踝关节内翻，以脚背外侧对准来球。当球临近时，接球脚以脚背外侧推拨球的相应部位，将球控在所需要位置上（图 2-4-6）。

图 2-4-6　脚背外侧接球

（2）接反弹球。接反弹球时，要判断好球的落点，抢占有利的接球位置，或运用假动作和转体动作欺骗对手，接球腿小腿应与地面形成一定的夹角，以膝关节领先做扣压动作，防止球的反弹。

易犯错误：

（1）支撑脚选位不当，影响整个接球动作的完成。

（2）掌握不好球的落点，身体的配合不协调，延误推压动作的时机，接不住球或接球不稳。

（3）由于膝、踝关节摆动僵硬、不灵活，假动作或转体动作与接球动作不连贯，易出现接球力量失控。

（4）接反弹球时，身体重心没有跟上，小腿与地面的夹角不当，易出现接球时“卡壳”或控球不到位。

纠正方法：

（1）队员从不同的方向对固定的球进行模仿练习。找到支撑脚的合理位置，从而能够调整好人与球之间的位置关系。

（2）个体针对性训练，使身体与下肢协调配合，从而达到膝、踝关节伸摆灵活。

（3）练习接反弹球时，队员可自抛自接，使小腿与地面的夹角最为合理，从而达到接球后控球到位。

（4）练习时应加上假动作和转身及接球后的控球技术，这可以使整个接球技术更加完善。

（二）胸部接球

特点：胸部接球技术的特点是触球点高、面积大，适用于接胸部以上的高空球。

动作要领：

（1）挺胸式接球。要判断来球的落点，选择适当的接球位置，接球时，身体正对来球，两腿自然开立，膝微屈，两臂自然放置在体侧，上体稍后仰与来球形成一定的角度。触球刹那，胸部主动挺送，使球触胸后向前上方弹起落于体前（图 2-4-7）。

胸部接球

图 2-4-7 挺胸式接球

挺胸式接球的形式还有跳起、蹲跪和挺胸式接传球。跳起和蹲跪的技术要领同挺胸式接球一样，只是在接球前做跳起或蹲跪的动作，而挺胸式接传球是在其原有的基础上，在胸部触球刹那，突然改变挺送的方向，将球顺势传给自己的同伴。

（2）缩胸式接球。适用于接齐胸的平直球。缩胸式接球与挺胸式接球的动作差异在于触球刹那。当球接近时，将手臂向后放并张开胸部。当球触胸瞬间，迅速收腹、缩胸，缓冲来球的力量，使球落于体前。

胸部接球的触球点高，接球后下落反弹。因此，做完胸部动作后，需及时将球控在脚下。如果要将球接向身体两侧时，在触球的刹那要突然转动身体，带动球变向（图 2-4-8）。

图 2-4-8 缩胸式接球

易犯错误：

（1）对来球落点的判断能力差，选位不当，影响整个接球动作的完成。

（2）收挺时机掌握不好，缓冲的效果差。

（3）挺胸接球时，上体仰角不合理，球的反弹角度和落点不理想。

纠正方法：

（1）进行一抛一接的配合练习。找到合理的接球位置，调整好人与球之间的位置关系。

（2）进行分解动作的模仿收挺训练，使身体与下肢协调配合。

（3）队员自抛自接，体会上体的仰角、收挺动作、收挺时机、球的反弹角度以及接球后的连接动作。

（三）大腿接球

特点：大腿接球技术的特点是接触球部位面积大，而且大腿肌肉丰厚有弹性，所以该动作简单易做，适用于接有一定弧度的高球。

动作要领：

（1）接下落高球。身体正对来球，选好支撑脚位置并稳固支撑，接球腿屈膝上抬，以大腿中前部对准来球。触球瞬间，接球腿积极引撤下放，接球部位的肌肉相应放松，以加强缓冲效果，使球触腿后落于体前（图 2-4-9）。

大腿接球

图 2-4-9　大腿接球

接力量较小的来球，还可采用大腿垫接的方法，即接球腿屈膝上抬迎球接球，接球刹那，大腿相对稳定，接球部位肌肉适度紧张，将球向上垫起。用这种方法接球，可在球落地前处理球，也可待球落地后将球控在脚下。

（2）接快速平直运行的空中球（该球高度不过腰间）。身体正对来球，支撑脚向前跨出屈膝，接球腿膝关节向下，大腿与地面垂直或小于 90°。在触球刹那，接球腿积极引撤，接球部位的肌肉也相应放松，以加强缓冲效果，使球触腿后落于体前。

易犯错误：

（1）接球腿引撤时机和速度掌握不好，缓冲的效果差。

（2）大腿接球部位靠前或偏后，接球效果不理想。

纠正方法：

（1）进行一抛一接的配合练习，掌握接球时引撤的时机。

（2）进行大腿的颠球训练，在训练中找到接球的部位和良好的缓冲效果。

（四）头部接球

特点：头部接球技术的特点是接触球的点较高（用头部的前额接球），实用性较强，适用于接有一定弧度的高球（图 2-4-10）。

图 2-4-10　头部接球

动作要领：

（1）接下落高球。身体正对来球，选好支撑脚位置并稳固支撑。当球接近时，身体不要向后倾斜过多，维持身体姿势，用前额部位对准来球，接球瞬间，稍屈膝下蹲，颈部适当放松，缓冲来球力量，使球触头后落于体前。

接力量较小的来球，还可采用头垫接的方法，即接球时头部肩部有缓冲动作即可。用这种方法接球，可在球落地前处理球，也可待球落地后将球控在脚下。

（2）接球后传给同伴。身体正对来球，选好支撑脚位置并稳固支撑，当球接近时，身体不要向后倾斜，在触球刹那，转体摆头点击给自己的同伴。这种接传方法，可根据来球的力量来增加缓冲效果。

易犯错误：

（1）接球时动作僵硬，接球部位不对，缓冲的效果差。

（2）接球前选位不当，靠前或偏后，接球效果不理想。

纠正方法：

（1）个人自抛自接的练习，掌握接球时机和接球的部位。

（2）进行头部的颠球训练，在训练中找到接球的部位和良好的缓冲效果。

第五节　头顶球

头顶球是指运动员有目的地用前额将球击向预定目标的动作方法。头顶球的击球位置高，是争取时间和空间的主要技术手段。在现代足球运动中，头顶球在传球、射门、阻截和抢断等方面发挥的优势日趋明显，运用范围不断扩大，不仅是破坏对方进攻的有力武器，而且经常成为决定比赛胜负的致命手段。

现代足球比赛是一种立体的攻防战，攻守双方不仅在地面上寸土必争，在空中的对抗也互不相让。足球比赛场地广阔，为足球在地面和空中的运行提供了极有利的条件，但要想控制如此之大的空间，就需要发挥除手臂以外身体任一部位的作用。

一、头顶球的技术动作分析

头顶球是一个自下而上全身协调发力的动作过程，其动作结构主要包括以下 4 个环节：判断与选位→蹬地与摆动→头触球→触球后身体的控制。

（一）判断与选位

判断与选位是完成头顶球动作的前提，可直接影响顶击球的时间、力量和方向。合理的选位应以准确的判断为依据。因此，运动员首先要判断来球的路线、速度和性质，并据此进行相应的移动选位。选位时，两眼要始终注视球的发展变化，及时调整自己的移动路线，使自己处于最佳的预顶位置（这一位置既能保证顶球动作的顺利完成，又能达到理想的出球效果）。

（二）蹬地与摆动

蹬地是头顶球的起始发力阶段。其作用是：在跳起顶球时，利用下蹬反作用力，起跳腾空，使身体到达跳顶位置；通过有力的后蹬，加速身体的摆动，增大顶击力量。

摆动是顶球的主要力量来源。摆动的效果主要取决于腰腹部肌肉的力量与动作协调性。摆动的幅度应根据顶球的目的确定。大摆幅的动作方法是通过身体的反向背弓或侧屈，使另一侧的肌肉充分伸展拉长，以加强腹背肌肉屈伸作用，为加快摆速创造条件。大摆幅的顶球力量大、出球有力、速度快，适用于较远距离的传球、破坏球和大力射门。小摆幅是利用腹部肌肉的弓身拉长与收缩，靠颈部猛然加力顶击球，其动作准备期短，动作突然，出球线路灵活多变，但力量较小，适用于短传和近射。

（三）头触球

这一环节的主要任务是保证顶击球的效果。头触球这一环节为主动击球，也称为击球动作。其动作包含击球时机、击球部位和击球刹那颈部发力等因素。

1. 击球时机

从理论上讲，最佳的时机应是在头部摆至垂直部位时发力顶击，因为这时身体重心相对平稳，便于动作的控制，能够充分发挥摆体的速度，否则将会影响顶球的力量。

2. 顶球部位

顶球部位是指顶球时头与球的对应部位，包括头的触球部位和击球点，它直接影响顶球的准确性和力量。因此，应根据来球的路线、出球的方向来确定相应的击球部位，以保证球能按预定的目标运行。

3. 颈部发力动作

颈部发力动作是整个发力过程的最后阶段。颈部发力应短促有力，这样才能较好地把握顶击时机，并保证击球的速度。常见的颈部发力动作有向前顶送、向下点击、向侧摆甩和向后蹬顶等，击球时颈部的适度紧张具有一定的保护作用。

（四）触球后身体的控制

顶击球后，身体姿势的控制将会直接影响到下一步的行动。因此，在冲顶、跳顶、争顶或鱼跃顶球后，既要注意落地缓冲和保护动作，又应注意控制身体姿势，保持重心的稳定，保证动作的转换速度。

二、各种头顶球的技术特点与动作要领

头顶球的方法很多，但按顶球的部位可分成额正面顶球和额侧面顶球两种（图 2-5-1）。

额正面顶球　　额侧面顶球

图 2-5-1　头顶球部位示意图

（一）额正面顶球

特点：额正面顶球是头顶球技术中最常见的方式，其特点是触球部位平坦，动作发力顺畅，容易控制出球方向，准确性强，出球平稳有力。

动作要领：

（1）原地顶球时，身体正对来球，两脚前后站立或平行站立，膝关

额正面顶球（原地）

节微屈，两眼注视来球，上体稍后仰，两臂自然张开，挺胸展腹，下颌收紧。顶球时，蹬地、收腹、摆体、顶送发力，当头摆至身体垂直部位时，用前额正面顶击球的后中部，顶击球瞬间，颈部肌肉保持紧张，顶球后继续前送，以便于控制出球的方向（图 2–5–2）。

图 2–5–2　原地前额正面顶球

（2）转身顶球时，身体稍侧对来球，出球方向一侧的支撑脚靠前站立，以便转体发力。击球刹那，后脚用力向出球方向蹬转带动身体转动，当身体转向出球方向时加速摆体，用前额部顶击球（图 2–5–3）。

图 2–5–3　前额正面转身顶球

（3）跳起顶球时，要选好起跳位置，两脚前后站立，维持身体平衡，掌握好起跳时机，起跳脚积极蹬跳发力，手臂协调向上提摆，以加强跳起力量。起跳后，挺胸展腹，形成背弓，两眼始终注视来球。跳至最高点时，下颌收紧，迅速收腹摆体，前额积极迎球顶送发力，顶球后屈膝缓冲落地时，看清球的飞行路线，以便进行下一步动作（图 2–5–4）。

额正面顶球
（跳起）

图 2–5–4　前额正面跳起顶球

（4）鱼跃顶球时，要准确判断来球，掌握好起跳时机和击球点，利用积极后蹬使身体向前水平跃出，两臂微屈前伸，眼睛注视来球，利用身体的水平冲力将球顶出。击球后，两臂屈肘伸手撑地，随后胸、腹和大腿依次缓冲着地（图 2-5-5）。

图 2-5-5　前额正面鱼跃顶球

易犯错误：

（1）击球刹那闭眼缩颈，不是主动地用前额击球，而是被动地让球击打头部。

（2）击球时机掌握不好，使头在被动位击球，影响顶球发力的效果。

（3）上、下肢与身体的配合不协调，发力动作出现脱节和停顿。

（4）跳起顶球时，起跳点、起跳时机和击球时机掌握不好；腾空后对身体的控制能力差，影响顶球动作的质量和出球效果。

纠正方法：

（1）可采取本人持球，做主动击球练习。要求击球刹那盯住球，找准前额的击球部位。

（2）进行徒手的模仿练习，体会上、下肢与身体的配合发力动作。

（3）进行自抛自顶或两人一抛一顶的配合练习，掌握击球时机，体会顶球发力的效果。

（二）前额侧面顶球

特点：在实际比赛中，运用该技术对球门的威胁很大。因为其特点是击球动作快捷，变换方向突然，顶出球的运行线路难以预测。但该动作难度较大，侧摆发力和出球方向较难控制，适用于应急时破坏球和门前的头球攻门。

动作要领：

（1）原地顶球时，选择好击球的方向，身体稍侧对来球，两脚自然前后站立，击球一侧的支撑腿在前，身体稍向侧后微屈，重心落在后腿上，两臂自然张开，眼睛注视来球。顶击球时，后脚向击球方向用力蹬伸，身体随之向出球方向转动侧摆，同时颈部侧甩发力，用额侧部将球击出。

（2）跳起顶球时，动作类似额正面的跳起顶球，但在起跳上升阶段，上体应向出球的相反方向侧屈转体。跳至最高点时，上体向出球一侧加速转动，摆体侧甩，可利用脚的侧下方蹬地，加快侧摆速度，用额侧部将球顶出（图 2-5-6）。

图 2-5-6　前额侧面跳起顶球

易犯错误：

（1）支撑脚站位不当，不能充分利用腰腹力量发力击球。

（2）身体侧屈转体和回转侧摆动作不协调，影响顶球发力的效果。

（3）起跳后，上、下肢与身体的配合不协调，发力动作出现脱节和停顿。

（4）起跳点和起跳时机掌握不好，影响顶球动作的质量和出球效果。

纠正方法：

（1）进行徒手的模仿练习，体会原地和跳起时上、下肢与身体的配合发力动作。

（2）可采取两人配合的练习，一抛一顶，掌握击球时机，体会转体时腰腹发力的效果。

第六节　抢球与断球

抢球是指防守队员将进攻队员控制的球直接争夺过来或破坏掉的动作方法。断球是指用规则所允许的动作，把对方队员间的传球截获的动作方法。在对抗日趋激烈的足球比赛中，进攻与防守转换快速，合理有效的防守技术对提高球队的竞技能力也是十分重要的。

一、抢、断球的技术动作分析

抢、断球包括抢球和断球两种技术，但从其动作过程分析，都是由判断选位→上步抢断→衔接动作三个技术环节构成的。

1. 判断选位

准确判断是进行有效抢、断的前提，是移动选位的依据。

抢球时，守方要对攻方的动作意图、动作时机、动作变化、控球距离等情况进行分析判断，并据此选择和调整自己的防守站位。一般来说，抢球的站位应是在对手与本方球门线中点的连线上。当对手背对球门时，可采用贴身逼抢以防其转身。若对手已转向球门方向，则应本着“以堵为主，堵中放边”的原则选位，并伺机抢球。

断球时，守方应准确判断攻方的出球意图、出球时间、出球方向以及传、接队员的位置关系等，选择或调整自己的防守位置。一般情况下，应选在对手与本方球门线中点构成的连线上，并偏向有球一侧，与对手保持的距离应向前有利断截、向后有利封堵。在牢牢控制对手的基础上，争取和把握住断球机会。

2. **上步抢断**

上步抢、断包括抢断时机和抢断动作两个部分的内容。在个人防守中，要树立攻击性防守的主动意识，只要有可能，就要积极抢先断截对方的球，从而在气势上给防守造成压力。一旦对手已控稳球，则应注意在封堵过程中找机会抢断，切忌不顾后果的盲目扑抢。

断球的时机一般是当球飞行距离较长，对手注意力在球上，并消极等球，而自己的位置又能抢先一步触到球，则快速发动。

抢球的时机多是在对手触球刹那、球暂时失控或远离控制时，抢先伸脚将球抢过来。

抢、断球的动作方法很多，可针对来球性质和状态合理选用相应的动作，如地滚球或低平球可用脚内侧抢断，平球或高球可用胸或头部截击，反弹球可用脚或腹部抢断。也可根据抢球的位置选用相应方法，如正面的抢球多用脚内侧，侧面抢球可利用规则允许的“合理冲撞”，侧后抢球多用铲球动作来弥补位置上的劣势。

无论采用哪种动作，都应做到突然、迅猛、准确，使对方出乎意料或反应不及。抢断球时，支撑腿要积极后蹬，加速重心前移，抢球腿积极上步跨抢，争取抢先触球，抢断动作要“硬朗”，以加强抢断时的动作力度。

3. **衔接动作**

抢、断球除在危急情势下具有破坏的性质以外，多数情况下是为了获得球或控制球。抢、断球动作的结束，应是控球动作的开始。所以在进行抢球或断球时，应考虑后继的动作。一旦抢断成功，重心应向球的方向快速移动，保证抢、断、控球动作的连贯性。

二、抢、断球的技术特点与动作要领

（一）断球

特点：断球是比赛中经常使用的动作，分为踢断、顶断、铲断和接断等技术动作。凡是需要直接进行传、射等的断球，就需要用踢断、顶断、铲断动作来完成；凡是需要使球处于自己控制之下的断球，则必须使用接球动作来实现。断球时，应对对方的传球路线有预见性，对对方传球的时间、力量、落点等有迅速判断的能力，起动要迅速果断，让对手毫无准备。

（二）抢球

特点：抢球是比赛中经常使用的动作，是指将对手脚下控制的球抢过来或破坏掉的动作方法。抢球技术的运用较为复杂，主要是无球技术和有球技术的合理结合。其运用方式包括正面抢球、侧面抢球和侧后抢球三类动作。

1. 正面抢球

正面抢球

进攻者运球正面对着抢球者而来，将对手所控制的球抢过来或破坏掉所采用的动作方法，称为正面抢球。正面抢球包括正面跨步抢球和正面倒地铲球（图 2-6-1）。

图 2-6-1　正面抢球

动作要领：

（1）正面跨步抢球。两脚前后开立，两膝微屈，身体重心下降并放在两脚之间，面向对手，在对手运球脚触球即将着地或刚着地时，支撑脚用力后蹬，抢球脚以脚内侧对着球跨出，膝关节弯曲，上体前倾，身体重心移至抢球脚上，另一脚立即前跨。如果双方的脚同时触球，则要顺势提拉，使球从对方脚背滚过，同时身体重心要迅速跟上，把球控制好。在离球稍远抢不到的情况下，则可用脚尖捅抢。

（2）正面倒地铲抢。两脚前后开立，两膝弯曲，身体重心下降并落在两脚间，面向对手。在对手运球脚触球即将着地或刚着地时，一脚立即用力后蹬，另一脚沿地面向前滑铲，同时上体侧转后仰倒地，接着蹬地脚迅速沿地面成弧形扫踢球，屈肘用手扶地或接着侧滚。

易犯错误：

（1）身体重心不能及时移到抢球脚上，抢球脚的踝关节不够紧张，抢球无力。

（2）触球后重心跟进不及时，影响衔接下一个动作，不能及时控球。

（3）抢球的时机掌握不好，不能抢先触球而失败。

（4）抢球动作缺乏力量，提拉速度慢，影响抢球效果。

（5）抢截球时运用动作不合理而犯规。

纠正方法：

（1）进行徒手模仿练习，或对固定球从不同的方向体会技术动作。

（2）从弱对抗到强对抗进行练习，体会抢球时机和腿部的发力。

2. 侧面抢球

合理冲撞抢球

侧面抢球是与运球者平行跑动或从后面追成平行位时所实施的抢球动作。主要包括合理冲撞抢球、异侧脚铲球和同侧脚铲球三种情况。

动作要领：

（1）合理冲撞抢球。当与对手并肩跑动时，身体重心稍下降，同对手接触一侧的臂紧贴自己的身体。当对手靠近自己一侧的脚离地时，用肘关节以上部位冲撞对手相应部位，使其失去平衡而乘机将球抢过来（图 2–6–2）。

（2）异侧脚铲球。当控球者拨出球的刹那，抢球者后脚（同侧脚）用力后蹬地成跨步，前脚（异侧脚）以脚外侧沿地面向前内侧滑出，用脚底蹬球，然后小腿外侧、大腿外侧和臀部依次着地（图 2–6–3）。

异侧脚铲球

图 2–6–2 合理冲撞抢球

图 2–6–3 异侧脚铲球

（3）同侧脚铲球。当控球者拨出球的一刹那，抢球者后脚（异侧脚）用力后蹬成跨步，前脚（同侧脚）以脚外侧沿地面向前外侧滑出，用脚背或脚尖将球踢或捅出，然后小腿外侧、大腿外侧和臀部依次着地。

同侧脚铲球

3. 侧后抢球

侧后抢球多是在对手突破的情境下，防守队员进行的回追反抢技术。由于位置上的劣势，因此必须靠铲抢动作争取主动，分为同侧铲球和异侧铲球。其铲球动作同侧面铲球，只是要特别注意铲球的时机与动作，不能造成先铲到人而犯规。

易犯错误：

（1）蹬跨发力不足，滑降速度慢，铲不住球。

（2）动作不连贯，着地支撑缓冲动作不合理，容易造成损伤并影响下一动作的快速衔接。

（3）铲球后起身动作缓慢。

纠正方法：

（1）进行无球模仿练习，注重身体倒地速度以及身体与四肢的协调配合。

（2）倒地飞行距离应从近到远，对抗强度从弱到强，注重倒地后的自我保护和快速起身后下一个动作的衔接。

第七节　掷界外球

掷界外球是指运动员按规则的规定用双手将球掷入场内预定目标的动作方法。掷球时，掷球队员必须面向球场，用双手将球从头后经头顶用一个连续动作掷入场内，脚可以踩在边线上，但不得越过边线。

掷界外球时，没有“越位”的约束，因而掷球的一方可以充分地利用这一规定发动有效的进攻，尤其是在前场接近角球区附近掷界外球，会给对方球门造成很大的威胁。

一、掷界外球的技术动作分析

掷界外球的技术动作是一个下肢固定的爆发式的单摆运动。如果想将球掷得远，则应注意掷出的角度是否能够使掷球的距离尽量远。掷出角的大小受制于球出手的时机。在持球由后向前摆时，一般出手迟则掷出角小，而出手早则掷出角大，过小或过大的掷出角都会使掷出的远度受到影响（图 2–7–1）。

图 2–7–1　掷界外球动作

影响掷界外球的远度还有一个极其重要的因素，那就是出手速度，而掷出速度直接受制于掷球者力量的大小和由后向前摆速的快慢以及掷球时动作的协调性。因此，掷界外球者除了应具备良好的力量基础外，还应具备协调用力的能力，只有具备这些条件，才能较好地完成掷界外球任务。

二、掷界外球的动作要领

1. 原地掷界外球

动作要领：面对场内出球方向，两脚前后或左右开立，膝关节弯曲，上体后仰呈背弓，重心移到后脚上（左右开立时，重心在两脚间），两手自然张开拇指相对，持球的侧后部，屈肘将球置于头后。掷球时，后脚用力蹬地，两腿迅速伸直快速摆体，同时两臂急速前摆。当球摆到头上时，用力甩腕将球掷入场内。掷球时，脚可沿地面向前滑动，但不得离地或踏入场内。

原地掷界外球

2. 助跑掷界外球

动作要领：助跑时，双手持球于胸前，在迈出最后一步时，上体后仰或背弓，同时两手持球，两脚前后开立。若助跑速度较快，在最后两步也可采用垫步的方法以控制身体向前的冲力。掷球动作同原地掷界外球（图 2-7-2）。

图 2-7-2　助跑掷界外球

易犯错误：

（1）初学者在完成掷球技术时，上、下肢与身体配合不够协调。

（2）掷球时，往往在掷球距离较近时容易出现球不是从头后经头上用一个连贯掷球动作将球掷出的现象。当企图往远处掷球时，容易出现单臂用力或用力过猛造成一脚离地。

（3）改变方向掷球时，往往出现身体不能正对出球方向的情况。

纠正方法：

（1）可进行徒手模仿掷球的动作，也可进行分解动作的练习。

（2）练习时，可把动作速率放慢些，掷球距离适当近些，着重体会并加深对技术的理解。

（3）下肢蹬地力量适当减小，以做到协调用力。身体不能面向出球方向，在掷球时可把两脚改成前后开立。

第八节　守门员技术

守门员的位置职责决定了他与场上其他队员在技术、战术、活动方式和心理方面具有极大的区别，其主要职责是控制罚球区，确保球门安全。在规则的允许下，守门员在罚球区内主要用手完成技术动作，实现防守任务。现代足球要求守门员除守住球门不失球以外，还需扩大防守区域，充分利用规则赋予其在本方罚球区内可用手触球的特权，封锁和控制本方罚球区的空间。同时，守门员所处的位置优势，便于观察和分析全场的攻守情况，所以，守门员往往既是本队防守的组织者、协调者，又是进攻的始发者。一场高水平的比赛约有 1/10 的攻守是由守门员结束和开始的，因此，守门员具有指挥协调全队防守以及组织发动进攻的任务，对比赛胜负起着举足轻重的作用。

一、守门员技术分析

守门员技术是指守门员围绕球门所采取的有效防御性动作和组织发动进攻时所采用的动作方法。其主要表现形式是用手接球、扑球、拳击球、托球和传球等。

守门员技术是一种位置技术，是守门员位置各种技术的综合体，包含多种技术要素。但从其防守行动的过程来分析，可大致分为以下几个阶段。

（一）观察判断

观察是守门员防守的第一步。守门员视野既要开阔，纵观全局，了解攻防队员的位置关系和动态变化，又要有所侧重，以攻防转换的发展为核心。在观察的基础上，守门员要通过思维分析进行判断，从场上形势的变化和对手跑位来判断其进攻意图，从球的运行状态来判断其路线、性能、速度和落点，从而为防守做好积极的心理准备和动作准备。

（二）移动选位

守门员移动、选位

在观察判断的基础上，守门员要根据来球的发展变化，进行相应的移动和选位。守门员的防守移动主要有平移侧滑步、侧前交叉步和短距离的快速起动几种类型。侧滑步移动相对平稳，便于连接双脚起跳动作，但移动速度较慢；交叉移动的速度较快，便于连接单脚踏跳动作，多用于扑远侧球或出击前的移动。

守门员的选位是指通过有目的的移动调整自己与球和球门的位置关系。从站立角度上，守门员应选在球与球门线中点的连线上；从站位距离上，守门员向前应能最大限度地封堵射门角度，向后则能有效地防止对方的吊射。

（三）准备姿势

准备姿势指守门员采取防守行动前的身体姿态。其动作是两脚平行站立，上体略前倾，两腿自然屈蹲，脚跟稍提，重心落在前脚掌上，两臂在体前自然屈伸，掌心向下，手指张开，眼睛注视来球，使身体处于“一触即发”的良好状态。

（四）防守应答

防守应答是指守门员对那些对球门构成威胁的来球做出的相应反应，包括心理反应和应答动作。其中，反应的准确性和敏捷性直接影响应答动作的完成，而应答动作的速度与合理性则直接影响防守动作的效果。

守门员的应答行动可大致分为出击防守和门区防守两类。守门员出击防守时，判断要准确、动作要果断、时机要恰当。出击防守通常是守门员对各种吊向罚球点附近的球以及面对突破队员单刀赴会时采取的一种防守行动。门区防守则是指守门员对各种射门刺激做出的应答动作。门区防守要求守门员判断准确、反应敏捷、动作及时到位。

在出击防守或门区防守行动中，守门员可视临场实际情况选用接球、扑球和托击球等动作方法。对球速慢、角度正的射门球应尽量采用接球方法；对球速快、角度刁的射门球可采用扑球方法；对力量大、形势危急的射门球可以利用托、击球方法。总之，守门员的防守要稳健可靠，最大限度地减少防守失误，建立场上队员对球门的安全感，消除他们的后顾之忧，以便全力以赴地发挥他们自身的能力。

（五）接球后的行动

守门员接到球后，即意味着防守行动的结束和进攻的开始。现代足球比赛越来越强调快速的攻守转换。因此，守门员要具有强烈的快速进攻意识，并具有发动进攻的能力。接到球后的第一反应是能否发动快攻，要迅速观察前场队员的行动和意图，只要前场队员处于有利位置并采取前插的动作，则应及时将球传出，发动有力的快攻。若没有快攻的机会，则应根据场上攻守双方队员的行动与态势，将球发至最有利于下一步进攻的队员。由于竞赛规则对守门员持球持续时间有限制，所以要求守门员要具备良好的快速观察和判断能力。

二、守门员技术的特点与动作要领

守门员的有球技术包括接球、扑球、拳击球、托球和发球等动作方法。

（一）接球

特点：接球是守门员技术的重点，也是运用中最为常见的技术，其特点是简单、容易掌握、运用范围广泛、稳定性要求高。接球是守门员必须熟练掌握的基本能力，从手型上可分为上手接球和下手接球。

1. 下手接球

动作要领：基本手型为“簸箕”状，手指张开，掌心向上，小拇指靠拢。适用于接地滚球、低平球、低弧度的反弹球和高弧度的落降球（图 2–8–1）。接球的基本姿势有跪式（图 2–8–2）、俯背式（图 2–8–3）和站立式（图 2–8–4）三种。

下手接球

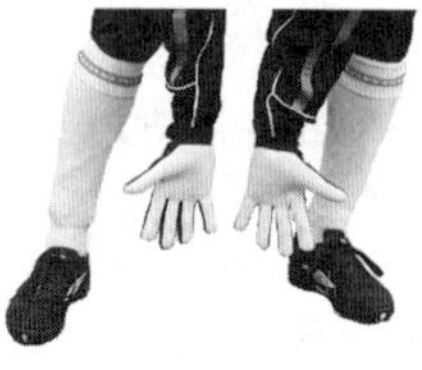

图 2–8–1　下手接球手型

图 2–8–2　跪式接球

图 2–8–3　俯背式接球

图 2–8–4　站立式接球

完整的动作要领是身体正对来球，当球临近时，根据来球的高度做好相应的接球姿势。接球时，两臂伸出迎球，手型相对稳定，角度合理，当手指触球刹那，屈臂夹肘收球缓冲，并顺势屈腕、压胸，将球抱于胸前。

易犯错误：

（1）选位不正确，身体没有正对来球，接球易失误。

（2）屈臂收球不夹肘，使球从臂间漏掉。

（3）接低平球时，引球缓冲时机不准，缓冲效果差，球直接触击胸部。

（4）接球时手指过分弯曲，手型小，接球不稳。

纠正方法：

（1）进行快速的脚步移动练习和接受信号的反应练习，使身体到位接球。

（2）进行模仿性练习，强调手型和屈臂夹肘的动作。

（3）接低平球或地滚球时，强调引球、抱球的缓冲动作。

2. 上手接球

动作要领：基本手型为“球窝”状，掌心向前稍内倾，手指向上，拇指靠拢（图 2-8-5）。上手接球适用于接胸部以上的各种高球。接球的基本姿势分为原地站立接球（图 2-8-6）和单、双脚跳起接球。

图 2-8-5 接球手型

图 2-8-6 单脚跳起接球

（1）原地接球时，身体正对来球，当球临近时，两臂举起迎球，控制好接球手型。触球刹那，掌心要空，手腕手指用力接球，手臂顺势下引缓冲收球，手腕扣紧，前臂旋外夹肘，两手贴紧球体表面翻转滑动，将球牢牢抱于胸前（图 2-8-7）。

上手接球（原地接球）

（2）跳起接球时，首先要观察来球的路线，判断来球的旋转方式和落点，然后选定起跳点，掌握好起跳时机，保持身体在空中的平衡。跳至最高点时，伸臂展体将球接住或一腿提膝内扣做自我保护，并顺势收于胸前。落地时，注意屈膝缓冲（图 2-8-8）。

上手接球（跳起接球）

图 2-8-7 原地上手接球

图 2-8-8 跳起接球

易犯错误：

（1）接球时，肘关节外张，手腕没有扣紧，影响接球效果。

（2）接球时，两手掌相对，手型后仰，使球从两手臂间漏掉或脱手。

（3）接球后，手臂下引收球时，前臂没有夹肘动作，接控球不稳。

（4）跳起接球时，时机掌握不好，没有跳至最高处接球，影响接球控制空间。

纠正方法：

（1）进行模仿性练习，强调手型和屈臂夹肘的动作。

（2）在硬地上进行移动的双手运球或对墙进行滑步掷接球练习，注意夹肘扣腕。

（3）进行自抛自接练习，注重起跳至最高点接球并顺势抱球于胸前。

（二）扑球

特点：扑球是守门员技术的难点，也是守门员技术中最具有观赏性的动作。其特点是在守门员重心无法移动的情况下，利用直接倒地或腾空倒地，加速重心向球侧移动的一种动作方法。扑球可分为倒地侧扑接球和跃起侧扑接球（鱼跃扑球）两种。

1. 倒地侧扑接球

动作要领：扑两侧球时，首先要做好准备姿势，两眼注视来球，身体重心置于两腿之间，两脚时刻准备蹬地，精力集中。扑球时，异侧脚内侧侧蹬发力，同侧脚屈膝迎球跨出，上体顺势压扑以加速重心的前移倒地，双臂同时迎出接球，腕关节稍内扣，用手掌挡压控球。触球后，屈臂收球于胸前，并快速抱球起身。侧倒过程以小腿、大腿、臀部、肩和手臂外侧顺序缓冲着地（图 2-8-9）。

倒地侧扑接球

图 2-8-9　倒地侧扑接球

扑脚下球时，先要做好准备姿势，两眼注视并判断对手将要起脚射门的方向。扑球时，重心降低出击迎球，在对手起脚射门的刹那，快速倒地侧扑封堵球路，将球接住或挡出，随即做屈膝团身动作进行自我保护。

易犯错误：

（1）迎球侧跨步时，上体不做压扑动作，影响倒地速度。

（2）接球手臂伸出不一致，影响接球手型，接球不稳。

（3）倒地时，肘关节外展，导致受伤并影响控球的稳定性。

纠正方法：

（1）进行模仿性倒地练习，强调侧蹬地和上体的下压。

（2）侧躺在地上进行双手的接球动作，腕关节稍内扣，手掌挡压球。触球后，屈臂收球于胸前，并快速抱球起身，进行另一侧的练习。

（3）进行跪地侧倒地接球练习，注重身体的充分伸展。

2. 跃起侧扑接球

动作要领：

（1）扑地滚球时，确定来球路线后，迅速降低重心，身体向球侧倾斜移动。同侧脚侧上步，用脚掌外侧蹬地发力，使身体呈水平状腾空，两手同时快速迎球，身体展开。接球手型成“球窝”状，靠压腕和手指用力将球控住。落地时，两手按球，随即屈肘，以前臂、肩部、上体侧面和下肢依次着地。注意屈膝团身护球，并顺势抱球起身（图 2-8-10）。

跃起侧扑接球

图 2-8-10　跃起侧扑接球

（2）扑平高球时，当身体重心倾移至踏跳脚时，用脚外侧发力猛蹬，使身体向来球的方向跃起腾空。手臂伸出迎球，身体充分伸展，并以“球窝”状手型发力将球接稳，随重心落降，开始落地缓冲，动作方法同扑地滚球。

易犯错误：

（1）侧蹬发力差或身体重心倾移速度慢，腾空跃起的距离短。

（2）腾空后团身，落降速度快，影响腾空接球动作的完成。

（3）落地时，身体整体落下，导致受伤并影响控球的稳定性。

纠正方法：

（1）在海绵垫上进行腾空倒地练习，注重强调侧蹬地和加快重心倾移速度。

（2）可扑接固定球或扑接抛球，不断增加腾空飞行的距离进行接球练习。强调触球后屈臂收球于胸前，并快速做保护动作。

（3）进行专门性落地练习，注重身体着地的顺序。

（三）托、击球

特点：托、击球是守门员接扑球技术在应急情况下的应变运用。其特点常和出击接高球与跃起扑球动作联系在一起，具有紧急应变、即兴发挥的特点。

1. 托球

托球

托球一般用于临近球门的防守。对那些射门力量大、角度刁、贴近球门横梁或立柱的球可采用托球。托球时多用单臂，以增加触球的高度（图 2–8–11）。

图 2–8–11　托球

动作要领：托球时，近球侧手臂伸出迎球。触球刹那，手腕后仰，用掌根部顶推发力，将球向侧面或上方托出。

易犯错误：

（1）伸臂和顶推动作脱节，影响动作发力。

（2）用手掌前部托球，力度不够。

（3）落地时，身体整体落下，没有缓冲动作，容易导致受伤。

纠正方法：

（1）在原地做伸臂和顶推动作练习，强调用掌根发力。

（2）进行固定球或抛球练习，进行起跳托球和落地时的缓冲练习，强调落地时的保护动作。

2. 击球

一般用于出击时的防守。在争抢高球无把握接住球的情况下，可利用单、双拳将球击出。

击球

动作要领：单拳击球时，在起跳上升阶段，击球手臂位于肩侧，屈肘握拳，体稍侧转。至最高点时，身体快速回转，以肘带肩挥拳，用拳面将球击出（图 2–8–12）。双拳击球时，在起跳上升阶段，双臂于胸前屈肘握拳，两拳靠拢，拳心相对。至最高点时，双拳同时迎球冲出击球（图 2–8–13）。

图 2–8–12　单拳击球

图 2–8–13　双拳击球

易犯错误：

（1）起跳时机把握不准，击不到球。

（2）出拳的拳面和击球点的位置没掌握好，影响击球的力量和方向。

纠正方法：

（1）原地做拳击球动作练习，注重确定击球点和整个动作的发力。

（2）进行固定球或抛球练习及起跳击球和落地时的缓冲练习，注重强调落地时的保护动作。

（四）发球

特点：发球是守门员组织发动进攻的技术手段。在守门员组织进攻时，其发球特点是能快则快，不能快则稳，以快为主，保证稳妥。

守门员发球包括踢发球和抛掷发球两类。

1. 踢发球

踢发球常用的方法有踢定位球、踢高抛球和踢反弹球。踢发球的力量大、距离远、方法灵活多变，适用于各种发球的需要，其动作方法见踢球动作要领（图 2-8-14）。

图 2-8-14 踢发球

2. 抛掷发球

抛掷发球出球快，准确性高，但力量小，适用于中短距离的快速发球需要。

动作要领：

（1）低手掷球时，两脚前后开立，两膝弯曲，掷球臂后撤引球，身体随之侧转，重心移至后脚。掷球时，利用后脚蹬地、转体、送臂和甩腕拨球的连贯发力将球掷向目标（图 2-8-15）。

图 2-8-15 低手掷球

抛掷发球（低手掷球）

抛掷发球（肩上掷球）

（2）肩上掷球时，两脚前后开立，膝弯曲，单臂屈肘持球于肩上。掷球时，持球臂后摆引球，身体随之侧转，重心移至后脚，利用后脚蹬地、转体、挥臂和甩腕拨球的连贯发力将球掷向目标（图 2-8-16）。

（3）勾抛掷球时，身体侧对出球方向，两脚前后开立，持球臂屈肘后引，身体随之侧转，腰部扭紧，重心移至后脚。掷球时，后脚发力蹬地，并快速转体，持球臂顺势由后经体侧向上呈弧线形抡摆，摆至肩上方时，甩腕拨球，将球掷向目标（图 2-8-17）。

抛掷发球（勾抛掷球）

图 2-8-16　肩上掷球

图 2-8-17　勾抛掷球

易犯错误：

（1）引球时不转体，不能利用腰部力量掷球。

（2）掷球时缺乏甩腕拨球动作，出球方向控制不好。

纠正方法：

（1）进行掷实心球的练习，注重转体和腰部发力。

（2）两人一组进行勾抛掷球练习，强调出球的方向和落点的准确性。

思考与练习

1. 足球技术在比赛中的作用和意义是什么？
2. 了解和分析弧线球形成的力学原理。
3. 试分析运球、踢球、接球和头顶球的技术动作过程。
4. 试分析踢球、接球技术的易犯错误和纠正方法。
5. 试分析守门员接球的技术方法。

第三章 足球技术教学与训练

本章提要

本章从足球教学与训练方法学的角度，对构成足球技术练习方法的基本要素进行了概括。着重介绍了足球基本技术的练习方法以及练习的目的和作用，并对如何通过练习要素的调整达到不同的练习目的进行了分析，以帮助学习者更好地掌握足球技术的教学训练原理和方法。

学习目标

1. 了解足球技术练习的构成要素，初步掌握各要素组合变化的方法
2. 掌握足球技术的基本教学和训练步骤以及各种方法的目的和作用

第一节 足球技术教学步骤与练习方法的构成要素

一、足球技术教学步骤

在足球技术教学中，应遵循由浅入深、由易到难、循序渐进的教学原则，一般采用以下教学步骤：

（1）讲解示范动作要领和过程，使学生初步建立动作概念。

（2）进行模仿练习，可采用徒手练习，以进一步明确动作概念。

（3）在简单的条件下进行练习，如在原地、慢速、近距离、定位球等情景下进行练习，多次重复某一动作，以促进技术动作的掌握。

（4）改变练习条件（或要求）的练习。学生在简单条件下能较好完成任务时，可及时改变练习的条件，如原地练习变为行进间练习，慢速变为中、快速，定位球变为活动中的球，近距离变为中、远距离，单个动作变为组合动作等，以此达到巩固、提高的目的。

（5）在对抗条件下进行练习。对抗练习可由消极对抗逐步过渡到积极对抗。对抗练习既可以提高学生的兴趣，又符合比赛的需要。

（6）在比赛或竞赛性活动中进行练习，以检验和提高运用能力。

足球技术与足球技能并非对立关系，足球技能是足球基本技术的升华体现，足球技能体现为足球技术在具体实战情境下的运用能力。为了进一步解决我国学校足球教学中长期存在的“学生喜欢踢足球，但是不喜欢上足球课”“会绕杆、会颠球，但是不会比赛”的顽疾，亟须改革原先“单个足球技术教学”的步骤与模式，尽可能在接近比赛实战情境的条件下展开足球技术教学，以各种形式的比赛和结构化练习活动为主要内容来培养学生对足球技术的实战运用能力，实现从“教足球技术”到“学会运用足球技术”的转变，让学生真正能够体验到足球运动的乐趣，培养学生对足球运动的兴趣，引导学生完整地认知足球运动并掌握足球技能。

二、足球技术练习法的构成要素及调控

在足球教学中，教学方法和手段的选择不仅要符合教学原则，还要符合教学任务、教材特点、学生学习的积极性、教师本身的可能性以及教学的基本条件。

在足球技术教学中，最常采用的教学方法是练习法。通过大量有目的的练习，可以使学生掌握技术动作。这里重点介绍足球技术练习法的组合要素，目的是在选择练

习方法时，可根据教学任务、对象、条件的不同变化调整这些因素，以利于知识信息的传递及运动技能的掌握和提高。不论选用何种方法，必须充分认识该练习的目的和作用，从而根据学生自身的特点和水平，布置具体的练习任务。

（一）活动方式

1. 静态活动

静态活动是指原地完成技术动作的活动。初学某项技术动作时多采用此种方式。例如，学习踢球时，首先进行原地无球模仿练习，体会击球、摆腿动作，建立初步的动作表象，为下一步动作学习打下基础。然后，可以让一名队员踩着固定球，另一名队员踢固定球，以体会击球部位和方法（图 3-1-1）。

无球模仿

踢固定球

图 3-1-1 静态练习

2. 动态活动

动态活动是指运动中完成技术动作的活动，适用于巩固提高技术动作阶段。在此种活动方式中，学生活动的路线可进行变化，如活动路线由直线变为曲线，由不换位到换位等。另外，学生活动的范围可随着学生技术水平的提高逐渐加大，如在学习运控球技术时，可以先进行直线运球，然后曲线运球，再过渡到直线和曲线结合运球（图 3-1-2）。

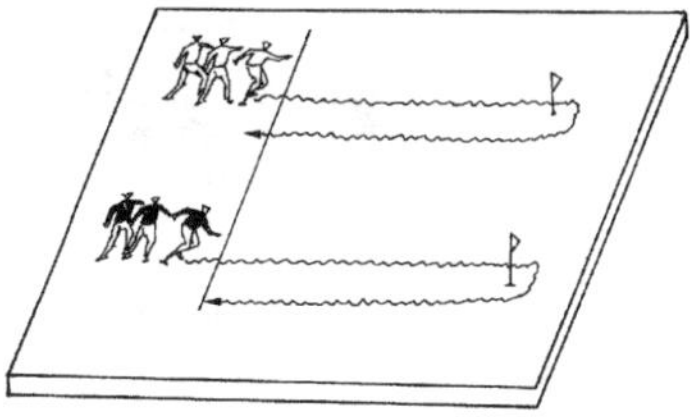

直线运球

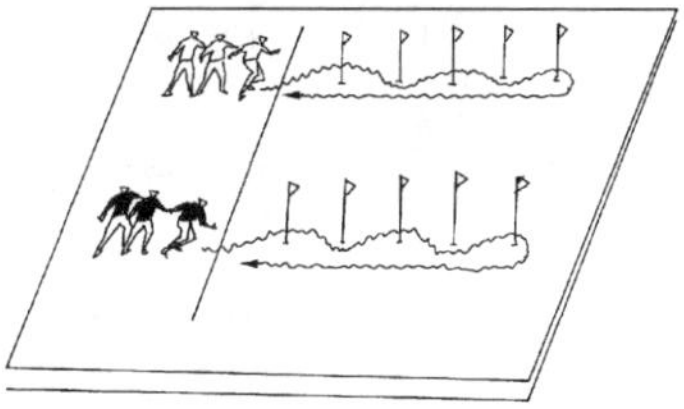

曲线运球

图 3-1-2 动态练习

（二）活动速度

指学生完成练习时的奔跑速度、动作速度及组合技术中单个动作的连接速度。在练习过程中，根据学生掌握技术动作的情况，可逐步要求由慢到快，即跑动快、完成动作快、动作衔接快。

（三）动作组合

指学生完成技术动作的组合形式。初学者多以完成单个技术动作为主，随着技术水平的提高，可完成组合技术动作，如接球—运球—传球、接球—运球—突破—射门等。

（四）动作练习次数

在学生初步掌握动作之后，一定要让学生多次重复完成技术动作，以加快运动技能的发展，形成动力定型。发现学生有技术动作的错误时，要及时纠正，以免形成错误的动力定型，待纠正后再多次重复练习。

（五）练习人数

同一练习方法，参与练习的人数越多，练习密度就越小，反之则密度越大。一些跑动中完成的练习，参与的人数越多，活动方式则越复杂，练习难度也越大。因此，初学者多以人数少的练习为主。在巩固、提高阶段，既可安排人数少的练习，便于巩固、提高技术，也可安排人数多、活动方式稍复杂的练习。例如，在学习脚内侧踢球时，可按照两人一组传接球练习→3 人一组传接球练习→4 人一组传抢练习→3 对 3 传抢练习的顺序进行练习（图 3-1-3）。

两人一组传接球练习

3 人一组传接球练习

4 对 1 传抢练习

3 对 3 传抢练习

图 3-1-3　脚内侧踢球练习

（六）对抗程度

指练习时对手参与的激烈程度。初学者一般不安排对抗练习，随着技术水平的提高，双方对抗逐渐由消极到积极，从而可逐渐加大练习难度和对抗程度，以适应比赛的需要。

（七）辅助练习器材

练习时要适时利用有利于完成技术动作的器材，如标志杆、标志墩、铁圈、足球墙、小球门、吊球架等，以增加练习的目的性和控制性，帮助学生掌握某一技术动作（图 3-1-4）。

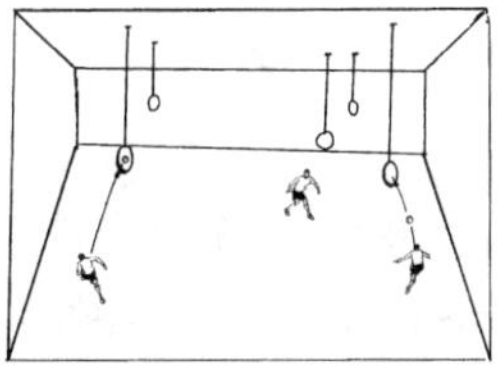

利用吊球架练习头顶球

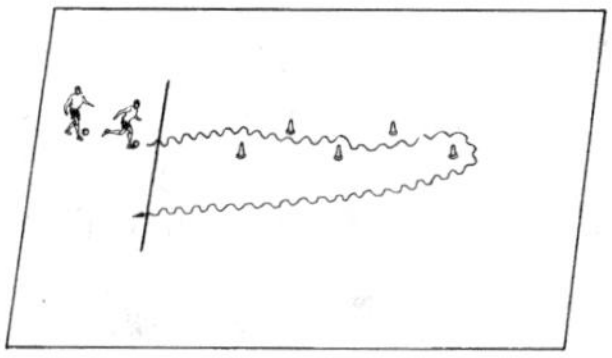

利用标志墩练习曲线运球

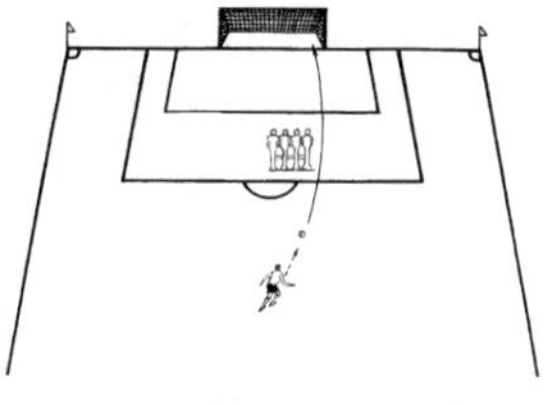

利用人墙练习罚任意球

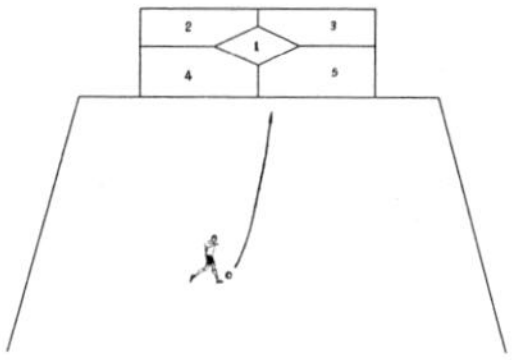

利用足球墙进行各种踢球练习

图 3-1-4　利用辅助器材的练习方法

（八）限制区和限制线

利用足球场地的区、线、圈或另外设计一些练习场地来控制学生练习的范围，既有利于组织教学，又可帮助学生树立足球场地是有限区域的意识。

（九）练习信号

在组织教学时，可利用哨音、口令、手势等信号控制学生练习，对初学者应多采用口令、哨音等听觉信号，在巩固、提高技术动作时可采用手势等视觉信号，从而提高练习难度，并有利于培养学生综合运用各种感官的能力。

第二节 足球技术教学与训练方法

一、熟悉球性和增强球感的练习方法范例

（一）增强球感的练习

1. 练习目的与作用

对于初学者来说，必须重视熟悉球性和增加球感。可用脚的各个部位，做推、拉、拖球等增强球感练习，使脚与球渐渐熟悉起来。

2. 练习形式与方法

熟悉球性是指身体对球的一种感觉与把握。熟悉球性的练习方法多种多样，都以提高身体的多个部位（脚、腿、头、胸等）对不同性能球的感觉与控制能力为目的。要想熟悉球性，就要尽可能多地接触球，以提高踢球时身体动作与球的运动之间的协调配合。这里主要介绍脚底踩球、脚底拉球和侧身拉球三种熟悉球性的动作方法（图 3-2-1）。

脚底踩球　　脚底拉球　　侧身拉球

图 3-2-1　增强球感的练习

（二）颠控球练习

1. 练习目的与作用

颠球是一种增强球感的有效的练习方法，指球员用双脚或其他部位不停地触球，使球保持在空中上下运行而不落地的方法。颠球练习主要用来提高处理空中球的能力。

2. 练习形式与方法

刚开始颠球时，可用脚背正面触球的下中部，使球向上运行并略带内旋，待球落下时再次触球。当熟悉一段球性后，再用大腿、头部、脚内侧、脚外侧等部位练习颠球，进一步提高控制球的能力（图 3-2-2）。

图 3-2-2　各种颠控球练习

对初学者来说，颠球游戏是一种很有趣的练习手段，追求的目标就是“使球不落地”，练习目的是加强对球的感觉，掌握触球的方法，要求触球的部位要准确，注意力集中于球，身体应随球的运行轨迹移动与调整。

3. 练习范例

（1）颠网袋中球。初学者刚开始练习颠球，可将足球放在网袋中，手抓住网袋上端，用脚的各个部位熟悉球性，感受触球后球的变化规律。

（2）用手自抛自颠。由于初学者用脚控制球的能力尚未达到，可以采用手抛球的办法自抛自颠。分别用脚背正面、大腿、胸和头部连续颠球，尽量延长训练时间。

（3）限定时间的颠球比赛。在限定的时间内（1~2 分钟）进行颠球比赛。不必考虑颠球失败，球落地以后，仍可以继续颠球，累积颠球次数。该练习既可以提高练习的积极性，又可以加大练习的强度。

（4）组合部位颠球。在熟练颠球的基础上，按照脚背正面（左右）—脚内侧（左右）—大腿（左右）—脚背外侧（左右）8 个部位依次进行颠球，在此基础上还可以加上头、双肩、胸部 4 个部位共 12 个部位颠球。

（5）行进间颠球。在熟练颠球的基础上，进行规定距离的行进间颠球，尽量减少球落地的次数。

（6）限定高度颠球。在熟练颠球的基础上，限定高度。颠球不得超过膝关节，目的在于提高颠球的频率和次数；颠球超过膝关节，但不得超过头部；颠球超过头部，目的在于提高脚控制球的能力。

（7）颠传球。2 人或 3~5 人颠传球，提高控制球的能力。

（8）网式足球比赛。

二、运球与运球过人技术练习方法范例

（一）直线运球

1. 练习目的与作用

掌握运球的基本方法，体会运球时的推拨动作。体会支撑脚的蹬与运球脚的协调与连贯。

2. 练习形式与方法

（1）慢速用单脚推或拨球前进，初步掌握之后再进行两只脚交替推、拨球前进练习。

（2）队员分成两组，相距 20 米左右，成“一”字形相对排列。一组第一人运球到对面的运球起点线，把球传给另一组的第一人，然后跑到队尾，依次循环。

（3）直线变速运球。运球变速的距离可长可短，变速节奏可紧可缓，可以有规律变速，也可无定势的变速，练习的路线可以进行变化。

3. 练习要素的变化

（1）初学者开始运球的速度可以稍慢一些，体会运球的部位和方法，待熟练以后逐渐加快运球速度或快、慢速结合运球。

（2）调整运球场地的大小或增加限制线，提高运球控制球能力。

（3）运球路线可以是直线，也可以呈三角形和十字形等（图 3−2−3），练习的队形可采用横队或纵队等。

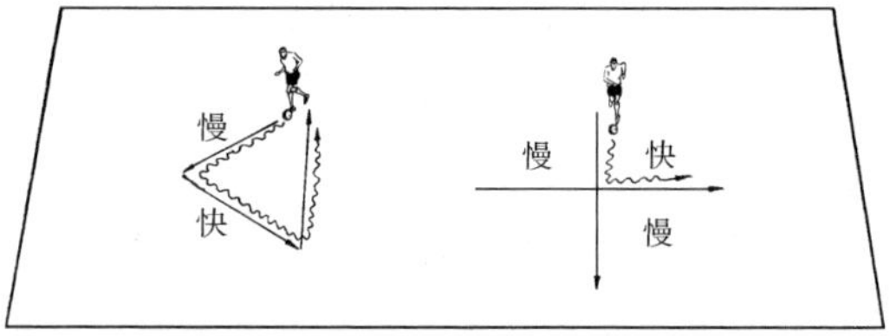

图 3−2−3　直线运球练习示意图

（4）练习的学生人数可根据学生动作的掌握情况而定，可多可少，如可 2~3 人一组，也可 8~10 人一组，以便调整练习强度。

（二）曲线运球

1. 练习目的与作用

使学生掌握运控球的路线和方法，体会运球部位和角度的调整以及身体重心的移动、变化和跟进。

2. 练习形式与方法

（1）队员排成一路纵队，由排头开始从起点线运球绕过数根标杆，再折回到起点，把球传给下一个人，然后跑到队尾依次循环。这个练习还可以让队员相隔一定距离一个接一个地进行运球过杆练习，以增大练习密度。标杆可排成直线或折线（图 3-2-4）。

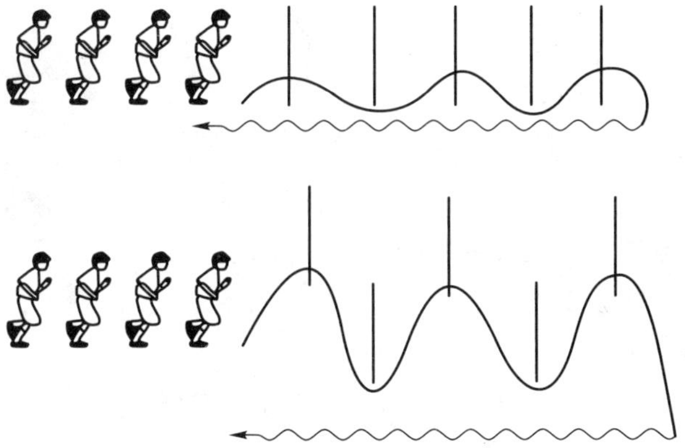

图 3-2-4　运球绕杆练习

（2）队员分成两组，各成一路纵队，分别站在中圈外的左侧和右侧，各组的排头按同一方向沿中圈运球，运球到起点把球交给本组的下一个同伴，然后跑到队尾依次循环。

3. 练习要素的变化

（1）初学者开始运球的速度可以稍慢一些，重点体会运球时如何变换方向和身体重心的移动变换。

（2）调整运球场地的大小，还可以考虑增加标志物。标志物的摆放可以是直线有序的，也可以不规则摆放，以提高曲线运球变向能力。

（3）运球路线轨迹可以是折线，也可以是弧线，变换的角度可大可小，可在运行中变向，也可急停后变向。

（4）练习人数和次数根据学生动作的掌握情况，可多可少，以便调整练习的强度。

（三）运球综合练习

1. 练习目的与作用

通过对触球部位、触拨球步数、运球距离、方向、速度等练习要素的控制和变化，培养学生运球的节奏感、距离感以及重心的移动和应变的机动性。提高其控制运球力量、速度和方向的能力。

2. 练习形式与方法

（1）练习区域为 10 米 ×10 米，每人一球。队员听哨音开始在区域内自由运球。每听到教练员鸣哨，做一个运球变向动作。可限定条件，如只用右脚或只用左脚，两脚交替，只用脚外侧或只用脚内侧，只用脚底，运球突破动作，运球转身等。

（2）两人一组，每人一球。前面的人在运球中变向变速，后面的人运球模仿跟踪。

（3）两人一组，一人运球，另外一人做消极防守，运球者在运球中变向变速，防守的人封堵到位。本练习中的防守队员不抢球，只是做各种防守动作来干扰控球队员的注意力（图 3-2-5）。

图 3-2-5　运球防守练习

3. 练习要素的变化

（1）活动方式的变化。活动方式要简单易行，先直线运球，后曲线运球，然后直线、曲线结合运球。

（2）活动速度的变化。开始时速度可以稍慢一些，重点体会运球时如何变换方向，体会身体重心的移动变换。待熟练以后逐渐加快速度运球或快慢结合运球。

（3）技术组合的变化。初学者开始练习时可做单个动作运球，如脚背正面运球、脚内侧运球、脚背外侧运球，然后结合拨球、拉球、挑球、扣球等组合动作进行练习。

（4）人数的变化。开始练习时人数可少一些，后逐渐增加练习的人数，提高抗干扰能力，注重变换运球的方向，提高运球准确性。

（5）对抗程度的变化。练习的对抗程度可从无对抗到有对抗，从消极对抗到积极对抗，再到比赛中运用。

（6）练习场地的变化。注意调整运球场地的大小，还可以考虑增加标志物。标志物的摆放开始可以是直线有序的，也可以不规则摆放，以提高曲线变向运球能力。

（7）运球路线的变化。运球路线可以是折线，也可以是弧线，变换的角度可大可小，可在运行中变向，也可急停后变向。

（四）运球过人练习

1. 练习目的与作用

提高运球过人的实战能力。引导学生善于利用身体保护球和进行合理的假动作运球突破。

2. 练习形式与方法

（1）一过一练习。两人一球做一过一练习。运球者向防守者做运球过人练习，防守者做消极防守。较熟练地掌握后，防守者做积极防守。

（2）一对一运球突破对抗练习。两人（A 和 B）相距 5~8 米，B 传球给 A 后迎上逼抢，A 接球后运球突破 B，突破后拉开相应的距离。交替进行练习（图 3-2-6）。

图 3-2-6 一对一运球突破对抗练习

（3）突破传球练习。在限制区域内，进攻和防守队员各一人，其他队员不许进入。供球队员可把球传入限制区任何地点。进攻队员控球后必须先突破对手以后才能传出。在限制区内，防守队员可让进攻队员接球转身后再开始抢球。

（4）突破射门练习。在限制区域内进攻和防守队员各一人，可放置标准足球门（加守门员），也可放置小球门，其他队员不许进入。供球队员可把球传入限制区内任何地点，进攻队员控球后必须先突破对手以后才能射门。在限制区域内，防守队员可在进攻队员接球转身后再开始抢球。

3. 练习要素的变化

（1）活动方式的变化。运球过人的方法有很多，初学者在学习运球过人时，过人的方式要简单易行，实用有效。

（2）活动速度的变化。开始时速度可以稍慢一些，重点体会身体重心的移动变换。

待熟练以后，逐渐加快速度或快慢结合运球。

（3）技术组合的变化。初学者开始练习时可做简单的运球过人动作，如左晃右拨、强行突破等，随着技术动作的熟练掌握，可以增加一些拨转、挑扣、连续过人等组合动作进行练习。

（4）对抗程度的变化。练习的对抗程度可从无对抗到有对抗，从消极对抗到积极对抗，再到比赛中运用。

（5）练习强度的变化。学习动作时，主要动作反复做，练习的次数要多。掌握基本动作后，可通过变换动作的组合方式，提高学生的学习兴趣，以调整练习强度。

三、踢球练习方法范例

（一）踢球基本方法练习

1. 练习目的与作用

通过观察踢球的正确动作，练习者在教师的带领下，了解和掌握踢球技术的5个基本环节，为熟练掌握踢球技术打下基础。

2. 练习形式与方法

（1）无球模仿练习。

要求：初步体会动作感觉，确立击球脚型和踢摆方式。

注意：练习时身体放松，控制好击球部位、脚型和踢摆的速度节奏。

（2）踢固定球练习。学生可以采用一人把球踩在脚下，另一人用脚的不同部位踢球，体会脚的触球部位；或进行踢实心球等练习。

（3）踢定位球练习。可对足球墙、足球网自己练习，也可采用各种形式的对练；练习的距离可由近至远，由固定目标过渡到踢活动目标。

要求：在模仿练习的基础上，加深学生对触击球的动作体会。

注意：练习的重点应放在动作协调性和准确性上，而不是踢球的力量。

3. 练习要素的变化

（1）活动方式的变化。可以原地无球模仿练习，然后踢固定球，重点体会踢球脚的部位和击球点。

（2）活动速度的变化。踢球的速度开始时可以慢一些，后逐渐加大传球力量和速度，由原地踢球逐渐过渡到跑动踢球。

（3）技术组合的变化。初学者开始练习时可做单个动作，然后结合接球、运球以及过人等组合动作进行练习。

（4）练习人数的变化。练习人数开始时可少一些，后逐渐增加练习人数，变换传球的方向，提高传球的准确性。

（5）对抗强度的变化。练习的对抗程度可从无对抗到有对抗，从消极对抗到积极对抗，再到比赛中运用。

（6）练习球量的变化。练习球量可以由少到多，以提高快速处理球的能力。

（二）踢地滚球练习

1. 练习目的与作用

使学生掌握踢地滚球的技术动作，通过观察、判断来球的速度和方向，调整自身的控制能力，并根据出球目标选择支撑脚位置。

2. 练习形式与方法

可踢从正面、侧面或侧后方传来的球；可限定脚法，也可视来球任意选用脚法进行练习（图 3–2–7）。

图 3–2–7　踢地滚球练习

3. 练习要素的变化

（1）活动方式的变化。开始练习时可以先做正面踢球练习，再做侧面踢球练习，然后进行侧后面踢球练习，重点体会踢球时的支撑脚落地部位和击球的时机与方法。

（2）活动速度的变化。踢球的速度开始时可以慢一些，后逐渐加大传球力量和距离。

（3）练习的人数开始时可少一些，后逐渐增加练习的人数，变换传球的方向，提高传球准确性。

（三）踢空中球或反弹球练习

1. 练习目的与作用

使学生掌握踢空中球或反弹球的击球时机和正确脚法。培养学生观察、判断和应变能力，并根据不同的练习来增强身体的协调性。

2. 练习形式与方法

（1）自踢练习。对足球墙、足球网自抛自踢练习或两人一组自抛自踢练习。

（2）两人配合抛踢练习。练习方式可从正面抛球，也可从侧面抛球。

3. 练习要素的变化

（1）活动方式的变化。初学者开始踢空中球或反弹球时，可以原地自抛自踢练习，选择好球的落点，体会击球的时机、踢球的部位和击球的部位。

（2）活动速度的变化。踢球的速度开始时可以慢一些，后逐渐加大传球力量和速度；可由原地踢球逐渐过渡到跑动踢球或转身踢球。

（四）踢弧线球练习

1. 练习目的与作用

提高学生隐蔽踢球的能力，培养学生控制出球性能变化或旋转强弱的能力。

2. 练习形式与方法（图 3-2-8）

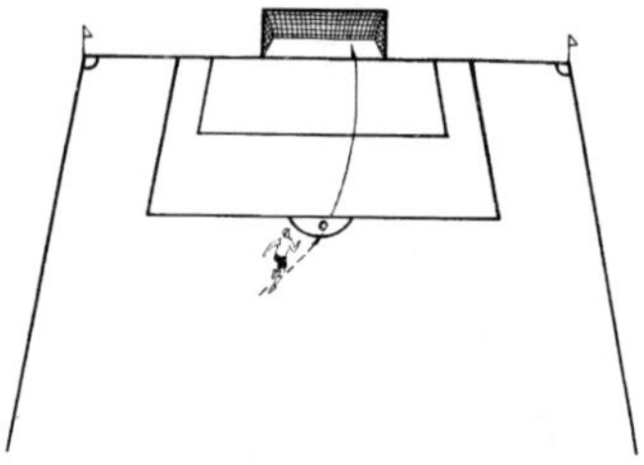

原地踢弧线球练习（不设人墙）

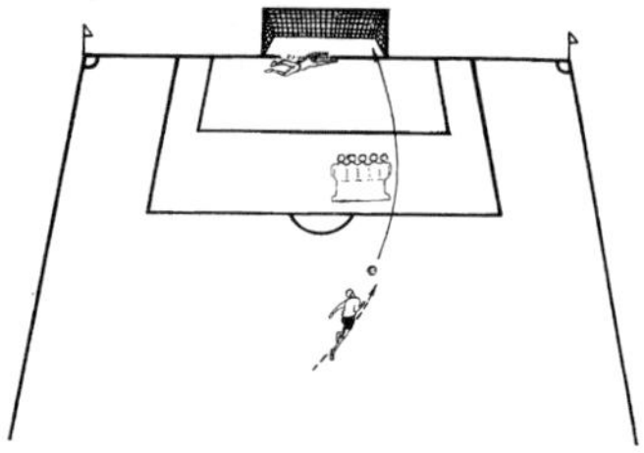

原地踢弧线球练习（设人墙）

图 3-2-8　踢弧线球练习

（1）原地踢弧线球练习。不设防守队员“人墙”的练习。

（2）原地踢弧线球练习。设防守队员“人墙”的练习。

（3）移动踢弧线球练习。

3. 练习要素的变化

（1）活动方式的变化。可由踢定位球发展为踢地滚球或空中球；可用搓踢、抽踢或摆踢的不同脚法进行练习；可踢内旋球和外旋球。

（2）活动速度的变化。踢球的速度开始时可以慢一些，后逐渐加大旋转力量和速度；可由原地踢球逐渐过渡到跑动踢球。

（3）练习的对抗程度可从无“人墙”到有“人墙”，从消极防守到积极防守对抗，再到比赛中运用。

（五）传接球练习

1. 练习目的与作用

提高传接球技术的熟练性和准确性，增强队员之间相互配合的能力。

2. 练习形式与方法

两人进行原地或行进间传接球练习（图 3-2-9）。

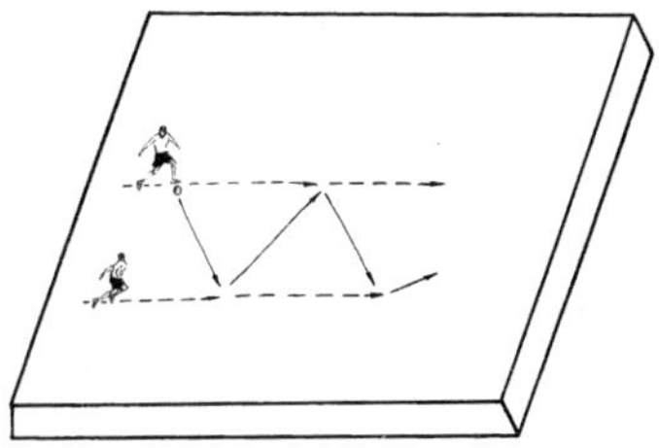

图 3-2-9 行进间传接球练习

3. 练习要素的变化

（1）速度、力量、距离的变化。初学者开始传球时，速度可以稍慢一些，力量可以稍小一些，距离可以稍短一些，重点体会传球部位和击球部位，待熟练以后逐渐加快传球速度、加大传球的力量、加长传球的距离。

（2）练习场地的变化。调整传球场地的大小，还可以考虑增加传球的人数、变化传球的方向。

（3）跑动路线的变化。传球跑动路线可以是折线，也可以是弧线，变换的角度可大可小，可在运行中变向，也可急停后变向。

（4）练习人数和次数的变化。练习的学生人数和练习的次数根据学生动作的掌握情况，可多可少，可以两人一组传球，也可以 3～4 人一组传球。

（六）射门练习

1. 练习目的与作用

提高学生的观察和应变能力，即射门前要观察守门员的位置，选择最佳的射门角度和方式。提高学生稳定自信的能力，即射门时动作不变形，果断自信，排除一切杂念和干扰，力求射门动作准确、有力。

2. 练习形式与方法（图 3-2-10）

（1）罚球区前横向运球过标志杆后射门或纵向运球过标志杆后射门。

（2）两人一组传球射门。

① 两人一组短传球射门。

② 长传球射门。接长传高球后，与左、右侧同伴各做一次“墙式”配合后射门。

③ 长短结合传球射门。

（3）三人一组配合射门。

（4）罚球区线上固定球射门。

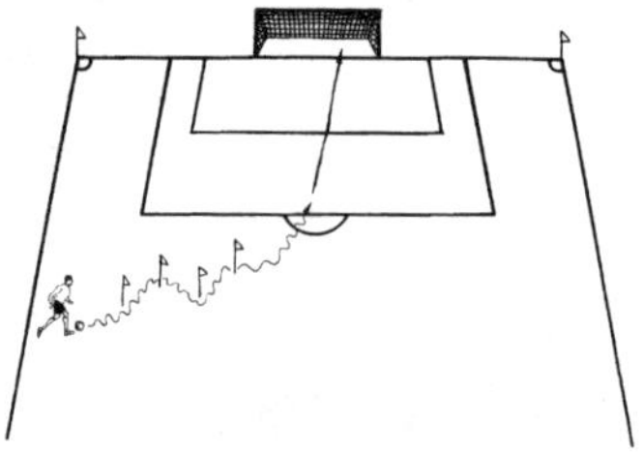

横向运球过标志杆后射门

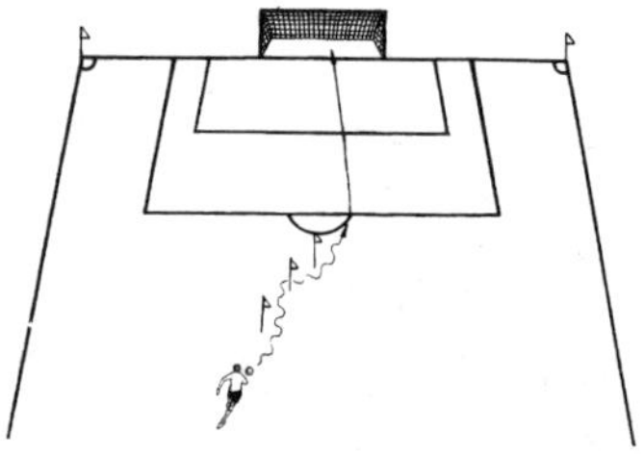

纵向运球过标志杆后射门

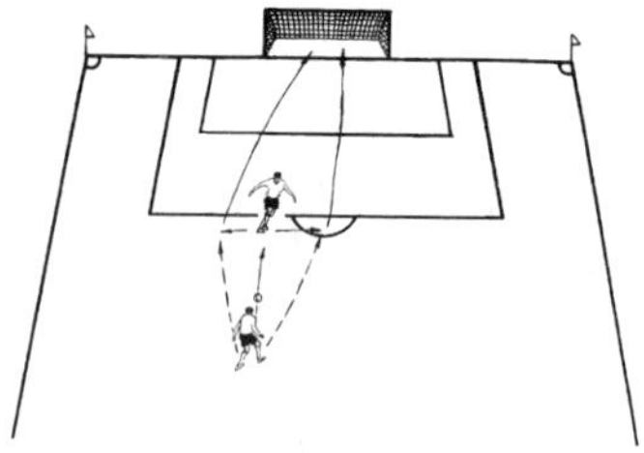

两人一组短传球射门

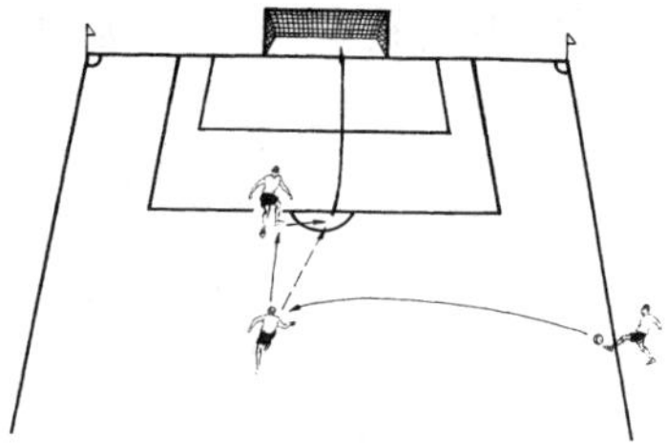

三人一组长短传结合射门

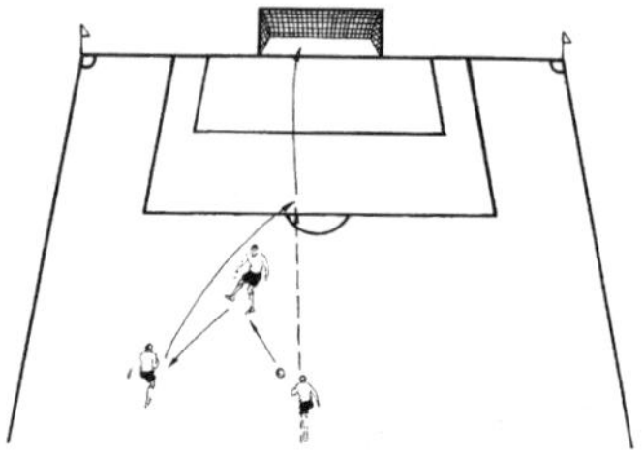

三人一组配合射门

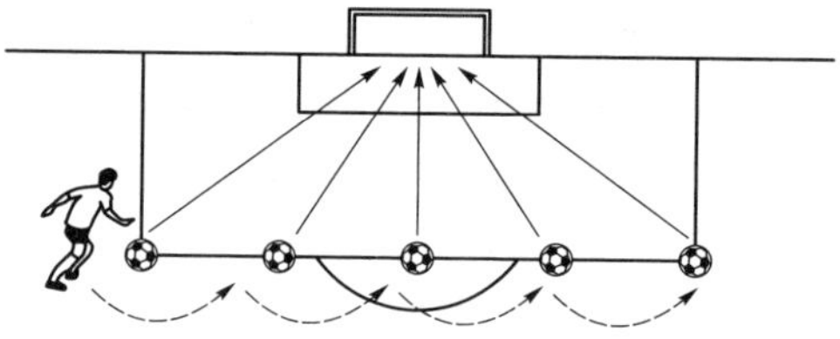

罚球区线上固定球 5 点射门

图 3-2-10 射门练习

3. 练习要素的变化

（1）活动方式的变化。射门练习可以从踢定位球发展为踢地滚球或空中球；可用搓踢、抽踢或摆踢的不同脚法进行练习。

（2）活动速度的变化。射门速度开始时可以慢一些，注重射门的方向和准确性，后逐渐加大旋转力量和速度；可由原地射门逐渐过渡到跑动射门。

（3）技术组合的变化。初学者开始进行射门练习时可先做单个动作，然后结合运球、运球过人或过杆等组合动作进行射门练习。

（4）射门练习的对抗程度。从不设防守队员到设防守队员，从消极防守到积极防守对抗，再到比赛中运用。

（5）辅助练习器材的变化。缩小球门以提高练习的难度；增加球门提高练习的强度；扩大球门提高射门的信心。

（6）限制区、线的变化。增加限制区，提高射门的难度，限制线可以根据技术掌握的情况，距离球门远一些或近一些。

四、接球技术练习范例

（一）基本部位接球练习

1. 练习目的与作用

使学生全面了解和掌握基本部位的接球动作和方法，体会各种不同部位接球的技术特征。

2. 练习形式与方法

（1）练习者自抛自接练习。

（2）在相互传球过程中进行多个部位的接球练习。

3. 练习要素的变化

（1）初学者开始时，接球的动作可以简单一些，重点体会接球时接球动作的变化，如迎撤动作、拨转动作、切挡动作的区别。

（2）注意调整来球的力量大小，根据接球动作的熟练程度，变化来球的力量和速度。

（3）接球路线可以先接地滚球，然后接高空球，再接平空球和反弹球。接球的部位可以先脚后胸、大腿、头部、腹部等。

（二）接地滚球练习（图 3-2-11）

1. 练习目的与作用

发展接控地面球的基本能力和良好的意识。

2. 练习形式与方法

在练习过程中，由原地接球逐渐过渡到移动中接球；可以规定接球的部位，也可视来球情况选用相应的部位接球；接球后，可将球控制在脚下，也可按要求将球接至体前、体侧或身后；接球时要掌握好动作的时机和方向，养成主动接球的意识。

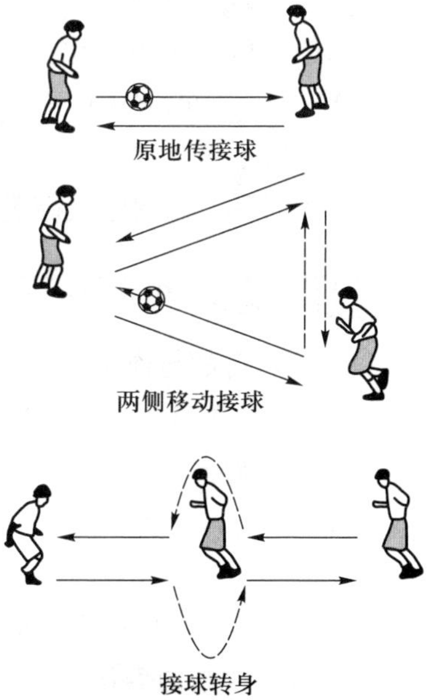

图 3-2-11　接地滚球练习

（1）原地接球。

（2）两侧移动接球。

（3）接球转身。

3. 练习要素的变化

（1）初学者进行原地接球练习，掌握基本的动作方法。

（2）根据接球动作的熟练程度，可以由向前迎上接球变为向两侧移动接球，或做摆脱接球。

（3）在熟练掌握移动接球以后，做转身接地滚球摆脱防守队员的练习。

（三）接空中球练习

1. 练习目的与作用

发展接控空中球的基本能力和良好的意识。

2. 练习形式与方法

（1）原地接球。

（2）移动接球。

（3）接球转身。

3. 练习要素的变化

（1）活动方式的变化。开始练习时可采用原地接球的练习，熟练掌握基本动作以后，可进行前后移动的接球练习及接球转身练习。

（2）活动速度的变化。开始练习时可以进行一人抛球、另一人接球的练习，根据动作掌握情况，加大传球力量、提高抛球的高度进行练习。

（3）技术组合的变化。结合假动作做接球练习或接球后结合传球或射门动作进行练习及接球后进行运球突破过人练习。

（四）接反弹球练习

1. 练习目的与作用

提高学生处理反弹球的能力。

2. 练习形式与方法

（1）自抛自接练习。

（2）各种抛接或传接的对练。

（3）球的弧度可由低到高，或高低交替，球的落点可由近至远。

3. 练习要素的变化

练习要素的变化同接空中球练习。

五、头顶球技术练习范例

（一）模仿性练习

1. 练习目的与作用

体会顶球的动作要领，为头顶球的学习打下基础。

2. 练习形式与方法

（1）原地无球模仿练习。

（2）跑动中无球模仿练习或跳起无球模仿练习。

3. 练习要素的变化

（1）活动方式的变化。先做原地无球模仿练习，然后做跑动或跳起无球模仿练习。

（2）活动速度的变化。注意先慢后快。

（二）原地顶球练习

1. 练习目的与作用

体会顶球的动作要领，提高争夺高空球的能力，学会处理空中球的方式方法。

2. 练习形式与方法

（1）自抛自顶。

（2）用额头正面顶同伴的手抛球。

（3）三人练习。B将A抛来的球后蹭给C，转身再将C抛来的球向后蹭顶给A，三人交换练习。

3. 练习要素的变化

（1）活动方式的变化。练习时先做原地头顶球练习，然后做跑动或跳起头顶球练习，还可以坐在地上顶同伴抛来的球。

（2）活动速度的变化。注意先快后慢，逐渐加快抛球和完成动作的速度。

（3）对抗程度变化。进行头顶球练习时，可以采取在对抗中的无球争顶练习。

（4）目标方向变化。开始练习时，可向前顶球，经过一段时间的练习，可以练习向两侧或向后顶球。练习时，注意区别额头正面与额头侧面顶球的用力差异。开始练习时，以掌握正确的动作方法为主，不应盲目追求顶球的力量。

（三）移动与跳起头顶球练习

1. 练习目的与作用

培养学生在移动中控制或调整顶球动作的能力，培养学生掌握起跳时机、击球点以及在空中顶球发力的基本能力。

2. 练习形式与方法

（1）在移动中将正面和侧面抛来的球依次顶回。

（2）在移动中相互抛顶。

（3）跳起将同伴抛来的球顶回。

（4）利用辅助器材练习跳起头顶球（图 3−2−12）。

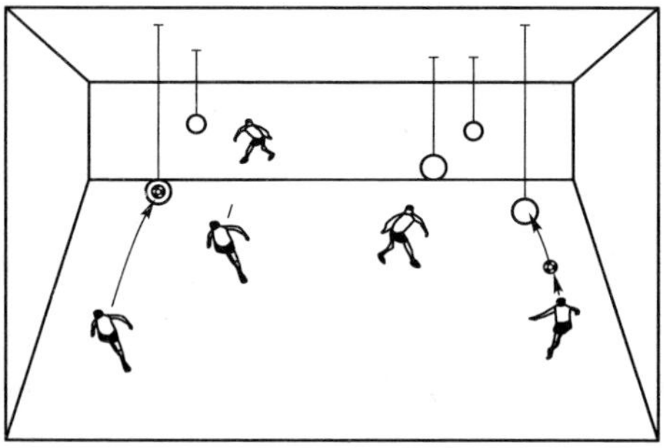

图 3−2−12　利用辅助器材跳起头顶球练习

3. 练习要素的变化

（1）活动速度的变化。注意先快后慢，球速可以逐渐加快。

（2）技术组合的变化。技术熟练后，可结合头顶球的假动作进行练习。

（3）对抗程度变化。先消极对抗，后积极争抢。

（4）目标方向变化。开始练习时，可向前顶球，经过一段时间的练习，可进行向两侧顶球及向后顶球的练习。注意区分额头正面与额头侧面顶球的用力差异。开始练习时，以掌握正确的动作方法为主，不应盲目追求顶球的力量。

六、抢、断球技术练习方法范例

（一）断球练习

1. 练习目的与作用

通过练习，使学生提高断球的能力，掌握断球的基本动作方法，把握好断球动作的时机，体会到防守技术在足球比赛中的积极作用。

2. 练习形式与方法

（1）行进间向左、右侧前交替做蹬、跨、断模仿动作。

（2）从侧后方上前断同伴传球。

3. 练习要素的变化

（1）活动方式的变化。开始练习时，可以先进行无球的断球练习，了解断球的时机和断球的位置，再逐渐结合传球进行练习。

（2）练习的对抗程度和活动速度的变化。根据学生掌握断球的情况，逐渐加大对抗的程度，跑动速度和传球速度也要逐渐加快。

（二）正面抢球练习

1. 练习目的与作用

使学生掌握迎上封堵和抢球的基本方法，了解抢球时应封堵对方的运球路线，判断时机，果断出脚。

2. 练习形式与方法

两人一组的攻守练习。

（三）侧面抢球练习

1. 练习目的与作用

使学生掌握侧面抢位和合理冲撞的基本方法，了解冲撞动作的时机及动作的合理使用。

2. 练习形式与方法

（1）跑动中或跳起做徒手冲撞练习。

（2）两人一组在行进间交替运球和抢球。

（四）侧后抢球（铲球）练习

1. 练习目的与作用

使学生掌握从侧后方抢球的基本动作和方法，体会身体倒地的顺序和手臂的支撑动作。注意侧后铲球极易造成犯规，铲球时要注意铲球时机、铲球速度和铲球力度，铲球脚贴地。

2. 练习形式与方法

（1）一人一球，将球放在前面某一位置，练习者选择适当位置站立，原地蹬出做铲球动作练习。

（2）当基本掌握铲球动作后，练习者可将球沿地面缓慢抛出，自己追球将球铲掉，以体会如何对滚动的球实施铲球动作。

（3）一人直线运球前进，另一人由侧后追赶至适当位置看准时机进行铲球练习。运球者要给予适当的配合，使铲球者能在对手运球过程中体会铲球动作。

3. 练习要素的变化

（1）活动方式的变化。进行抢球练习时，可先进行正面抢球，然后进行侧面抢球，再进行侧后面抢球，并结合铲球练习。

（2）练习的对抗程度和活动速度的变化。逐渐加大对抗的程度，跑动速度、传球速度和运球速度也要逐渐加快。

（3）技术组合的变化。开始练习时可做单个的抢球动作练习，根据技术动作掌握的情况，结合抢断—传球、抢断—射门动作进行练习。

七、封堵练习方法范例

（一）正面封堵练习

1. 练习目的与作用

使学生了解在没有把握抢到球或以少防多的情况下进行封堵，可以延缓对方的进攻速度。体会封堵要选好站位角度，封住传球角度，然后边封边堵，不能急于抢球，更不能贸然扑抢。

2. 练习形式与方法

（1）两人一组，一人运球，一人从45°侧面上前封堵，封住一侧的前进与传球路线。

（2）两人一组，一人运球，一人从正面上前封堵，封住向前路线，迫使其横向移动或传球。

（3）两人一组，相距3~5米，一人运球做“Z”字形变向运球，一人不断变向后撤并变换封堵角度，减缓对方的进攻速度。

（4）在局部区域进行4对4练习。尽量封堵传球角度，时刻准备把球抢过来。

（二）背身封堵练习

1. 练习目的与作用

使学生掌握背身封堵技术，体会到与对手要保持适当的距离，避免盲目乱抢乱踢、推拉造成犯规。

2. 练习形式与方法

（1）两人一组，一人背对同伴原地持球，一人从正后方上前背身封堵，限制控球的队员转身。

（2）两人一组，一人运球，一人从正后方上前背身封堵，限制控球的队员转身。

（3）在局部区域进行 4 对 4 练习。尽量上前背身封堵，限制控球的队员转身，时刻准备把球抢过来。

3. 练习要素的变化

（1）活动方式的变化。初学者开始练习时，可以进行原地的正面和背身封堵练习，体会封堵时与持球者的距离，避免盲目犯规。

（2）练习的对抗程度和活动速度的变化。根据学生掌握封堵球技术的情况，逐渐增加对抗练习，在对抗中把握封堵的技术与时机。

八、守门员技术练习方法范例

（一）无球技术练习

1. 练习目的与作用

使学生了解守门员技术的基本动作方法和正确的准备姿势。

2. 练习形式与方法

（1）准备姿势练习。练习者按动作要求重复做提踵—起身的练习。

（2）倒地动作练习。练习者进行侧倒、后倒、蹲跪、前扑以及团身滚动练习。

（3）移动练习。两个练习者面对面进行镜面练习，一方跟随另一方做各种弧形的滑步或交叉步移动。

（4）选位练习。守门员根据球的位置选择合理的防守位置。

（二）接球技术练习

1. 练习目的与作用

使学生了解和掌握守门员技术的基本动作和方法。

2. 练习形式与方法

（1）守门员交替采用各种姿势接地滚球、低平球和高球。

（2）守门员在前、后、左、右移动中做接球练习。

（3）守门员向前接一低平球后回传同伴，然后向后移动跳起接一高球，反复进行练习。

（4）守门员向左、右侧交替移动跳起接反弹球或高抛球。

（5）守门员出击接底线 45° 的传中球。

（6）守门员接从不同角度的射门。

要求：培养守门员接各种球的正确方法。练习时，注意力要高度集中，接球时要控制好手型，上手接球手型要空，下手接球手型要平。

注意：要主动伸臂迎球和接球，而不应被动等球。

（三）扑接球练习

1. 练习目的与作用

使学生了解守门员技术的基本动作和方法，以正确的姿势准备接球、扑球。保持好准备姿势，能快速地移动到合理的位置上，移动时重心要平稳。

2. 练习形式与方法

（1）守门员成坐姿或跪姿向两侧倒地扑接同伴的抛球（图 3-2-13）。

（2）守门员成半蹲姿势依次向两侧扑接同伴的抛球（图 3-2-14）。

（3）守门员在球门前扑接同伴射向两侧门柱附近的球。

（4）一人运球，守门员伺机扑运球者的脚下球，体会出击时机和扑球动作（图 3-2-15）。

要求：使学生掌握扑接球的基本动作和方法。接扑球时，手臂要伸展，眼睛始终看着球。

注意：加强对球的方向和路线的判断，及时选位。

图 3-2-13　坐姿扑接球

图 3-2-14　半蹲姿势扑接球

图 3-2-15　扑接脚下球

（四）反应性扑接球练习

1. 练习目的与作用

培养守门员的快速反应能力。

2. **练习形式与方法**

（1）守门员面对墙成准备姿势，接从背后对墙抛出的回弹球。

（2）守门员面向球门站立，手中持球，从胯下传地滚球后转身，接队员的直接射门。

（3）守门员做一个前滚翻后，接队员抛掷的反弹球。

要求：培养学生反应的准确性和敏捷性，练习时注意力要高度集中。

注意：无论在什么条件下都应对“射门刺激”作出积极的反应。

3. **练习要素的变化**

（1）活动方式和活动速度的变化。开始练习时，可以进行无球模仿练习，重点掌握守门员的位置选择和移动方法，后逐渐加快移动的速度，变换移动的方法（如侧滑步、交叉步、跳起和倒地方法）。

（2）技术组合的变化。在掌握原地接球动作要领的基础上，进行结合扑接球的练习及接球后的抛球、踢球等练习。

（3）练习的对抗程度。开始练习时可不加对抗，待动作掌握熟练后，可以在有干扰的情况下进行练习，射门的力量也要逐渐加大。

（4）练习组、次数的变化。重点动作反复练习，滑步、侧扑、接球的基本手型与接球后的发球要反复练习，掌握基本动作以后，重点练习扑接球。

（5）练习的目标方向。练习时要注意选择多种接球的方向。刚开始练习时可进行正面接球，掌握基本动作以后，注意变换接球方向及来球的高度，提高处理各种球的能力。

（6）辅助练习器材的运用。守门员在刚开始学习扑接球时，为克服害怕落地的心理，可以先在海绵垫上或沙坑里练习。

（五）踢球练习

1. **练习目的与作用**

使学生掌握并提高守门员各种踢球技术。

2. **练习形式与方法**

（1）守门员在罚球区内接地滚球并传地滚球（图 3-2-16）。

图 3-2-16　踢地滚球练习

（2）守门员在球门区线上踢长传球（图 3-2-17）。

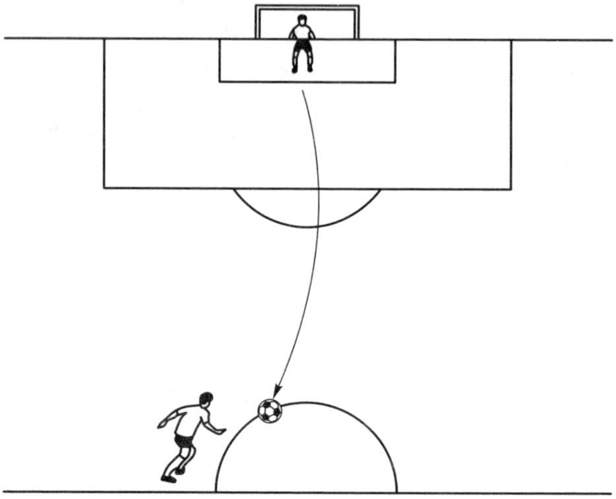

图 3-2-17 踢长传球练习

（3）守门员在罚球区内抛踢球（图 3-2-18）。

图 3-2-18 抛踢球练习

要求：踢球时要注意观察、分析、判断，从而选择合适的踢球角度、踢球方向、踢球力度以及踢球方式，控制好触球部位和踢球部位。

注意：踢球时注意隐蔽性，快速、准确地将球踢出；抛踢球时注意抛球位置和踢球时机。

（六）抛球练习

1. 练习目的与作用

使学生掌握守门员各种抛球技术。

2. 练习形式与方法

（1）抛地滚球练习，两人相距 10～15 米，互抛互接（图 3-2-19）。

（2）抛半高球练习，两人相距 10～15 米，互抛互接（图 3-2-20）。

图 3-2-19　抛地滚球练习

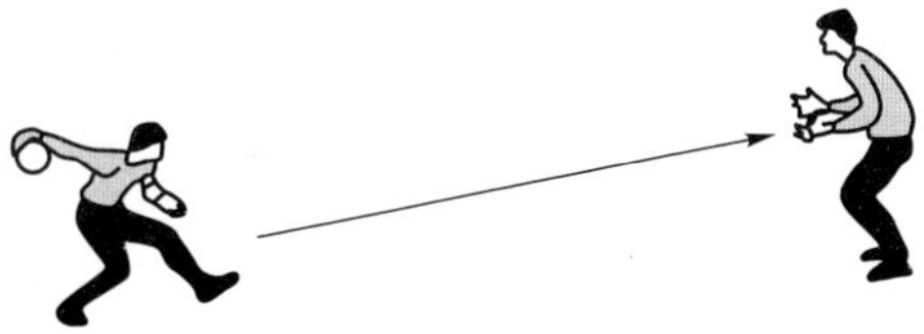

图 3-2-20　抛半高球练习

（3）过顶手抛球练习，两人相距 15～20 米，互抛互接。

要求：体验并建立正确的抛球技术，形成正确的动力定型，合理掌控抛球的力度、高度和球速。

注意：抛球练习中要注意守门员攻守转换意识的培养。

思考与练习

1. 足球技术练习方法的基本步骤是什么？试举例说明技术练习要素的变化可起到什么作用？

2. 设计几种主要技术动作的教学顺序和练习方法，并写出练习的目的和作用及针对不同学习水平练习的要素变化情况。

3. 你认为通过哪些练习要素的变化可以有效地提高技术练习的密度和强度？

第四章

足球战术理论与原则

本章提要

本章对主要的足球战术理论与比赛原则进行了梳理和归纳总结，介绍了现代足球比赛的时空特征及创造和利用比赛时空间应具备的重要条件，对足球攻守战术原则与有效运用战术的基本要求进行了简要概括与总结，重点分析了个人、局部、整体攻守战术的基本方法，并提出了有效运用的基本要求。在简述足球比赛阵型演变与发展历程的基础上，对常见比赛阵型的主要攻守打法进行了分析与总结。本章还引入性地介绍并简释了“足球比赛三个重要时刻”和比赛队形的基本理论与方法。

学习目标

1. 初步学习和了解足球比赛的时空特征和比赛队形的基本理论与方法

2. 正确解读足球比赛的攻守战术原则

3. 基本了解与掌握足球个人、局部攻守战术的主要方法与要求

4. 基本掌握“4-4-2”“3-5-2”和“4-2-3-1”比赛阵型的主要攻守打法要点

5. 正确解读“足球比赛三个重要时刻”理论的内涵和外延

6. 培养团队意识，正确认识个人与团队之间的关系，灵活运用足球战术基本理论与方法，提升组织管理与沟通协调的能力

第一节　足球战术概述

一、足球战术的基本概念

足球战术是比赛中为了战胜对手，根据主客观的实际情况所采用的个人和集体配合手段的综合体现。

运动员的技术和身体素质是有效实现战术的必要基础。良好的心理素质是完成战术任务的重要保证，而优良的战术素养能反作用于运动员技术和身体素质的有效发挥与表达，他们之间相互渗透、相互补偿、相互制约。片面强调某一方面的作用或依赖某一方面的优势，在现代高水平的足球竞技中已很难表现出较高的战术质量，也不可能取得优异的比赛成绩。

二、足球战术的分类

足球比赛进攻和防守的不断转换构成了比赛的全过程。因此，足球战术可分为进攻和防守两大战术体系，而进攻和防守中又分别包含个人战术和集体战术两大类。足球战术的分类如表 4–1–1 所示。

▶ 表 4–1–1　足球战术分类

足球战术	进攻	个人	传球、射门、运球、过人、接球、掷球、摆脱、跑位
		局部配合	局部地区的二过一配合、三人配合等
		全队	阵地、快反、边路、中路、转移
		定位球	开球、角球、球门球、任意球、掷界外球、罚球点球
	阵型	4–2–4、4–3–3、4–4–2、3–5–2、5–3–2、4–5–1、4–2–3–1、4–1–4–1 等	
	防守	个人	盯人、选位、抢截
		局部配合	保护、补位、邻近位置配合
		全队	区域盯人、混合盯人等
		定位球	开球、角球、球门球、任意球、掷界外球、罚球点球

第二节 足球比赛的时间和空间特征

运用科学的时空观对足球比赛攻守本质的认识，是当代足球比赛理念的一个飞跃。运用时空观认识足球、分析比赛、指导训练正成为国际足坛的新动向。这对于从更深层次来认识现代足球比赛的特征，并根据足球比赛规律有效地指导足球训练与比赛具有重要的意义。

一、争夺攻守时空主动权

足球比赛的时空观首先体现在全队和队员个人采用一系列无球或有球活动来赢得攻守时间和空间的优势，从而实现对球的控制。在比赛中，为了实现对球的控制，必须对对手、对球场内特定的区域、对比赛速度在时间和空间上实行全方位的控制。有关统计数据表明，当今世界优秀足球队在一场比赛中，其对抗技术量占全场技术运用总量的52%左右，这充分体现了现代足球比赛创造进攻的空间越来越困难，可利用的进攻时间越来越短暂，防守的主动性和攻击性越来越强。对攻守时间和空间的限制与反限制，造成比赛的对抗程度越来越激烈。

二、变换比赛节奏，赢得攻守时空优势

现代足球比赛攻守的高速度是赢得时间和空间优势的关键因素。快速完成各种攻守技战术动作是进攻威力和防守安全的基本保证。足球比赛攻守高速度的主要特征是变换比赛攻守节奏、瞬间发挥的高速度。所谓比赛节奏，是指在一个特定的时间和空间内，通过队员的无球和有球活动，将宽度与纵深、快与慢、单向与多向诸因素按一定规律组合。现代足球比赛已从单一节奏逐步向复合节奏方向发展。在现代足球比赛中，在意想不到的方向、地点实现快速控制，是赢得攻守时间和空间技巧上最典型的体现和最高的追求。

三、创造和利用比赛的时间和空间

全攻全守打法倡导队员不受固定位置的约束参与进攻与防守，从而使全队的整体力量和每个队员的特点有机地结合起来。其主要特点是：

（一）重视并加强中场力量

现代足球比赛十分重视对中场的争夺和控制，各队在排兵布阵时均放重兵于中场，在战术打法上多采用主动性逼迫打法，力争赢得中场时间与空间的主动和优势。

（二）保持严密的整体攻守队形

在高速的攻守转换中，应力争使前、中、后三线形成严密的整体，在局部区域内造成以多打少、以多防少的局面，最大限度地占据有效的攻守时间与空间，从而实现对攻守时间与空间的有效控制。

（三）高度机动地调配攻守力量

在比赛中，要求队员完成攻守双重职能，胜任不同的位置职责，从而使场上队员的位置职能扩大和交叉。各位置队员之间的这种不间断而频繁的换位活动，使足球比赛从过去局限在人数分布上的攻守平衡，发展为力量配备的高度机动灵活和实质上的动态攻守力量平衡，从而把队员能力有机地结合成一个整体，最大限度地去控制时间与空间。

（四）体能是占据比赛时间与空间优势的基础

“全面型”足球的全攻全守战术打法使足球比赛呈现出“强对抗、高速度”的鲜明特点。队员在比赛过程中承受着极大的运动负荷。在当今高水平的足球比赛中，每一个队员的跑动距离都在 10 000 米左右（守门员除外），其中冲刺、快跑约为 120 次。除此之外，运动员还要完成上百次突然的爆发性动作，其中 50% 以上是在快速对抗中完成的。由此可见，现代足球比赛对运动员的体能要求是相当高的，没有良好的体能保证，就无法在比赛中保持攻守时间与空间争夺的优势。

（五）心理素质是争夺攻守时间与空间的保证

在足球比赛中，运动员面临各种复杂多变的形势，这要求他们具备丰富的战术想象力和高度的注意力，审时度势，冷静思考，及时快速地做出判断和采取果断行动。此外，比赛中队员还可能要面对裁判员的误判甚至反判及不利于本队的观众倾向性，这更需要运动员具有稳定、积极的比赛心态，以保证临场技战术水平的正常发挥。因此，良好的心理素质是足球运动员保持和发挥竞技水平的重要保证。

四、足球比赛的三个重要时刻

进攻、防守与控球权的相互转换构成了足球比赛的全过程。这三个比赛时刻的攻守质量以及局势上的优劣，在很大程度上决定了比赛双方取胜的概率。

（一）本方控球时（本方进攻时）

1. 比赛目的

组织进攻，创造射门机会，争取射门得分。

2. 比赛原则

（1）制造进攻宽度和纵深，拉开对手防区。

（2）向前渗透传球、跑位（首先考虑长传球）。

（3）保持控球权，寻找进攻战机。

（4）保持合理的立体进攻队形。

本方控球时

（二）对方控球时（本方防守时）

1. 比赛目的

严防对方射门得分，重新夺得控球权。

2. 比赛原则

（1）最大限度地缩小对方进攻区域。快速回防、积极封堵、干扰与限制。

（2）积极施加防守压力。压迫对手，尽量将其向边路挤压。

（3）保持合理的立体防守队形，及时、有效地进行防守保护与补位。

（4）收缩并严密封锁和控制门前防区。

对方控球时

（三）攻守转换时

1. 由攻转守时（失去控球权时）

（1）比赛目的。尽快夺回控球权。

（2）比赛原则。

① 有球区域的队员迅速逼抢控球者，防止其发动快攻或向前长传，迫使其减速、横传、回传或原地运控球。

② 其他防守队员迅速抢占有利的防守位置，对人盯防，限制对手的进攻活动，最大限度地减少进攻方对本方球门的威胁。

③ 严防与封堵对手射门。

由攻转守时

④ 如果有足够的队友回防到位，应向有球区域逼压和围抢。

⑤ 如果没有足够的队友回防，则应采取区域盯人防守，延缓对手的进攻速度，不给对手可乘之机。

2. 由守转攻时（重获控球权时）

（1）比赛目的。迅速形成快攻之势，创造射门机会。

（2）比赛原则。

由守转攻时

① 获得球的队员首先应考虑并寻求向前传球的机会，最好、最快的方法是长传。

② 远离球的队员应及时跑位要球（但应避免越位）。

③“拉开”以创造尽可能大的进攻空间（宽度与纵深相结合）。

④ 无球队员应通过各种积极的跑位活动（接应、牵制、插上、切入等），为持球队员提供传球机会和削弱防守者对控球者的注意力。

⑤ 避实就虚地攻击对方的防守薄弱点，突破防线射门得分。

⑥ 快攻不成则应保持控球权，层层推进进攻，寻找战机。

第三节 足球比赛战术原则

足球比赛战术原则是足球比赛攻守客观规律的高度概括，是战胜对手的行动准则。攻守平衡是足球比赛的基本原则，只有进攻才能进球得分，而稳固的防守是取得比赛胜利的重要条件。

一、进攻战术原则

足球比赛中，充分创造和有效利用进攻的时空间是进攻的总体战术原则。制造纵深、拉开宽度、渗透突破、随机应变是进攻战术原则的具体体现。

（一）制造纵深

向对方球门区域快速推进，迅速形成威胁对方球门之势是进攻的主要方向和目的。因此，在由守转攻瞬间，应考虑有效地创造和利用进攻的纵深空间，向前跑动、向前传球，以最快的推进速度兵临对方球门，形成攻门之势。

（二）拉开宽度

在不能迅速创造有效进攻纵深时，应充分利用球场宽度，有目的地将进攻向球场两侧区域发展，拉开进攻的宽度，从而使防守方被迫向两边移动防守重心，扩大其防守面积，使其防线的左右联系变松散，从而为实施纵向的渗透突破并增大进攻的时空间创造条件。拉开的宽度应根据攻守双方队员的活动及位置的情况和场区的不同而异。

（三）渗透突破

对方防线一旦松散，并出现可利用的进攻空当，进攻队员应立即加快进攻节奏，迅速采用各种传切配合、过人突破等技战术手段，果断地实施进攻渗透突破。相邻位置的进攻队员在扯动、传球、切入等方面的默契配合是有效实施进攻渗透的关键。

（四）随机应变

足球比赛场上的情况千变万化，没有固定的比赛模式或套路，更不会出现绝对一样的比赛情景。这就要求运动员在比赛中必须善于审时度势，根据比赛情况的变化，适时地采用攻守行为，在攻守节奏、方向、位置、区域、距离和高度等方面灵活机动地调整个人和全队的技战术打法，以达到预期的比赛目的。

二、防守战术原则

在足球比赛中，控球权的丧失意味着本队防守的开始。成功的防守是确保本方球门稳固的重要保证，也是积极进攻的必要前提。足球比赛中，应遵循“防守延缓、平衡防守、收缩防守、立体控制”等战术原则。

（一）防守延缓

最大限度地延缓对方进攻的推进速度是有效构筑本队整体防守体系的先决条件。因此，在由攻转守瞬间，有球区域的防守队员必须首先实施就地阻截，干扰或封堵对方向前传球或运球推进的路线，尽可能减缓其进攻推进速度，赢得其他防守同伴迅速回撤、整体布防的宝贵时间。阻止对方发动快速反击是防守延缓原则的核心。

（二）平衡防守

延缓对手进攻速度，就是为了能及时抢占有利于本队防守的时空间。尽快占据对手与本方球门之间的防守要害区域及位置，形成防守人数及力量与对方进攻力量的对等均衡，或造成以多打少的防守局面，是稳固防守的重要战术措施与手段。良好的由攻转守角色意识和快速回防的奔跑能力，是有效运用平衡防守原则的必然要求。

（三）收缩防守

在足球比赛中，运动员在快速回防、抢占有利防守空间的同时，还必须有目的地收缩防区内的立体空间，以最大限度地减小防守难度，加大进攻方的进攻难度，实现有效的防守控制。收缩防守的一般原则是：整体防线向球场的中轴线和本方门前的方向呈“漏斗型”收缩靠拢；向有球区域一侧收缩靠拢，形成纵横交错，有利于相互保护和补位的紧密防守队形，压迫所有可能威胁本方球门的空间。

（四）立体控制

对进入本方门前30米区域的进攻队员，尤其是有球进攻队员，要严防死守，竭力限制其进攻自由，不给对方任何进攻突破的可乘之机。随着进攻向本方球门的逐渐接近，必须尽快收缩门前防区，形成密集防守。密集防守的重点应是罚球区的中路咽喉地带有球区域的进攻活动，实现对这一要害防区内的进攻队员、球和时空间的立体控制。

三、个人攻守战术行动准则

（一）个人进攻战术行动准则

（1）本方得球后立即进攻。

（2）传球后积极跑动。

（3）在对方罚球区附近的有效射门区域内，进攻队员应首先选择射门。射门后，要及时跟进，以便进行补射。

（4）主动迎上接球，不要等球。

（5）当有同伴比自己位置更好、更能获得向前或射门机会时，要及时、坚决地传球。

（6）合理运用控球。

（7）接控球时，应力争在空中或球的第一落点处理或接控好球。尤其在本方禁区内更应如此，以免来球被对手乘机截获而射门得分。

（8）在本方罚球区地带应尽量避免回传或横传球。

（9）对方罚球区附近的持球队员，在无同伴接应或接应不力的情况下，应果敢地进行运球过人突破，或保持球权等待有利进攻时机。

（10）在可运球、可控球或可传球的情况下，应坚决选择传球。

（二）个人防守战术行动准则

（1）一旦本方失球，全队队员都应迅速进行防守，力争将对手向边路或外线挤压。

（2）选择正确的防守位置，一般的选位原则是防内（中路）放外（边路）。

（3）个人防守的一般步骤是：断抢→盯逼防其转身→面对僵持并伺机抢截→转身追抢或破坏。

（4）对控球或即将接控球的进攻队员要紧逼控制。

（5）对已经控球转身面对自己的进攻队员，要避免轻易出脚抢断而被其突破，应尽量将其逼入不利于进攻的局面，伺机抢截或破坏。

（6）做到球近人近，球远人疏，人球兼顾。

（7）面向球进行正面防守，以便随时观察到球的活动情况。

（8）防守时，尽量不让球越过自己，避免经常性的转身回追防守。

（9）避免不必要的犯规（尤其在本方罚球区内更应该避免犯规）。

（10）防守时不要随便踢球出界而轻易失去控球权。

四、足球战术运用的基本原则

（一）攻守平衡的比赛原则

任何比赛战术的制定与运用都是为了既有利于本方进攻得分，又有利于有效阻扰对方破门得分。比赛中，攻守任何一方面的失衡都会造成顾此失彼，不同程度地削减本队的攻势和防守的稳固性。坚固的防守可以使进攻更加强大，而强大的进攻力又可以使防守更加稳固。正确处理好进攻与防守的辩证关系，把握住攻守平衡的比赛原则，是足球竞技必须遵循的基本准则。

（二）合理控制比赛节奏的原则

任何足球战术的有效实现均有其相应的时空条件。这就要求比赛中必须根据各种战术行动要求，合理地控制比赛的快慢节奏，做到能快才快、该快则快、该慢则慢，最大限度地保证特定战术实施的成功。

总体来说应做到：攻守转换要快，攻守重心的移动要快，中场的整体推进和回防要快；阵地战的进攻节奏应适当放慢，比赛场面极为不利时的进攻节奏应适当放慢；比赛时间不多，本队比分领先或落后时，应根据比赛的需要放慢或加快进攻节奏。

（三）选择恰当比赛阵型的原则

符合本队实际的比赛阵型有利于本队整体竞技能力的充分发挥。在实战中，比赛阵型应根据本队队员的竞技实力、特点和三条线攻守力量的需要来配备队员人数，这是选择比赛阵型的基本原则。从现代足球比赛中各国所采用的比赛阵型看，一般在后卫线放三名队员，中场和前场各两名队员，余下的三名队员将根据各线力量的需要加以安排。如果攻守力量力求均衡可采用“1–3–3–3”阵型或“4–3–3”阵型；如果攻守重点放在中场或后卫线就可采用“4–4–2”阵型、“3–5–2”阵型、“5–3–2”阵型、“4–2–3–1”阵型和“4–1–4–1”阵型等。

（四）安全与冒险的比赛原则

足球比赛中，两个罚球区及其附近区域是双方攻守的焦点，争夺异常激烈。为了获得更大的攻守效益，在上述区域展开攻守行动时应贯彻以下两个原则：

1. 安全原则

在本方后场，尤其是在门前 30 米区域所采取的一切攻守行动，都必须以最大限度地确保本方球门安全为前提。进攻时，传球要准确、稳健，少短传、横传和运球过人，配合要简捷，确保控球权；防守时，应严防紧逼，压缩门前防守空当，加强门前保护。出脚抢截要准确、谨慎，尽量避免犯规，危急时刻可大脚出球或踢球出界。

2. 冒险原则

在对方门前 30 米区域内要敢于展开突变与快速的冒险进攻行动，包括向对方腹地快速、直接推进，一对一与对手近身作战，突然、快速地过人强行突破，带冒险性、致命的各种传切配合等。而在本方球门可能告破的危急时刻，则应根据防守的判断，果断采取孤注一掷的冒险防守手段，救危难于瞬间。有时为了挽回败局或保持领先局面，也应果断采取冒险或安全的攻守打法。

（五）随机应变的比赛原则

足球比赛的瞬时多变与不可预测性，决定了临场比赛过程绝不可能是赛前战术安排的原样复制，这就要求教练员和场上队员必须根据比赛的实际情况，及时修正和灵活执行预先的战术部署，以适应比赛变化的实际需要。

第四节　足球比赛阵型与队形

一、比赛阵型的演变与发展

比赛阵型是指比赛场上队员的位置排列、攻守力量搭配和职责分工的形式。根据本队比赛战术需要而确定的合理的比赛阵型，可有效地整合与优化全队的整体战术组合，充分发挥队员个人和全队的竞技潜力，有利于实现预定的比赛战术目的。

足球比赛阵型的演变和发展受诸多因素的影响和推动。足球攻守矛盾的相互转化、足球规则的变化、运动员技战术以及身体素质等因素的不断提高，是比赛阵型演变与发展的推动力。比赛阵型的演变与发展大致可归纳为以下几个阶段：

（一）第一阶段（1863—1930 年）

由于受早期足球规则和技战术水平的制约，重攻轻守、攻多守少是当时足球比赛的共同特点，“九锋一卫”“七锋三卫”“六锋四卫”等攻守人数排列极不平衡的比赛阵型的出现，即是这种比赛观的反映。随着足球技战术水平的逐步提高，越位规则的修改也更有利于进攻。1884 年，英国人创造了攻守人数排列基本平衡的“塔式”阵型（图 4-4-1），这在一定程度上改变了这种攻多守少的不平衡状况。

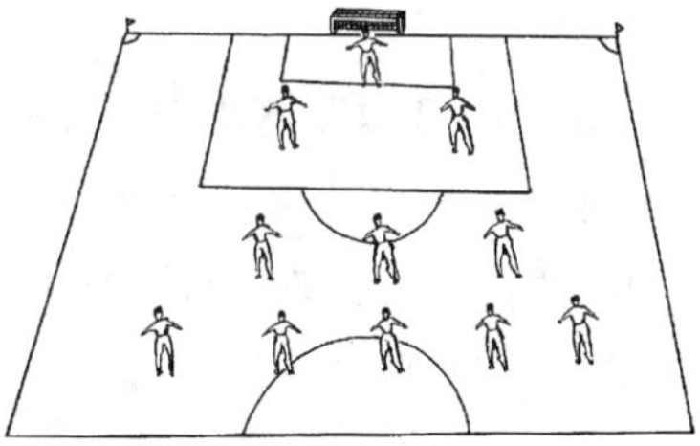

图 4-4-1　“塔式”阵型

（二）第二阶段（1930—1970 年）

1925 年，越位规则有关条款的再次修改进一步有利于进攻，从而加剧了攻守矛盾的发展，同时也使人们逐渐认识到防守对于取胜的重要性，这催生了人们早期朴素的“攻守人数平衡”思想的萌芽。这一时期，比赛阵型的发展具有攻守人数排列相对平衡，继而再打破这种平衡，最后又重新达到一种新的攻守人数平衡的演变发展特点。这一阶段，比赛阵型演变发展的主要轨迹如下：

1.“WM”阵型（“3-2-2-3”阵型）

1930 年，英格兰教练赫伯特·查普曼创造出了“WM”阵型（图 4-4-2），从而首次使足球攻守人数从不平衡达到了平衡。英国队也据此阵型称雄世界足坛 20 多年，并为世界各国纷纷效仿。

2. “四前锋”阵型（“3–3–4”阵型）

20 世纪 50 年代初，匈牙利在保持“WM”阵型防守人数的基础上首创了“四前锋”阵型（图 4–4–3）。此阵型首次打破了攻守人数上的平衡，以四前锋攻击“WM”阵型的三后卫，从而使进攻配合更加流畅，进攻更加犀利。匈牙利队以此阵型在 32 场国际比赛中取得了 28 胜 4 平的显赫战绩。此后，“四前锋”阵型在短时间内便风靡世界足坛，并被誉为世界足球的第一次重大变革。

图 4–4–2 “WM”阵型

图 4–4–3 “四前锋”阵型

3. “4–2–4”阵型与“4–3–3”阵型

1958 年，巴西队在吸取“四前锋”打法成功经验的基础上，又针对三后卫的防守不足增设了一名后卫队员，创造了“4–2–4”阵型，从而使攻守人数再次达到平衡，并在瑞典举行的第 6 届世界杯赛上一举夺魁（图 4–4–4）。“4–2–4”阵型由此被世界各国纷纷效仿，广为流行，这次阵型的发展变革被誉为世界足球的第二次重大变革。

图 4–4–4 “4–2–4”阵型

在 1962 年第 7 届世界杯上，巴西队针对“4–2–4”阵型中场人数薄弱的缺陷对其进行了改良，推出了“4–3–3”阵型。该阵型既加强了中前场的进攻，又增加了中后场的防守，使攻守更加机动灵活。巴西队采用此阵型蝉联了本届世界杯的冠军，同时它也是世界足坛运用最广泛的比赛阵型之一。

4. “4–4–2”阵型

“4–3–3”阵型中的多名前卫队员频繁地从二线插上的进攻打法，常常使防守人数处于劣势，防不胜防，因而注重防守、抑制进攻的比赛阵型便应运而生。1966 年，英格兰队首先运用了“4–4–2 阵型”（图 4–4–5），他们在比赛中采取“锁链式”或“混凝土式”的密集防守打法，并一举登上了第 8 届世界杯足球赛的冠军宝座。由此，保守的密集防守性打法统治世界足坛长达 16 年之久。直到 1982 年的第 12 届世界杯足球赛，意大利队创造性地运用更具积极进攻意义的“4-4-2”阵型夺得冠军，才使进攻型足球重现世界足坛。从此，“4-4-2”阵型风靡世界足坛，并在长期的比赛实践中不断得到完善，并运用至今。

平行站位

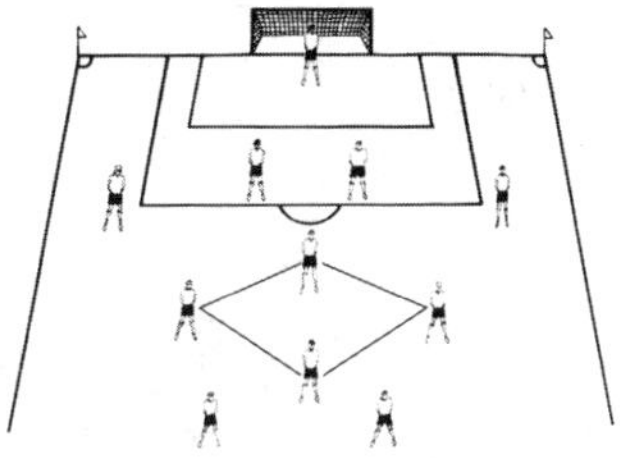
菱形站位

图 4-4-5 “4-4-2”阵型

（三）第三阶段（1970 年至今）

这是现代足球发展最快、变革最深刻的阶段。这个阶段的阵型繁多，但万变不离其宗，“全攻全守、攻守平衡”仍是比赛阵型变化的主旋律。

1. “1-3-3-3”阵型

在 1974 年第 10 届世界杯足球赛上，荷兰与联邦德国等首创了“1-3-3-3”阵型（图 4-4-6），并以此演绎了崭新而丰富的全攻全守总体型打法。这种阵型打法要求运动员能攻善守，在比赛中能胜任多种攻守职能，对运动员的体能、技战术能力和全队整体攻守的一体化提出了更高、更全面的要求。“1-3-3-3”阵型的创立符合现代足球运动发展的内在规律，确立了全面型足球的比赛观，极大地促进了世界足球竞技水平的提高，被誉为世界足球的第三次重大变革。

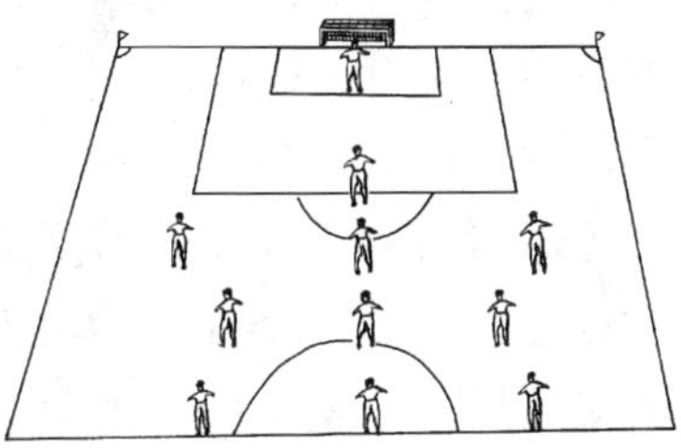
图 4-4-6 “1-3-3-3”阵型

2. “3-5-2”阵型与“5-3-2”阵型

随着足球比赛实践的不断深入，人们清楚地认识到，夺取中场攻守的优势是获得比赛主动权的关键。该阵型的特点是屯重兵于中场，有利于占据攻守的主动，同时也可使攻守兵力的调整调动更加快速、机动，从而有效实现攻守的动态平衡。因此，在 20 世纪 80 年代的欧洲足球锦标赛和第 13 届世界杯足球赛上，法国队、丹麦队等率先呈现了“5-3-2”阵型（图 4-4-7）和“3-5-2”阵型（图 4-4-8）。实战中，这两种阵型常常根据比赛中攻守的需要而相互转换运用。进攻时，边后卫向中场推进并伺机插上进攻，此时“5–3–2”阵型变为“3–5–2”阵型或“3–4–3”阵型；防守时，边后卫后撤防守，此时“3–5–2”阵型变成“5–3–2”阵型或“4–4–2”阵型。

图 4–4–7 “5–3–2”阵型

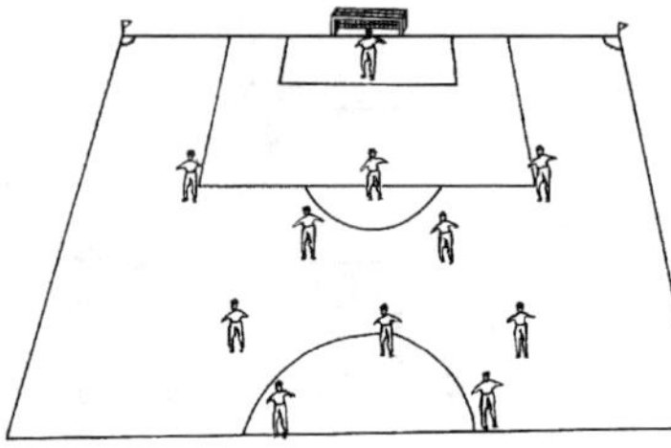

图 4–4–8 “3–5–2”阵型

3.“4–2–3–1”阵型

作为 21 世纪初至今最为流行的比赛阵型之一，“4–2–3–1”阵型在 2014 年第 20 届世界杯与 2018 年第 21 届世界杯赛中仍然是众多球队的主要选择，在两届世界杯赛中分别使用了 64 次与 52 次，代表球队为俄罗斯、德国、瑞士等（图 4–4–9）。该阵型的基本配置是四后卫，双后腰，三个攻击型中场外加单前锋。这种阵型对球员的要求非常高，尤其是后卫线上的两名边后卫必须是能攻善守的全能球员，中场对双后腰的要求更加苛刻，其中一名必须有出色的体能和防守奔跑能力，主要负责中场的防守，另外一名需要有出色的盘带传球能力和掌控比赛节奏的能力，两名边前卫必须有出色的内切突破得分能力。而前腰位置则是这个阵型的灵魂，不但要具备传统前腰的组织传球能力，还要有相当强的得分能力。整个中场的分工非常明确，两名后腰主管防守和连接中前场，三名进攻型中场要配合单前锋主攻。由于采取的是单前锋，因此分担了更多的进攻责任。在这个阵型里，前锋必须是抢点好、护球好，可以背身拿球并且有得分能力的强力前锋。

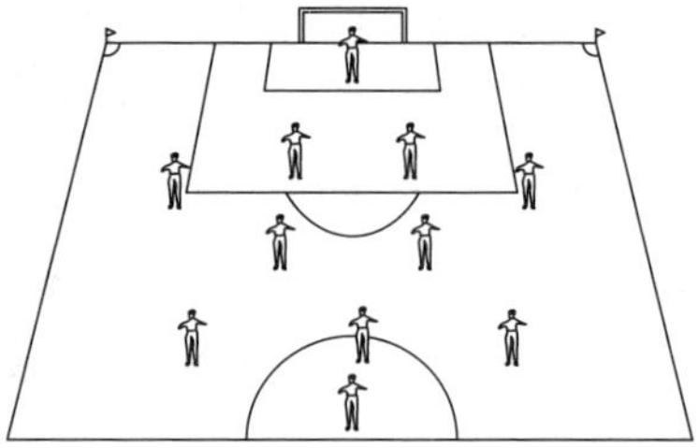

图 4–4–9 “4–2–3–1”阵型

100 多年的足球运动发展史也是比赛阵型演变的发展史。其发展的基本规律有：攻守矛盾的斗争是阵型演变和发展的主要原动力；队员竞技能力的提高是阵型演变和发展的基础；制定切合自身实际的战术是阵型变革成功的重要条件；规则的不断变化是推动阵型演变和发展的重要因素。

二、常用的比赛阵型攻守打法分析

实践证明，一支球队的实力必须通过一定的阵型在比赛中表现出来，阵型也正是为了发挥球队的实力而存在。比赛中，根据战术打法的需要，具有各种特点的队员组合必然要通过阵型表现出来，从而更好地为实现战术目的服务。目前，足球比赛中常采用的比赛阵型及战术打法有以下几种：

（一）“4-3-3”阵型及攻守打法

该阵型主要特点是有利于攻守力量的组织，攻守的机动性大，进攻的突然、隐蔽性强（图 4-4-10）。

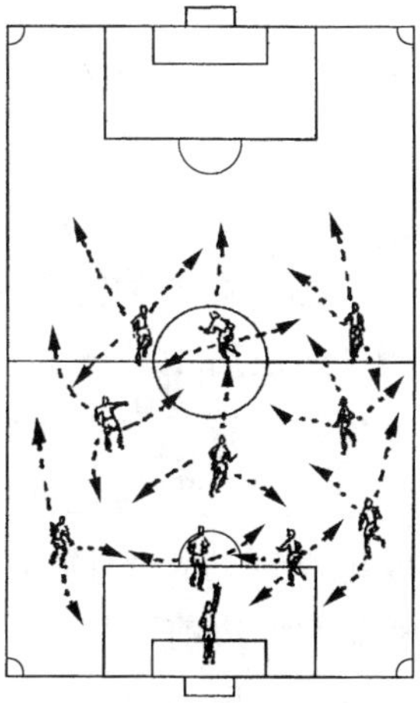

图 4-4-10 “4-3-3”阵型打法

1. 后卫队员的主要攻守打法

（1）边后卫攻守打法要点。盯防进入边路区域的有球或无球进攻队员，与相邻位置中卫协同防守两者结合部区域；由守转攻时，迅速压上，协助控制中场，并伺机套边插上参与边路进攻。

（2）中后卫攻守打法要点。两名中卫根据攻守需要前后交错站位，负责身前和身后中路纵深区域的防守；突前中卫盯防对方的突前中锋，扫清罚球区前沿的进攻威胁；拖后中卫专司防线纵深的保护与补位，盯抢突然插入门前的进攻队员，并组织和指挥全队的防守；由守转攻时，与边卫共同发动与组织后场的进攻。

2. 前卫队员的主要攻守打法

（1）拖后前卫攻守打法要点。一般呈“漏斗式”扇形防守，重在封锁两中卫之间结合部的“中间进攻通道”；堵塞中卫与边后卫之间结合部的防守空隙，及时填补边后卫与中卫的身后空当；由守转攻时，组织、策动和接应本方中后场的进攻。

（2）边前卫攻守打法要点。防守时，对位盯防对方的 2 名进攻前卫，阻击对方的中场进攻，协助边路防守；由守转攻时，组织、发动和接应本方中场进攻，伺机突然插上进攻。

3. 前锋队员的主要攻守打法

（1）边锋攻守打法要点。在两边路或边中结合部区域通过局部战术配合或过人运球突破撕开对方边路防线，完成传中、包抄抢点或运球射门；通过主动回撤或斜线内切等无球活动制造边路空当，为同伴插上创造进攻空间；向防守内线方向进行有球或无球移动，与中路进攻队员协同展开中路进攻；由攻转守时，在边路与相邻同伴形成对进攻队员的回追、夹击、围抢。

（2）中锋攻守打法要点。进攻时常常深入对方防守纵深腹地，紧靠对方拖后中卫，或在两名中后卫和中、边后卫结合区域游动，寻找进攻战机；通过中路的反复拉、插或左右扯动为同伴制造传球空当；采用传切、过人突破、头球摆渡、各种二过一战术配合等创造突破与射门的机会；由攻转守时，就地阻抢有球局部进攻队员，延缓、干扰对手的反击速度。

（二）“4-4-2”阵型及攻守打法

“4-4-2”阵型使中后场的防守更加巩固，攻守更为灵活、机动，二三线插上进攻和快速反击更为锐利（图 4-4-11）。

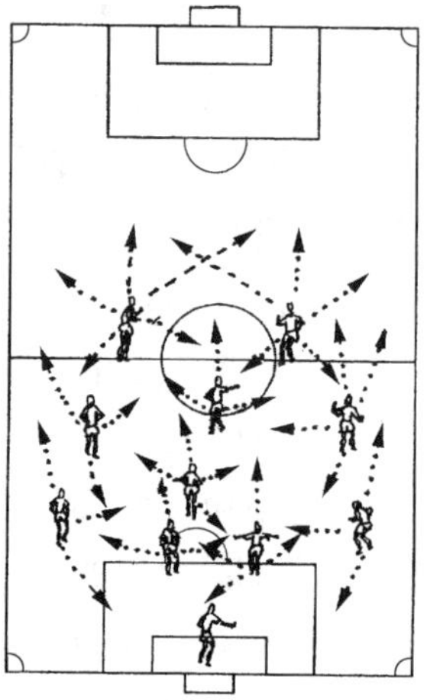

图 4-4-11 “4-4-2”阵型打法

1. 后卫队员的主要攻守打法

（1）边后卫攻守打法要点。两名边后卫固守边路，并与相邻位置中后卫协同防守两者结合部区域；由守转攻时，大胆、及时地向中场前压，占据中场两肋区域，积极策动或协助中场进攻，伺机快速套边或插上进攻，经常要起到边前卫甚至边锋的进攻作用。

（2）中后卫攻守打法要点。主要职责和打法与“4-3-3”阵型中两名中后卫的主要攻守打法基本相同。由于攻方的两名中锋经常频繁换位、前后拉插和中路内切展开进攻，两名中后卫在防守中还应特别注意灵活运用区域与盯人相结合的混合防守，防守分工与盯防对象应更加明确；对于两中后卫之间接合部的盯防对象的互换交接要及时、协调与默契。

2. 前卫队员的主要攻守打法

该阵型经典的前卫位置分布呈“1-2-1”菱形位置排列。

（1）拖后前卫（后腰）攻守打法要点。主要攻守打法可参照“4-3-3”阵型中拖后前卫的职责与打法。但应注意对位盯防对方突前前卫，尤其要做好两名中后卫间结合部前的防守屏障，及时填补或保护两名中后卫暂时离位出击或补位出现的中路空当；由守转攻时，负责本方中后场进攻的组织，掌握比赛节奏和进攻方向。

（2）突前前卫（前腰）攻守打法要点。发动、组织和接应中场或中前场的进攻，为进攻穿针引线，向前锋输送炮弹；与前锋共同组成第一线攻击团队，通过局部配合、运球过人或向中路插上突破对方防线，创造射门机会；由攻转守时，盯防对方的拖后前卫，阻击对方中后场发动的进攻。

（3）边前卫攻守打法要点。两名边前卫主要负责边路的攻守，与突前前卫和两名前锋构成本队攻守的中轴；组织、发动并积极参与边路进攻，经常游动在中前场对方防守的两肋结合部和边路展开进攻，常常发挥着边锋进攻的重要作用；协调中场的左、中、右的进攻转移，密切进攻的横向联系，并伺机在同侧中路与其他进攻同伴进行积极地进攻配合，或二线插上、包抄抢点射门；由攻转守时，应快速回防，盯防对方的同侧边前卫，并要及时填补边后卫因插上助攻而留下的边路空当。

3. 前锋队员的主要攻守打法

两名前锋队员可一前一后、一左一右或一中一边移动选位，主要在对方中卫和边后卫之间的区域活动。

（1）进攻时，在同伴的支援下，通过两人之间的一拉一插、一传一切和前后、左右的交叉换位与传球配合，从中路突破防线，创造射门得分的机会。

（2）在两侧中边路突破对方边路防线，或主动回撤接应，为二三线队员的中路和异侧边路的插上进攻创造突破和射门得分的机会。

（3）由攻转守时，两名前锋应及时、协同地就近阻截或干扰有球局部的进攻队员，延缓对方进攻速度，协助中场防守。

（三）“3–5–2”阵型及攻守打法

该阵型的主要特点是屯重兵于中场，有利于赢得中场攻守的主动，攻守转换快捷、机动，能较好地保持攻守的动态平衡（图 4–4–12）。

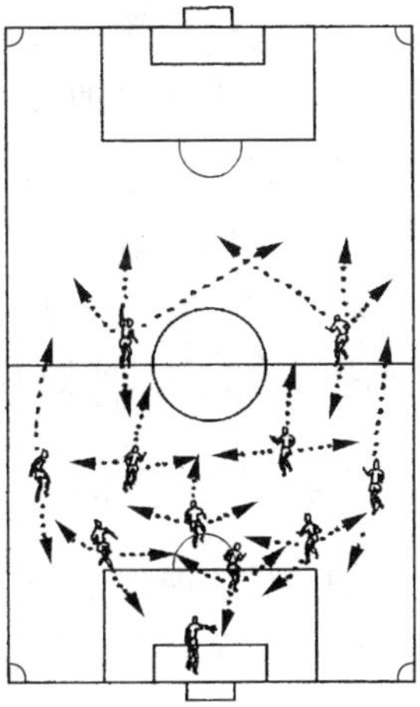

图 4–4–12 “3–5–2”阵型打法

1. 后卫队员的主要攻守打法

由于 3 名后卫的防守区域较大，这就特别要求他们跑动积极、判断准确、选位合理、补位及时、相互保护有力、出球果断。

（1）左、右中后卫防守打法要点。左、右两名中后卫专门盯防对方的两名攻击手，其防守面覆盖整个罚球区前沿区域，兼顾边路防守，及时填补和保护自由中卫出击留下的中路空当。

（2）自由中后卫防守打法要点。居后自由中后卫防守控制的重点是整个罚球区，主要负责中路纵深和左、右中后卫身后区域的保护、补位；及时排除本方门前的险情，保护守门员及因其出击而留下的门前空当，起着防守“清道夫”的重要作用。

（3）后卫队员进攻打法要点。由守转攻时，因其防守的压力较大，所以主要负责本方后、中场的进攻发动、接应和掌握进攻发起的初始方向与快慢节奏。

2. 前卫队员的主要攻守打法

（1）左、右边前卫攻守打法要点。防守时，两名边前卫迅速沿边路后撤，担负起防守边路的职责，形成“5–3–2”阵型或“4–4–2”阵型，从而巩固后防；由守转攻时，及时向中场压上重新构成“3–5–2”阵型，争取中场进攻优势和主动，伺机发动和展开边路进攻，起到边锋作用。

（2）左、右居中前卫攻守打法要点。两名居中突前前卫主要负责中前场进攻的发动和组织，与同侧的边前卫和前锋组成有球区域的基本进攻组合，攻击对方的边路防线；两名居中前卫与两名前锋组成中路有球区域的基本进攻组合，通过相互间的传切配合，尤其是从后面突然插上突破中路防线，创造射门得分机会；由攻转守时，沿中路快速回防形成左、右后腰，加强中后场的防守。

（3）拖后前卫攻守打法要点。主要职责和打法与“4–4–2”阵型的拖后前卫大体相同。但由于本方防线的两侧是三后卫防守力量较薄弱的区域，在边前卫或左、右中卫回防不及的情况下，还要随时扮演边后卫和中后卫的防守角色，因此，“3–5–2”阵型中的拖后前卫“漏斗式”的扇形防守面积应更大。

3. 前锋队员的主要攻守打法

两名前锋位置的分布形式及其主要职责和打法与“4–4–2”阵型的双中锋大体相同。但由于进攻时他们可能会得到相对较多的进攻同伴的支持，从充分调动进攻力量的角度出发，他们应考虑以下战术打法：深入对方防守腹地，“站桩”吸引防守、为同伴做球、头球摆渡或回顶，为其他进攻队员创造进攻杀机；不时地向中路左、右扯动要球，或主动回撤拿球，引诱对方防守重心的偏移，为同伴门前中路插上进攻创造战机。

（四）“4–2–3–1”阵型及攻守打法

该阵型是现代足球比赛中较流行的多层次全攻全守阵型。攻守的隐蔽性和灵活性较强，进攻手段丰富，防守层次分明（图 4–4–13）。

1. 后卫队员的主要攻守打法

（1）边后卫攻守打法要点。防守时左、右边后卫的主要职责是占据有利位置，严防边路通道。通过对不同对手进攻特点的甄别机动灵活地采取防守手段。可以采取“堵内放外”的原则，与对手保持合适的距

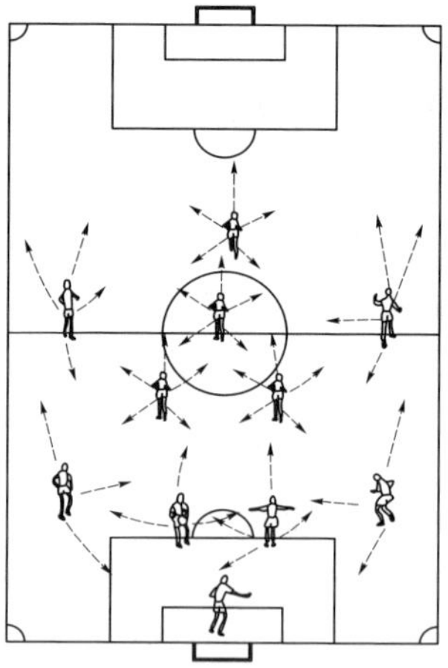

图 4–4–13 “4–2–3–1”阵型打法

离，切断对手内切直达球门的通路。当对手突破自己而中后卫补位时，应积极地进行补位，弥补中路空隙。当对手在异侧边路进攻时，应该“放边保中”，随时弥补中卫防守上的漏洞和抢断对手长传转移球。对方在中路进攻时，在人球兼顾的前提下，适当向中路收缩，随时准备弥补中卫防守上的漏洞。在进攻过程中，应充当球队的临时边锋，大胆插上利用对手两肋的纵深与空当协助本队的进攻。

（2）中后卫攻守打法要点。中后卫的职责与打法同“4–3–3”阵型与“4–4–2”阵型类似，两名中后卫在本队防守时主要负责对罚球区附近的保护，一名负责盯人，另一名居后保护，两名中卫的职责也可相互轮换，负责居后保护的中后卫也可对两侧边后卫进行补位；当拖后中卫上前阻截企图突破的中锋时，突前中卫应迅速对其进行补位，以便重新形成双层防线的局面。此外，中后卫的位置特点也决定了其对全队同步防守的指挥作用，帮助球队在丢球时快速形成防守队形，保持好相互之间的距离，从而压缩防守空间。

2. 前卫队员的主要攻守打法

（1）拖后前卫（双后腰）攻守打法要点。双后腰队员作为中后卫之前的屏障，其主要的职责是利用人数优势更好地保护罚球区前沿，一左一右覆盖中路的两个区域，根据临场的不同情况，在罚球弧前面的中场地带，采用盯人与区域防守完成各种防守任务，避免对方进攻队员直接面对本方的中后卫。此外，当中路防守出现漏洞时，应及时弥补中卫的空隙，封锁攻门的通道。一旦由守转攻，一侧前卫插上进攻时，也应占据插上前卫留下的空当，以免中场脱节。而在进攻过程中，后腰队员的主要任务是负责前后左右的接应，灵活地转移进攻方向。一旦出现良好的战机，也应该及时插上进攻和远射。

（2）突前前卫（前腰）攻守打法要点。作为球队的进攻核心，应根据比赛临场情况决定进攻的速度和节奏，选择有利的传球时机与传球点，充分发挥组织者的作用。同时也应在前锋回撤时，快速插上利用同伴创造的空间和空当，威胁对手的球门。由攻转守时，要积极追赶和盯防就近的对方控球队员，延缓对方进攻，确保中场优势。

（3）左、右边前卫攻守打法要点。在球队进攻时，可形成“4–3–3”阵型，充当边锋，与中锋一起建立中前场进攻的人数优势，通过带球突破或配合突破，打开边路缺口，进行传中或内切射门。也可通过有球或无球的活动，扯动防守，拉出边路空当，协助边后卫插上助攻。此外，当中路或异侧进攻时，通过利用宽度拉边牵制防守，并随时准备接应转移传球。同时与前腰或中锋进行位置轮转，通过换位打乱对手的防守位置，为本队的进攻创造便利条件。

3. 前锋队员的主要攻守打法

该阵型的单前锋战术要求突前前锋具有灵活多变的跑动线路以及灵敏机警的门前嗅觉，有机会攻门绝对不能放过，同时也需要为队友的插上配合或者攻门创造机会。在本队进攻时，其主要的打法特点应注意主动占据对方罚球区附近最有威胁的区域，负责边路传中的争顶，同时作为一名支点型前锋，也需要在本队快速反击时控制住球权，为球队阵型的前移或快速推进做好铺垫。而在本队防守时，主要以积极的封堵破坏对手从中路发动进攻，并协助前卫队员进行压迫与反抢，将对手持球队员向边路驱赶，是一支球队攻守转换的重要保障。

三、基本比赛队形

比赛队形是阵型在不同比赛情况下的具体体现与灵活运用，是根据场上赛势而随机变化的攻守队员位置的具体组合方式。合理的攻守队形有利于使全队整体攻守的衔接更为紧凑而有序，使攻守力量的调动和攻守动态平衡的实现更加快捷和有效，对于创造和利用有利于本方攻守的时空间，保证攻守战术得以顺利实现具有重要的实战作用。

比赛阵型虽然各不相同，但队形却有其基本的变化规律可循。比赛队形可分为整体队形和局部队形两大类。保持合理队形的总体原则是：前后层次分明，左右策应及时，四面衔接有序。其核心在于：进攻时有利于创造和利用时空间，防守时有利于控制和封锁时空间。

（一）进攻队形

1. 进攻的整体队形

（1）保持整体进攻队形的基本原则

① 随着进攻场区的前移纵向推进，逐渐增加有球或相邻场区的进攻人数，尽快形成多点接应、纵深进攻的立体队形。

② 随着进攻场区的横向变化发展，进攻人数及整体队形向有球区域一侧倾斜，及时形成有球局部以多攻少和横向联系紧密的侧移进攻队形。

③ 双方进攻僵持时，相应投入更多的进攻人数于中场，形成有利于及时调动进攻兵力，保证攻守快速而有效转换的灵活队形。

（2）进攻整体队形变化的基本表现形式

① 后场：1 + 1 + 8 + 1（图 4–4–14）。

② 中后场：1 + 1 + 6 + 3。

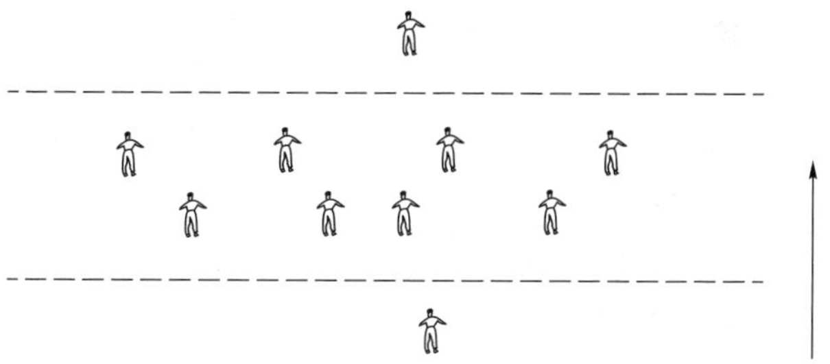

图 4-4-14 进攻整体队形

③ 中场线：1+1+5+4。

④ 中前场：1+1+4+5。

⑤ 前场：1+1+3+6。

2. **进攻的局部队形**

进攻局部队形变化的基本表现形式有：

（1）两人之间的基础进攻队形（图 4-4-15）。在有球局部区域，两名进攻队员之间保持前、后斜线站位是最基本的进攻战术队形。

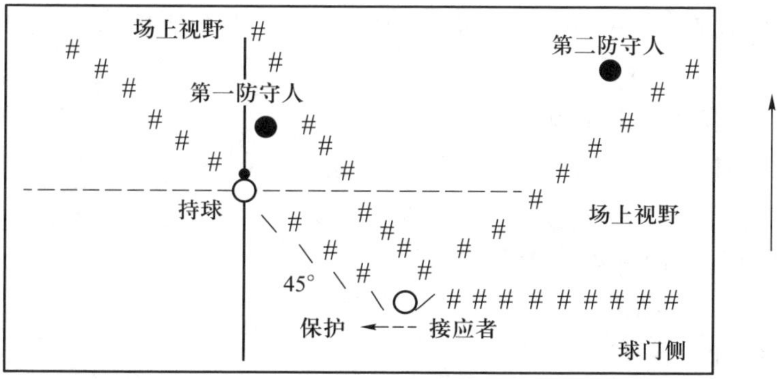

图 4-4-15 基础进攻队形

① 进攻接应者应在持球人身后靠近球门一侧约 45° 角斜线选位接应。

② 进攻区域离对方球门距离越近，接应距离越近。一般后场为 10~30 米，中场为 6~15 米，前场为 3~5 米。

（2）三人一组、“两前一后”的立体层次进攻队形（图 4-4-16）。这种“倒三角”局部进攻队形使三人之间展开左右、前后的传球、接应，进攻配合更加有效。多个三角形进攻队形的有机组合，便构成了有球区域进行渗透进攻的立体进攻队形。

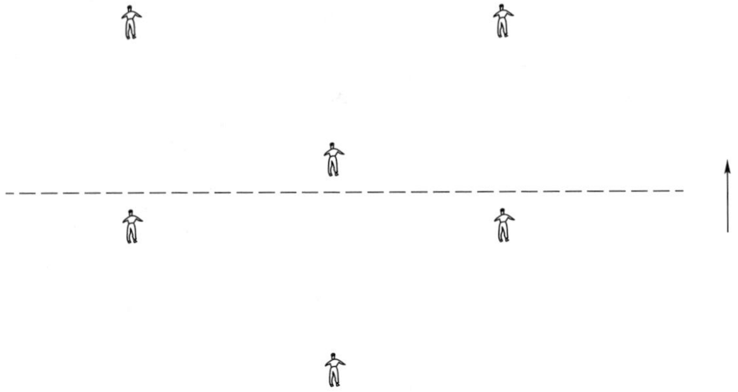

图 4-4-16 立体层次进攻队形

（二）防守队形

1. 防守的整体队形

（1）保持整体防守队形的基本原则

① 对方的进攻离本方球门的防区越近，投入防守的兵力就越多，力求形成以多防少，分割及压缩进攻空间的紧密防守队形。

② 力求形成快速移动防守重心，纵横衔接有序，有利于堵抢、保护或补位的立体防守队形。

（2）防守整体队形变化的基本表现形式

① 后场：1＋1＋3＋6。

② 中后场：1＋1＋4＋5。

③ 中场线：1＋1＋5＋4。

④ 中前场：1＋1＋6＋3。

⑤ 前场：1＋1＋8＋1。

2. 防守的局部队形

2 人呈斜线、3 人呈三角、4 人呈菱形是有球局部经常采用的基本防守队形。

（1）两人之间的基础防守队形

① 保护距离：一般以既能协助盯防同伴、有效限制对手活动的时空间，又能及时为盯防同伴补位的保护距离为宜。

② 保护角度：保护角度主要取决于前面盯防同伴的防守意图和站位。

盯防队员的防守距离稍远，而不能有效控制进攻队员的活动方向，保护同伴应占据防区内线与其呈 45° 角站位，以兼顾多个方向的防守保护（图 4-4-17）。

盯防队员如果迫使有球进攻队员走边路外线，保护同伴应纵向站位进行保护，配合实现其防守意图，及时形成对有球进攻队员的围堵或夹抢（图 4-4-18）。

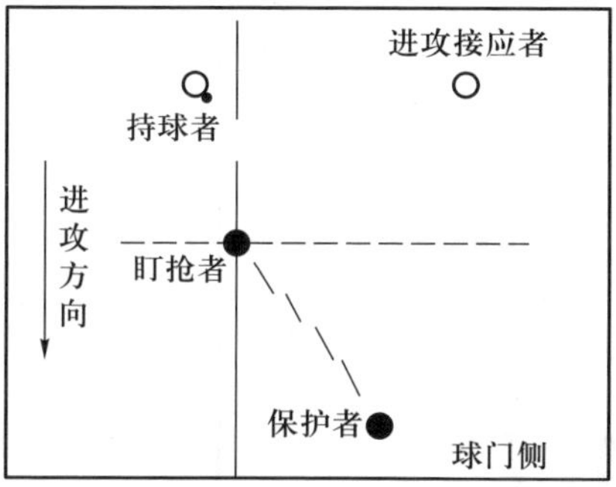

图 4-4-17　防守站位（一）

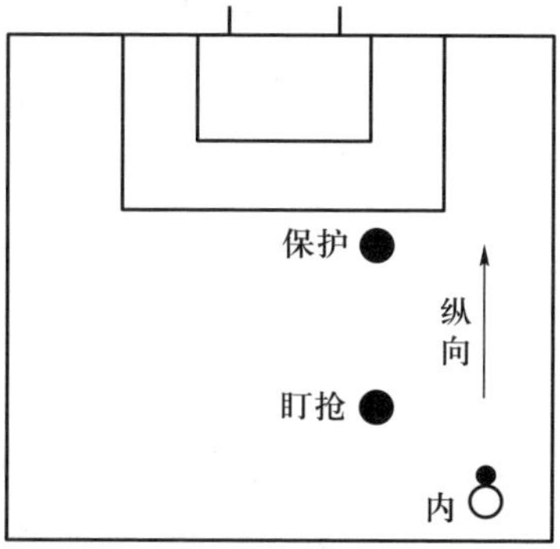

图 4-4-18　防守站位（二）

盯防队员如果迫使进攻队员持球横向移动，保护同伴也应相对地横向站位进行保护，限制进攻队员向防守纵深运动的活动空间（图 4-4-19）。

（2）三人一组、“一前两后”的立体层次防守队形。中后场区的局部防守，通常由三人保持“正三角”的防守队形。一名防守队员上前盯防，两名防守同伴在其身后左右两侧，对防区的内线和外线的纵深区域进行防守保护。多个局部“正三角”形防守队形的有机组合，较细碎地切割了防区内可供对方利用的立体进攻空间，从而构成有球区域步步为营、“锁链式”的立体防守队形（图 4-4-20）。

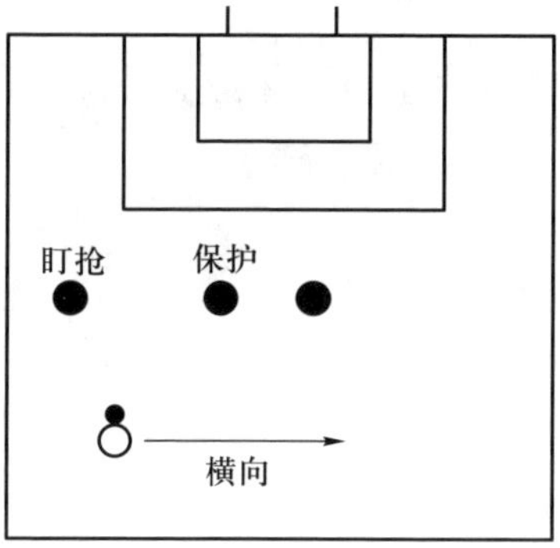

图 4-4-19　防守站位（三）

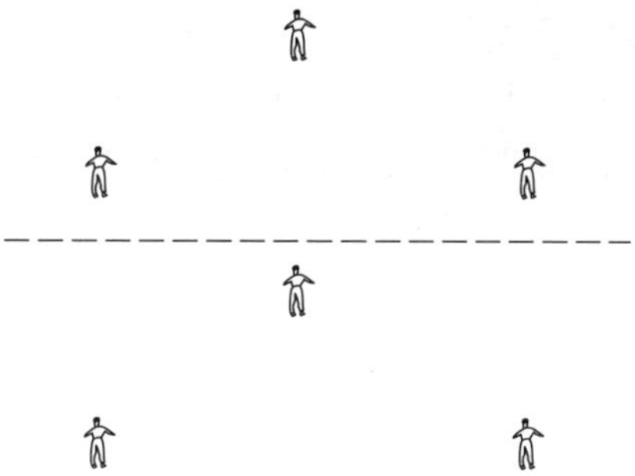

图 4-4-20　立体层次防守队形

（3）中路区域的菱形防护队形。对方在中路发动并展开进攻时，具有左、中、右灵活改变进攻方向的主动权。在对方进攻方向多变或不明朗的情况下，在中路有球区域由 4 人形成菱形的防护队形，能相对有效地兼顾和应对进攻方多个不同方向的进攻，使防守的左右两侧和中路纵深的防护变得更加有效（图 4-4-21）。

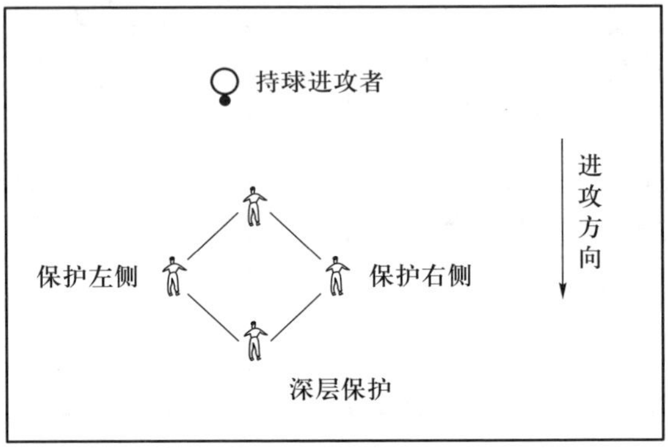

图 4-4-21 菱形防护队形

足球比赛中的攻守队形只有随着球的不断移动而频频调整变化，才可能在不同的攻守瞬间保持有利于本队攻守的合理队形。为此，必须充分认识到：良好的体能是迅速调整和形成合理队形的物质保证；高度集中的注意力与敏锐的观察、预见能力是保持合理队形的重要基础；良好的战术素养是保持合理队形的核心。

思考与练习

1. 足球比赛阵型是如何演变的？
2. 结合自己球队的比赛，写一篇有关阵型配备和队形变化的短文。
3. 球队由守转攻或由攻转守时，应采取什么样的战术行动？
4. 试用哲学观点分析进攻与防守的原则。

第五章

足球进攻战术

本章提要

本章重点阐述了现代足球个人、局部、整体及定位球进攻战术的方法与要求，概括了各种进攻战术中所包含的要素以及这些要素的运用方式和运用时应该注意的事项。

学习目标

1. 初步了解足球进攻战术中的个人进攻战术、局部进攻战术、整体进攻战术以及定位球进攻战术

2. 明确在比赛中战术运用的目的在于局部地区打破攻守双方人数上的平衡，力争造成以多打少的局面

3. 初步建立自身进攻意识，并且在学习和比赛中能够灵活地运用二过一战术、转移进攻战术等

4. 拓展思维模式，在实践中体验足球进攻战术要点，培养责任心、创造力、善于思考、临场应变及勇攀高峰的优良品质

第一节　个人进攻战术

个人进攻战术是指在比赛中为了战胜对手而采取的符合整体进攻目的的个人行动。个人进攻战术是构成局部和整体进攻战术的基本环节。个人进攻战术行动水平的高低直接影响着局部和整体进攻战术的质量。个人进攻战术包括传球、射门、运球突破和跑位等。

一、传球

传球是比赛中运用最多，也是最重要的技战术手段。运动员接球后，80%是将球传给同伴，20%是运球或射门。历届世界杯足球赛统计资料表明，平均每场比赛传球达 1 000 余次。在一场比赛中，70%～80%的控球权是通过激烈争夺获得的，而控球权的转换很多时候都是由传球失误所致。因此，传球技术水平的高低代表着一个运动员和一支球队整体比赛能力的高低，传球成功率往往决定着比赛的胜负。

传球在比赛中的表现形式多种多样。按触球方式可分为直接传球和间接传球；按传球距离可分为短传（15 米以内）、中传（15～25 米）和长传（25 米以上）；按传球高度可分为地滚球、低球（膝部以下）、平直球（膝以上，头部以下）和高球（头部以上）；按传球方向可分为直传球、斜传球、横传球和回传球；按传球目标可分为向同伴脚下传球和向空当传球；按旋转方向可分为上旋球、下旋球、侧旋球和混合旋球。为使各种传球达到预期的效果，主要应注意以下问题：

（一）培养良好的传球意识

首先要养成传球前抬头观察的习惯，扩大视野范围。其次必须清楚往哪里传最有威胁，哪种传球方法最合理，什么时候传，传出什么性质的球。

（二）隐蔽传球意图

暴露传球意图是传球失误、同伴接球困难的重要原因之一。传球的隐蔽性是达到传球战术目的的重要前提。在比赛中，应多采用直接传球、变向传球、结合假动作传球和运用多种传球脚法的变化来隐蔽传球的意图与方向。

（三）把握传球时机

把握恰当传球时机的能力，标志着运动员传球战术意识的高低。恰当的传球时机应是在时间和空间上有利于同伴接球摆脱和及时地处理球，同时又能避免其越位。

（四）提高传球的准确性

比赛中，传球失误过多就意味着被动，也往往是比赛失利的主要原因之一。准确的传球是全队协同配合与进攻成败的关键。传球失去准确性，其结果必然是功亏一篑。传球的准确性主要体现在熟练、合理地运用不同的脚法，并能控制好出球方向、距离、弧度、力量和落点。

二、射门

射门是一切进攻战术配合的最终目的和得分的唯一手段，也是进攻战术最重要、最困难、最振奋人心的环节。在现代足球比赛中，要想在对方严密防守和紧逼拼抢的情况下有效地完成射门，必须要有强烈的射门欲望，善于抓住射门时机，选择合理的射门方法。

（一）具有强烈的射门进球意识和欲望

在足球比赛中，我们常常可以看到许多插上、包抄和罚球区附近的射门机会被浪费掉，许多该射门的球，却被传球或运球取代了。在足球比赛中，队员应懂得：在有效的射门区域并有射门机会时，不起脚射门是对进攻机会的极大浪费。队员具有强烈的射门进球意识和欲望，捕捉一切射门的机会是进球获胜的前提。

（二）射门必须准确、突然、有力

准确是射门的前提，也是能否破门得分的关键。在准确的基础上，要射得突然、有力，使对方守门员猝不及防，尤其是远射更应强调力量。

（三）尽量射低平球

一般来说，守门员扑接低球与地滚球比接平球、高球难，尤其是射向球门两侧的低球更难接，因为守门员降低身体重心或倒地扑球需要更多时间。此外，射低球或地滚球不但球速快，而且球在运行过程中随时可能碰到某种原因改变方向，守门员往往会始料不及而造成失误。

（四）选择最佳射门角度

射门前要观察守门员所处的位置和移动情况，选择好射门角度，这直接影响射门的效果。一般情况下，当守门员站在球门中间时，应将球射向球门的两个下角；当守门员移动时，要将球射向其移动的反方向；从侧面射门时，应尽量射远角，一旦射门不进，同伴还可以包抄补射；当守门员站位太靠前时，要注意吊射。

（五）把握射门时机，选择合理的射门方法

一旦出现射门机会，应果断地、快速地起脚射门，任何犹豫都可能错失射门良机。

要力争抢点直接射门。在现代足球比赛中，射门时机稍纵即逝。因此，在罚球区内要力争抢在对手行动之前抢点直接射门，这不仅可以及时把握射门机会，还可以使对方守门员猝不及防。有关统计数据显示，抢点直接射门是进球率最高的射门方法。第 19、20 和 21 届世界杯足球赛总共进球 485 个，其中直接射门得分占总进球数的 66.8%，在射门一区（图 5-1-1）所射进的 254 个球中，直接射门得分占 78.4%。

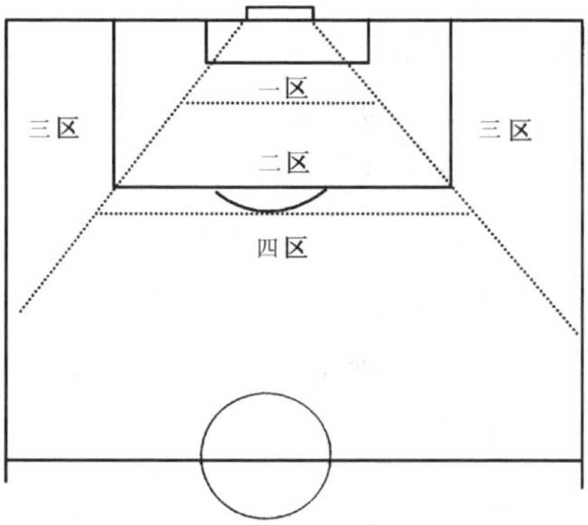

图 5-1-1　射门区域

三、运球突破

运球突破是撕开对手防线、创造以多打少局面的锐利武器，也是更好地创造射门和传球机会的有效手段。运球突破一般在下列情况下运用：

（1）控球队员在没有射门、传球可能时，可运球突破对手，创造射门和传球的机会。

（2）在攻守转换过程中，控球队员在进攻三区内，面对最后一名防守队员，而且防守队员身后又有较大空当时，应大胆运球突破其防守。

（3）控球队员在对手贴身紧逼，失去传球和射门的角度时，应采用运球突破摆脱其逼抢，寻找更好的进攻机会。

（4）同伴处于越位位置而又没有其他更好的传球选择时，应果断运球突破，直接攻门。

采用运球突破时，应注意以下几点：

（1）控好球，护好球。

（2）掌握好运球突破的时机、距离和方向。

（3）运球逼近、调动、超越、摆脱对手的技术环节应衔接紧凑，一气呵成。

（4）一旦突破对手，应及时射门或与同伴进行传球配合。

（5）机动灵活地运用运球突破战术。当对手紧逼防守时，应多采用假动作；当对手松动防守时，应诱使其出脚犯错误；当对手速度快时，多采用变向突破；当对手速度慢时，多采用变速突破。

（6）在本方后场切不可滥用运球突破，以免贻误进攻战机或造成本方被动。

四、跑位

跑位是指比赛中队员在无球的情况下，通过有意识的跑动，为自己或同伴创造进攻机会的行动。跑位是整体进攻战术的基础，是本队获得球权的准备行动，也是拉开对方防线，获得必要进攻时间和空间的重要手段。一场 90 分钟的比赛，每个队员的平均触球时间仅 2~3 分钟，而其他绝大部分时间均是无球活动。为了保证有球活动顺利、高效地完成，进攻队员必须通过积极、快速、多变的无球活动来摆脱防守，创造控制、支配球的必要时间和空间。

（一）敏锐的观察

当本方由守转攻时，其他同伴的首要任务就是观察控球同伴所处的场区位置、控球情况、出球路线和方向。其次，还要观察其他无球同伴的活动及对方的布防情况等。在此基础上，队员才可能根据本队的战术打法特点和自己的比赛职责进行合理跑位。

（二）明确的目的

跑位的目的是为自己或同伴创造获得球的时间和空间，跑位需要具有高度整体配合意识的多名队员协同行动。只有相互理解、默契，保持合理的进攻队形，才能取得最佳效果。正确的跑位可达到摆脱、接应、拉开、切入、插上、套边、包抄、扯动和牵制等目的。

（1）摆脱。队员通过变速或变向跑动甩开对手的紧逼防守，获得有效的接球时间和空间。

（2）接应。当控球队员被防守队员逼抢时，无球队员在避开防守队员封堵角度的前提下，跑向控球队员，为控球队员创造一条传球路线。接应角度一般应在持球人侧前或侧后 45° 方向，接应距离应根据不同场区和态势灵活掌握。

（3）拉开。当控球队员没有对手逼抢或以多打少时，无球队员应及时拉开空当，扩大防守面，使进攻获得更大的空间。

（4）切入。当控球队员有传球可能时，进攻队员应快速通过防守的结合间隙跑向防守者的身后空当接球。由于防守队员把注意力较多地放在球上，不易观察到身后切入的跑位队员，所以后切入较前切入更具威胁性。

（5）插上。指位于后方的无球队员突然跑向球前空当接球进攻或向前跑位接回传球射门。

（6）套边。一般是在中、前场的边路，无球队员利用边路队员向内线扯动，吸引边路防守队员拉出空当，适时沿边路跑位并从边路突破防守的方法。

（7）包抄。一侧队员下底传中或射门，另一侧无球队员要及时包抄到位，以免使球漏过而失掉进球良机。

（8）扯动。无球队员通过跑动或与同伴交叉换位，拉乱对方的防守位置和部署，为同伴创造传接空当。

（9）牵制。一侧进攻，另一侧的无球队员不要过早地向中间跑位，以牵制和吸引防守队员，削弱另一侧队员的进攻压力，拉开中路防守空当。当对方进攻到本方后场时，本方中锋不要过多后撤，应站在中圈附近牵制对方的中后卫，以减轻本方的防守压力。

（三）合理的时机

跑位要及时、合理。场上出现的空当往往稍纵即逝，跑早了、跑晚了都可能失去机会。合理的跑位时机，涉及跑位队员、传球队员控球的情况和传球时间、空间的情况以及防守队员的位置、行动意图等，需要传球跑位队员具有高度的战术意识和默契的配合能力。

（1）以跑位引导传球。利用传球队员在得球前的观察，主动跑位引导传球的方向和时机。

（2）以传球引导跑位。控球队员控制球后要用眼光、声音、手势与跑位队员交流，以传球带动跑位。

（3）根据战术打法选择跑位时机。按照本队既定的战术打法，掌握默契的跑位时机。

（四）多变的行动

（1）传球后立即跑位。只有这样才能形成连接不断、协调一致的进攻配合。

（2）力争向前跑位。只有向前切入、插入对方防守空当，才能更快、更有效地突破对方防线，获得射门机会。而向回、向侧跑位是可以制造向前突破的空当。

（3）隐藏跑位意图。跑位前，要利用假动作和变速、变向来迷惑对手，然后突然起动，摆脱对手的紧逼，跑向预定位置。

（4）以己之长，克彼之短。比赛中要尽快掌握对手的情况，根据对手的体能、速度、意识、经验和特点，合理跑位。

（5）不停地跑位。能跑、快跑、善跑既可以防止被对方冻结，又可以创造更多更好的进攻路线和射门机会。

（6）一动全动，协同跑位。跑位是高度战术意识支配下的整体战术行动。比赛中，无球队员要相互配合，协同跑位，以球动而动，以近球者的行动而动，有拉有插，形成纵横交错、相互衔接、距离合理的攻击队形。

第二节　局部进攻战术

局部进攻战术是指进攻中两个或几个队员之间的配合方法，它是集体配合的基础。局部进攻战术的基本配合形式有传切配合、交叉掩护配合和二过一配合。

一、传切配合

传切配合是指控球队员将球传给切入的进攻队员的配合方法，是局部进攻战术中运用最多的方法。传切配合的形式有局部传切和转移长传切入。

传切配合

（一）局部传切配合

按传切的线路可分为直传斜切、斜传直切（图 5-2-1）。

（二）长传转移切入

一侧进攻受阻，长传转移到另一侧，切入队员得球后展开进攻（图 5-2-2）。

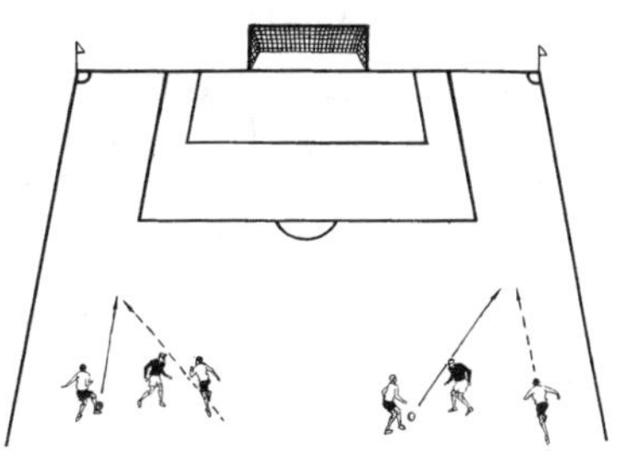

图 5-2-1　局部传切配合

图 5-2-2　长传转移切入

（三）传切成功的要素

（1）控球队员要把握准确的传球时机，并控制好传球的方向和力量。

（2）跑位队员要明确切入的方位和时间，起动应突然、快速，并用身体掩护住球。

二、交叉掩护配合

交叉掩护配合是指在局部地区两名进攻队员在运球交叉换位时，以自己的身体掩护同伴越过防守队员的配合方法（图 5-2-3）。

图 5-2-3　交叉掩护配合

交叉掩护配合

交叉掩护配合成功的要素：

（1）运球队员必须用自己的身体护住球，并挡住两名防守队员，将球传给同伴后，要继续向前跑动。

（2）接球队员必须主动迎面跑向运球同伴，交叉距离贴近，接球后快速向前运球。

三、二过一配合

二过一配合是指在局部地区两名进攻队员通过两次连续传球配合，越过一名防守队员的配合方法。根据传球和跑位的路线，二过一配合的形式有斜传直插二过一、直传斜插二过一、斜传斜插二过一和回传反切二过一（图 5-2-4）。

斜传直插二过一

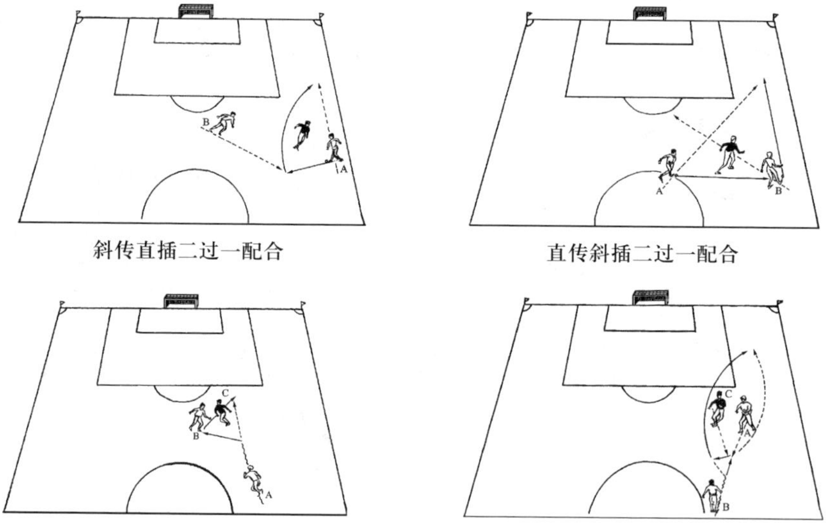

斜传直插二过一配合　　直传斜插二过一配合

斜传斜插二过一配合　　回传反切二过一配合

图 5-2-4　二过一配合

1. 斜传直插二过一配合

当防守队员身后有一定空当，防守队员距插入队员较近时，采用此配合效果较好。

2. 直传斜插二过一配合

当防守队员身后有较大空当或防守队员移向接应队员时，采用此配合效果较好。注意直传球力量要适当。

直传斜插二过一配合

3. 斜传斜插二过一配合（踢墙式二过一）

当防守队员身后空隙较小或采用连续二过一时，采用此配合效果较好。

斜传斜插二过一配合

4. 回传反切二过一配合

当接应队员与控球队员有一定的纵深距离，而且防守队员贴身逼抢时，可主动向后扯动，拉出空当，采用此配合。

二过一配合的注意事项：

（1）二过一配合的传球脚法以脚内侧居多，因为二过一配合一般都是短距离传球，脚内侧出球准确、平稳。

回传反切二过一配合

（2）踢墙式二过一配合的“墙”不应是原地静止的，而应是在快速跑动中调整位置，直接传球，以达到最佳效果。

（3）二过一配合的控球队员要有运球突破的意识和行动，给防守方以压力，把防守的注意力吸引过来，不要过早暴露二过一配合的意图，这样才能创造出二过一配合的局面，打乱对方的防守队形。

（4）二过一配合机会瞬息即逝，所以要求传球的方向、力量、旋转要恰到好处。特别是踢墙式二过一配合，第一传的质量直接影响到第二传的效果。

（5）第二传的时机是二过一配合成功的关键。配合时，既要考虑同伴的跑速和位置，又要考虑防守的位置和动向。

（6）二过一配合第一传后，可多人插上，传球的第一插上者被保护补位的防守队员封堵后，可利用第二、第三插上者打间接二过一配合。

（7）回传反切二过一配合要考虑纵深距离。传球队员和反切队员尽量不在同一纵轴线上传切，以免给传球和接球带来困难。

第三节 整体进攻战术

整体进攻战术是指为了完成进攻战术任务所采用的全局性的配合方法。一次完整的整体进攻是由发动、推进和结束三个阶段组成的。发动阶段是获得球、控制球、传球的进攻阶段；推进阶段是通过整体的无球跑动和有球配合迅速展开的全面进攻阶段；结束阶段是通过传中、运球突破、传切配合等形式创造的攻击对方球门的进攻阶段。

依据进攻的区域（图 5-3-1），整体进攻战术可分为边路进攻、中路进攻和转移进攻；依据进攻的速度，整体进攻战术可分为快速反击、层次进攻和破密集防守的进攻。

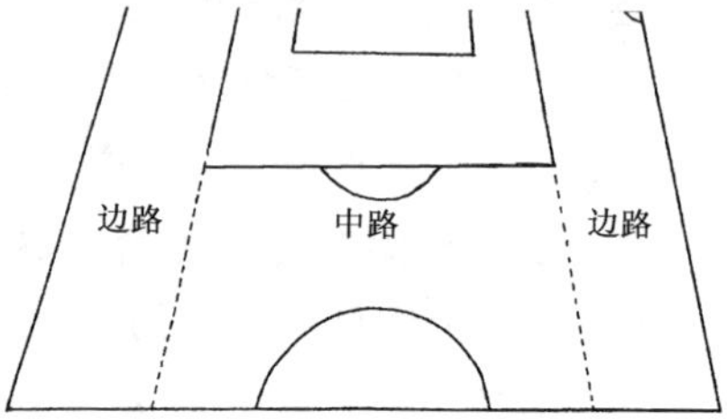

图 5-3-1　进攻区域示意图

一、边路进攻

边路进攻一般是指进攻的最后阶段发生在前场罚球区线以外靠近边线区域的进攻。边路进攻的发起、推进通常有两种渠道：一是进攻过程始终沿边路而行；二是通过中路转移至边路。

（一）边路进攻的方式

采用边路进攻打法，主要目的在于充分利用“宽度”原则，拉开防守面，削弱中路的防守力量，创造中路破门得分的有利战机。边路进攻方式有边路运球突破、边锋与中锋或前卫二过一配合、边锋与中锋交叉换位配合、前卫套边配合、后卫插上套边配合等（图 5-3-2）。

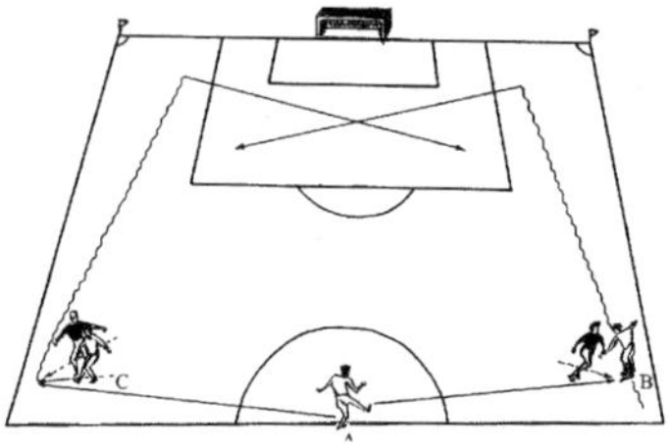

边路运球突破

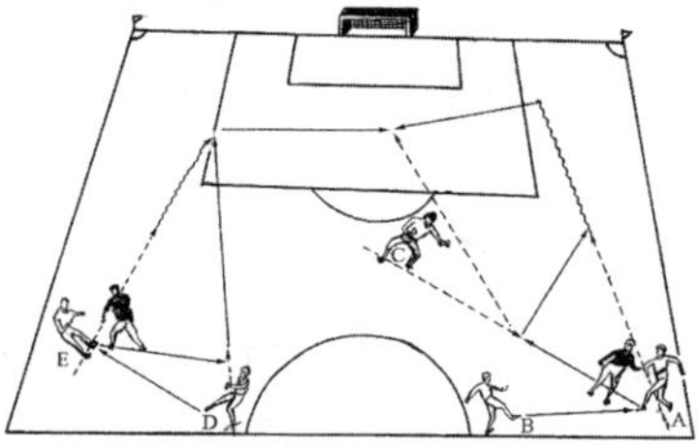

边锋与中锋或前卫二过一配合

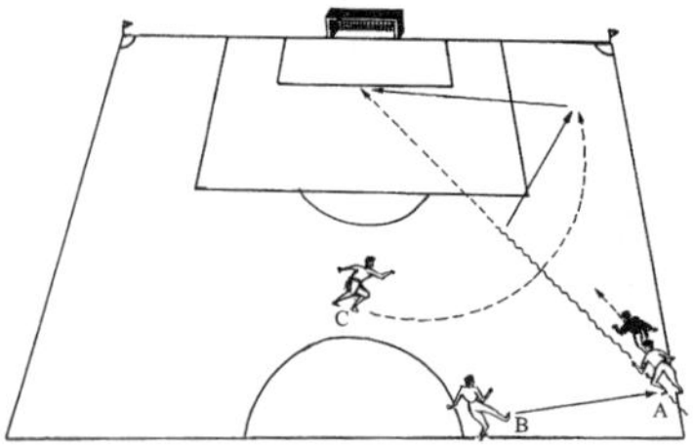

边锋与中锋交叉换位配合

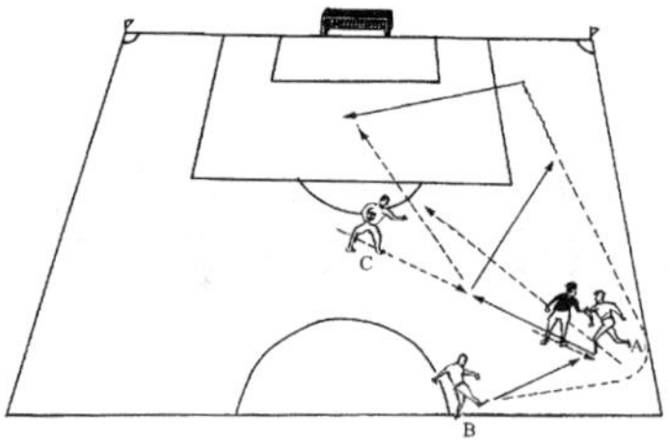

前卫套边配合

后卫插上套边配合

图 5-3-2 边路进攻的方式

（二）边路进攻传中的方式

边路进攻传中的方式有外围传中、边路传中、下底回扣传中和两肋切进传切配合等（图 5-3-3）。

图 5-3-3 边路进攻传中的方式

1. 外围传中

外围传中是指在与球门线平行的罚球区线以外的边路进行传中。采用外围传中有两种情况：一是对方来不及组织防守，与攻方队员同时面向球门跑动时，应在外围及时传中，创造中路射门机会；二是边路进攻受阻，中路有头球较好的高大中锋，可在外围利用中锋头球射门或头球摆渡，制造射门机会。

2. 边路传中

边路传中是指在平行于边线的罚球区线外侧的边路进行传中。如对方已在罚球区前沿组织好防线，此时可以利用边路突破横向扯动对方的防线，利用边路传中制造射门机会。

3. 下底回扣传中

下底回扣传中是指边路突破后沿球门线切进罚球区内，在中卫封堵之前采用低球回扣传中，由队友在中路抢点射门。

4. 两肋切进传切配合

两肋切进传切配合是指从罚球区前角，由边路走内线，或由中路分球到边路时，从后卫与中后卫结合部位切进去，与中锋和前卫传切配合，突破后直接射门。遇到拖后中卫封堵时，可用隐蔽性回传球，创造射门机会。

（三）边路传中的时机和落点

传中时机至关重要，过早或过晚都达不到预期的目的，最佳时机应是：

（1）守方队员与攻方队员同时面向球门跑动时。

（2）突破边后卫的防守，补防的中后卫尚未封堵住传中路线时。

（3）对方后卫线与守门员之间有较大空当，本方队员有可能切入时。

（4）对方守门员贸然出击，选位不当时。

（5）本方队员已插上或包抄到位时。

传中的落点也很重要。研究资料显示，传中落点最好是在距球门线 4 米、距罚球区前沿 8 米、宽 20 米的区域内（图 5-3-4）。

另外，传球的弧度和旋转也很重要。传前点球应低平有力，传后点球应有一定高度。除高度外，传中球还应加侧旋，一方面诱使守门员判断错误，另一方面有利于包抄射门。

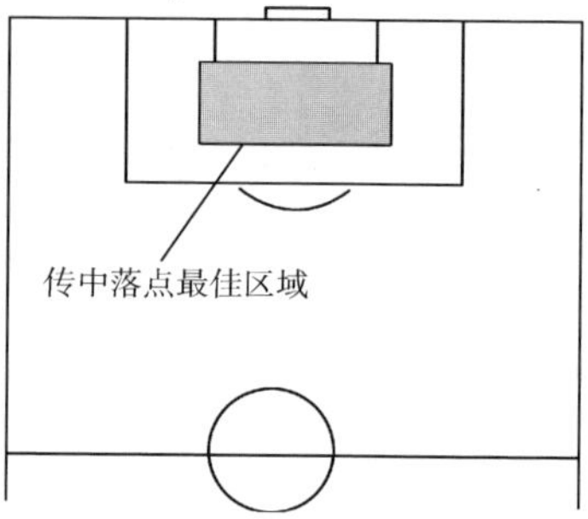

图 5-3-4　传中落点最佳区域

二、中路进攻

中路进攻通常是指进攻最后阶段发生在前场中间区域的配合。中路进攻一般也来自中路直向推进和边中转移两种形式。中路进攻一般说来比边路进攻更具有威胁性和直接性。由于中路防守人员密集，所以进攻的难度很大，但若一旦成功，则威胁效果也很大。中路进攻的结束方式多种多样，要求队员必须掌握以下几种常见形式：

（1）运球突破中远距离施射，或利用个人娴熟控运技术突破后冷静射门。

（2）中场突破空间小、时间短，在对方人缝中利用二过一配合或传切配合突破防守并射门。

（3）中锋与前卫或边锋利用斜向运球交叉换位，掩护同伴突破防守并射门。

（4）中锋回撤将对方中卫拉出来再反切接球突破射门。

（5）横扯插上配合，由中锋跑位扯动，拉开防守队员，制造出第二空当，前卫队员突然插上射门（图 5–3–5）。

（6）头球摆渡配合。当地面配合难以突破对方防守时，可运用外线吊球，利用中路攻击手的身高和头球优势，争顶摆渡，边锋或前卫插上射门（图 5–3–6）。

图 5–3–5　中锋横扯，前卫插上配合

图 5–3–6　头球摆渡配合

（7）任意球战术配合。前场中路距门 30 米以内的任意球战术配合进攻。

三、转移进攻

转移进攻是指由一个区域转向另一个区域的进攻配合，一般有中路进攻受阻时转移到边路组织进攻，或边路进攻受阻时转移到中路组织进攻，或一侧边路转移到另一侧边路的进攻（图 5–3–7）。转移进攻的特点是：充分利用场地的空间和足球比赛进攻

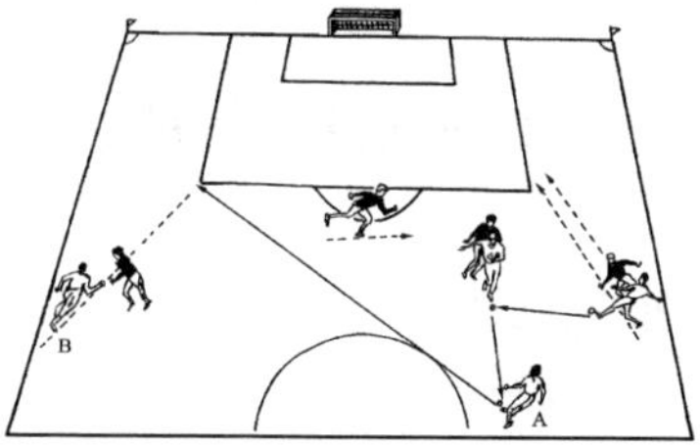

远距离转移进攻

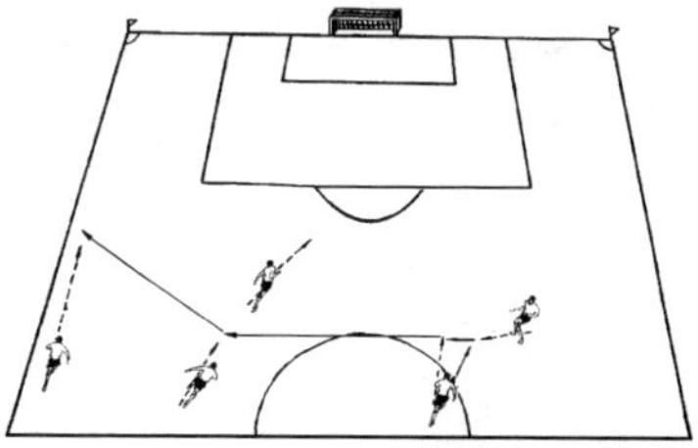

边路转移进攻

图 5–3–7　转移进攻的方式

没有时间和传球次数限制的规则，及时转移攻击点，迫使对方防线横向扯动，出现空当，从而成功地突破防线。转移进攻应做到：

（1）进攻受阻的明显标志是防守局部人数明显超过进攻局部人数，而且防守能力很强，此时应及时转移进攻方向。

（2）队员的视野要广，转移进攻点的意识和观察分析、审时度势的能力要强，这样才能及时把握转移的时机。

（3）转移进攻最好有组织者和信号，组织者一般应是突前前卫或拖后前卫。进攻受阻时应及时回传给他（这就是信号），并由他及时转移进攻点。

（4）转移进攻时，全队思想要统一，行动要积极。特别是一侧边路进攻转移到另一侧边路进攻时，前卫、边后卫应及时插上，进攻才会收到较好的效果。

四、快速反击

快速反击是指防守方在获得球权后，在对方尚未形成稳固防守态势时，快速攻击对方，从而创造射门机会的配合。

（一）快速反击的发动时机

（1）抢截到对方的传球后。

（2）抢到对方脚下控制的球后。

（3）对方进攻中犯规而被判罚任意球时。

上述机会是否能被充分利用，最为关键的因素在于能否合理运用“快”和“准”。统计资料显示，每个队每场比赛快速反击的次数虽然仅占总进攻次数的15%左右，但快速反击进球数却占总进球数的50%左右。因此，快速反击越来越受到重视。

（二）快速反击的注意事项

（1）全队思想统一、行动一致。要有训练有素的快速突击队员和较固定的快攻配合路线，还要具备灵活应变的反击能力。

（2）快速反击要求快传球，多采用中、长传球和向前传球，时间短和传球次数少是成功的关键。

（3）在前场抢断球后要敢于快速运球突破，直接创造射门得分的机会。

五、层次进攻

层次进攻是指有组织、有步骤、层层推进的一种进攻方式。它一般发生在对方已组织好防守的情况下。层次进攻是一种比快速反击更慎重的进攻打法。如果速度和冒险是快速反击的特点，那么，准确和稳妥则是层次进攻的特征。层次进攻对进攻方运用场地宽度、渗透的原则和控制比赛节奏的意识和能力以及跑位和传球配合要求较高。

六、破密集防守的进攻

破密集防守的进攻是指针对对方全队收缩在后场、防守人员密集情况下的进攻配合。破密集防守的进攻方法有：

（1）拉开进攻的宽度。横向扯动拉开对方的防线，使中路出现空当，然后传中创造射门机会。

（2）传切配合。进攻队员要连续地进行无球穿插跑位。防守队员有时只注意到看球，容易暴露出防守漏洞，这时进攻队员要不失时机地从防守队员身后切入，并及时向切入同伴的跑动路线上传球，创造射门机会。

（3）运球突破。要敢于运球突破对方防线，果断射门或突破后为同伴创造射门机会。

（4）二过一配合。进行小范围内连续、快速、多变的直接二过一配合。

（5）外围吊中。在场上配合受阻的情况下，采用外围高球吊中，利用内线队员交叉跑位和高大中锋头球直接射门或摆渡创造射门机会。

（6）插上远射。外线队员利用内线队员拉出的空当及时插上，直接远射，内线队员多点包抄或补射。

（7）任意球配合射门。制造罚球区附近的直接任意球机会。组织简捷、有实效的任意球配合已成为破密集防守的重要手段。

第四节 定位球进攻战术

定位球攻守战术是指比赛成死球时所采用的攻守战术方法，包括球门球、中圈开球、掷界外球、角球、任意球、罚球点球时的配合方法。定位球在现代足球比赛中的地位极为显要，它已成为决定比赛胜负的重要因素，尤其在势均力敌的比赛中，关键性的进球常常是定位球。

一、任意球进攻战术

在罚球区附近的任意球进攻威胁最大，虽然比赛中这种任意球机会很少，但是一旦出现，若能把握好，常能进球。在比赛中，罚第一节任意球战术球弧两侧和罚球区两侧的任意球较多，应充分利用。对于任意球，教练员和运动员应牢记：能直接射门就不打配合，即使配合也应简练，越简练的配合，成功的可能性越大。配合的变化虽重要，但变化必须以效果为前提。前场任意球的重要进攻区域有罚球弧区域、罚球区角及两侧区域、罚球区内。

（一）罚球弧区域的任意球进攻

在此区域获得直接或间接任意球时，守方必排"人墙"封住部分球门。罚球弧区域罚任意球的进攻方法有直接射门、一拨一射等。

1. 直接射门

选用一名擅长左脚或一名擅长右脚的队员直接射门，根据赛场情况确定进攻方法和主罚者。掩护者先跑，为主罚者做好掩护（图 5-4-1）。

2. 攻方排墙，一拨一射

队员不能直接射门时，攻方可采用排墙后一拨一射的方法避开人墙的封挡，增大射门角度。A 队员和 B 队员在离球 5 米左右处排墙阻挡守门员视线，尽可能迟地使人墙散开。如 A 队员向右轻拨，守门员的左侧空当暴露，C 队员用左脚射远离守门员方向的直线或弧线球，将对球门产生极大的威胁（图 5-4-2）。

图 5-4-1　直接射门

图 5-4-2　一拨一射

（二）罚球区角及两侧区域的任意球进攻

1. 直接射门

在罚球区角获得任意球时，多数的进攻目标是近门柱。用绕过人墙的内侧弧线球或越过人墙后下落的弧线球射向守门员近门柱一侧的空当，这种球成功的可能性较大。实践证明，射向近门柱的得分率远高于射向远门柱的得分率（图 5-4-3）。

2. 传球配合射门

除直接射门外，也可采用长传门前，由同伴头顶射门或先短传后中长传配合射门。主罚者应将球传至防守者身后而守门员又难以出击的空区（图 5-4-4）。攻门者插上要及时，摆脱要突然，相互应掩护。

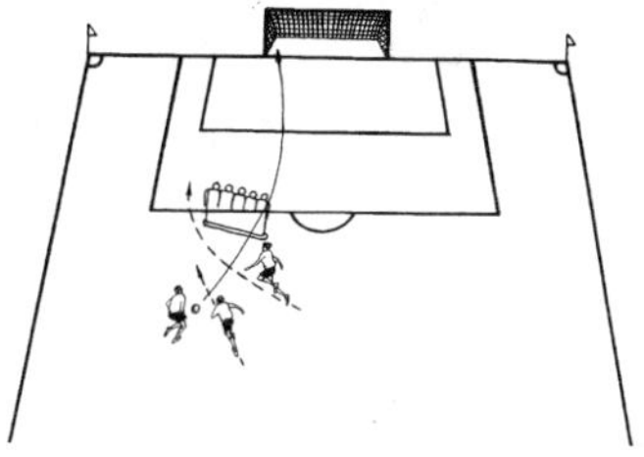

图 5-4-3 直接射门

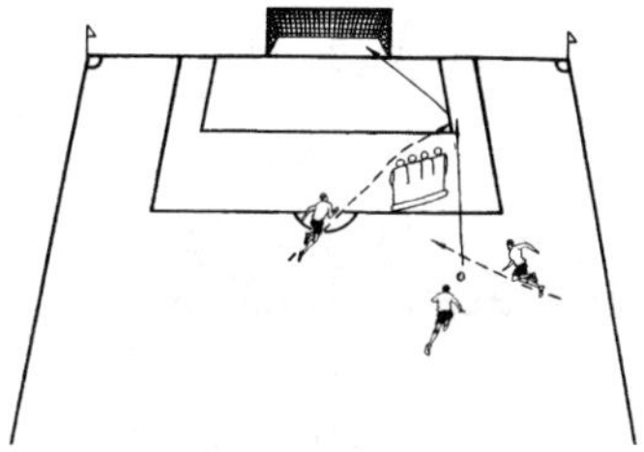

图 5-4-4 传球配合射门

（三）罚球区内的间接任意球进攻

攻方在罚球区内罚任意球的机会很少，但须做好准备，一旦出现机会，守方 11 名队员会退到罚球区全力防守。若在球门区附近，守方所有队员会在球门线上排墙，球射出的刹那，守方会全部向前封堵。因此，罚球时要做到：

（1）如果射门角度小，第一次触球可向侧后方轻传，增大同伴的射门角度。

（2）观察守门员的站位，一拨一射连接要紧凑，将球射向离守门员远的防守队员的头顶上空。

二、角球进攻战术

角球是破门得分的重要手段之一。角球进攻有短传配合和长传配合两种。多数角球采用弧线球将球传至门前区域。

（一）短传角球

这种角球的优点是速度快，在角球弧处能形成人数优势，缩短传中距离，提高传球的准确性和增大传球角度，丰富战术打法。队员身材不高、争夺空中球能力较弱的队用此方法较多。

（二）长传角球

多数长传角球是将球传至门前区域，由同伴头顶或配合射门。一般落点有前点、中间、后点三个区域（图 5-4-5）。

1. 传前点球

将球传至近门柱的前点区，一队员抢点射门或向后蹭传，异侧队员包抄抢点攻门。

2. 传中间、后点球

将球传至球门区线与罚球点之间的区域，包抄队员分层次跑动抢点射门。注意传球和跑动时机要默契。

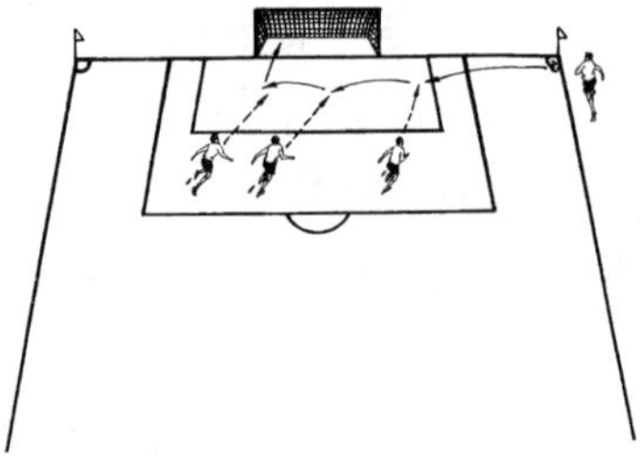

图 5-4-5　长传角球落点

三、掷界外球进攻战术

（一）3 人或 3 人以上配合

由于在中前场进攻时，守方通常采用紧逼盯人的方式，两人配合较难成功，需要 3 人或更多队员的配合，这时，可用一拉一接、一接一插等配合方法拉出空当（图 5-4-6）。

（二）掷长距离界外球配合

现在，有许多队员都能掷出 20 米以上的界外球，以增强威慑力。例如，掷球队员 A 将球掷给跑动中的队员 B，他用头向后蹭传至门前，队员 C、队员 D 抢点包抄攻门（图 5-4-7）。

图 5-4-6　掷界外球进攻战术

图 5-4-7　掷长距离界外球配合

注意事项：

（1）掷球要快，掷给无人盯防者。

（2）掷球要准，以利于接球、控球和直接处理球。

（3）接球者的摆脱要突然、及时，亦可用假动作诱骗对手。接球时不能离球太近，否则容易造成掷球违例。

（4）掷球者掷出球后应立即进场接应，以便形成人数优势。

在足球比赛中，界外球很频繁，不能低估它的作用，特别在罚球区两侧的界外球，其效果已接近角球。界外球一般由 2~4 人配合进行，掷球距离在 5~10 米居多。快速、简练、有效是掷界外球的要求。

思考与练习

1. 个人和局部进攻战术的主要内容是什么？应注意什么问题？

2. 运用时空观分析边路进攻、中路进攻、转移进攻的方法和要点。

3. 为什么说快速反击是当今足球比赛中常用的战术？在组织此战术时应注意哪些问题？

4. 简述定位球进攻战术的分类。为什么说定位球是当今足球比赛的重要得分手段？

第六章

足球防守战术

本章提要

本章重点阐述了现代足球防守战术中，个人、局部、整体及定位球防守战术的方法与要求，概括了各种防守战术所包括的要素以及这些要素的运用方式和运用时应注意的事项。

学习目标

1. 初步了解现代足球战术中个人、局部、整体及定位球防守战术基本理论与方法

2. 在实践中运用防守原则，体验防守要点

3. 培养吃苦耐劳、乐于奉献、顽强拼搏、坚毅果断的思想品质

防守战术是比赛中为了阻止对方进攻和重新获得球权所采取的个人和集体配合方法。进攻与防守是矛盾的两个方面，二者相互制约，相互促进。没有稳固的防守，再锐利的进攻也不能获得比赛胜利，而只守不攻亦不能获胜。因此，在稳固防守基础上的快速进攻已成为现代足球攻守战术的战略指导思想。

第一节　个人防守战术

个人防守战术是指为了控制对手所采用的个人战术行动。个人战术行动体现着整体战术的特征。个人战术行动是整体战术的基础。它包括选位与盯人、断球和抢球等。

一、选位与盯人

选位是指防守队员根据位置职责和临场情况，选择适当的防守位置。盯人是指在正确选位的基础上，对防守的对手实施监控或严密控制其进攻行动。选位与盯人的要素如下：

（1）及时。选位要先于进攻队员（图 6–1–1）。

（2）位置。选位的基本原则是进攻队员、防守队员和本方球门中心三点成一线，并保持适当距离。

（3）兼顾。选位以盯人为主，同时兼顾球和空间情况的变化。

（4）队形。选位要组成纵横交错的三角或菱形网络队形。

（5）灵活。以多防少或以少防多时，要根据具体情况和任务目的灵活选位。

（6）盯人。在正确选位的基础上，根据不同的场区和任务，对进攻队员实施紧逼盯人或松动盯人（图 6–1–2）。

图 6–1–1　选位路线

图 6–1–2　盯人

二、断球

断球是指将对方的传球从途中截下来或破坏掉的战术行为。断球是转守为攻最主动、最有效的战术行动，能在对方来不及反抢的状态下发动快速反击。

（一）断球的要素

（1）正确的判断。要正确判断持球队员与接应队员的意图，预测传球的时间和路线。

（2）合理的位置。在正确选位的基础上，偏向有球一侧移动，并“松动”防守。

（3）恰当的时机。对方传出球的一刹那，先于接球队员快速插向传球路线，将球截断下来。

（二）断球的注意事项

（1）隐蔽断球意图。不要紧逼盯防接球队员，这样既可防止对方传切自己身后空当，又可诱使对方向自己身前的对手传球，陷入自己断球的圈套。

（2）顾全防守全局。断球前要分析攻守全局的态势，以少防多时，断球一定要慎重，一旦失误，将造成全局的被动。

（3）断球后反击。断球后要抓住时机，发动快速反击。

三、抢球

抢球是指将对方控运的球抢过来或破坏掉的战术行动。抢球是重要的个人战术，是个人防守能力的重要标志。

（一）抢球的要素

（1）正确的站位。抢球首先要选择在持球对手与本方球门中心之间站位，这是对方运球突破的必由之路。

（2）合理的距离。通过移动，与持球对手保持最适宜的距离。

（3）准确的时机。在对手接控球未稳或控、运球两个触球动作之间的时机，将球抢下来或破坏掉。

（二）抢球的注意事项

（1）抢球时首先要站稳，不要被对方假动作迷惑，也不要盲目出脚，以免被对方突破。

（2）抢球时可主动采用向一侧假抢，诱使对方向另一侧运球而实施真抢的方法。

（3）抢球动作要勇猛，既抢球又卡位。

（4）抢球后衔接动作要快，及时控球发动进攻。

（5）如果抢球不成功，要快速转身，及时换位回防。

第二节　局部防守战术

局部防守战术是指两个或两个以上防守队员之间的配合方法，它是集体防守战术的基础。局部防守战术的基本配合形式有保护、补位和围抢。

一、保护

保护是指给逼抢持球队员的同伴心理和行动上的支持，使其无后顾之忧，全力以赴紧逼对手。一旦被持球队员突破，保护队员可及时补防，堵住进攻路线或夺回控球权。如果逼抢队员夺得了控球权，保护队员可以及时接应发动进攻。进行保护时，应注意：

（1）保护队员与逼抢队员的距离是动态变化的，根据不同场区应有所不同：后场3~5米，中前场4~8米。根据持球队员的不同特点也应有所变化，对技术型队员距离应近些，对速度型队员距离应稍远些。

（2）保护队员选位要根据临场具体情况随时调整角度。如果同伴堵内放外，保护队员选位角度应偏向外线；如果同伴堵外放内，保护队员选位角度应偏向内侧，配合同伴形成夹击之势。

（3）保护队员选位时还应考虑双方人数的对比。二防一时，全力保护、夹击；二防二时，既要保护同伴防突破，又要兼顾自己应盯防的对方接应队员；二防三时，主要是延缓对方的进攻速度，为其他队员争取回防的时间。

（4）保护队员还要通过语言指挥同伴抢截和选位，同时让同伴知道自己的保护位置，使防守配合更加协调、有效。

二、补位

补位是指防守队员为弥补同伴在防守中出现的漏洞而采取的相互协助的战术配合。在比赛中，通过同伴间的相互补位，可以有效地遏制和破坏对方的进攻行动，变被动为主动。

（一）补位的形式

图 6-2-1 邻近队员补位

（1）当前卫或后卫队员插上进攻造成退守不及时，邻近的队员应暂时弥补其空位，以防对方利用这一空当进行快速反击（图 6-2-1）。

（2）当同伴被突破后，保护队员要及时补位防守，将球夺回来或阻断其进攻路线。被突破的队员应立即后撤，选择适当位置转化为保护队员（图 6-2-2）。

（3）守门员出击时，后卫队员要及时回撤到球门线附近，弥补守门员的位置，防止守门员出击失误，对方突然射空门（图 6-2-3）。

图 6-2-2 后卫相互补位

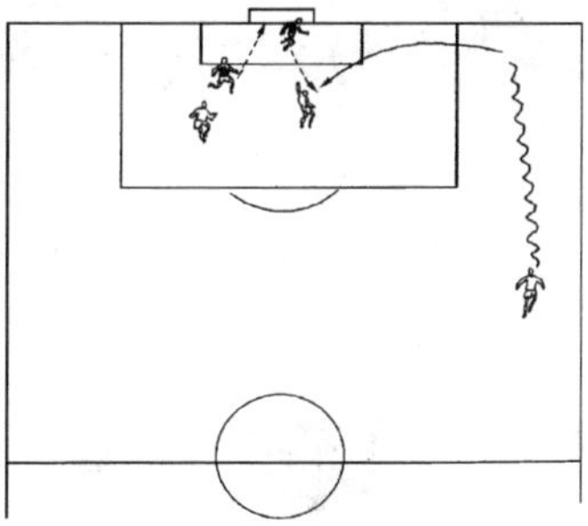

图 6-2-3 守门员出击时的补位

（二）补位注意事项

（1）防守队员能追上自己的对手时，一般不要交换防守和进行补位。

（2）需要补位时，最好是邻近位置的两名队员之间进行相互补位，尽量避免牵动更多的防守队员交换位置，以免打乱防守队形。

（3）要保证罚球区及附近的危险区域不出现空当。

三、围抢

围抢是指两个以上的防守队员从多方位夹击对方的控球队员，把球抢夺回来或破坏掉的战术配合。

（一）围抢的要求

（1）在围抢的局部地点，守方人数占有优势，而且距离较近，思想统一。

（2）被围抢的队员尚未控制好球时，其附近又没有接应队员或传球路线时应及时围抢。

（3）在边、角场区，对方观察角度较差或在守方门前接球、运球、射门时，应坚决展开围抢封堵。

（二）围抢的注意事项

（1）务求围抢成功，不可疏漏，避免被突破而造成被动。

（2）围抢时应贴身逼抢，但切不可犯规，特别是在门前，一旦犯规被罚点球将造成不可挽回的损失。

第三节　整体防守战术

整体防守战术是指全队所采取的防守配合。整体防守战术按形式分为人盯人防守、区域盯人防守和混合盯人防守。

一、常用的整体防守类型

（一）人盯人防守

人盯人防守是一种除自由人以外，其他每个队员都有固定盯人对象的防守形式。这种打法突出的特点是：在全场攻守的每一个时间和空间，两两对垒的情况总是使每一个进攻队员始终处于压力之中。人盯人防守时应做到下列要求：

（1）要求每一个队员必须具有较强的个人作战能力。

（2）要求同伴之间相互协作。当同伴盯人失误时，邻近队员要根据场上情况，进行迅速、灵活补位，以保全整体人盯人防守的严密性。

（3）要求每一防守队员必须有较好的体能。因为在全场范围内，防守队员需始终不停地奔跑和逼抢。

（二）区域盯人防守

区域盯人防守是指每一防守队员占据一定的活动区域，当进攻者进入该防区时，区域防守队员实施严密盯人，以控制进攻者在此区域的一切有效行动。区域盯人打法规定了每一个防守者的明确任务，但同伴之间仍需必要的协作，当某一区域盯人防守失败时，邻近队员应及时补位，被突破防守队员应及时地与他换位，以求整体防守的有效性。区域盯人防守要特别注意各区域间交界处的防守。因为这些交界处常常由于防守职责不明确而给进攻者带来可乘之机。

（三）混合盯人防守

混合盯人防守是人盯人防守和区域盯人防守两种形式交织在一起的防守打法。其最大特点是能根据对手情况，灵活地将人盯人防守和区域盯人防守的优点充分运用，以提高全队防守的效率。混合盯人防守通常是选择体力好、个人作战能力强的队员以人盯人防守的方式盯住对方的核心队员，其他队员采用区域盯人防守的方式。例如，对对方中场组织者和前场得分手实施人盯人防守，对其他队员采取区域盯人防守。

二、常用的整体防守打法

（一）向前逼压式打法

向前逼压式打法是指丢失控球权后，不是回撤消极防守，而是立即对球、对空间进行逼压，降低对方的进攻速度，迫使对手犯错误，将球破坏或夺回来。

在一场高水平的足球比赛中，双方攻守转换的次数为300次左右，但只有15%~20%是死球转让，80%~85%的控球权都是经过激烈争夺而获得的。52.5%的进球来自前场重新夺球，29.7%的进球来自中场重新夺球。在大多数情况下，每场比赛所有场区都会在5秒或5次传递之内快速交换球权。另外，前场夺球进球的可能性是后场的7倍。采用向前逼压式打法及时将球夺回来，组织二次进攻，此时是对方防守思想最麻痹、防守行动最迟缓的时刻，反击的成功率也最高。

要求：

（1）由攻转守时，即使中、前场队员在体能消耗很大的情况下，也要立即就地逼抢，必须具备全攻全守的战略意识。

（2）保持紧密队形。本队进攻时，前卫、后卫及时压上，这是逼压式打法的基础。只有这样，丢球后才能立即形成有效的防守队形。

（3）具备良好的体能和顽强的意志。尤其是速度和耐力更为重要，只有具备了良好的速度和耐力素质，才能在攻守快速、频繁的转换中全身心地投入攻守活动的全过程。

（二）层次回撤式打法

层次回撤打法既不同于消极回撤防守，又不同于向前逼压打法，而是分层次、有步骤、有组织的防守打法。第一层次是在丢球后，离球最近队员立即逼抢，附近队员堵截传球路线，延缓进攻，争取回防时间；第二层次是其他队员迅速回位，既要选位盯人，又要以球为中心，按场区分主次，组成相互支持与保护的纵深防守队形和体系；第三层次是在稳固防守的基础上，变被动防守为主动争夺球权，即变防守为进攻。

（三）快速密集式防守

密集防守是一种缩小防范区域、集中防守主要力量于门前危险地带，仅留 1~2 名队员于中场附近的防守形式。其主要特点是：防守人数多，可乘空隙小，渗透性进攻配合较难。因此，进攻方破门的难度也相对较大。但此种防守方法会影响由守转攻时的反击速度。所以，一般而言，这种防守打法更多地用于对付明显强于自己的对手。一旦转守为攻，尽量运用长传反击，少运用横传和回传。

要求：

（1）由攻转守时，密集防守的队员必须迅速回撤，站好各自的位置。

（2）由守转攻时，拿球队员应尽可能通过长传为前场队员传球，力求形成出其不意、攻其不备、以快制胜的战术效果。

第四节　定位球防守战术

一、任意球防守战术

罚球区附近设置人墙时要注意以下几点：

（1）干扰对手罚球，争取时间，迅速组织人墙。

（2）根据罚球地点、角度确定排人墙的人数，一般为 2~5 人。人墙一般封球门近角，守门员应选择最佳位置，既能看清球和罚球者的动作，又能兼顾整个球门的防守（图 6-4-1）。

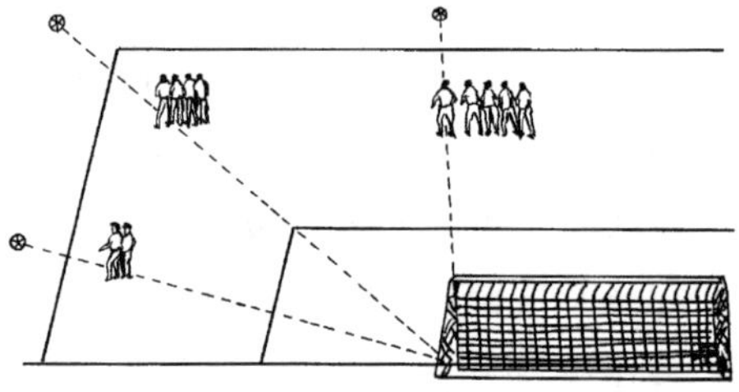

图 6-4-1　不同角度排人墙的人数

（3）离罚球地点9米左右处排墙，不宜再近，否则当裁判员要求人墙后退至规定距离时，会影响封堵的角度而造成危险。

（4）由守门员指挥，也可由人墙最外侧第二位队员指挥，该队员离球9米，使近门柱、自己、球成一条直线，以防从外侧绕过人墙的弧线球。

（5）排人墙时，最高的队员排在外侧，依次向内。队员间要紧靠，双手交叉于裆部。

（6）在球罚出后，人墙应迅速压上，有效地封堵和缩小射门角度。切忌过早散开人墙。

二、角球防守战术

（一）防守角球应抢占的6个重要位置

（1）一名队员位于距角球区9.15米处，一方面干扰传至近门柱球的低平球，另一方面干扰对方罚短传配合的战术角球。

（2）两个边后卫分别防近、远门柱区域的射门和高球，守门员出击时，这两个边后卫应准备补门。

（3）守门员选位应在球门中后部，斜向站立，既能看到罚球者，又能看到罚球区内的攻方队员，做到保护球门及控制球门区。

（4）在球门区线附近，防守前、中、后三个危险点和控制球门区外至罚球点间的区域。

（5）在罚球点两侧区域，控制罚球点至罚球区的区域。

（6）在罚球区线附近，控制罚球区前沿区域以防再次进攻和远射，并做好伺机反击的准备。

（二）注意事项

（1）所有队员的注意力应高度集中，分工明确，各司其职，人球兼顾，切忌盯人不看球或看球不盯人。

（2）防守者应抢占有利位置，始终处在球、对手和球门内侧之间。

（3）球门区线的3名队员要有高度，头球好，如果对方有高个队员参加进攻，守方应作相应的调整并重点盯防。

（4）在解围或危急时，须抢先触球，踢远、踢高、向两边踢，坚决贯彻安全原则。球一旦踢出，应全线快速压上，压缩对方的进攻时间和空间，并可能造成对方越位。

三、掷界外球防守战术

当对方掷界外球时，全队要注意力集中，对可能接球的队员要紧逼盯人，同时还要相互保护，防止对方切入空当。特别要严防后场掷向门前的界外球，全队要及时回防到位，干扰队员应站在掷球队员附近，限制其掷出低、平弧度的界外球。

思考与练习

1. 个人防守战术有哪些内容？各有什么要求？
2. 整体防守战术按防守形式可分为哪几种类型？
3. 在前场任意球、角球的防守中，应注意哪些问题？

第七章
足球战术教学与训练

本章提要

本章根据足球战术能力形成与发展的特点和人的认知规律，提出进行足球战术教学与训练的基本步骤，并对各教学训练步骤的基本练习形式和一般的练习程序作了重点提示。根据足球战术练习方法构成要素的相关理论，列举了较为典型的个人、局部和整体攻守战术的基础练习范例，并指出了相应的练习重点。

学习目标

1. 了解进行足球战术教学与训练的基本步骤和总体原则

2. 了解个人和局部攻守战术的基础练习形式和方法，初步了解整体攻守战术的基本练习方式

3. 紧扣战术教学与训练的针对性与应用性特征，培养积极思考、遵守规律和分析问题与解决问题的能力

第一节 足球战术教学与训练的基本步骤

足球战术教学与训练步骤的确定，总体上应遵循从个人到局部、从局部到整体、从非对抗到对抗的循序渐进原则。一般采用的步骤是：

一、讲解与示范

可先用简洁、准确的讲解来说明战术练习的具体方法和主要要求，也可以先以有利于队员观察的练习速度进行战术演示，使他们头脑中形成粗略的战术表象，并在此基础上简要说明练习方法、提出练习要点，然后组织队员进行战术演练。若能用图像、视频演示，效果更好。

二、手持球或无球状态下的战术配合练习

这种练习有利于队员熟悉战术配合的基本跑动与传球路线。一般在队员的技战术基础较差或战术练习较复杂的情况下采用。

三、非对抗状态下的战术配合练习

在战术练习中不设攻守对手和任何限制性障碍，一般只有练习的速度、传与跑的路线及方向、练习的流畅性等方面的要求（一般压力）。这有利于队员在结合球的情况下进一步熟悉战术练习的配合方式，初步体验较流畅地完成攻守技战术动作在速度、力量和时机把握等方面的感受。

四、对抗状态下的战术配合练习

有对抗的战术练习，其对抗程度应由小到大，即先施加压力与干扰，再到弱对抗，最后进行强对抗；对抗人数应由少到多，即先 1 对 1、2 对 2，最后逐渐过渡到 11 对 11；对抗难度也应由易到难，即由 2 对 1、3 对 2 等不对等人数的攻守逐渐过渡到人数对等的攻守练习，对抗区域则应由有限的小局部至大局部，最后到全场对抗。

五、比赛状态下的战术配合练习

教学比赛是有效地发展和提高战术能力的重要途径。可先采用 5 人制、7 人制、9 人制，最后过渡到 11 人制比赛。比赛中的战术要求也应由易到难，先重点提出个人或

2~3 人之间的战术要求，再过渡到局部战术要求，最后提出整体攻守战术要求。

六、进攻与防守战术的同步教学训练

在战术教学训练中，应尽可能使进攻与防守战术的教学训练同步进行。这不仅有利于取得较大的战术练习的综合效果，使队员攻守战术能力同步协调地发展与提高，也有利于他们在不断地克服各种“战术障碍”的练习中加深对特定战术内涵的认识和理解，从而正确地掌握与运用足球战术。

第二节 足球战术教学与训练的基本方法

一、个人战术的基本练习方法

（一）传球与接应的基本练习方法范例

范例 1：10 米 × 10 米方块场地两人传球跑空位接应练习，不限触球次数（图 7-2-1）。

练习重点：传球准确性与连续跑位接应。

练习变化及深入：

（1）提高传球、跑位接应速度。

（2）限制触球次数，直到一次出球。

范例 2：40 米 × 40 米或 1/2 标准足球场地范围内，同时进行多人、多球的传球与接应练习（图 7-2-2）。

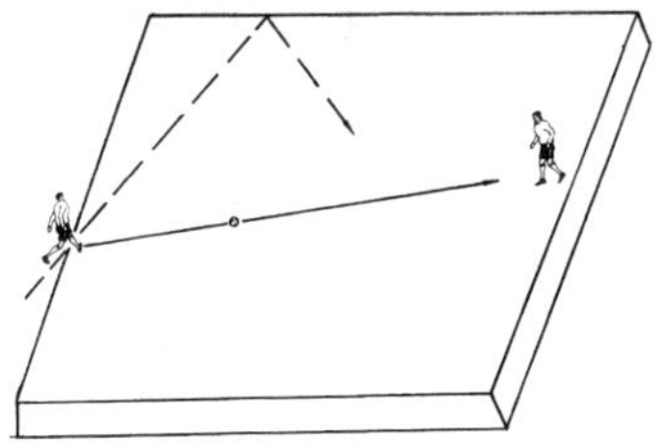

图 7-2-1 两人传球跑空位接应

图 7-2-2 多人、多球传球与接应

练习重点：选择传球目标；观察、呼应与跑动接应。

练习变化及深入：

（1）增加练习用球数量。

（2）限制触球次数。

范例 3：40 米 × 20 米练习场地。6 名进攻队员分为两组，两名防守队员。一名防守队员在练习区内防守 3 名进攻队员，进攻队员在至少 3 次传球后，寻找机会长传球给另一区域的进攻队员。中线处的另一名防守队员进入有球练习区域进行防守，无球区域防守队员跟进中线处防守（图 7–2–3）。

练习重点：局部短距离传球与接应；长距离转移传球与接应。

练习变化及深入：

（1）由防守干扰到积极防守。

（2）无球区域进攻队员可进入有球区域内参与防守。

范例 4：15 米 × 10 米练习场地，场地两端各设一名目标人，其活动仅限于半径为 4 米的半圆内，半圆外的局面是 5 对 2，在两端的方格内执行越位规则（图 7–2–4）。进攻队员只能通过传球配合突破目标人射门得分，然后由目标人把球传给任何一名进攻队员，由进攻队员再去进攻另一目标人。进攻队员的传球必须是地面球，且不能再次传给目标人。

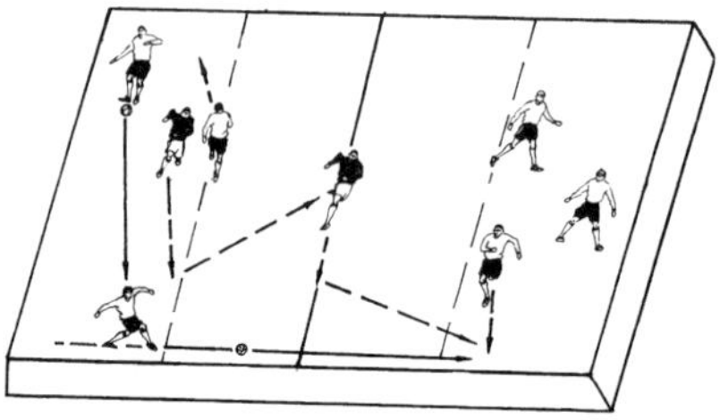

图 7–2–3 局部短距离传球与接应

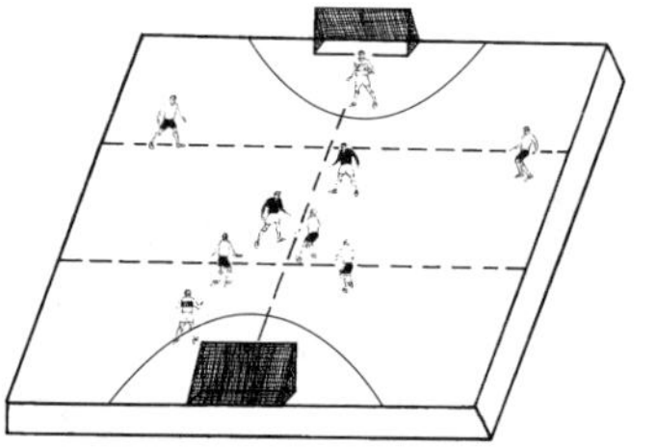

图 7–2–4 短传接应

练习重点：接应队员场上的观察能力；保持合理的接应距离和角度。

练习变化及深入：

（1）限制 1~2 名进攻队员的触球次数。

（2）限制所有进攻队员的触球次数。

（3）对练习不加任何限制。

（二）选位、盯人与防守保护的基本练习方法范例

1. 选位与盯人的练习方法范例

范例 1：20 米 × 10 米练习场地，1 对 1 攻守正面目标线（4 米）。进攻队员力争运球越过目标线，防守队员封堵进攻队员通往目标的路线（图 7-2-5）。

练习变化及深入：

（1）1 对 1 攻守侧面 4 米目标线，练习方法同上（图 7-2-6）。

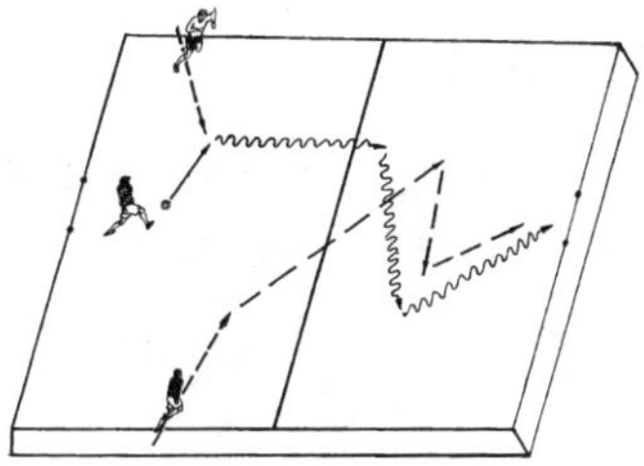

图 7-2-5　1 对 1 攻守正面目标线

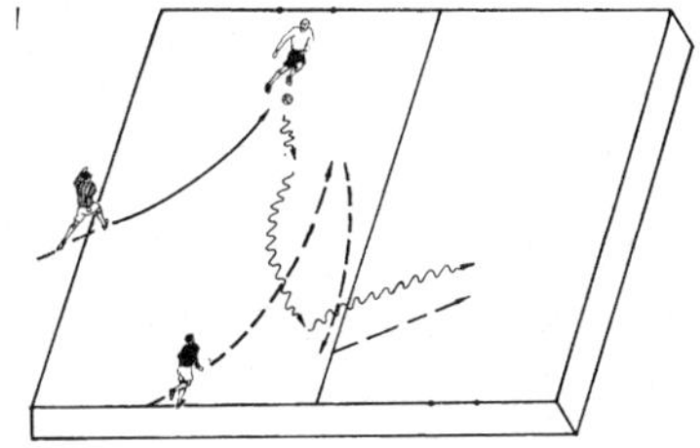

图 7-2-6　1 对 1 攻守侧面目标线

（2）调动性进攻过渡到积极进攻。

（3）松动防守逐渐过渡到紧逼防守。

范例 2：30 米 × 10 米练习场地，1 对 1 攻守目标人。两名目标人仅限于在 4 米长的一段底线上活动。进攻队员试图将球传给对面的目标人，防守队员封堵传球或运球突破线路（图 7-2-7）。

练习变化及深入：

（1）攻守处于边线上的目标人。

（2）1 对 2 进行防守，进攻队员只能通过地面传球配合形式突破后传球给目标人，有越位限制。

范例 3：30 米 × 10 米练习场地，1 对 1 攻守多个目标运球过球门线（图 7-2-8）。

以上三个范例的练习重点：选择与调整盯防位置的合理性和及时性，逼迫对手处

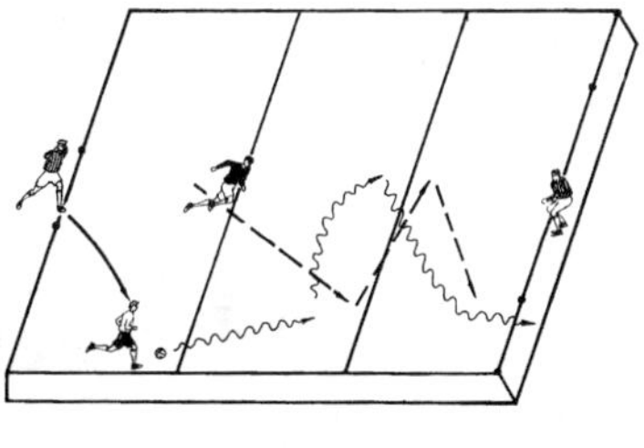

图 7-2-7　1 对 1 攻守目标人

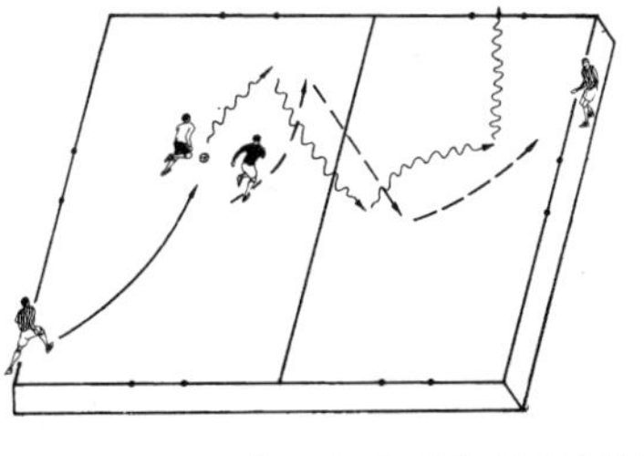

图 7-2-8　1 对 1 攻守多个目标运球

于不利的进攻局面。

2. 防守保护的练习方法范例

范例 1：10 米 ×30 米练习场地。传球员传球给被盯防的进攻队员，规定防守队员的任务为迫使进攻队员横向活动并阻止其到达对面的端线。两名防守队员注意保护（图 7-2-9）。

练习重点：合理的保护距离、角度，相互呼应。

练习变化及深入：

（1）在对面端线或一侧边线处各设一名进攻接应队员，接应同伴的传球。

（2）限制两名防守队员的防守抢截条件，不允许防守队员采用破坏性防守手段，即不允许用脚将球捅掉，要从进攻队员脚下把球抢夺下来。

范例 2：30 米 × 10 米练习场地，设一个球门，一名守门员，执行越位规则。两名队员进攻射门。任何进攻队员一旦接到传球时，一名防守队员立即快速向场内跑动防守，另一名防守队员力争延缓对方的进攻。应通过呼应来提示同伴的逼抢或为其进行保护（图 7-2-10）。

图 7-2-9　防守保护

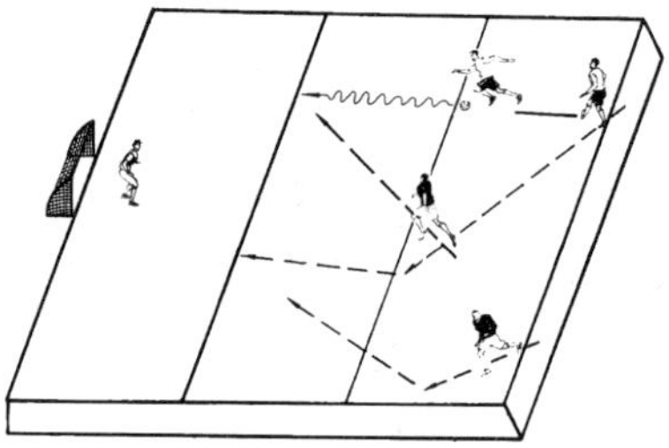
图 7-2-10　防守保护

练习重点：保护跑位的正确、快捷路线与位置（左右与纵深距离）。

练习变化及深入：

（1）扩大练习空间，如采用 40 米 ×20 米或标准足球场 2/3 场地。

（2）增加攻守人数，如 2 守 3、3 守 4、5 对 5（图 7-2-11）等练习。

（3）增设 2~3 个进攻目标。

图 7-2-11　5 对 5 防守保护

二、局部战术的基本练习方法

（一）二过一战术配合的基本练习方法

1. 传切二过一配合的练习方法范例

范例 1：连续斜传直插二过一练习（图 7-2-12）。

练习重点：基本配合形式及路线。

练习变化及深入：

（1）增设固定防守障碍。

（2）3 人斜传直插配合的组合练习——“八”字形传球练习（图 7-2-13）。

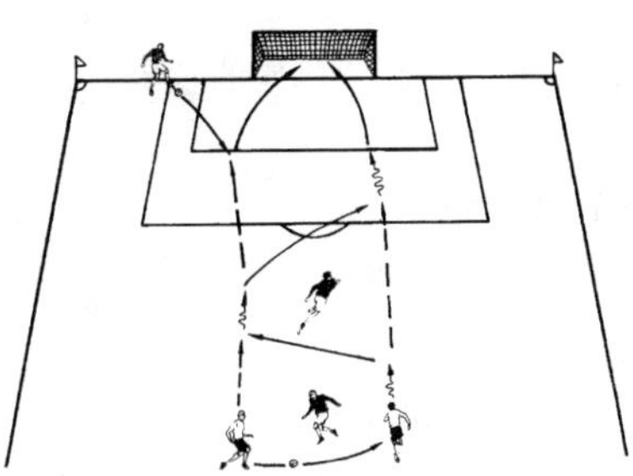

图 7-2-12　斜传直插二过一

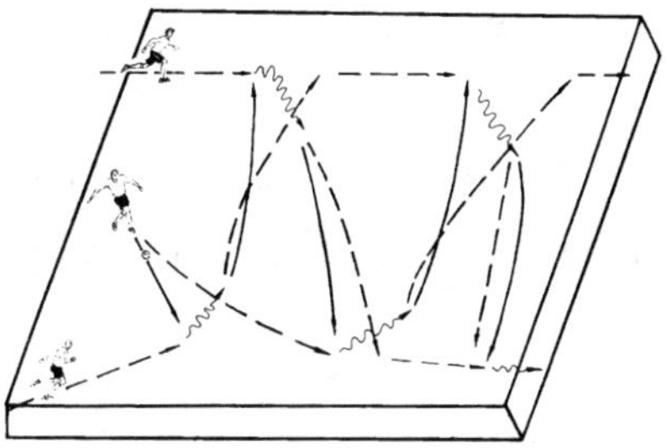

图 7-2-13　“八”字形传球

（3）结合射门进行练习。

范例 2：各种长、斜传直插射门练习（图 7-2-14）。

练习重点：传、跑时机与传球速度、落点。

练习变化及深入：

（1）增设固定防守障碍。

（2）2 对 1 攻守，由消极防守逐渐过渡到积极防守（图 7-2-15）。

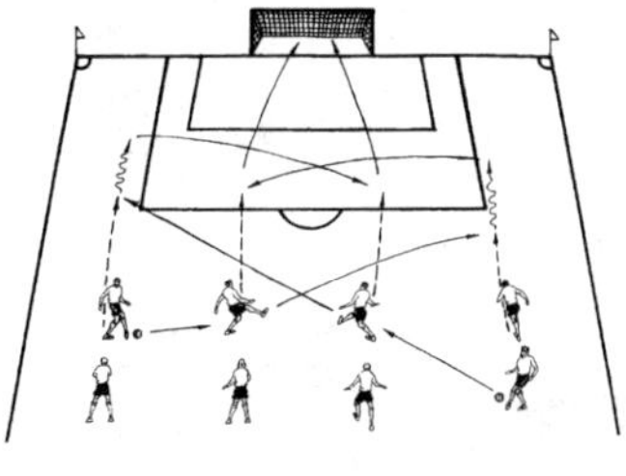

图 7-2-14　长、斜传直插射门

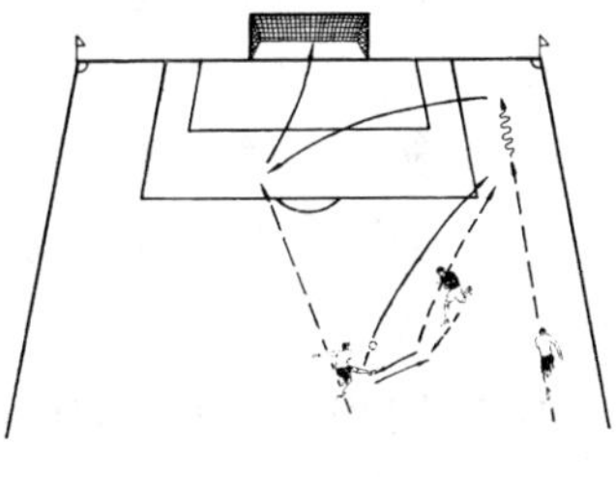

图 7-2-15　2 对 1 攻守

范例 3：连续直传斜插二过一射门练习（图 7–2–16）。

练习重点：基本跑位配合形式及路线。

练习变化及深入：

（1）增设固定防守障碍（图 7–2–17）。

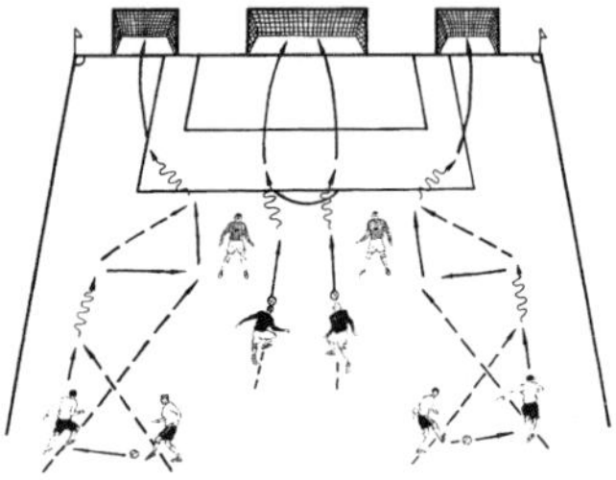

图 7–2–16　直传斜插二过一射门

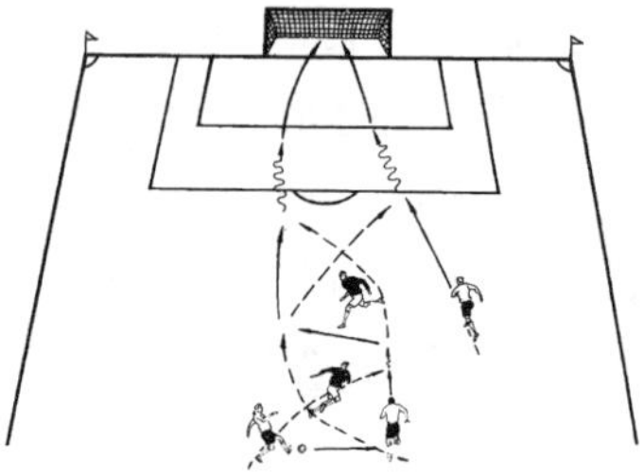

图 7–2–17　增设障碍的直传斜插

（2）3 人直传斜插配合的组合练习（图 7–2–18）。

范例 4：2 对 1 攻守练习（图 7–2–19）。

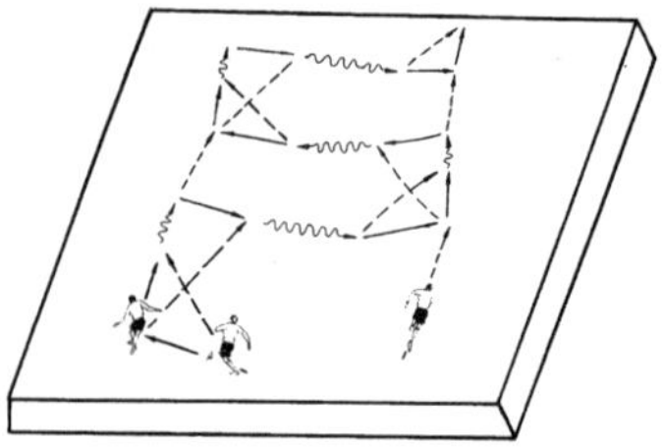

图 7–2–18　3 人直传斜插配合

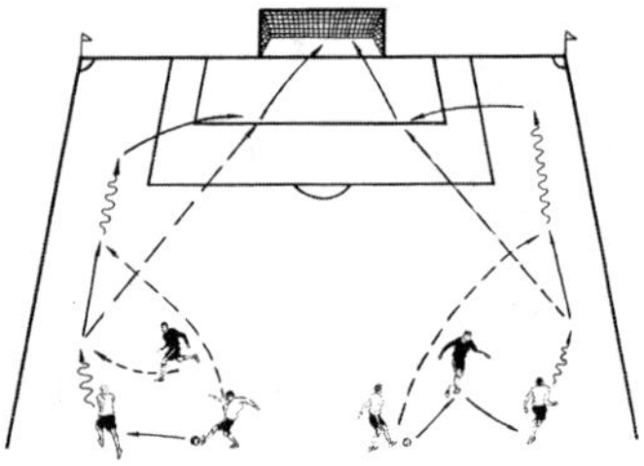

图 7–2–19　2 对 1 攻守

练习重点：传、跑时机与传球力量、跑动速度的变化。

练习变化及深入：

（1）增设 1 名防守队员消极防守。

（2）积极防守对抗。

2. 踢墙式二过一配合的练习方法范例

范例 1：各种无固定配合线路的踢墙式二过一练习（图 7–2–20）。

练习重点：两人之间的传球与跑位方向及路线的一致性（呼应与身体语言）。

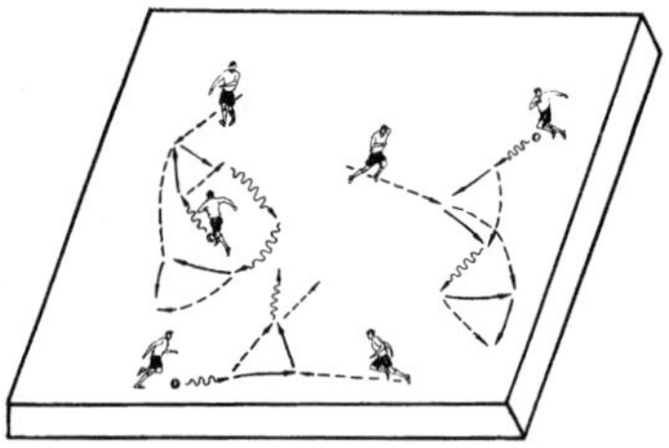

图 7–2–20　无固定配合线路的踢墙式二过一配合

练习变化及深入：

（1）规定练习空间。

（2）增设固定练习障碍。

范例2：各种固定配合路线的踢墙式二过一练习（图7–2–21）。

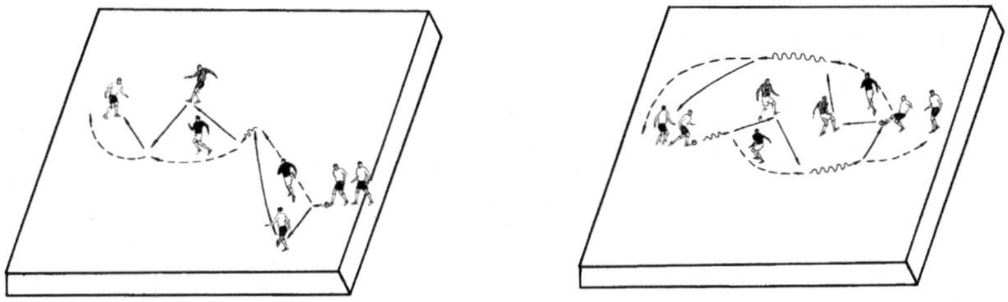

图7–2–21　各种固定配合路线的踢墙式二过一配合

练习重点：传跑时机（避免越位）、传球力量和跑动速度的变化。

练习变化及深入：

（1）过渡到有防守障碍练习。

（2）消极干扰防守。

范例3：各种固定配合路线的踢墙式二过一射门练习（图7–2–22）。

练习重点：配合距离与角度；摆脱跑动与后续衔接动作。

练习变化及深入：

（1）另一名等待练习的“墙式”队员对控球队员进行干扰防守。

（2）在积极对抗条件下进行练习（图7–2–23）。

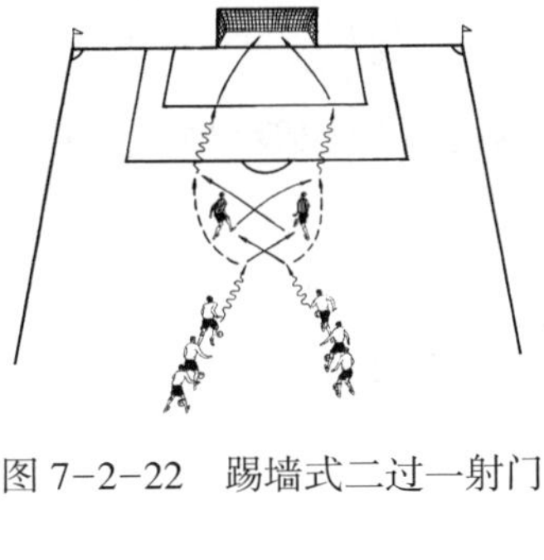

图7–2–22　踢墙式二过一射门

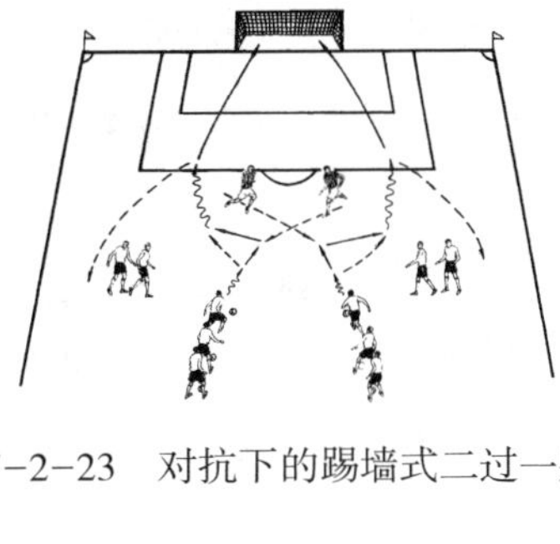

图7–2–23　对抗下的踢墙式二过一射门

范例4：踢墙式二过一传抢练习。在15米×15米或20米×20米方格场地内进行2对“2+2”或3对“3+2”传抢练习。限定过渡性传球4~6次以后须有一次二过一配合，否则交换球权。

练习变化及深入：

（1）扩大练习场区。

（2）对等攻守人数练习，如 4 对 4 或 5 对 5 传抢练习，分别累计练习双方进行踢墙式二过一配合的成功数，多者获胜。

3. 回传反切二过一配合的练习方法范例（图 7-2-24）

范例 1：行进间连续回传反切二过一练习。

范例 2：10 米 × 20 米练习场地，距场地纵向两端约 3 米处各放置一个标志盘。位于两端线处的 A 队员和 B 队员轮流向 C 队员身后传地面球，C 队员连续进行反切练习。

以上两个范例的练习重点：基本配合形式及路线。

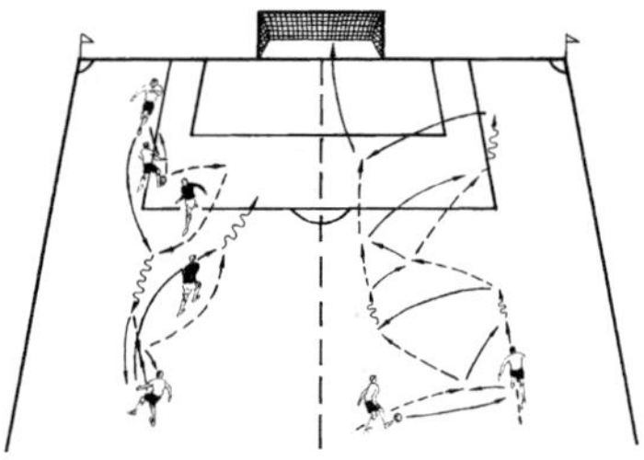

图 7-2-24 行进间连续回传反切二过一

范例 3：各种回传反切二过一射门练习（图 7-2-25）。

练习重点：回拉摆脱与反切的突然、快速；传球时机、力量与方向变化的把握。

练习变化及深入：

（1）在设防守障碍或规定的练习空间的条件下进行练习。

（2）在积极防守对抗条件下进行练习（图 7-2-26）。

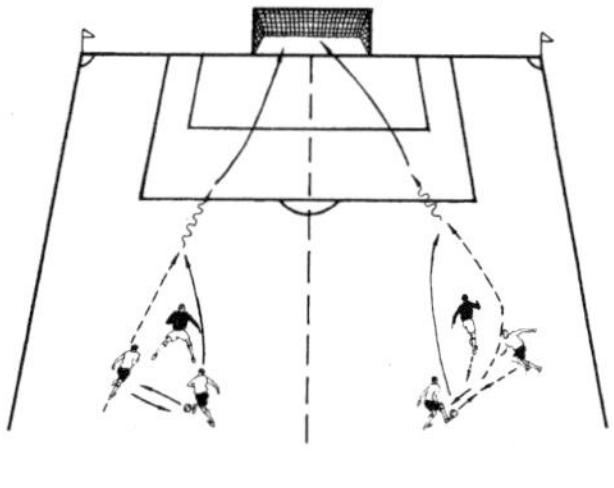

图 7-2-25 回传反切二过一射门

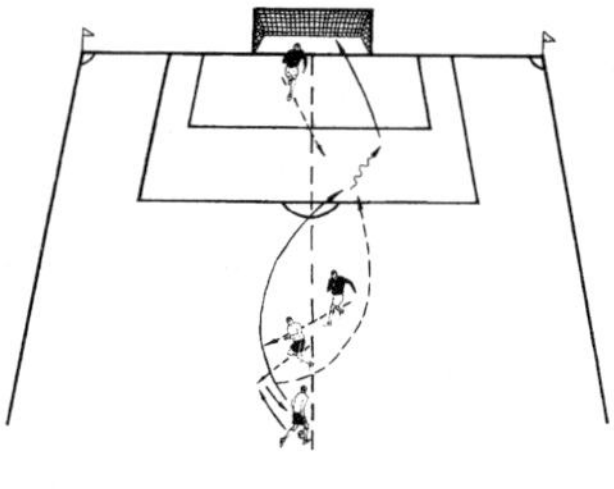

图 7-2-26 对抗下的回传反切二过一射门

4. 交叉掩护二过一配合的练习方法范例

范例 1：各种交叉掩护二过一基本配合套路练习（图 7-2-27）。

练习重点：基本配合形式及路线。

练习变化及深入：

（1）限制交叉掩护与交接球区域（在固定防守障碍处完成配合）。

（2）在消极的“跟随防守”条件下练习（图 7-2-28）。

范例 2：各种交叉掩护二过一射门练习（图 7-2-29）。

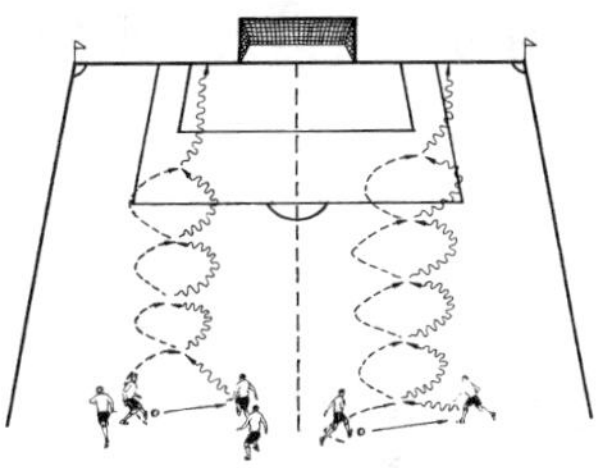

图 7-2-27 交叉掩护二过一配合

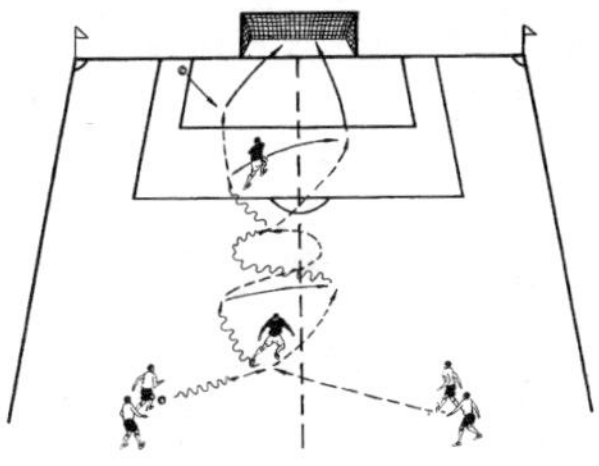

图 7-2-28 跟随防守下的交叉掩护二过一配合

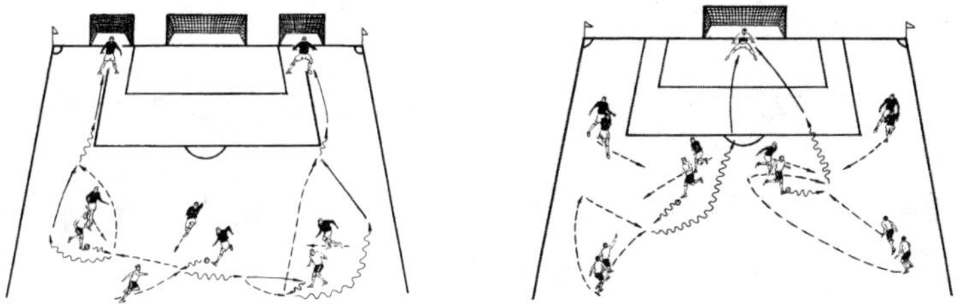

图 7-2-29 交叉掩护二过一射门

练习重点：配合时机和身体掩护与交接球技巧。

练习变化及深入：

（1）在设固定防守障碍条件下练习。

（2）在消极干扰“跟随”直至积极防守条件下练习。

（3）持球与接球队员运用相互之间交接球的假动作或真假动作结合进行练习。

（二）局部多人之间的攻守战术配合练习方法

1. 2 对 2 攻守的练习方法范例

范例 1：“2 对 2”+1 攻守。4 名队员进行 2 对 2 攻守，攻方跑动摆脱后接“自由人”的传球（可再次将球回传给“自由人”接球人），寻求与同伴二过一或采用运球突破，创造射门机会（图 7-2-30）。

练习重点：摆脱接控球与二过一配合；2 人之间的盯人、保护与补位。

练习变化及深入：

（1）两名防守队员在各自的防区内进行防守，不得越区作业。

（2）球门两侧各设一名进攻“自由人”，但取消防守方的防区限制。

（3）限制进攻队员将球回传“自由人”。

范例 2：“2 对 2”+2 攻守。边线处的进攻接应队员只参与另一半场的进攻。守方在中线处设防，进攻方将球传给位于规定区线内的对方“自由人”得分，累计计算得分（图 7-2-31）。

图 7-2-30 “2 对 2” + 1 攻守

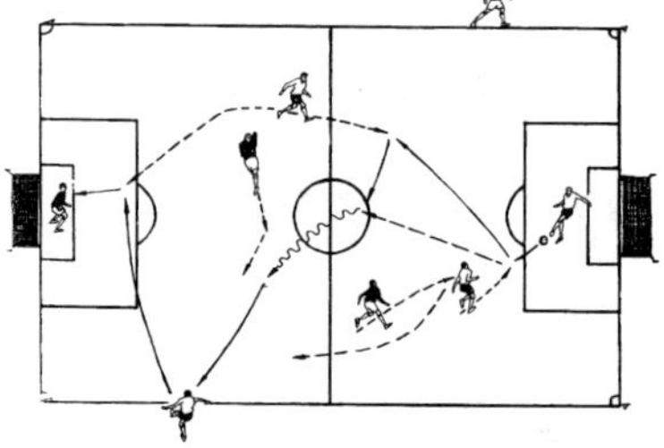

图 7-2-31 “2 对 2” + 2 攻守

练习重点：两人或三人之间的局部进攻配合；选位、盯人逼抢与保护。

练习变化及深入：

（1）取消设防区域限制。

（2）限制进攻接应队员触球次数或予以取消。

（3）用 1/8 标准足球场地进行 2 对 2 有球门的对抗练习。

2. 3 对 2 或 4 对 3 攻守的练习方法范例

范例 1：3 对 2 或 4 对 3 攻守练习的基本形式包括各种练习空间内的 3 对 2 或 4 对 3 传抢、运球过线、攻守小球门的练习。

练习重点：局部的基本攻守能力。

练习变化及深入：

（1）增减练习空间。

（2）变换攻守目标。

（3）限制触球次数。

（4）规定技战术运用的主要方式（即练习的侧重点）。

范例 2：各种练习形式和练习空间内的“2 对 2” + 1 或“3 对 3” + 1 攻守练习。

（1）3 对 2 攻守（图 7-2-32）。防守方接守门员手掷球后将球传给进攻方，同时立即前压布防。进攻队员一旦得球，场外的接应进攻队员马上进入场内参与进攻，形成 3 对 2（或 4 对 3）。一次攻守结束或固定攻守角色练习一段时间后，互换攻守角色。

练习重点：局部地区形成以多打少的快速、有效性。

（2）1/4 标准足球场内，一端设单球门，另一端设两个球门进行 4 对 3（或 3 对 2）攻守。3 名防守队员抢下球后立即进攻对方的两个球门，进攻队员丢球后立即反抢

（图 7–2–33）。

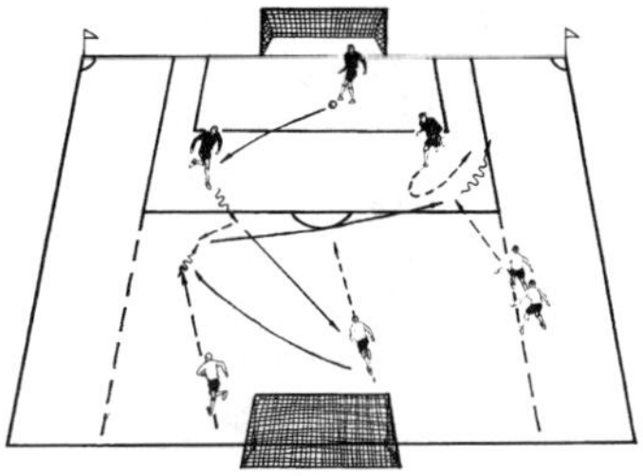

图 7–2–32 3 对 2 攻守

图 7–2–33 4 对 3 攻守

练习重点：进攻目标的选择与进攻重心的快速移动；防守重心的及时转移。

练习变化及深入：练习中设 1 名只参与进攻不参加防守的自由人，此人在进攻中只可跑动穿插接应，不能射门。

3. 4 对 4 攻守练习方法范例

范例 1：40 米 ×（20～25）米练习场地，4 对 4 攻守底线——盘带球比赛（图 7–2–34）。进攻队员带球越过球门线得分。

练习重点：变速与变向运控球；1 对 1 攻守局面；盯人与选位。

范例 2：40 米 ×（20～25）米练习场地，4 个小球门的 4 对 4 比赛（图 7–2–35）。

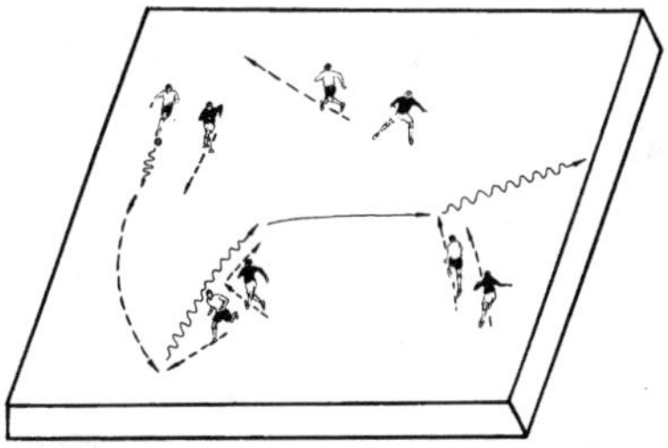

图 7–2–34 4 对 4 攻守底线

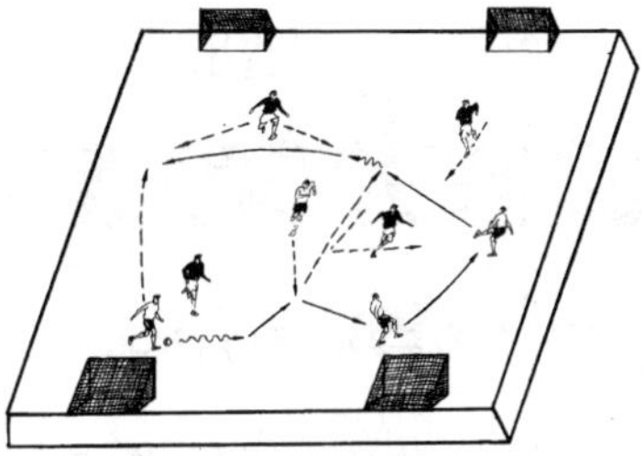

图 7–2–35 4 对 4 比赛

练习重点：球的快速移动与转移；盯人逼抢。

练习变化及深入：限制个人触球次数或全队在一次进攻中的触球次数。

范例 3：两个标准球门，无守门员防守的 4 对 4 射门比赛（图 7–2–36）。

练习重点：射门能力（射门意识与技术）；盯逼与封堵射门。

练习变化及深入：

（1）攻守无人防守的 7 人制小球门或有守门员防守的标准球门。

（2）限制或取消射门距离的规定。

（3）在该练习的基础上进行传中头球射门（图 7–2–37）。

图 7–2–36 4 对 4 射门比赛

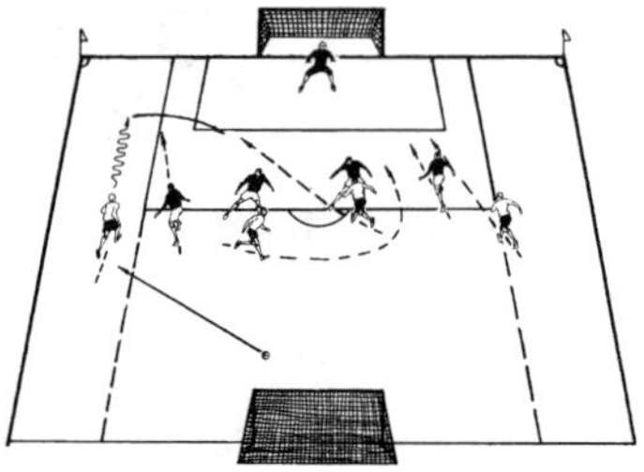

图 7–2–37 传中头球射门

范例 4：40 米 ×（10~15）米，3×2 米球门，4 对 4 进攻反击比赛（图 7–2–38）。

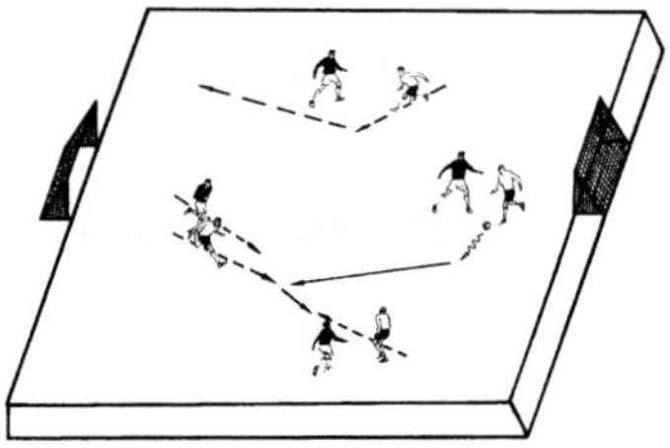

图 7–2–38 4 对 4 进攻反击比赛

练习重点：快速纵深渗透与长传反击进攻；快速回撤盯防。

上述局部多人之间的攻守战术配合的练习范例及练习变化均可用于局部地区更多人数的攻守战术练习，如 5 对 5、6 对 6 等。在上述范例的基本练习形式的基础上，根据不同的教学训练任务、队员的技战术与体能发展水平等因素，提出不同的技战术练习要求，确定不同的练习方式和改变练习空间的大小及形状，可以设计并创造出无数具有针对性的局部攻守战术练习方法。

三、整体攻守战术的基本练习方法

（一）诱导性攻守练习方法

范例 1：诱导性防守练习（图 7–2–39）。防守队员 7~10 名，3 名进攻接应人相互间传球接应，所有防守队员向有球局部移动，保持合理的整体防守队形，如此反复练习。教师或教练员适时地进行练习指导。

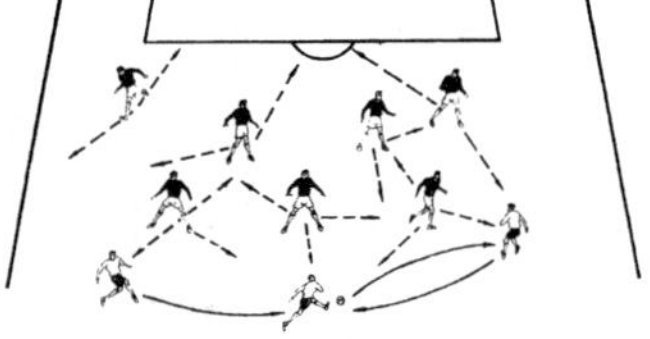

图 7–2–39 诱导性防守练习

练习重点：保持整体的合理防守队形（选位与相互间的保护）。

练习变化及深入：

（1）加快参与进攻的 3 人之间的传球速度。

（2）增加进攻人数形成 8 守 5 或 10 守 6 的攻守局面，进攻队员进行诱导式佯攻。

（3）按比赛规则进行练习。

（4）练习场区由 1/2 场、2/3 场逐渐扩大到全场。

范例 2：诱导性进攻练习。进攻队员 7~10 名，防守队员 4~6 名进行攻守练习。练习场地外的左、中、右各设一名进攻发球队员。练习时所有进攻队员根据教练员的练习指令立即放弃当前的进攻行动，并向教练员所指定的发球队员方向移动，并接其传球，按照进攻原则迅速展开另一次进攻练习。如此反复练习。

练习重点：进攻重心的及时转移和保持合理进攻队形；各场区战术配合套路的熟悉与演练。

练习变化及深入：

（1）加快变换不同发球点的频率。

（2）逐渐增加防守队员人数直至攻守人数对等。

（3）逐步扩大练习空间直至全场。

（4）执行比赛规则，按教练员指令的区域展开进攻。

（二）特定条件限制的攻守练习方法

范例 1：全场 8 对 8、9 对 9、11 对 11 攻守练习。在场地两边各设一纵向 5 米宽的自由区（图 7−2−40）。

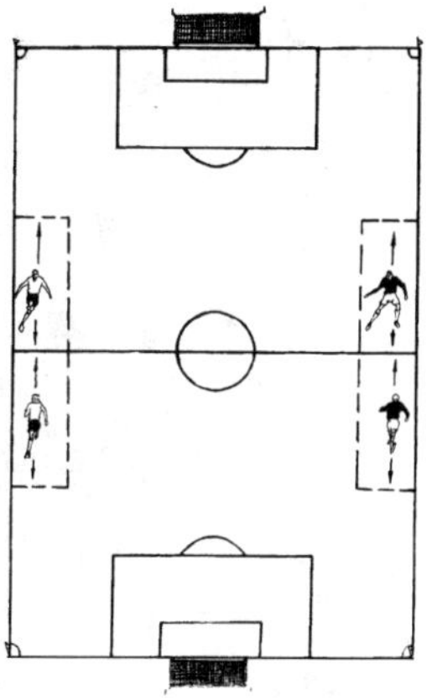

图 7−2−40　特定条件限制的攻守练习

练习规定：必须通过上、下半场自由区内的进攻接应队员的触球，进攻射门才有效。进攻接应队员只能传球，防守方不得对其防守。

练习重点：拉开宽度，边路进攻。

练习变化及深入：

（1）进攻接应队员参与在自由区内的进攻。

（2）不设进攻接应队员，只允许两名进攻队员，1 名防守队员进入自由区。

（3）限制触球次数，但自由区内不受此限制。

范例 2：全场 8 对 8、9 对 9、11 对 11 整体攻守练习。

练习规定：进攻方必须全部到达对方半场，本方射门才有效。

练习重点：整体攻守重心的推进与后撤的快速及时性。

范例 3：全场 8 对 8、9 对 9、11 对 11 逼迫式攻守练习。

练习规定：除 1 名防守队员外，防守方其他队员必须在前 2/3 场进行防守。

练习重点：前场逼迫式防守与纵深快速反击。

练习变化及深入：除两名防守队员外，其他防守队员必须在对方半场进行防守。

范例 4：半场攻守单球门，7 对 7、8 对 8 攻守练习。

练习规定：防守方获得球权后迅速将球传给中圈内的教练员，进攻方马上转入防守阻挠对方向教练员的传球。若原防守方传球成功，应立即调转进攻方向接教练员的传球展开进攻，另一方调转防守方向进行防守。如此反复练习。

练习重点：攻守转换的角色意识及转换的快速性。

练习变化及深入：

（1）练习场区扩大到 2/3 场地。

（2）不调换攻守方向，防守队员在罚球区外获球即可进攻球门，若在罚球区内获球须传或运球出罚球区才能射门。

范例 5：全场 11 对 11 攻守练习。限制进入对方半场进攻的触球次数或时间。

练习重点：进攻纵深与进攻推进速度。

练习变化及深入：限制一次进攻中的触球次数或进攻时间（获球时点—失去球权或射门结束）。

思考与练习

1. 确定足球战术教学与训练步骤的总体原则是什么？一般应采用哪些教学步骤？

2. 写出“踢墙式”二过一战术的教学训练步骤。

3. 写出“传切配合”的教学训练步骤。

4. 设计 2~3 例足球个人与局部攻守战术的练习方法，并说明主要练习目的与练习的变化和深入形式。

第八章
中小学足球教学基本理论与方法

本章提要

随着基础教育改革的不断深入，中小学体育教学的内涵发生了重大变革，运动参与、运动技能、身体健康、心理健康与社会适应等学习领域的教育理念在实践与理论的相互验证中得到了凝练和提升，学科核心素养的育人价值逐步显现。通过对本章内容的学习，可使体育教育专业学生掌握中小学足球教学的基本理论知识，并能通过学习融会贯通，有效指导今后的教学实践，做到理论与实践相结合，从而能够逐步胜任足球教学工作。

学习目标

1. 了解中小学体育课程足球教学的前沿动态与发展趋势
2. 掌握足球课程教学的基本理论知识
3. 掌握足球教学说课的基本方法
4. 掌握足球游戏的创编方法

第一节　中小学足球教学的任务与基本要求

一、中小学足球教学目标

足球教学虽然只是中小学体育教学的内容之一，但其功能的体现是全方位的。足球教学的目标要符合课程的总体目标，要切合中小学学生的实际。

（一）小学足球教学的目标

（1）培养球感，逐步提高人与球结合的能力。

（2）重点发展足球基本技术，逐步提高运用技术的能力。

（3）学习基本的足球理论知识，初步了解基本足球战术。

（4）依据身体素质发展敏感期的规律，有序地提高身体素质，增强体质，增进健康。

（5）培养足球兴趣，获得足球体验和乐趣，激发参加足球运动的动机，养成良好的锻炼习惯。

（6）提高认知能力和注意力，培养自信心和社交意识，培养遵纪守法的作风和集体主义精神。

（二）中学足球教学目标

（1）能够掌握、示范和运用足球的基本技术动作。

（2）在学习和发展过程中能够理解和运用足球的理论知识。

（3）达到增强体质、增进健康的目的，并形成积极参与足球运动的生活方式。

（4）在足球运动中能够表现出个人和社会的责任意识以及竞争与团队合作、吃苦耐劳、顽强拼搏的精神和行为。

（5）能够理解和尊重人们在足球运动中的差异，树立正确的胜负观等。

（6）懂得利用足球运动获得快乐，乐于接受挑战、自我展现和与人交往的机会。

二、中小学足球教学的基本要求

（一）教育理念要更新

中小学足球教学课不单纯要完成自身的教学任务，更重要的是要在教学过程中充分发挥出其应有的教育功能。在教育理念上，树立以学生为本的观念，把促进学生的身心发展放在中心地位，注重钻研学法，培养学生的学习能力；要与传统的体育“三基”相区分，摒弃以“增强体质与提高运动技能”为单一目的的思想，以适应素质教育的要求；把“健康第一”作为中小学体育课程的指导思想，使其目标指向为全面促进学生在运动参与、运动技能、身体健康、心理健康与社会适应等方面的发展。

（二）教学对象要明确

在过去相当长的一段时期内，我们都是用过于专业化的方法与手段来进行中小学的体育教学，几乎将普通中小学生这个特定的教学对象等同于专业运动员，导致体育教学质量低下，学生们酷爱的足球课也是如此。在以往的足球教学课上，要么是单调、枯燥的近似专业化的基本技术与战术练习；要么是几十个人一窝蜂跟着球跑，看似是在进行正规比赛，实际上与理想的教学效果相去甚远。由于学生的足球运动基础薄弱，不具备专业训练的能力，因此，中小学足球教学不应将普通中小学生当做专业运动员，应彻底改变对普通中小学生所采用的过于专业化的教学方式，使学生通过足球教学课真正能够体验到足球运动的乐趣。

（三）教学内容要改造

中小学阶段是学生生理、心理迅速发展的时期。在足球教学内容的选择上，要围绕《课程标准》所规定的内容，充分考虑不同年龄段学生的身心特点，抓住学生体能和足球技能发展“敏感期”发展其体能和技能，并在学生智能、认知等逐步发展过程中合理安排战术意识和心理品质等方面的内容。从小学到中学的每个学段中，足球教学内容上要有延续性、递进性和关联性，后一个阶段是前一阶段的提升，而不是简单的重复。

另外，足球运动中包含众多的技术与战术成分，如果将这些专业性极强的技战术内容直接搬到中小学足球教学课上，是不可能收到理想的教学效果的。因此，要重点做好竞技运动教材化改造工作，如可以将足球运动中适合中小学生的运动技能进行简易化和游戏化的改造，使得这些运动技能容易被学生学习和掌握，这既丰富了教学内容，又可以使学生在足球教学的过程中体验到快乐、满足与成就感。

（四）教学方法要科学

在教学方法的运用上，既要切合中小学生的实际，又要改变过去以竞技体育为主线、以专业训练为模式的教学方法，转变传统的技术技能教学模式。教学中应该更多地强调参与和体验，提倡“没有失败者的体育”。另一方面，足球运动的本质就是比赛，脱离比赛的教学不可能收到理想的教学效果，也不可能达到应该达到的教学目标。所以，中小学足球教学要改变过去枯燥、冗长、过细的基本技术教学模式，避免学生经过长时间的学习还踢不了比赛的窘况出现。整个足球教学过程应该立足于比赛，从比赛着手，围绕比赛进行教学。引导学生从比赛中发现问题，并针对问题加以解决。“整体—分解—整体”的教学方法值得推广。这里提到的比赛并不一定是正规的大场地比赛，可以是减少人数和缩小场地的小型比赛。这是因为在正规的大场地比赛时，由于学生人数过多，每个人接触球的机会很少，不利于学生的技能体验。而小型比赛，由于对正规比赛的规则进行了简化或者合理修改，使得规则便于执行，容易理解。有些器材设备也可以简化，如球门的大小、场地的面积、球的气压等，都可以根据学生的实际情况进行调整。降低对抗程度，增强趣味性、娱乐性，尤其是在 4 对 4、5 对 5 的比赛中，学生接触球的机会大大增多，从而便于学生提高比赛能力。

在具体实施教学时，还应注意把握足球教学的技能性、知识性、娱乐性和健身性等特点，并要注意进行安全教育，指导学生按照科学的方法进行锻炼（图 8–1–1）。

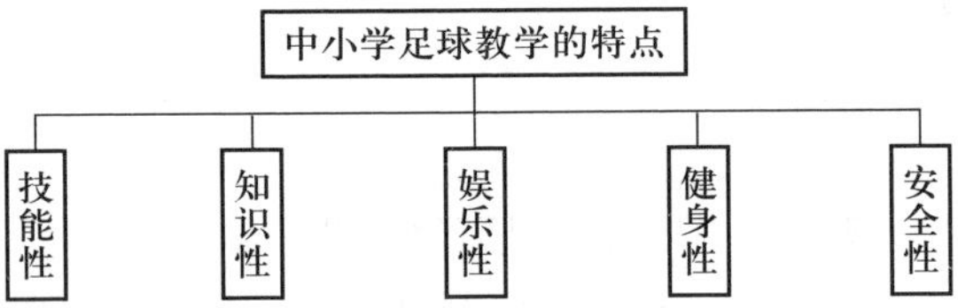

图 8–1–1　中小学足球教学的特点

三、校园足球及其教学的基本要求

（一）明确校园足球活动的目的

了解校园足球活动的目的是进行校园足球教学和训练的前提，是校园足球教学理念形成、教学目标设置、教学内容选择的基础。青少年校园足球活动是在学校普遍开展、面向全体学生、促进学生全面发展、学生普遍受益的校内外足球活动，是在保证学生文化课学习的前提条件下，具有素质教育价值、强身健体价值、足球知识和技能普及提高价值、足球人才培养价值和文化建设价值的阳光体育公益性事业。

（二）把握教学理念

《全国青少年校园足球活动实施方案》指出，参加校园足球试点学校的体育课要加大足球教学的比例，使在校学生每周有不少于 2 个小时的足球活动时间，保证全校不少于 50% 的学生参加足球活动，学校必须组织校内班级间和年级间的比赛。校园足球活动要利用体育课、课外活动、课余训练和联赛等多种形式组织丰富多彩的足球运动，努力促使其布局学校的学生喜欢足球运动；通过举办校园足球文化节、文化周等活动，促进建立足球社团或足球兴趣小组，打造校园足球文化；定期举行学校与家庭、社区的足球交流活动；有计划地组织参加足球夏（冬）令营，参加地区、全国的校园足球比赛；要以学生的发展为中心，注重学生整体素质培养，增强体质，增进健康，提高学生的足球运动能力，努力促进学生全面健康的发展。

（三）认清教学目标

校园足球教学目标要充分体现现阶段我国大力推进足球运动的举措和“健康第一”的指导思想。校园足球活动在足球能力培养方面要以引发学生足球兴趣、体验快乐足球为宗旨，并针对不同年龄阶段、不同运动水平的学生设计合理的教学目标；要努力营造足球运动的氛围，形成校园足球文化，吸引更多学生参与其中；要把学生身心健康作为首要目标，使学生拥有强健的体魄，并以球育德，完善与塑造学生的人格，培养学生的优秀品德和团队精神，提高学生的社会适应能力。

（四）明晰教学对象和内容

校园足球活动的组织形式有体育课、课外活动、课余训练和联赛等，而且是以班级、年级、校级比赛为主要形式。因此，校园足球教学对象应包括足球课、课外俱乐部以及学校各级运动队的学生。由于教学对象和教学目的不同，教学内容和重点也应不同。学校要根据自身的实际情况，研究和开发适合各自学校的足球校本课程。在教学内容选择上要符合校园足球活动的目的、教学理念和教学目标，而且必须考虑学生的身心发展水平、学习接受能力和运动水平等条件，遵循循序渐进的原则，注意教学内容选择搭配的科学性、系统性和综合性，同时也应体现趣味性等原则。

第二节 中小学足球教学的常用方法与步骤

教学是教师与学生共同参与的活动过程，而教学方法则是教与学的桥梁。教学方法应包括教师教和学生学的方法。在足球教学过程中，教师既要注意不断改进教法，又要注重引导学生掌握学法，还要重视指导学生的练法。教法、学法与练法相互联系、相互促进，才能使得教师的主导作用与学生的主体地位协调配合，最终收到理想的教学效果。

一、足球教学中常用的方法

（一）语言法

语言法主要通过讲解的形式得到体现，在运用时要注意以下几点：

1. 讲解要精炼

所谓精炼就是要把握最重要的内容，围绕教学目的和任务，把要点和难点讲解清楚即可，防止过于专业化和学术化的长时间分析。

2. 讲解要清楚

对需要讲解的内容，要按照一定的层次，有条理地表述清楚，尤其不能忽视教学组织过程中的一些细小环节。用词要准确、通俗，避免使用过于专业的学术性词汇，以免学生听不懂和不理解。

3. 讲解要具有艺术性

教师的讲解水平在很大程度上和讲解的艺术性相联系。平平淡淡的语言，使学生感到乏味，不可能引起学生的兴趣，而生动、形象、幽默的语言将会调动学生的学习热情。

4. 讲解要具有启发性

在体育教学过程中启发学生的思维，是一个非常重要的环节。鼓励学生勤于思考、敢于提问、积极作答，充分体现教师与学生的互动，是教师应该尽力做到的，应避免出现“一言堂”“满堂灌”的现象。

5. 讲解要具有感召力

教师的语言是否具有感染力，是体现教师语言功底的一个重要因素。课堂气氛与学生的情绪是需要教师运用恰当的语言来调动的。如果能够结合教学内容，适时地采用富有感情、具有感染力和号召力的语言，就能活跃气氛，调动情绪，从而使学生在心理上得到极大满足。

（二）直观法

在足球教学课中采用直观法教学时，最常用的还是示范法，即教师通过动作示范，使学生了解所学动作的形象、结构、要领和方法。教师正确、优美、潇洒的示范动作可以令学生钦佩，提升教师自身的魅力。运用示范法教学应注意以下几个问题：

1. 示范的目的要明确

教师的示范动作要为教学任务服务。因此，选择做什么示范动作，在何时做示范动作，都应该安排得当；重点与非重点，难点与非难点，都要考虑周全。

2. 示范的动作要规范

教师规范、熟练、轻巧的示范动作有助于学生形成正确的动作表象，调动学生的学习积极性，使学生产生跃跃欲试的心理冲动。

3. 示范的位置要合理

在足球教学中，教师的示范位置是由教学内容和学生人数来决定的。因此，首先应该依据教学内容和学生人数来安排学生的队形，在此基础上再考虑教师的示范位置。队形和教师位置的选用原则主要是让学生能够清楚地看到教师的示范动作，同时，还应该充分考虑到阳光、风向及外界干扰等因素。一般情况下，只要外界条件许可，学生应该背阳、背风和背向干扰源。在实际运用时，通常可采用以下两种队形：

（1）横队队形。该队形除了用于教师讲解示范外，通常还用于教学课开始或结束阶段学生集合整队时。

一列横队：在学生人数少于 20 人的情况下可以采用该队形，但在中小学实际教学过程中很少有这样的情况出现。运动队训练时常采用此种队形。

二列横队：这是比较常用的一种队形，在学生人数为 30 人左右时多采用此种队形（图 8-2-1）。

四列横队：中小学体育教学中采用得最多的就是四列横队，这是由学生人数决定的。一个教学班的人数大都在 50 人左右（图 8-2-2）。

图 8-2-1　二列横队

图 8-2-2　四列横队

（2）弧形队形。弧形队形多用于课中的讲解示范，也可用于一些热身活动。多采用半圆队形（图 8-2-3）和圆圈队形（图 8-2-4）。

图 8-2-3 半圆队形

图 8-2-4 圆圈队形

需要指出的是，如今的中小学体育教学课在学生队形的选用方面已经发生了很大的变化。最突出的一点就是充分考虑青少年学生的心理特点，尽可能地解除队形对学生活动的束缚，体现以学生为本的思想。在足球教学课队形的安排上，可以结合教学内容和场地情况，采用散状队形，即学生自己选择合适的位置，相互间的距离为 2 米左右，并且保证能够看到教师。这样的队形给学生的感觉是宽松自然的，且不会弱化教学效果。

在学生练习过程中，教师应该巡视指导，并根据学生队形和分组情况来决定巡视路线。常用的巡视路线有“环形”路线和“S”形路线。“环形”路线一般用于学生长距离传接球练习，这样的路线不会干扰学生的练习（图 8-2-5）。“S”形路线则多用于学生近距离练习，这样的路线便于教师更好地观察（图 8-2-6）。如果学生是分组、分项目练习，则可以依次轮流察看各个项目的路线。如果学生是散状练习，则可以不受固定线路的制约，但应该在重点指导弱生的同时，尽可能照应到所有学生。

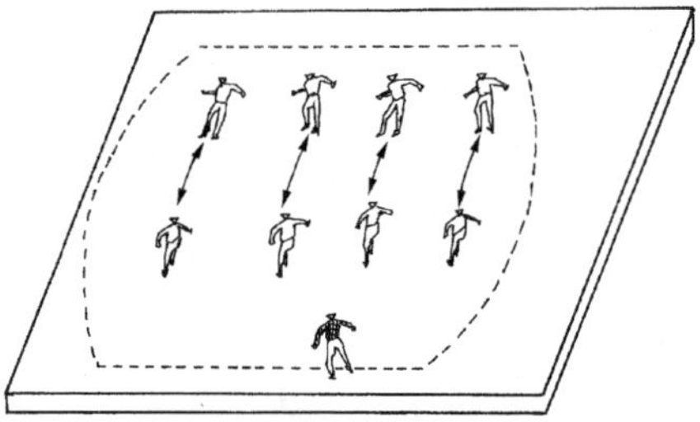

图 8-2-5 “环形”路线

图 8-2-6 “S”形路线

4. 注意示范面的选择

在足球教学中，教师还应注意示范面的选择。一般情况下，展示左右距离和运动的动作可采用正面示范，如变向运球等；展示前后运动的动作可采用侧面示范，如踢球时的助跑、支撑脚的落地、踢球腿的摆动、脚触球及踢球后的随摆动作等；背面示范运用较少，但有时为了使学生看清某一个动作的细节，也可采用这种形式，如踢球时的脚型和触球部位等。也可以正面、侧面与背面示范结合使用，互为补充。总之，为了便于学生观察，便于启发学生的思维，要根据练习的具体内容选择合理有效的示范面。

（三）完整教学法与分解教学法

在足球教学中，对所教技术动作究竟是采用完整教学法还是采用分解教学法，要根据学生接受能力上的差异和动作的难易与复杂程度来决定，要注意教学方法选用的科学性与针对性。

通常情况下，青少年学生的模仿能力比较强，加上教学课上的足球技术动作难度比较小，所以应尽可能采用完整教学法。这样做有利于学生建立完整的动作概念，通过练习后能使自己的运动技术逐步熟练和规范。

遇到比较复杂的技术动作，或者学生在某项技术的练习过程中出现错误时，教师应该根据具体情况，适时地采用分解教学法。其目的是将动作分解后，让学生体会动作过程中的各个环节，也可以重点体会出现错误的某一个环节，使学生感受正确的动作方法。需要注意的是，在分解教学后应尽快使用完整教学法，避免出现动作不连贯的现象。例如，学习脚背内侧踢球时，学生容易出现支撑脚不能正对出球方向及踢球腿不能以大腿带动小腿摆动的错误，此时可以指导学生进行支撑脚落地和摆动腿摆动的专门练习，待纠正错误动作之后再进行完整练习。

（四）预防与纠正错误法

在足球教学中，学生不可避免地会出现一些错误动作，学习的过程也是不断纠正错误的过程。只有不断改正错误，才能建立正确的动作概念。因此，在教学中，教师必须采取行之有效的措施，预防和纠正错误。

1. 预防法

预防法是指教师在教学过程中所采用的有效预防错误动作的手段和方法。在教学中，教师应根据教材的内容、特点和可能出现的错误，在教学的开始阶段就预先给予提醒，或在教学手段上注意预防。另外，教师必须深入钻研教材，探讨不同教学对象的教法手段，采取相应的方法，循序渐进。在教学的开始阶段，应特别注意纠正错误动作，以防止发展成错误的动作定型。

2. 纠正错误法

纠正错误法是指教师针对学生出现的错误采用的有效纠正错误的手段和方法。教师要做到能很好地纠正学生的错误，首先要进行敏锐的观察，即要能及时、准确地发现问题，其次要善于分析错误的原因。例如，脚内侧踢球动作经常容易发生的错误是踢球腿外展不充分，有的是因为学生动作概念不清，更多的则是因为支撑腿没有弯曲，而是过分挺直，造成踢球腿外展困难。因此，只有分析清楚错误的原因，才能有的放矢地纠正错误（表 8-2-1）。

▶ 表 8-2-1　常见错误原因及纠正手段

常见错误原因	纠正手段
对动作的概念、要求不清楚	针对性讲解、示范
有惧怕心理（如头顶球）	加强教育、轻松示范、降低难度
教学内容、方法脱离学生实际	调整内容、方法、难度
身体素质的限制	针对性地加强素质练习
练习环境不良	调换、改善环境

在教学中，常用的纠正错误的方法主要有：

（1）诱导法。采用一些诱导性练习来达到预防和纠正错误的目的。例如，学习正脚背踢球时，易出现支撑不稳，上体过早前冲，导致踢球腿摆动不协调的错误。这时可采用两人一组的练习，一人单脚踩球，双臂前平举，用双手抵住另一人的肩部，另一人踢同伴踩定的球，从而纠正上体前冲、支撑不稳的错误。

（2）改变难度法。当学生达不到练习要求而可能出现错误时，可适当降低练习难度。例如，在传接球练习中，有时会因传接球不准或接球不稳而影响练习，这时可缩短两人之间的距离，或一人抛球，另一人接球后传球。

（3）附加条件法。练习时附加一些特殊的要求和规则，以达到强化练习效果的目的。这种方法主要在提高技术运用能力时采用。例如，为了防止和纠正处理球太慢的错误，可在练习中限制触球次数。

（4）正误对比法。采用对比法可突出对错误动作的认识。在应用时，错误动作的选择要典型、鲜明。例如，学习前额正面头顶球时，可先做一个有明显的从后仰弓身到前摆顶球的动作，再做一个直挺上身，靠双脚蹬地向上挺直身体顶球的动作，以正反动作的鲜明对比，使学生理解前额正面头顶球身体要由后向前摆动，以建立前额正面击球的正确动作概念。

（5）辅助器材法。在纠正错误动作时，可充分发挥辅助器材的作用。例如，为了纠正学生射门偏高的错误，可在球门两立柱中间拴一条绳子，要求学生射出的球必须从绳子以下进门才有效，以此强化学生对击球点和摆腿方向的控制。

（五）发现法

发现法是由美国现代心理学家布鲁纳提倡并发起的，是教育界普遍重视和广泛传播的一种方法。发现法应用于体育教学，其突出特点不是把现成的答案告诉学生，或让学生去模仿原有的模式，而是让学生运用已有的经验和知识，发挥主观能动性，去探索解决问题的方法。因此，发现法能够激励学生的学习动机，满足学生的求知欲，调动学生的学习积极性，培养学生发现问题和解决问题的能力。

在足球教学中，可以根据教材性质来选用发现法。例如，对足球比赛中的技术和比赛阵型的运用、战术打法等问题，可以先不进行讲解，而是让学生在比赛或实践中发现和提出问题，自己总结问题的答案，然后再由教师进行点评和总结。运用发现法的教学步骤主要包括：

（1）提出问题或创设问题情境，使学生按照教师提出的要求去思索。

（2）学生通过练习，在实践中体会动作的基本原理和方法。

（3）组织学生对提出的问题进行讨论和验证。

（4）对所学问题的原理方法和争论的问题进行总结，得出结论。

教无定法，贵在得法。在教学过程中，为了有效地达到教学目标，教师可以创造各种各样的教学方法，可以运用各种各样的教学策略。美国学者威廉斯在总结归纳教学法的过程中，提出了 18 种教学策略，这里选择其中适合足球教学的几种方法，以供参考（表 8-2-2）。

▶ 表 8-2-2　适合足球教学的教学策略与方法

教法	内容
激发法	设置多种目标的射门和准确度练习
变异法	球门数量和足球数量上的变化
情境法	模拟比赛现场的气氛和行为
暗示法	对学生采用语言上的提示，起到委婉的暗示作用
想象法	让学生想象比赛中可以有哪些射门方式

续表

教法	内容
演示法	采用图像、视频演示或由学生演示练习过程
递进法	逐渐增加练习难度，如由踢固定球→踢地滚球→踢空中球
分层法	按水平分成 2~3 个组，安排不同的教学内容

二、足球教学的说课与模拟课堂教学

足球课说课案例

跳起前额正面头顶球实践课说课范例

模拟课堂教学案例

（一）足球教学的说课

说课是以口头语言简述和教辅手段呈现一堂课的教学设计，是教学交流、教学技能比赛常用的一种形式。说课既能检验教师的综合素质，又能借此进行教学研究，是教师必须具备的一种基本能力，是教师提高教学水平和质量的良好手段。

说课是教师通过对教学目标的分析，表述具体教学主题的教学设想及其理论依据，通俗地讲，就是要说清“教什么、如何教、为什么教”。

（二）模拟课堂教学

模拟课堂教学又称试讲，是在有限的时间内，教师通过口语、形体语言和各种教学技能与组织形式的展示而进行的一种教学形式，是对授课者综合能力的考量。

三、校园足球大课间活动

跳起前额正面头顶球模拟上课范例讲课

（一）什么是大课间活动

大课间就是在课与课之间组织安排的活动。传统的学校大课间活动指的是课间操，但其内容单一，不利于学生的身心健康发展，因此，要深化大课间活动的内容与形式，增加活动时间，以丰富学生健身与娱乐的过程、改进锻炼方法与促进健康水平。

足球大课间活动是在原有的课间操的基础上，增加时间、拓展空间、改进方法内容、提高实效、动员全校资源，以足球为载体组织全体学生参与的体育活动形式。

（二）足球大课间活动的作用

（1）能有效调节学生紧张的学习生活。

（2）增强体质，掌握体育技能，促进学生身心健康发展，培养学生体育锻炼的习惯和意识。

（3）大课间活动还在一定程度上反映了学校的校风、学风甚至班风。

（三）足球大课间设计的原则

（1）全员参与的原则（活动设计方案能面对全体师生）。

（2）科学合理的原则（编排组织设计能兼顾技能体能）。

（3）寓教于乐的原则（通过足球活动能潜移默化育人）。

（4）创新善变的原则（因人应时而变能使活动可持续）。

（5）适宜负荷的原则（把控适宜负荷能有利身心发展）。

（6）注重激趣的原则（始终练得有趣能激发练习动力）。

（7）区别对待的原则（因人而异设计能考虑各有所得）。

（8）实用有效的原则（不图一时好看能注重长久效果）。

金桥小学足球大课间

（四）如何有效组织足球大课间活动

1. 足球大课间活动的时间

足球大课间活动每次以 25～30 分钟为宜。一般在上午两节课后和下午的课间时间进行，每天共计活动时间约一小时。

2. 足球大课间体育活动的内容

在设计与安排足球大课间活动内容时，应注意以下几点：活动内容要与足球体育课教学内容相结合；要与学生足球技能发展水平相适应；要因地制宜，与学校场地条件相结合；要与季节变化相结合。

3. 大课间活动组织方法

学生听到大课间活动音乐响起，应有序走出教室，在教室外站队候场。

要求学生严格按照规定的上下楼次序和行走路线行进：原则上高层先上先下，低层后上后下。各班大排头在前，小排头在后，依次下楼。走到班级指定位置后，学生找到各自位置站定。确保各班在队伍行进中不出现穿插、交错。行进中班主任在前领队，副班主任在后组织，各班首尾相接。最终实现全校师生在最短时间内安全上下楼，保证全程活动有效开展。

四、足球教学中常用的教学步骤

足球教学中经常采用的教学步骤包括：

（1）讲解、示范。教师运用语言法，并结合亲身的示范动作或者是多媒体课件等直观法的运用，使学生明确动作方法。

（2）无球模仿动作练习。学生在无球的情况下，依据自己看到的示范动作进行模仿练习，粗略地体会动作过程。

（3）简单条件下的练习。在无球模仿练习的基础上，进行原地、慢速、近距离、定位球、小力量的有球练习，要求重复多次，做到熟能生巧，以促进正确技术动作的掌握。

（4）变换条件下的练习。学生在简单条件下能够完成技术动作后，教师应及时设置练习障碍，变换条件，即设置一些接近比赛状况的实际运用技术的条件，如原地练习变为行进间练习，慢速练习变为中速或快速练习，近距离练习变为中、远距离练习，定位球练习变为活动球练习，小力量练习变为中等或大力量练习，单个动作练习变为组合动作练习等，以此提高学生运用技术的能力。

（5）对抗条件下的练习。足球运动最具魅力的一点就是对抗。适合学生实际情况的形式多样的对抗性练习，可以调动学生的学习热情，提高学生的学习兴趣。需要注意的是，对抗程度要适当，一般都是由消极对抗逐步过渡到积极对抗。

（6）在竞技比赛和游戏中运用所学技能。学习技术的最终目的是要加以实际运用。学生在实战或游戏中如果能够成功地用上自己所学到的技术，便会获得一种成就感和满足感。因此，教师应该在教学过程中根据学生的实际情况，注意安排一些教学比赛和具有对抗性质的游戏活动，鼓励学生多运用自己所学到的技术和技能。

第三节 中小学足球教学计划的制订

一、足球单元教学计划的制订

单元教学计划是由若干个教学课组成的，它是水平教学计划的细化，是一种教学内容的集合。

（一）制订足球单元教学计划的基本要求

单元是教学过程的基本的质的单位，是教师制订课时计划的直接依据，因此，教学单元的设计是教学设计的基本单位。一般情况下，学期教学计划都是教师集体完成的，而单元教学计划则是教师从教学层面上进行个性化设计的结果，是教师个人教学理念的体现。在体育课程和教学改革的背景下，足球单元教学计划必须与新的体育课程与教学理念相符合。

（二）足球单元教学计划制订的步骤

1. 确定单元教学目标

教学单元是实现课程标准目标群的基本单位，学生要达到的 4 个方面的水平目标是通过单元教学来落实的。所以，单元教学目标实际是学期教学目标的具体化，每个领域的学习目标必须体现学期教学计划相应领域的目标要求。目标的确定，要关注学生的特点和个体差异，保证绝大多数学生能够完成各领域相应水平的目标，使每个学生都能体验到足球学习的乐趣，满足他们自我发展的需要。

2. 分析教材，确定教学重点与难点

对单元教材内容的分析包括教材的作用、本单元教学内容与前后教学内容的纵向联系、学生对本单元的学习准备等方面的分析。在此基础上进一步确定单元教学的重点和难点，以确保后续的教学策略能够有的放矢。在制订小学与初中足球单元教学计划时，还必须注意足球教材与其他教材之间的横向联系，力求做到有机结合，相互渗透。

3. 分析可用的课程资源

单元教学设计应明确该单元教学可以使用的资源以及这些资源能否满足单元教学的需要，这样才能保证相应教学设计的可操作性。

4. 确定课时学习目标

课时学习目标就是把单元学习目标分解为一系列的学习子目标。相对单元学习目标，课时目标更具体、更明确，能够直接在具体的教学行为中实现。确定课时目标时，要注意课时之间的承上启下，温故知新。当然，在单元教学计划中，课时学习目标要突出重点，有一定的概括性。

5. 设计单元教学策略

教学策略是为了实现教学目标而采取的一系列的教与学的行为方案，包括教学模式、方法的选择和教学组织形式、教学媒体的应用等。根据教学需要，在组织形式上可以采用全班练习或分组练习。采用什么形式，应根据教学条件、教材特点以及学生的具体情况来确定。在小学、初中阶段，足球教学可以采用班级内分组教学的形式，而在高中阶段，可以采用按水平分组、按兴趣分组等多种分组教学的形式。

（三）单元教学计划案例

一年级足球单元教学计划案例如表 8-3-1 所示。

▶ 表 8-3-1　一年级足球单元教学计划案例

学习目标：
1. 运动能力：60% 左右的学生能够基本正确地完成多种脚法运球等组合技术，并能在一定程度上把组合技术运用到游戏和比赛中
2. 健康行为：学习正确的身体牵拉动作，发展速度、柔韧等素质
3. 体育品德：在游戏、玩球和各种比赛中对学生进行足球技术动作和足球意识的启蒙教育教学；感知足球，培养足球兴趣，乐于和同学一起参加足球运动，培养团队合作意识

课次	主要内容	辅助内容	课时学习目标	学习重点难点	学习方式	教学指导
1	脚背正面运球	球性练习、运球迎面接力	学习脚背正面运球，大部分学生能做出所学技术动作；感知足球，提高兴趣，发展灵敏等素质	运球时的脚型、脚背触球的部位和力量	1. 自主体验 2. 观察与相互评价 3. 游戏体验	讲解示范；提示；激励
2	脚背正面运球—后拉球转身组合	球性练习、发展速度的游戏	60% 的学生能基本完成脚背正面运球—后拉球转身组合，少部分学生技术动作准确，连接较好；与运球结合，发展动作速度等素质	运球和拉球动作连接和身体的协调配合	1. 观察与模仿 2. 自主体验 3. 相互指导与评价	讲解示范；启发与激励
3	脚背内侧运球—脚内侧向后变向组合技术	球性练习、脚内侧传接球、传抢游戏	70% 的学生能基本掌握脚背正面运球和拉球转身；50% 左右的学生能基本完成脚内侧传接球，少部分学生能在传抢游戏中使用运球和传接球技术	运球的节奏、运球和变向的连接以及变向时的重心变化	1. 观察与讨论 2. 自主体验 3. 游戏体验	讲解示范；启发与激励
4	脚背外侧运球—脚外侧向后变向组合技术	足球比赛规则简介、比赛	70% 的学生能基本掌握所学运球和传球技术；在比赛中学习并了解有关足球规则；学习脚背外侧运球—脚外侧向后变向组合技术	运球的节奏、运球和变向的连接以及变向时的重心变化	1. 观察与讨论 2. 自主体验 3. 游戏体验	讲解示范；正误对比；启发与激励

续表

课次	主要内容	辅助内容	课时学习目标	学习重点难点	学习方式	教学指导
5	单脚内扣外拨	运传球、一对一攻防（消极防守）	60%的学生能在慢速运球中基本完成单脚的内扣外拨等技术，并在一对一消极防守中运用变向技术	触球的力量和变向时的重心变化	1. 观察与讨论 2. 合作学习 3. 展示与交流	讲解示范； 正误对比； 启发与激励
6	考核与比赛		80%的学生能够在足球游戏和考核中展示技术和基本活动能力	技术动作的熟练性与稳定性；顽强、自信的心理状态	1. 探究与讨论 2. 游戏巩固	语言指示； 评价

九年级足球单元教学计划案例如表8-3-2所示。

▶ 表8-3-2　九年级足球单元教学计划案例

学习目标：
1. 运动能力：60%的同学能够基本正确地完成拨球过人、扣球运球过人、脚背内侧踢球、脚内侧接空中球的动作以及接球—运球—传球组合技术，并能通过游戏和比赛得到巩固
2. 健康行为：正确认识足球运动对身心发展的作用，初步掌握本单元所学足球技术的动作要领与方法，理解它们在足球比赛中的作用，并把它作为课余体育活动的内容之一
3. 体育品德：以积极认真的态度参与足球技能的学习，逐步提高对足球运动的兴趣，提高身体协调能力和各项身体素质，提高运动能力、人际交往能力和自主学习能力

课次	主要内容	辅助内容	课时学习目标	学习重点难点	学习方式	教学指导
1	拨球运球过人	颠球等熟悉球性练习、一对一攻防	复习拨球运球过人动作，感受球性；提高身体协调性；大部分学生能基本掌握拨球运球过人的动作	脚的部位和触球的部位以及合理拨球、扣球的力量	自主体验； 观察与相互评价	示范；提示；激励
2	扣球运球过人	拉球运球过人、身体协调性游戏、传抢游戏	60%的学生能基本掌握扣球运球过人动作；少部分同学可以完成拉球过人动作；在传抢游戏中学习运用传接球技术	扣球过人的动作连接和身体的协调配合	观察与模仿； 自主体验； 相互指导与评价	讲解与示范； 启发与激励

续表

课次	主要内容	辅助内容	课时学习目标	学习重点难点	学习方式	教学指导
3	脚背内侧踢球	颠球等熟悉球性练习、快速移动练习	60%的学生能基本掌握脚背内侧踢球动作；在活动中勇于创新，敢于展示	脚背内侧踢球脚的接触部位以及踢球腿的协调用力	观察与模仿；合作学习；展示与交流	讲解与示范；引导对比与交流
4	传接球、脚内侧接空中球	传抢游戏	80%的学生能基本掌握脚背内侧踢球和脚内侧接空中球动作，学习在游戏和比赛中运用技术	接空中球的时机判断动作及缓冲动作	观察与讨论；自主体验；交流与评比	讲解与分析，评价与激励
5	接球—运球—传球组合技术	游戏比赛	80%的学生能基本掌握传接地滚球与空中球的动作，组合技术连接较熟练；学习在游戏和比赛中运用技术	接球—运球—传球单个技术动作的衔接	观察与讨论；自主体验；交流与评价	讲解示范；正误对比；启发与激励
6	接球—运球—射门组合技术	传接球游戏、比赛，介绍足球规则	60%的学生能较好地完成接运射组合技术练习；学习在比赛中运用技术；了解有关足球规则	接球—运球—射门单个技术动作的衔接	观察与讨论；合作学习；游戏体验	示范；正误对比；启发与激励
7	传切配合、跑位接应	复习斜传直插二过一	60%的学生能较好地完成传切配合练习；复习斜传直插二过一，为学习直传斜插二过一做准备	传球与跑位接应的时机和传球方向力量的控制	观察与讨论；合作学习；游戏体验	讲解示范；正误对比；启发与激励
8	直传斜插二过一	传接球、比赛、介绍足球规则	60%的学生能较好地完成直传斜插二过一；在比赛中运用学过的二过一战术；了解有关足球规则	传球与跑位接应的时机和传球方向力量的控制	观察与讨论；合作学习；游戏体验	讲解示范；正误对比；启发与激励

续表

课次	主要内容	辅助内容	课时学习目标	学习重点难点	学习方式	教学指导
9	复习所学内容，熟悉考核方法	比赛、介绍足球规则	大部分同学能够较熟练地完成所学技术动作；结合比赛学习足球规则	技术动作的熟练性与稳定性	观察与讨论；自主体验；交流与评比	语言指示；评价
10	比赛与考核		80% 的学生能够在足球游戏和考核中展示技术和基本活动能力	技术动作的熟练性与稳定性；顽强、自信的心理状态	探究与讨论；游戏巩固	语言指示；评价

二、课时教学计划的制订

课时计划是最具体的教学文件，也是教师实施每次教学课最直接的依据。

（一）制订课时教学计划的基本要求

课时计划的表现形式一般有三种：文字式、表格式和流程图式。无论是哪种形式，一般都包括教学目标、教学内容、学习步骤（教与学的方法）、运动负荷的控制、时间的分配、教学组织和教学后记等内容。

教师在编写课时教学计划时，要深刻理解教学理念，深入钻研教材，全面分析学生，认真研究教学策略，并结合教学内容提出合理的教学目标与任务。教学目标不能提得过高，也不能过低，而要符合学生实际水平，尽可能做到让大多数学生经过自己的努力能够完成任务。

（二）足球课时教学计划的编写步骤、方法与要求

1. 确定教学内容（或教学主题）和教学重点

撰写一份教案，首先要明确教学内容。就一堂具体的课而言，教学目标是一个具体内容下的目标。离开了教学内容，教学目标就成了空中楼阁。一般来说，足球课堂教学内容是以学期和单元教学计划为依据的。

2. 确定学习目标

（1）确定课堂学习目标的一般要求。学习目标是指通过课堂教学预期或期望达到的学习结果，它是设计整个课堂教学活动的根本依据。

① 课堂学习目标必须具有明确性。这意味着体育学习目标必须能够表明可观测到的学习结果，并能表明检测结果的标准。学习目标的陈述不宜过于抽象化、概括化，否则在教学过程中就不能起到指导与激励作用，就会给评价带来困难。

② 课堂学习目标必须具有整体性。课堂教学的目标结构要合理，既有反映具有质与量规定性的行为目标，又有表现内部心理过程的定性目标。目标的内容要全面，应力求做到三个统一，过程与结果相统一，认知与情感相统一，接受性与体验性相统一，以全面体现体育新课程标准促进学生全面发展的价值取向，体现体育教学对学生发展的整体效应。

③ 课堂学习目标必须具有弹性。目标的弹性包含三层含义：一是体现学生个体差异性，二是体现灵活性，三是局限性。

（2）对目标领域表述的处理。《中小学体育与健康课程标准》和《全国普通高等学校体育课程教学指导纲要》将体育课程目标分为运动参与、运动技能、身体健康、心理健康与社会适应等几个方面，但并不意味着在确定具体课的目标时都要按此来描述。一方面，每一个足球技能及其教学活动过程对学生发展的促进作用是不同的，期望每一个足球技能的学习过程和每一堂课的教学活动都能在这 5 个方面产生明显的影响也是不现实的。事实上，各个足球技能都以其特有的教育功能在体育教学价值体系中发挥各自的作用，实现体育课程的总目标。另一方面，足球技能的有些教育功能是显性的，是可观察与测量的，有些则是隐性的，在潜移默化中对学生的发展产生影响。鉴于上述原因，为了提高足球学习目标的可操作性，考虑到新课程教学的共性特点，可将学习目标分为认知目标、技能目标、情感目标以及合在一起的身体发展目标、心理与个性发展、教育目标等几个部分来叙写（认知目标和技能目标可以合在一起写）。

3. 学习方式与指导方式的设计

（1）学法与教法应注重引导与启发。为了促进学习方式的转变，教师在教学设计中首先要改变自己的教学方式和教学策略，使体育技能的学习过程成为学生发现问题、提出问题、分析问题、解决问题的过程。在教学方法上，提倡启发、引导、评价和激励等，在学生技能学习目标实现的同时促进学生身心和全面能力的发展。

（2）教学过程紧密围绕基本教材。由于一堂课总是围绕某个或某些基本技能的教学展开的，因此，在教学步骤构思时，要从基本教材的教学开始，然后再考虑如何进行引导和身心准备，如何整理、放松和总结。但叙写时还要按照课的结构顺序。

（3）教学组织合理分组，易于变化。在足球教学中，常用的教学分组形式有随机分组、同质分组、异质分组和友伴型分组等。每一种形式各有其优缺点。选择哪种分组形式，需要综合考虑教学内容的性质特点、课堂情景以及学生的具体情况，在教学实践中需要有一定的灵活性。

分组人数要易于组合变化，如2人一组变成4人一组，4人一组变成3对1传抢游戏等。

（4）准备活动、课堂导入灵活多样。课堂导入是教学过程的引导性活动，既要与基本教材紧密相连，又要注意方式方法的灵活多样，切忌程式化的慢跑、基本体操等缺乏足球专项特点的枯燥方式。可以将多样化的熟悉球性练习与足球专项体操有机结合，这样既有兴趣，又有利于足球技能的提高。

（5）让学生有更多机会接触球。一堂足球课的时间有限，学生希望能有更多机会接触球。因此，练习形式的安排应更多地考虑安排结合球的练习，而且练习形式的变化不宜太多，分组人数要易于组合变化，避免由于队伍调动过于频繁而浪费时间，降低练习密度，影响学习效果。

（6）适当安排对抗性足球游戏与多种形式的比赛。足球游戏与比赛是最受学生欢迎的练习方式，也是培养学生学习兴趣、提高技战术应用能力的最好方式。因此，可根据学习内容灵活安排游戏或比赛，不要拘泥于形式，应根据场地情况、学生学习水平、学习内容组织练习。在激烈的对抗中展示人的意志与能力是足球运动的魅力之一。因此，安排足球游戏时，可以是一般技术性的游戏，但最好安排对抗性游戏，如3对1、4对1、4对2传抢练习等。

4. 确定过程目标

过程目标也可以表达为形成性目标、阶段目标或预期效果等，是指具体的某一个教学行为所指向的目标。体育新课程注重育人目标的全面性，强调“使获得基础知识与基本技能的过程同时成为学会学习和形成正确价值观的过程”。因此，在教案内容上应反映这样的变化，可以通过设定专门的形成性目标栏目，表明课中各项活动的意图，同时也提高教师设计各项教学活动的目的性。

5. 合理使用教学设备

足球实践课中所需要的教学设备主要指完成教学所需要的场地、器材、辅助设施、音响设备等。教案中清楚地表明教学设备，有利于课前做好充分的准备，也有利于几个班级同时上课时统筹安排，妥善解决教学中可能出现的场地器材方面的冲突。

6. 课后小结

课后小结是为每节课后教师自我评价与反思预留的栏目，是一份完整教案不可缺少的组成部分。

（三）足球课时教学计划案例与分析

1. 水平一（一年级）课时教学计划案例（表 8-3-3）。

▶ 表 8-3-3　水平一（一年级）课时教学计划案例

<table>
<tr><td>教学内容</td><td colspan="7">1. 脚背正面运球
2. 游戏：迎面运球接力</td></tr>
<tr><td>教学目标</td><td colspan="7">1. 运动能力：80% 的学生能基本完成脚背正面运球的技术动作，通过练习发展学生的灵敏、协调等素质，提高学生对足球的控制能力
2. 健康行为：学生能以积极的姿态参与到本课的技能学习中，在学练中学会欣赏、乐于赞赏同伴
3. 体育品德：学生在两人和多人的学练过程中，增强自信心，提高合作学习能力，增强团队意识</td></tr>
<tr><td>重点难点</td><td colspan="7">重点：用脚背正面准确触球
难点：运球中对球的控制</td></tr>
<tr><td rowspan="2">教学过程</td><td rowspan="2">教学内容</td><td rowspan="2">教师活动</td><td rowspan="2">学生活动</td><td rowspan="2">组织方法</td><td colspan="3">运动负荷</td></tr>
<tr><td>时间</td><td>次数</td><td>强度</td></tr>
<tr><td>开始部分
2′</td><td>课堂常规</td><td>1. 师生问好，宣布课的内容
2. 提问导入课的内容，激发学生学习兴趣</td><td>体育委员整队，报告人数；向老师问好；认真听讲</td><td>组织形式：呈四排横队
○○○○○○○○
○○○○○○○○
○○○○○○○○
○○○○○○○○
●　　▲</td><td></td><td></td><td>小</td></tr>
</table>

续表

教学过程	教学内容	教师活动	学生活动	组织方法	运动负荷		
					时间	次数	强度
准备部分 8′	1. 影子运球：两人一组，每人一球，相距5米左右，一人随意运球，另一人跟随模仿运球；如果球少人多，可采用前面一人运球，后面2~3人跟随无球模仿，听教师口令交换角色 2. 牵拉练习：安排5~6个部位的牵拉动作	1. 讲解示范，口令和哨音组织学生练习，学生用自己能够做到的各种动作运球，1分钟后交换角色 2. 和学生共同参与练习 3. 语言激发学生的热情示范后和学生一同练习，强调要领	1. 认真听讲解、看示范 2. 跟随教师集体练习 3. 以较高的热情参与到练习中去 进行深度牵拉，牵拉到一定极限后停留8~10秒	1. 组织：以教师为中心，学生散开在教师周围半径20米的范围内进行练习 2. 要求：热情参与，反应迅速 组织：以教师为中心，学生间隔2米成散点站位	4	2×2	中
基本部分 25′	1. 脚背正面运球练习 重点：正确的触球部位以及提腿屈膝立脚面的运球动作 难点：重心及时跟上，能把球控制在身体前一步之内	1. 组织学生尝试性体验，要求到达目的地必须踩住球 2. 针对练习情况，结合实物挂图，明确触球部位及要点 3. 指导学生进行辅助练习 4. 讲解示范一步一触球方法，要求比走路速度快一点推进 5. 示范提速运球，引导学生运球中增加触球次数 6. 引导学生相互观察学练；巡视指导与点拨，引导学生在活动中思考 7. 组织展示，点评	1. 进行尝试性练习，能在学练中发现问题 2. 认真听讲，明确重点 3. 两人合作，体会触球部位 4. 观察教师动作，在练习时用脚背正面运球，并逐渐加速推进 5. 用正确的部位多次触球进行运球，在思维中主动练习，感受动作要领 6. 积极学练，相互观察，想练结合，提高自身技术动作，交流并很好地完成动作 7. 勇于表现，学会欣赏	组织：分成两大组 ○○○○○ ○○○○○ ● ○○○○○ ○○○○○ 集体练习与双人合作练习相结合	2 2 2 2 2		中 中 中 大 大

续表

教学过程	教学内容	教师活动	学生活动	组织方法	运动负荷		
					时间	次数	强度
基本部分 25′	2. 游戏：迎面运球接力	1. 介绍游戏方法和规则 2. 强调运用所学技术	1. 认真听讲、明确游戏方法 2. 认真参与 3. 听口令，不能犯规 4. 防止碰撞	组织形式：学生分成4组进行游戏 ● ○○←→○○ ○○←→○○ ○○←→○○ ○○←→○○	5	2	大
结束部分 5′	1. 放松（拉伸） 2. 课堂小结 3. 师生再见 4. 归还器材	1. 带领学生拉伸放松 2. 以提问的形式引导学生回顾本课所学内容 3. 积极评价学生表现 4. 师生道别 5. 安排学生归还器材	1. 与教师一起做放松练习 2. 认真回顾脚背正面运球的动作要领 3. 师生再见 4. 归还器材	组织：围绕教师呈圆形站立 ○○○○○○ ○○●○○ ○○○○○ ○○	2		小
运动负荷预计	平均心率：115~125 次 / 分 练习密度：约 60% 强度指数：约 1.5			场地器材	足球场一片、足球 40 只、标志盘 40 个		
课后反思	通过本堂课的学习，学生对足球运动的兴趣有所增强，基本达到预期的教学目标，课堂学习氛围较浓，在以后的教学中注意多运用游戏教学，激发学生的学习兴趣、竞争意识和相互协作配合意识						

案例分析：本案例的教学对象是小学低年级的学生，且没有足球运动基础，刚刚开始接触足球。针对这种情况，本设计从兴趣出发，运用多种手段，调动学生学习的积极性，体现了运动参与和心理健康的内涵，使学生在愉快的学习氛围中享受乐趣、提高运动技能，同时提高体能和交往能力。通过游戏，促进了学生对技术的运用，学生在课上既能享有足够的思维活动空间，又能享受到足球运动的乐趣。

2. 九年级课时教学计划案例（表 8-3-4，表 8-3-5）

▶ 表 8-3-4　九年级课时教学计划案例 1

班级		人数：50 人	任课教师：×××
教学内容	1. 传接球、脚内侧接空中球 2. 传抢游戏		
教学目标	1. 运动能力：了解脚内侧接空中球的动作要领，80% 的学生基本掌握脚内侧接空中球动作，通过游戏提高传接球和配合能力 2. 健康行为：培养良好的时空感和准确的判断力，树立自信心，培养吃苦精神 3. 体育品德：学生在两人和多人的学练过程中，增强自信心，提高合作学习能力，增强团队意识		
重点难点	重点：接球时的部位 难点：空中球落点的判断和接球缓冲动作		
场地器材	足球场，足球 25 个		
课的部分	**课的内容**	**练习时间**	**组织教法**
开始 部分 2′	1. 教师提前到场布置好场地和器材 2. 体育委员集合整队，教师点名检查人数，师生互相问好 3. 宣布本次课的内容与要求，学生整理好服装，安排好见习生的活动	2′	1. 体育委员集队 要求：快、齐、静 2. 组织形式：呈三排横队 ○○○○○○○ ○○○○○○○ ○○○○○○○ ▲
准备 部分 10′	1. 全班排成二路纵队绕足球场慢跑 2 圈，同时两人一组用手传接球 2. 准备活动 （1）扩胸运动 （2）体侧运动 （3）体转运动 （4）踢腿运动 （5）膝关节绕环 （6）手踝关节活动 3. 游戏活动：利用膝关节内侧夹球进行行走比赛	2′ 2′ 6′	○○○○○ ○○○○○ ○○○○○ ▲ ○○○⟷○○○ ●●●⟷●●● 要求：球不许落地，如果落地须原地把球夹稳方能行走；动作幅度大，活动开，体验游戏的快乐

续表

课的部分	课的内容	练习时间	组织教法
基本部分 30′	1. 讲授并示范脚内侧接空中球的技术要领：判断来球高与低，腿要抬起并屈膝；球高迎撤低切挡，落地衔接应随即 要点：判断来球，用脚内侧对着来球，注意接触球时的缓冲后引动作	15′	1. 讲解示范 （1）两人一组，一人抛球，一人练习脚内侧接空中球 （2）两人一组，一人抛球，一人在左右移动中练习脚内侧接空中球 （3）两人一组，相距 15 米左右，练习脚背内侧踢球和接空中球 教学手段：教师巡回指导提示，发现问题，及时提问，启发解决
	2. 传抢游戏	10′	2. 传抢游戏 方法：4 人一组，进行 3 对 1 传抢游戏 要求：不限制接触球次数，传球人连续传球 10 次，抢球人多抢 1 次 教学手段：教师巡回指导提示，采用激励语言，调动情绪
	3. 身体素质练习：30 米冲刺跑	5′	3. 素质练习：两人一组，进行 30 米冲刺跑两次
结束部分 3′	1. 集合整队做放松运动 2. 教师点评，指出本次课成功和需要改进的地方 3. 宣布下次课的教学内容 4. 收好器材，解散队伍		组织形式：呈三排横队 ○○○○○ ○○○○○ ○○○○○ ▲
教学后记			

案例分析：该教案属简洁型的课时教案。在设计形式上，课程结构采用 4 个部分：开始部分、准备部分、基本部分和结束部分，让人一目了然，学习目标有认知、技能和情感目标，体现了课程思政的理念，符合课程标准的要求；教学内容简明清晰，条理清楚；教法简洁，形式变化少，为教师在教学过程中根据课堂变化提供了创造性空间。

▶ 表 8-3-5 九年级足球课时教学计划案例 2

<table>
<tr><td>教学内容</td><td colspan="4">1. 学习直传斜插二过一
2. 复习斜传直插二过一</td></tr>
<tr><td>学习目标</td><td colspan="4">1. 运动能力：熟悉球性，巩固和提高对球的控制能力，了解直传斜插二过一战术要求，培养战术意识，提高足球专项身体素质
2. 健康行为：积极参与活动和练习，在学习中体验乐趣，在运动中表现自我，增强信心，学会利用足球运动锻炼身体的方法
3. 体育品德：学会与同伴合作，发挥团队配合精神，提高人际交往能力</td></tr>
<tr><td>教学程序</td><td>教师活动</td><td>学生活动</td><td>体验与探究</td><td>教学提示</td></tr>
<tr><td>热身练习</td><td>1. 课堂常规
2. 提出分组方案（同质分组）
3. 监督与指导</td><td>1. 分组
2. 在组长的带领下进行热身练习</td><td>1. 充分活动关节和肌肉，逐渐进入运动状态
2. 探究热身活动的主要目的</td><td>1. 活动范围：足球场
2. 活动方式：分组进行热身练习</td></tr>
<tr><td>复习
个人技术</td><td>1. 提供技术练习的方案：① 行进间传接球练习组合；② 运球过人练习；③ 球性练习
2. 组织练习并提供技术指导</td><td>1. 两人一组
2. 按照练习方案进行练习并轮换
3. 小组交流与讨论</td><td>1. 体验不同的足球技术，提高对球的控制力
2. 探究制约自己技术进一步发展的因素是什么</td><td>1. 因人而异，因组而异，有重点地练习某项技术或技术组合
2. 重点：针对性、目的性强</td></tr>
<tr><td>复习斜传直插二过一</td><td>1. 提供练习方法：① 传球—跑位结合练习；② 接球—传球结合跑位练习
2. 组织分组练习
3. 组织讨论并讲解、示范</td><td>1. 按教师提供的练习方法进行练习
2. 讨论、总结练习的效果
3. 尝试用自己的方法进行练习</td><td>1. 体验合理运用战术获得成功时的乐趣，在运动中增强自信心
2. 探究如何提高与同伴间的默契配合</td><td>1. 重点：传球准确，要有提前量；跑位及时到位，做到人球兼顾
2. 难点：传跑配合默契，传球力量和方向的把握</td></tr>
<tr><td>学习直传斜插二过一</td><td>1. 结合学生已有的经验进行讲解、示范
2. 提供练习的方法和方案：进行练习
3. 提供技术指导并组织讨论和展示</td><td>1. 分组：6~7 人一组
2. 1 人担任接应传球者，其他人依次进行二过一练习
3. 相互交流，小组讨论、展示</td><td>1. 体验与同伴传球跑位的默契配合
2. 理解团队合作的重要性</td><td>1. 重点：传球的准确性与针对性；跑位及时；对球的状态判断正确
2. 难点：传球跑位的时机、力量、方向配合</td></tr>
</table>

续表

教学程序	教师活动	学生活动	体验与探究	教学提示
专项身体素质练习：下肢力量、腰腹肌力量	1. 提供器材与练习方法：介绍发展下肢力量和腰腹肌力量的若干练习 2. 监督与指导	1. 根据教师的建议进行分组练习 2. 相互交流，尝试用不同的方法进行练习	1. 体验肌肉感觉，不同的练习方法和负荷对肌肉的刺激程度与效果 2. 探究适合自己的练习方法	1. 下肢练习：各种连续跳跃和负重练习 2. 腰腹肌练习：不同姿势的仰卧起坐练习
放松练习	1. 介绍放松练习的方法要领 2. 利用放松练习时间小结本课	1. 了解放松练习的要领和作用 2. 根据教师提供的方法进行放松	1. 体验不同练习对身体放松的效果 2. 探究适合自己的放松方式	养成每次活动之后进行放松练习的习惯

案例分析：该案例在形式上设置了体验与探究栏目，把握住了学习方式转变的两个要点。内容设计符合逻辑，与教学内容相统一，使体验和探究成为实实在在的学生活动方式；教学提示栏较好地把握住了教学活动计划性与生成性的关系，提示重点、要点，但不是统一要求，而是根据学生具体情况和活动过程中的变化，在达到基本目标的基础上区别对待，恰到好处。另外，该案例较多地采用学生自主练习的形式，对学生学习能力和运动技能要求较高，适合具有一定水平的班级采用。

足球游戏的创编

第四节 足球教学简图的绘制

教师在编写教案以及在足球课的教学过程中，经常要采用简练的绘图手段来直观地表示和说明教材的内容、人体动作的过程和技术动作的运动路线。所以，绘制足球教学简图是足球教师必须掌握的基本功之一。

一、绘图的作用

（一）配合讲解

帮助学生理解技术动作的方法与要领，明确练习时行进的路线。形象逼真的简图在教学中是一种有效的直观教学手段。教学中，采用技术挂图或在图板上绘制简图配合讲解，可以比单纯的讲解更能集中学生的注意力，使学生通过图示来加深对动作要领的理解，从而加快学生掌握技术动作的过程。当学生出现错误动作时，在图板上画出正误对比的简图，也有助于学生知道自己错在哪里，便于纠正。另外，在足球游戏与战术练习中，用图示来配合讲解也有利于使学生明确运动时行进的路线。

（二）弥补示范动作的不足

在足球教学中，示范是一种重要的教学方法，但示范动作往往要受到教师年龄、运动技术水平以及动作难度的影响与限制。另外，很多动作都具有快速连贯的特点，难以从中途分解、停顿，动作一晃而过，学生很难看清动作中的细节，示范中的这些不足之处，都可以用画图来加以弥补。

（三）便于教师编写教案

在编写教案时，运用足球动作简图来表示那些不能用简短术语说明的身体练习（如自编的足球操），可省去很多不必要的文字叙述，既可节省篇幅和时间，又能使人一目了然。此外，教案中对教学程序、队形变换、战术练习以及足球游戏的运动行进路线的表述，用体育教学组织线路图来表示也比用文字叙述更加简明。

二、简图的分类

目前，运用比较广泛的体育动作简图有 20 多种，大致可归纳为简化轮廓图、稻草人图、体块组合图、单线图、影绘图 5 类。以往绘制体育简图多是手工，现在大多利用电脑绘制，但是手工绘图是电脑绘图的基础。

（一）动作简图

1. 简化轮廓图

轮廓图是用单色线条勾描出人体动作形象边缘的画法。将轮廓图加以适当简化，但仍保留原动作的大致轮廓，就是简化轮廓图（图 8-4-1）。这种图由于进行了简化，所以比书上常见的图解容易画，表现力也比较强，但画起来还是有一定的难度，只适合于画动作技术挂图或用作体育书籍的图解。如果用于编写教案画徒手操及课上分析动作技术，则花费时间太多，不够简易。

2. 稻草人图

这种简图的特点是将人体的头、躯干用圆形或椭圆形表示，四肢用单线表示，然后根据动作的形态结构加以组合而成（图 8-4-2）。

图 8-4-1 简化轮廓图

图 8-4-2 稻草人图

用这种简图画出的人物活泼风趣，有一定的表现力，但只是一种粗略的表现力，对技术动作的神韵难以表现。因此，不宜用来表现技术性较强的动作。但它很容易画，比较适合于画足球游戏及徒手操的图解。

3. 体块组合图

这种简图是将人体分为头、胸腹、骨盆三个体块，然后根据动作的结构将三个体块在形态上作透视变形后组合起来，再添上画成单线的四肢而成（图 8-4-3）。

图 8-4-3 体块组合图

由于这种透视变形是从“零部位”开始的，比较容易进行，组合之后，透视变形逼真，各肢体部位准确，从而加强了它的立体效果，表现力强。另外，由于四肢都以单线表示，也比较容易学、容易画。适合用于一些固定的动作，如阵型的排列。但是由于它的线条比较复杂，在用于表现运动中一些复杂动作的连续图时，没有单线图那么简练明快。

4. 单线图

单线图是将人体大部分肢体用单线表示的一种简图。可以分为以下两种：

（1）Ⅰ形单线图。又称火柴棍图、棍子图。它是典型的单线图，特点是除头部用一个椭圆表示外，躯干和四肢都用单线表示（图 8-4-4）。

图 8-4-4　Ⅰ形单线图

这种图由于很容易画，目前在教学中运用得比较多。这种图用于画简单动作（尤其是侧面动作）有较强的表现力，用它画教案上的徒手操图解较实用，也可以用于课上分析动作技术及参观学习时记录动作。但由于这种图画正面、斜面图时，躯干也是用一条单线表示，颠倒了躯干宽于头部的关系，使画出的人体轮廓形态产生畸变，从而限制了它的表现力。在画正面的手臂上举动作、臂部与腿部的交叉动作、体转类动作、半侧面动作以及肩与髋的斜向动作时，一般难以表现或者难以确切地表现出来。

（2）Ⅱ形单线图。这种图在教学中运用得也很多，它的画法特点是人体的四肢与侧面画的躯干用单线表示，头部与正面、背面及斜面画的躯干用双线表示，总的来讲是以单线为主，也是单线图的一种（图 8-4-5）。

比较起来，除火柴棒图之外，它比其他几种简图都简单易画。另外，由于在画正面、背面及斜面图的躯干时，用了两条线，使人体保持了正常的轮廓形态，从而在表现力上可以与简化轮廓图媲美。它兼容了单线图的简单与轮廓图的表现力，是一种改进型的单线图。它可以用于画教案中的动作图解，课上分析动作技术、记录动作以及画足球教学挂图，画得好也可以用于画教科书的图解以及足球装饰美术，运用范围较广。

5. 影绘图

影绘图又称实体图，是将动作的外部轮廓勾出之后，在轮廓内全部涂上黑色而成。作为简图的影绘图只是粗略地勾出外部轮廓，轮廓内部的各种线条一概可以省略

（图 8-4-6）。

这种图用于画那些人体肢体不重叠的动作，有一定的表现力，可用于画足球技术挂图。但由于画这种图比较麻烦，费时多，所以适用性不强。如果像图 8-4-6b，进一步将人体的四肢简化为单线，画起来则简单得多，可用于画教案上的徒手操图解。

图 8-4-5　Ⅱ形单线图

图 8-4-6　影绘图

（二）路线简图

路线简图通常用于画战术示意图和练习方法示意图。路线简图由各种线条和符号构成。足球路线简图中常用的线条和符号有：

（1）⊕：教师。

（2）⑩：进攻队员 10 号。

（3）△3：防守队员 3 号。

（4）------>：球员或学生移动路线。

（5）——>：传球和射门路线。

（6）∽∽>：运球路线。

三、几种常用简图的基本画法与示例

1. 单线图的基本画法与示例

足球动作单线图根据视者观察方位的不同可分为正面图、背面图、侧面图与斜面图几种，完全的俯视图与仰视图在单线图中一般不用，足球教学中用得最多的是正面图和侧面图（图 8-4-7）。

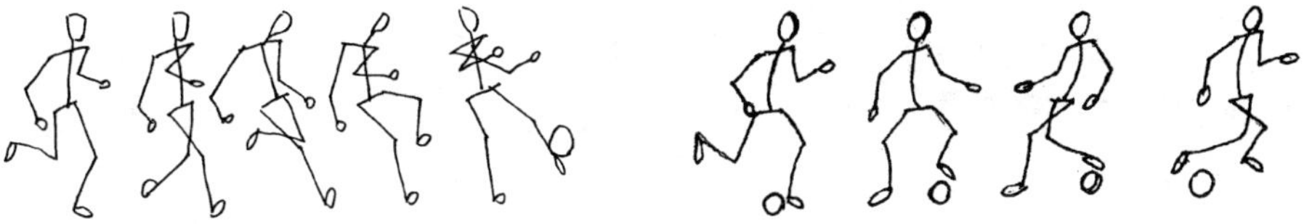

正面图　　侧面图

图 8-4-7　单线图示例

2. 火柴棍图的画法与示例

火柴棍图也是单线图的一种。它的画法特征是除头部用一个椭圆（或圆形）表示之外，其余躯干、四肢全部用单线表示。这种图由于容易画又有一定的表现力。因此，比较适合于画教案中的准备活动、参观学习时的记录动作以及踢球动作的技术图解（图 8-4-8）。

正面图　　侧面图

图 8-4-8　火柴棍图示例

3. 稻草人图的画法与示例

这种简图的特点是将人体的头、躯干用圆形或椭圆形表示，四肢用单线表示，然后根据动作的形态结构加以组合而成。比较适合于画足球游戏及徒手操的图解（图 8-4-9）。

图 8-4-9　稻草人图示例

思考与练习

1. 简述中小学足球教学目标和要求的异同。

2. 在足球教学中采用讲解法和直观法应注意哪些问题？结合一个足球技术进行讲解示范。

3. 根据中小学足球教材设计一节足球课，并进行 15 分钟的模拟教学。

4. 根据中小学足球教材设计 10 个学时的单元教学计划。

5. 创编 2~3 个足球游戏，并画图说明游戏方法。

第九章
足球训练基本理论与方法

本章提要

本章重点介绍了当今足球训练的一些先进理念，阐述了足球训练理念对训练实践的指导意义及教练员进行足球训练设计的主要依据和思路，介绍了足球技战术训练、身体训练和心理训练的基本方法，阐明了足球训练要从实际出发、从实战出发的基本原则。

学习目标

1. 了解足球训练的先进理念与训练方法
2. 加深理解足球理念对训练实践的指导意义
3. 掌握足球阶段训练计划设计的基本要求
4. 用实战的观念认识足球训练和指导训练实践
5. 培养组织中小学生足球训练的能力

第一节 足球训练设计的理念

足球运动规律是足球训练之“道”，是足球比赛普遍性与特殊性规律的精华，对训练实践操作具有指导意义。足球训练有规律可循，有道理可鉴，有经验可学。足球训练理论是对足球实践创新发展的总结、归纳和提升，是对足球运动规律和训练理念的再认识。训练理论源于训练实践，又指导实践活动，是教练员设计、组织、指导训练应遵循的原则和方法。

教练员要研究训练规律，探索训练之道，并以此作为训练创新的动力和源泉。教练员应做到训练理念与时俱进，不断总结提升，不断创新，使训练结合比赛实际，结合球队实际，结合球员实际，从而有效指导训练。只有训练理念创新，才能使训练实践创新，养成独特的训练风格，形成独到的训练特色。

一、足球训练理念介绍

训练理念也称训练观念，是在对训练本质认识的基础上，为达到训练目标而建立的指导实践操作的思想。其核心价值是遵循训练规律，并具有可操作性。

（一）意识的主导作用

肌肉本身是不具备学习能力的，而是大脑在学习，肌肉受大脑指挥，受意识所支配。因此，学习足球更多的不是用脚而是用脑，球员必须通过自身（而不是教练员）发现比赛目的和目标学习踢球，要通过建立比赛意识学会比赛。

（二）比赛的三个重要时刻

比赛的三个重要时刻是指比赛中的进攻时刻、防守时刻和攻守转换时刻，它揭示了足球比赛活动的基本规律。不同时刻其比赛局面不同，不同局面其比赛任务不同，不同任务其比赛技战术不同。控球则攻，失球则守，攻守转换，随机应变。其中，攻守转换既是训练的重点，也是训练的难点和突破点。比赛的胜利更多地取决于攻守转换的速度。

（三）典型足球局面

典型足球局面是指训练模拟比赛情境，突出比赛的时空特征和对抗程度。球员身处比赛的环境，面对比赛的情境，容易触发比赛意念。控球触发进攻意念，失球触发防守意念，意念随球而变，随比赛发展而变换。树立该理念有助于球员建立比赛概念，强化比赛意识，提高洞察比赛、阅读比赛的能力。教练员应从实际出发，选择某一比赛时刻或典型局面，设定为训练的主题，作为要着力解决的比赛问题，这体现了从实战出发的训练理念。

（四）更多训练重复

重复是学习之母。重复性练习是一种训练强化，进行重复性练习的训练考虑是为了遵从量变到质变的自然法则。要使训练多次重复，须创造不断重复的环境，创造多次触球的条件，使肌肉在重复刺激的强化下，对动作的顺序、强度、节奏、轨迹等要素形成记忆，达成技术的动力定型，以便能够随机应变、灵活自如地运用技术，能创造性地发挥技术。

（五）简化足球练习

简化足球练习是将 11 人制比赛简化为“小型比赛”模式，如 3 对 3、5 对 5、7 对 7 等。进行简化足球练习的训练考虑是为了使球员在能力可及的范围内学习比赛。要使队员能力可及，就要把复杂问题简单化，变 11 人制比赛为小型比赛，变复杂局面为简单局面，变复杂任务为简单任务，既便于训练的组织，便于球员的学习，又便于教练的指导。简化不等于简单，它不能偏离足球概念、改变足球属性、失去足球意义。

（六）“TIC”能力结构

荷兰人认为：“足球是一种比赛，是一种复杂的比赛，是一种流动性极强的比赛，是一种得分和阻止得分的比赛。”正是基于这些理念，荷兰人建立了“TIC”能力结构体系：T = Technical Skills（足球技能）、I = Insight（比赛洞察力 / 比赛意识）、C = Communication（比赛交流能力）。即作为足球运动员，首先要有完成比赛行为的技术能力；其次要具备对比赛的解读能力，通过敏锐的洞察力提高足球技术含量；更重要的是要有与队友的交流互动能力，使比赛能够体现出集体智慧，发挥出整体能量，展现出团队精神。

“TIC”能力结构体系结构性强，要素层级分明，相互渗透，相互包容，更加符合足球项目特征。其阶段训练目标明确，能主从有序、浑然一体地打造能力系统，符合比赛的实际需要，真正做到了练为赛所需、练为赛所用。

（七）“训练育人”“人格塑造”的指导思想

对青少年足球运动员的教学与训练，不能仅为了培养优秀足球后备人才，也不能只局限于身体素质训练、技战术训练等竞技层面，同样重要的还有训练育人、人格塑造的任务要求，要培养既能掌握足球运动技能，又有体育素养的社会主义建设者和接班人。

二、训练方法是训练理念的体现

训练理念决定训练实践。训练方法源于对训练的思考、感悟和把握，是训练理念的体现。好的方法需经实践的检验，需有创新的灵感。训练有法，但无定法，贵在得法。训练方法是教练员的工具，训练实效则是追求的目标，因此，训练方法应服从和服务于训练目标。

足球先进国家对足球比赛规律和足球训练理念的认识主要表现在以下几点：

（1）足球竞技能力各项因素是密不可分的，足球意识是最重要的因素。

（2）技术练习要寓于应用的方式中，身体训练要遵从比赛的专门需要，两者都要紧密结合比赛的需要。

（3）比赛是训练的导师，训练需将比赛的真实情景再现，在有攻守对抗的环境中进行。

（4）小型比赛的模式是综合性的训练手段，因而应是训练的主导方式，并应在运用中体现攻守原则。

（5）10~13 岁运动员应以“小型比赛”形式的综合训练为主。

训练需要遵循一定的规律，遵从一定的法则，参照一定的模式，借鉴一定的方法，但不可机械照搬，不能盲目依从，而应实事求是，从实际出发，灵活多变，富有个性，充满灵性地学以致用，实现快速提升能力的训练目标。

三、训练课设计要点

（一）训练课设计的参考依据

（1）球队的阶段性训练目标。

（2）球员的训练程度、认知水平、身体能力和状态。

（3）球队在比赛中存在的问题。

（4）训练可使用的场地设施及器材设备条件。

（5）对一些不可预测因素的心理准备。

（二）训练课设计的操作程序

（1）根据训练计划确定练习主题。

（2）根据训练主题确定训练目标和任务（训练目标、教育目标）。

（3）根据训练目标准备练习条件（练习的场区、方向、球门、球、标志物、标志服等）。

（4）根据训练任务确定练习的内容（技术、战术、体能、比赛等）。

（5）根据训练内容设计练习的方法（人数、分组、顺序、时间、间歇等）。

（6）根据练习的方法确定练习要点（观察点、指导点）。

（7）根据练习发展确定练习的调整（改变练习要素，调整练习的难易度）。

（三）发挥教练和球员双方的能动性

教练员是训练的主导，运动员是训练的主体，两者构成有机的训练关系。教练员不能“训”而不“导”，既要教给球员运动技能，还应指导球员尊重比赛、尊重对手、尊重规则、尊重观众，在尊重中形成职业操守，体现自身价值。球员不能“练”而不“思”，不能机械地练、被动地练、盲目地练，而是要积极参与、主动配合、及时反馈，与教练员实现训练互动，形成谋事成事的合力，共同完成训练目标和任务。

第二节 阶段训练计划的设计与案例分析

阶段训练计划是处于多种训练计划的中间层次的训练计划，起着承上（多年、全年训练计划）启下（周、日和课时训练计划）的重要作用。

一、阶段训练计划的内容与周期划分

单一的训练课不能产生稳定的训练适应性，至少要持续 3~6 周的训练后才能形成相对稳定的训练适应性，才能看到机体机能的明显增长。阶段训练计划有两大类：一类是与正常年度大周期计划相吻合的各类阶段中周期训练计划；另一类是根据一些重大比赛的需要而临时组织的中短期赛前集训。

阶段训练计划的内容主要是阶段训练的主要任务、内容、时数、各项训练比重、主要方法与手段、量与强度安排等。

（一）准备期训练任务

准备期训练的任务是要获得竞技状态，从思想上、心理上、身体上、技战术上为参加比赛做好充分的准备，时间长短按全年竞赛任务而定。准备期开始阶段，应着重身体训练，特别是一般身体训练，训练量要逐步加大，逐步增加技战术训练，适当进行以改善技战术配合为目的的教学比赛。准备期的中段，要加大技战术训练的比重，并增加对抗性训练；继续提高身体训练水平，特别是专项身体训练水平；提高身体训练的强度，使之适应比赛的需要；比赛要逐渐增加，临近正式比赛时，要注意安排有质量的比赛，并要模拟主要比赛日程来安排。这个阶段，可以通过比赛来确定主力阵容，形成球队的核心。

在比赛期开始前一周，一般要调整训练量，降低运动量，但要保持适当的训练强度，强度大的训练，时间要短些。在这一周的前半周，可安排一场中等强度的比赛，使队员能以最好的思想准备、最佳的身体状况、强烈的求战欲望和必胜的信念进入比赛期，迎接第一场比赛。

准备期的时间一般不应少于1.5~2个月。过长的准备期，会加大运动员的心理负荷。经过长时间单调、枯燥的训练而见不到训练的成效，会减低运动员训练的兴趣；运动员在训练中所获得的基础竞技能力如不能及时转化为专项竞技能力，则会影响获得更高的“训练效益”。如果准备期的时间过短，训练负荷给予运动员机体的刺激不足以引起有效的变化，进入比赛期后，即使能在适宜的比赛条件下充分表现出已经具有的竞技能力，也只是保持原有的水平而已。

（二）比赛期训练任务

比赛期训练的首要任务是保持与提高竞技状态，获得好成绩。这一时期的比赛可以分成几个阶段，每阶段比赛之间应做好调整。比赛期的训练应紧密围绕比赛来安排，根据比赛中技战术方面暴露出来的问题和下一场或下一阶段比赛的需要进行针对性的训练。比赛期仍需要适当地安排素质训练，以保持身体训练水平，具体可以根据比赛日程进行合理的安排。比赛期的训练特别要强调个别对待，因为上场队员体力的消耗、身体的恢复以及伤病情况都不一样。特别是比赛打到后期，预备队员也要发挥作用，因此，比赛期间对预备队员的训练也不可忽视，否则要用的时候就起不到应有的作用。

比赛期训练的第二个任务，也是最重要的任务，是做好充分准备，参加比赛，最大限度地发挥自己的已有水平，创造优异的运动成绩，达到全年预定的训练目标。

为了完成比赛任务，取得比赛的成功，比赛期训练计划安排应做到以下几点：

（1）安排好负荷的节奏，使运动员的体能变化在比赛时处于超量恢复阶段。

（2）技战术的掌握应达到高度熟练和自动化，但又不能因过多的专项技战术练习导致中枢神经系统对专项技术动作的超限抑制和重复泛化。

（3）通过适当的热身赛和其他适应性比赛，激发运动员强烈的竞赛欲望，而又不能因过多的比赛引起运动员的厌烦，甚至对比赛的恐惧。

（4）采取各种措施（包括训练的、社会的、宣传的等）激励运动员的进取心，使运动员保持适宜的兴奋性水平，使运动员既能最大限度地动员机体的潜力，高水平地参加比赛，又能保持高度的自控能力，有效地排除内外消极因素的干扰。

（三）过渡期训练任务

过渡期训练的主要任务是调整训练，消除身体与精神上的疲劳，为下一周期的训练做好准备。过渡期可进行一些非专项训练，做一些积极性的调整，这有利于消除精神上的疲劳，提高运动员的兴趣，并通过训练仍保持一定的体能水平。过渡期要认真总结本周期的比赛与训练，这是进行下一周期训练的重要依据。

二、阶段训练计划案例

（一）小学阶段足球训练计划案例

1. 制订计划的依据

根据全年训练计划的安排，该准备期是为了参加上半年的全市小学 5 人制足球比赛的小组比赛，可多采用鼓励的方式，培养小队员的自信心和对足球运动的兴趣。

2. 本计划的目的、任务和预期达到的指标

（1）目的和任务。培养球员良好的训练作风和比赛作风；为参加全市小学 5 人制足球比赛做好技术、战术、身体素质和心理品质等方面的准备；提高局部攻守战术能力，学习 5 人制足球比赛攻守战术；在全面发展身体素质的基础上，进一步提高速度、爆发力和协调性。

（2）预期指标。根据计划，把运动员的身体素质、技术、战术和心理 4 个主要方面调整到最佳状态进入比赛；确定参加 2021 年全市小学 5 人制足球比赛的主力阵容和替补阵容。

3. **训练周期的日期及时间安排**

（1）2021 年 3 月 1 日至 3 月 31 日。

（2）第一阶段（1 周）。2021 年 3 月 1 日至 3 月 7 日。

（3）第二阶段（2 周）。2021 年 3 月 8 日至 3 月 21 日。

（4）第三阶段（1 周）。2021 年 3 月 22 日至 3 月 31 日。

4. **各阶段的训练时数、次数、任务和负荷安排（表 9-2-1）**

▶ 表 9-2-1　各阶段的训练时数、次数、任务和负荷安排

阶段		第一阶段	第二阶段	第三阶段
时间 课次课时		3 月 1 日—3 月 7 日 安排 5 天 5 课 7.5 小时	3 月 8 日—3 月 21 日安排 14 天 14 课 21 小时	3 月 22 日—3 月 31 日 安排 10 天 10 课 12 小时
训练任务和内容		1. 培养队员的兴趣和自信心 2. 提高队员的速度、灵敏和协调能力 3. 学习掌握跑的基本技术，足球热身操 4. 颠球、个人运控球、传接球技术	1. 增加队员之间的交流 2. 提高队员的速度、灵活性和协调性 3. 巩固改进技术，增加对抗练习的比例 4. 学习在有对手的情况下传球与接应、创造空间、盯人和保护的个人攻守战术	1. 保持队员的注意力和热情 2. 学习局部进攻与防守战术，学习在以多打少和以少防多的局面下战术配合的能力 3. 保持一定身体技术训练，重视比赛期前的训练调节，使队员处于良好的竞技状态进入比赛
各项训练的百分比/%	一般身体素质	20	10	10
	专项身体素质	10	10	10
	技术	60	55	55
	战术	10	20	20
	比赛		5	5
运动负荷安排情况				

案例分析：这是一个准备期的小学足球训练计划，技术训练比重较大，符合小学生的特点。值得注意的是，从开始学习技术时，该计划就强调尽可能地以比赛或近似比赛的游戏为重点。让球员了解同伴和对手的技术水平是战术的最基本内容，所以在个人战术方面，强调在训练中让球员去发现难题，寻找解决问题的答案。在集体战术方面，主要根据同伴的位置来决定自己跑位的能力。在身体素质方面，强调发展基本的耐力、灵敏、协调性和速度素质，教练员可以通过游戏或其他方式来达到这一目的。

（二）初中阶段足球训练计划案例

1. 制订计划的依据

根据全年训练计划的安排，该准备期是为了参加下半年的全市初中组 7 人制足球比赛的第二阶段比赛，可多采用鼓励的方式，培养队员的自信心和对足球运动的兴趣。

2. 本计划的目的、任务和预期达到的指标

（1）目的和任务。培养球员良好的训练作风和比赛作风；为参加全市初中组 7 人制足球比赛做好技术、战术、身体素质和心理品质等方面的准备；提高局部攻守战术配合能力，学习 7 人制足球比赛攻守战术；在全面发展身体素质的基础上，进一步提高速度、爆发力和协调性。

（2）预期指标。根据计划，把运动员的身体素质、技术、战术和心理 4 个主要方面调整到最佳状态进入比赛；确定参加 2021 年全市初中组 7 人制足球比赛的主力阵容和替补阵容。

3. 训练周期的日期及时间安排

（1）2021 年 8 月 1 日至 8 月 31 日。

（2）第一阶段（1 周）。2021 年 8 月 1 日至 8 月 6 日。

（3）第二阶段（1 周）。2021 年 8 月 7 日至 8 月 13 日。

（4）第三阶段（1 周）。2021 年 8 月 14 日至 8 月 20 日。

（5）第四阶段（1 周）。2021 年 8 月 21 日至 8 月 31 日。

4. 各阶段的训练时数、次数、任务和负荷安排（表 9-2-2）

▶ 表 9-2-2 各阶段的训练时数、次数、任务和负荷安排

阶段	第一阶段	第二阶段	第三阶段	第四阶段
时间课次课时	8 月 1 日—8 月 6 日 安排 6 天 8 课 16 小时	8 月 7 日—8 月 13 日 安排 7 天 9 课 18 小时	8 月 14 日—8 月 20 日 安排 7 天 7 课 14 小时	8 月 21 日—8 月 31 日 需要根据赛程 安排课时
目的	恢复；个人技能	恢复；技战术	身体强化；战术配合；人员配合	开阔眼界，锻炼队伍
重点	机能恢复和熟悉球性	技能提高和传接球	混氧（比赛）的提高适应 / 整体磨合	挖掘有特点、潜力的队员
内容	1. 一般耐力，徒手力量 2. 传接球（无对抗）	1. 轻器械力量 2. 有对抗中传接球	1. 以速度耐力为主 2. 整体的攻防及定位球演练	比赛

续表

阶段		第一阶段	第二阶段	第三阶段	第四阶段
方法		个人、小组	小组 / 局部	局部 / 整体	整体
要求		1. 循序渐进 2. 认真	1. 技术要求“规格化” 2. 有对抗中的传接球	1.“到位”“认真” 2. 紧迫感	1. 认真、投入、激情 2. 珍惜机会
各项训练的百分比 /%	身体	50	20	30	20
	技术	40	60	20	20
	战术	10	20	50	60
运动量安排					
备注		1. 23 天准备期，合理调整，避免出现伤病 2. 完成任务，达到锻炼的目的 3. 15、17、20 日为教学比赛			

案例分析：该案例是一种阶段性较强的以小训练周期出现的形式，它是以参加赛会制的全国同年龄组足球比赛为目标的。教练员通过专项体能训练和比赛来提高运动员的有氧耐力、速度和力量素质，以适应赛会制足球比赛的要求。初中阶段要以小型比赛和接近比赛场景的对抗性训练来发展运动员的特长技术，提高和巩固其在比赛中技战术运用的合理性和实效性，进而培养其正确的攻防态度与观念，建立足球比赛的整体概念。

（三）高中阶段足球训练计划案例

1. 制订计划的依据

根据全年训练计划的安排，该准备期是为了参加下半年的全市高中组足球比赛的第二阶段比赛，可多采用鼓励的方式，培养队员的自信心和对足球运动的兴趣。

2. 本计划的目的、任务和预期达到的指标

（1）目的和任务。培养球员良好的训练作风和比赛作风；为参加全市高中组 11 人制足球比赛做好技术、战术、身体素质和心理品质等方面的准备；提高局部攻守战术配合能力，掌握 11 人制足球比赛攻守战术；在全面发展身体素质的基础上，进一步提高速度、爆发力和协调性。

（2）预期指标。根据计划，把运动员的身体素质、技术、战术和心理 4 个主要方面调整到最佳状态进入比赛；确定参加 2021 年全市高中组足球比赛的主力阵容和替补阵容。

3. **训练周期的日期及时间安排**

（1）2021年8月1日至8月31日。

（2）第一阶段（1周）。2021年8月1日至8月7日。

（3）第二阶段（1周）。2021年8月8日至8月14日。

（4）第三阶段（1周）。2021年8月15日至8月21日。

（5）第四阶段（1周）。2021年8月22日至8月31日。

4. **各阶段的训练时数、次数、任务和负荷安排（表9-2-3）**

▶ 表9-2-3 各阶段的训练时数、次数、任务和负荷安排

阶段	第一阶段	第二阶段	第三阶段	第四阶段
时间课次课时	8月1日—8月7日安排7天9课18小时	8月8日—8月14日安排7天9课18小时	8月15日—8月21日安排7天9课18小时	8月22日—8月31日安排7天6课12小时
目的	1. 改进提高局部及整体的攻守能力 2. 加强个人能力和身体练习	1. 改进提高局部及整体的攻守能力 2. 提高比赛的身体机能	1. 整体磨合 2. 找出并解决问题	1. 调整 2. 强化定位球战术
重点	1. 身体上：力量及速度素质 2. 技战术上：对抗中防守能力	1. 身体上：力量及速度素质 2. 技战术上：局部对抗和转移进攻	1. 身体上：力量及速度素质 2. 技战术上：局部对抗和转移进攻	1. 身体上：力量及速度素质 2. 定位球、“反击”
内容	1. 身体上：徒手力量结合距离的各种跑 2. 技战术上：1-1、1-2、3-4、4-4、4-5；位置练习	1. 身体上：器械力量（少量多次）；结合球及对抗的速度耐力 2. 技战术上：1-1、3-4、4-4、4-5、5-6、7-8、11-11；整体、定位球、防反击球	1. 身体上：器械力量（少量多次）；结合球及对抗的速度耐力 2. 技战术上：1-1、3-4、4-4、4-5、5-6、7-8、11-11；整体、定位球、防反击球	1. 身体上：力量练习结合各种跑 2. 技战术上：整体攻防演练；角球、界外球、任意球、开球、点球演练
方法	个人、小组/局部	小组/整体	小组/整体	整体/小组/个人

续表

阶段		第一阶段	第二阶段	第三阶段	第四阶段
要求		1. 攻：猛、快、活 2. 防：稳、准、狠 3. 整体上严格化，个人技战术上细致化	1. 攻：猛、快、活 2. 防：稳、准、狠 3. 整体上严格化，个人技战术上细致化	1. 攻：猛、快、活 2. 防：稳、准、狠 3. 整体上严格化，个人技战术上细致化	1. 攻：猛、快、活 2. 防：稳、准、狠 3. 整体上严格化，个人技战术上细致化
各项训练的百分比/%	身体	20	20	20	20
	技术	50	30	30	20
	战术	30	50	50	60
	比赛	1	1	2	1
运动量安排	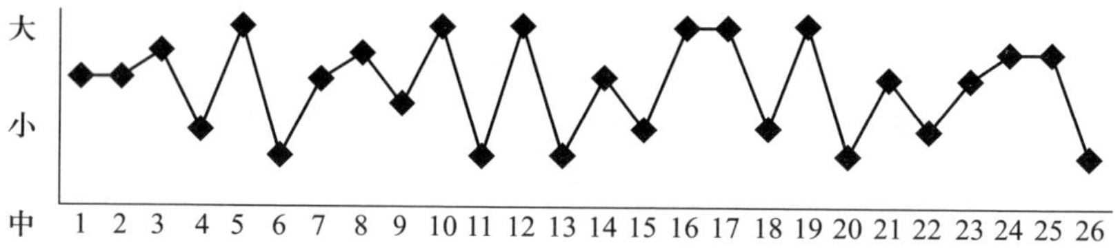				

案例分析：该阶段训练计划侧重于战术训练，在巩固初中足球技术训练的基础上，进一步巩固和完善技术，突出个人技能特点，重点提高运动员在比赛中合理运用技术的能力，加强不同位置和各条线的战术能力训练，发展足球专项体能。

第三节 训练课的设计

一、学校足球训练课的类型和特点

学校足球训练课分为身体训练课、技战术训练课、综合训练课和比赛课等类型。每一类型的训练课都有各自的特点和要求（表 9-3-1）。

▶ 表 9-3-1 不同年龄队员的训练标准参考表

年龄	技术训练	战术训练	身体素质训练
8~10 岁	简单的非对抗练习，重点加强个人技术中的控球能力，基本技术动作中运用主动肌的能力（伸展肌），采用 3 号球	主要采用 3 对 3、4 对 4、5 对 5 的训练比赛，重点是培养队员拉开距离、接应和盯人的概念，开始正规比赛并了解比赛的基本原则	围绕灵敏性、灵活性和反应速度进行训练。进行集体速度练习和轻对抗练习，通过游戏和速度提高体能
10~12 岁	由对抗练习转入规模的对抗性练习，采用 3 对 1、5 对 1 练习，采用 4 号球	经常采用 4 对 4、6 对 6、8 对 8 小型比赛，目的是让队员掌握拉开距离及接应和跑动的概念；进行简单的攻防配合训练，开始进行小组配合和踢墙式二过一练习	增加简单跑动和身体运动的强度，分组配合，提高速度，增强反应能力，开始进行一般的耐力训练（有氧代谢为主）
12~14 岁	用对抗的速度进行非对抗练习，进行完善技术（练习中假设有对手）的对抗练习，提高在压力下决策和发挥技术的能力	继续 4 对 4、6 对 6、8 对 8 的小型比赛，目的是为了逐渐过渡到 11 对 11 的正规比赛，提高局部战术能力，如人墙、接力（连续配合）等，进一步提高对比赛原则的认识	在全队、个人练习中突出竞争意识，延长奔跑距离；继续提高速度、敏捷和灵活性，增加训练量
14~16 岁	继续增强技术训练的范围，完善已学技术，增加对抗的速度和人数	继续小型比赛，增加 11 对 11 比赛的比重，掌握比赛原则，掌握位置技术和相关技巧	综合身体素质训练，增强体能训练的量和强度，包括力量（克服自重）、速度和耐力训练

（一）身体训练课

足球运动员身体训练的主要特征包括外部特征和内部特征两部分（图 9-3-1）。外部特征包括持续时间、运动时段、运动距离、重复次数、训练课次数和训练强度；内部特征包括心率、肺活量、最大吸氧量、血乳酸积累的量和速度。

身体训练课内容安排的一般原则：

（1）发展速度素质的练习内容（反应速度、动作速度等）一般应安排在训练课主体（基本）训练部分的开始阶段，以使运动员大脑皮质在适宜的兴奋状态下专注并能

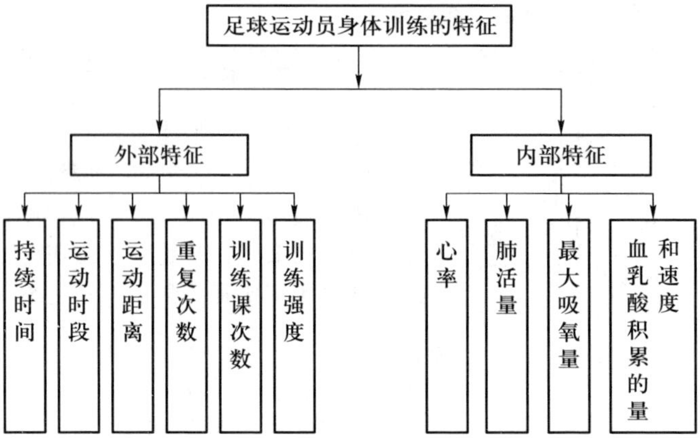

图 9-3-1 足球运动员身体训练的特征

全力完成高强度的身体练习，确保取得理想的训练效果。

（2）发展快速力量（爆发力）和速度耐力素质的练习内容可以安排在训练课主体训练部分的开始阶段，但将它们安排在基本训练部分的中段更为合适，因为运动员通过相应的身体活动后，机体此时进入最佳工作状态，更有利于完成持续时间较长的快速、高强度的练习内容，避免运动损伤。

（3）发展有氧耐力或力量耐力素质的练习内容一般应安排在课的基本训练部分的末尾阶段。

（4）灵敏和协调性练习内容一般安排在训练课基本训练部分的开始阶段为宜，因为机体在疲劳状态下，灵敏性与协调性会明显降低。

（5）柔韧性练习内容一般可安排在热身活动后或基本训练部分的开始阶段，在身体疲劳的状态下不宜安排柔韧性练习内容。

（二）技战术训练课

足球技战术训练内容极为丰富，其训练内容的难易程度各不相同，且相互之间存在着紧密的外在联系，前者是后者的基础，后者是前者的拓展。

技战术训练课内容安排的一般原则是：

（1）新技术、新战术训练内容一般安排在用于巩固或提高的训练内容之前。

（2）简单的技战术训练内容一般安排在复杂的技战术训练内容之前。

（3）单个技术训练内容一般安排在组合技术训练内容之前。

（4）技战术动作方法掌握的训练内容一般安排在技战术动作运用的训练内容之前。

（三）综合训练课

综合训练课的任务是全面、综合地发展足球比赛所需要的各种竞技能力。在选择与安排训练课内容时，特别要注意不同训练内容的合理组合与搭配的先后顺序。

综合训练课内容的组合搭配的一般原则是：

（1）技术和战术训练的综合课。技术训练内容一般安排在前，战术训练内容安排在后。

（2）技术和体能训练的综合课。速度、灵敏和柔韧性训练内容一般放在技术训练之前，力量、耐力性训练内容则应安排在技术训练之后。

（3）战术和体能训练的综合课。训练内容先后的安排同技术和体能训练综合课。

（4）技术、战术、体能训练的综合课。技术训练内容安排在战术训练之前，速度、灵敏、柔韧身体素质等训练内容放在技术训练之前，力量、耐力等训练内容放在战术训练之后。

（四）比赛课

这类课的任务是对运动员的训练效果进行检查，或直接参加比赛。课的内容、测试的手段则根据计划中的要求予以安排。在自然比赛状态下，比赛的内容体现出全面性和随机性，因而很难控制比赛课的内容侧重。但通过有目的地规定或限制比赛的内容，比赛内容的侧重是完全可以控制的，从而达到着重发展与提高运动员某方面竞技能力的训练课目标。

比赛课主要内容的确定应以训练课目标为重要依据。根据比赛课目标、任务的不同，比赛内容的侧重可以是技术、战术方面的，也可以是体能方面或综合性的。比赛课主要内容的有效体现，有赖于使比赛过程更多地出现与实现训练课目标相一致的比赛局面和身体活动方式，这是训练方法设计时必须考虑的问题。例如，比赛课目标重在提高全队整体快速攻守意识与攻守能力方面，比赛的主要内容可规定为：在本方半场，全队进攻的触球总次数限制为4~6次；或者在本方进攻形成射门瞬间，本方队员必须全部越过中线进入对方半场；在对方进攻形成射门之际，本方队员必须全部回防进入本方半场等。

二、足球训练课的结构与组织

训练课的结构是指训练课的各组成部分及其进行的顺序。一般训练课通常依次由准备部分、基本部分和结束部分组成，这三个部分可依据运动员机体工作能力的变化安排，以机体进入工作阶段、稳定阶段、疲劳阶段的变化来划分。儿童、青少年时期的时间跨度很大，从几岁到十几岁，体力变化的状况是完全不一样的，因此，不能机械地认为训练课就是由三部分组成。

（一）常见训练课结构

常见训练课一般由准备部分、基本部分和结束部分组成（图 9-3-2）。儿童、青少年足球的训练可细分为准备活动、基础练习、实战练习和恢复放松 4 个阶段，从而使各阶段的目标和任务更加突出和具体。

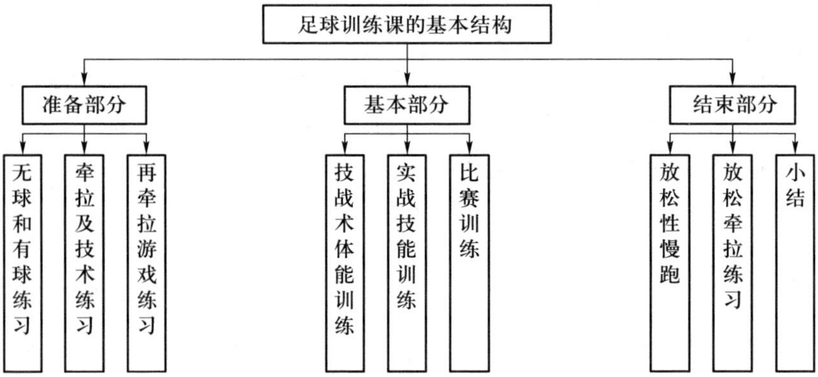

图 9-3-2 常见训练课结构示意图

1. 准备部分的内容与组织

准备部分应讲解本次训练课的任务、内容、训练方法与要求，然后根据训练项目进行准备活动。准备活动分为一般性准备活动和专门性准备活动。一般性准备活动一般以慢跑、动态拉伸、激活和活动全身关节为主。足球专门性准备活动可以根据本次课的任务，结合球进行一些强度较小的游戏，增加练习的种类和趣味性，使机体适应特定训练要求，并从技术上做好必要的准备，在达到热身目的同时，发展队员的技术能力和身体素质。

2. 基本部分的内容与组织

基本部分主要由训练内容、训练手段、运动负荷和动作要求 4 项内容组成。

（1）单一内容训练课的基本部分。特点是内容简单、任务明确、时间集中、内容集中，适于完成需时较长的训练任务。在一次课中采用单一训练内容，常会出现身体局部疲劳，因此，在安排时应采用多种形式、不同的练习密度和间歇调整运动员的体力状态，以保证训练获得良好的效果。通常较少采用单一训练课，多采用综合内容训练课。

（2）综合内容训练课的基本部分。综合训练课由多种内容的练习组成，基本部分的变化较为丰富，应考虑以下问题：

① 各种内容练习之间的顺序。一般来说，技术性强的练习安排在前面，素质性练习安排在后面；对其他练习产生良好影响的练习放在前面，不产生影响或有不良影响的练习放在后面。

② 改变训练内容时必须做好适应性的专项准备活动。如在足球综合训练课基本部分中安排相互联系不紧密的内容，那么，在更换内容时应做一些专项性的准备活动，以避免受伤。

③ 注意不同训练内容负荷的累积效应。综合训练课基本部分虽然安排的训练内容不同，但机体接受的负荷性质却可能是一样的，故应尽量安排不同的机能系统交替进行工作。

④ 负荷应有不同幅度的变化。安排作用于同一机能系统的练习时，负荷应有波浪形的变化。

3. 结束部分的内容与组织

进行有效的放松整理活动，尤其需要进行牵拉韧带和肌肉，并适量慢跑积极消除基本部分积累的疲劳，使机体逐渐恢复。本部分主要讲评本次训练课任务完成情况，提出在下次训练课中需要改进的措施。

（二）荷兰“三段式”足球训练课结构

1. 荷兰“三段式”足球训练课模式的理论与实践依据

荷兰足球协会基于对足球比赛规律的深刻理解和认识，紧紧围绕足球比赛的本质及构成要素，抓住现代足球比赛制胜的重要因素——对抗中技战术运用能力，提出了足球训练课必须具备的基本要素，推出了“三段式”足球训练课理论及训练模式，并进行了多年的训练实践，取得了显著训练成效（表 9-3-2）。

▶ 表 9-3-2 荷兰“三段式”足球训练课依据

原则及规律	主要内容
局限性原则	1. 训练中所涉及的任何内容（负荷的形式、方法和手段）都是以足球比赛的实际需要为依据的 2. 最大限度地保留足球比赛的全部信息，或将足球比赛本身作为训练的方法及手段进行训练，使运动员在一个相对较完整、近似真实的比赛条件下学习、掌握和运用足球技能 3. 全面、综合地提高足球比赛所需要的体能、技术、战术、心理、智力等各种竞技能力，并及时、有效地转化为现实的竞技实力

续表

原则及规律	主要内容
竞技需要原则	1. 牢记足球比赛包括球、球门、队友、对手、压力、时间、空间、方向和规则 9 大要素 2. 比赛是训练的导师，训练是比赛的延续和简化。比赛要素是足球比赛所必需的，比赛所需要的就是训练中应练习提高的 3. 在训练的基本构思、训练内容、方法手段的选择等方面，均应充分考虑其比赛要素的信息含量
专项竞技能力形成与提高规律	1. 足球技战术活动完成的强对抗特点是足球运动员竞技能力的重要特征 2. 运动员在训练活动中所获得的基本技能必须尽快地在近似或真实比赛的对抗情境中加以运用和强化。强对抗技战术能力的最终获得与提高，正是多次有效的这种部分转化的良性积累

2. 荷兰“三段式”足球训练课的基本结构

“三段式”足球训练是针对训练课的基本训练部分而言的，即将传统的基本训练部分划分为训练任务各有侧重而又密切相关的引导学习阶段、学习阶段、巩固与提高阶段三个训练阶段（图 9–3–3）。

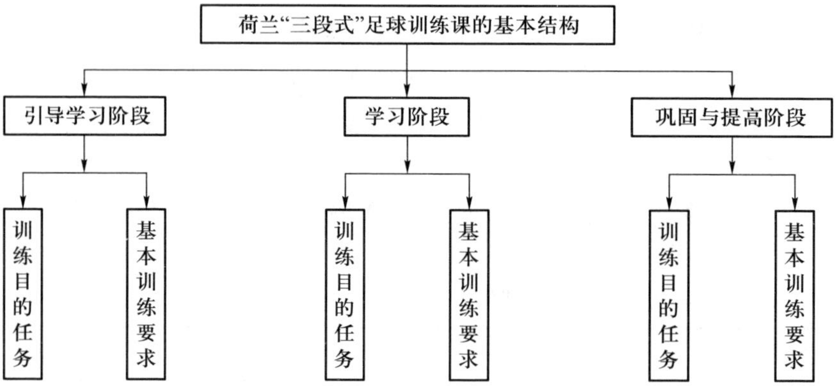

图 9–3–3　荷兰“三段式”足球训练课基本结构图

3. 荷兰“三段式”足球训练课的基本要素

荷兰“三段式”足球训练基本要素如表 9–3–3 所示。

▶ 表 9-3-3　荷兰“三段式”足球训练课的基本要素

基本要素	训练目标
典型的足球目标	1. 得分（防止对方得分） 2. 组织（全队配合） 3. 以进球为导向 4. 球权变化时的快速转移
多次重复	1. 不断地重复参与 2. 短时间歇 3. 好的计划（组织） 4. 充足的球（设备） 5. 赢得胜利
分组考虑	1. 年龄 2. 能力 3. 理解力 ● 注意训练与间歇的比例
正确的训练（影响）	1. 制定明确的目标 2. 采用以下方式影响和教育球员：停止训练、讲解说明、提出问题、鼓励提问、举例、演示

4. 运用“三段式”足球训练课的注意事项

（1）引导学习阶段。教练员应简洁明了地演示练习的内容和方式方法，提出简单的练习要求，追求练习的动态性，不做过多过细的训练指导。

（2）学习阶段。教练员应把重点放在特定问题情境中完成技战术动作的准确性、规范性和合理性等方面。在运动员正确完成练习活动的前提下，最大限度地追求练习重复的次数。强调针对性的训练指导，即指导具体的人、具体的问题、具体的区域、具体的时间，分析所出现的问题，并以此为依据实施训练指导对策。

（3）巩固与提高阶段。教练员应重点抓住运动员面对训练主题问题情境，运用本课所学内容，对完成比赛活动的合理性和有效性进行训练指导，并要求运动员按照教练员所制定的特定练习规则和要求展开对抗练习活动，以保证运动员能更多地感受训练主题问题情境，并在这种情境中反复、多次地运用与强化本课所学。

三、足球训练课的设计策略

（一）训练课内容的设计

足球训练课内容设计主要应考虑以下几方面因素：

1. 训练课内容应是足球比赛的重要内容

足球课训练内容的设计应以足球比赛的内容为重要的参考依据。这主要体现在以下两个方面：

（1）训练课内容应具有浓厚的“足球比赛的信息”。训练课内容必须与足球比赛的内容密切相关，它应该是各种足球比赛活动内容的简化或重复。经常安排这样的训练活动内容，才能对足球比赛能力的形成和提高具有针对性。

（2）根据足球比赛需要的重要程度确定训练课各项内容的训练比重。足球比赛最主要的活动内容就应是训练课的重要内容，其训练内容的比重就应大一些，它们在训练课次及训练时间的安排上就应多一些。

2. 以整体竞技能力发展的需要选择训练课内容

运动员整体竞技能力的提高有赖于运动员各项竞技能力的全面发展与提高。任何一方面竞技能力的薄弱或局限都会影响与制约其他竞技能力的发展水平，从而大大削弱其整体竞技能力水平。

（1）互补性训练课内容的安排。根据运动员竞技能力构成因素中的薄弱环节，安排相应的训练课内容，使与之相关的子竞技能力得到弥补性发展。例如，训练课中刻意安排速度型运动员的耐力训练内容，力量型运动员的细腻技术与柔韧、灵活性训练内容等。

（2）强化性与提高性训练课内容的安排。球队整体（或个体）的优势竞技能力因素是他们竞技取胜之本，同时也对球队整体竞技能力的某些不足有着积极的补偿效应。根据“扬长补短”的训练原则，安排“扬长”的强化性训练内容也是确定训练课内容必须考虑的。例如，针对比赛作风硬朗、力量见长的球队，安排重在提高用力技巧及用力效率的训练课内容；针对防守反击见长的球队，安排提高反击速度与成功率的训练课内容等。

3. 训练内容应是训练课目标的有效体现

特定的训练课目标必须通过完成与训练目标相一致的训练活动内容才能得以实现。训练课目标是选择与安排训练课内容的重要向导，训练课内容必须是训练课目标内容的有效体现。例如，训练课目标是提高头顶球技术的运用能力，如若选择相对静止、原地或无对抗的头顶球练习内容，这显然是对各种头顶球技术动作方法完成的熟练性和准确性的一种强化，但头顶球技术的运用能力却无法得到有效提高。而选择在各种移动或对抗中完成头顶传球、射门和争顶球的练习内容，才可能实现训练课目标。

4. 根据不同类型训练课的特点选择训练课内容

大多数训练课都以发展运动员某方面的竞技能力作为训练的重点。要提高训练课的质量，达到理想的训练目标，就必须根据不同类型的训练课的特点和要求，选择与安排训练课的内容。

5. 根据训练内容自身特点循序渐进地确定训练内容

足球训练内容体系中的各项训练内容之间存在着内容层次及难易程度方面的差异。例如，战术训练内容的比赛信息量较大，其训练内容的有效实现有赖于技术训练内容的先期进行，因而战术训练内容的难度就比技术训练内容大。即使是同一技术训练内容，也必然存在着静态与动态、地面与空中、训练与比赛条件下的不同训练内容层次，这些不同层次内容的难易程度也是不同的。因此，教练员就必须根据训练内容本身的特点和运动员的现实训练水平及可接受能力，由易到难、由简到繁、由基础到较高训练内容层次来确定训练内容。

（二）训练课负荷的调控

负荷量与负荷强度是训练负荷的两个方面，彼此相互依存又相互影响。根据它们之间的联系与变化，应对训练课的负荷量与负荷强度进行及时必要的调控，这是实现对训练课负荷科学控制的重要途径。影响足球训练课负荷大小的主要因素如表 9-3-4 所示。

▶ 表 9-3-4 影响足球训练课负荷大小的主要因素

影响训练课负荷量大小的主要因素	训练课时间；重复练习的次 / 组数；练习距离；练习场地；练习人数；负荷重量；训练器材与设施的数量
影响训练课负荷强度大小的主要因素	练习人数与练习组数；练习用球；练习负荷的持续时间；练习间隔；练习难度；练习速度；练习用力程度；练习对抗程度；训练课运动密度

1. 影响训练课负荷量的主要因素

（1）训练课时间。训练课时间的确定主要应以运动员的训练水平、训练与比赛的需要为依据。少儿足球训练课的训练时间一般可控制在 40~60 分钟；青少年足球训练课的训练时间一般可控制在 60~90 分钟；成年足球训练课时间应以比赛的需要为依据，一般可控制在 120~150 分钟。

（2）重复练习的次 / 组数。一次训练课中，重复练习的次 / 组数越多，所完成的负荷量就越大。一次训练课中进行练习的时间（教练员讲解、示范、换项间歇时间除外）所占训练课总时间的比例越大，用于练习的时间就越多，重复练习的次 / 组数就越多，训练负荷量就越大。

（3）练习距离。运动员在练习中的各种跑动距离的总和越长，其负荷量就越大。但在确定足球训练课练习距离时，应充分考虑到完成足球比赛活动在跑动距离方面的特点，根据比赛的需要，练习的距离应长短不一，合理结合。

（4）练习场地。在练习人数一定的条件下，练习空间越大，运动员的活动范围就越大，跑动距离就越长，其跑动的负荷量就更大。但在一些基本技术或战术训练活动中，练习空间越大，技战术动作的重复练习次数可能相对较少，技战术内容的负荷量也就相对较小，这就要求教练员必须根据训练课目标与负荷内容的侧重来确定练习空间的大小。

（5）练习人数。在足球技战术训练中，参加练习人数的多少直接影响着练习负荷量的大小。在练习空间一定的条件下，练习人数越多，运动员的活动范围及活动距离就越受限制，练习的触球次数也相应较少，其训练负荷量也就较小。反之亦然。

（6）负荷重量。指在一次训练课中的负荷总重量。负荷总重量的大小主要取决于每次练习的负荷重量和重复练习的次 / 组数的多少。在负荷重量确定时，必须考虑到足球运动员的体能发展特点及足球比赛的需要，并不是负荷重量越大，训练效果就越好。

（7）训练器材与设施的数量。一次训练课中的练习用球、练习球门、足球挡墙或挡板、吊球练习架、身体练习器械的数量等因素，都会直接影响到运动员在一次课中重复练习的次 / 组数的多少，同时也在很大程度上决定了能否完成预定的训练负荷量与课的训练目标。

2. 影响训练课负荷强度的主要因素

（1）练习人数与练习组数。在同一技战术的练习中，练习人数越多，运动员个体的练习负荷量与强度就越小，反之亦然。显然，在其他练习条件相同的情况下，同一练习的组数越多，练习的负荷强度就越大。

（2）练习用球。在练习时间和练习人数一定的条件下，练习中实际用球的数量越多，单位时间内练习重复的次数就越多，练习的负荷强度也就越大。练习用球数量的增减是调控足球技战术训练课负荷强度及负荷量的重要因素。

（3）练习负荷的持续时间。在负荷强度一定的练习条件下，一次练习的负荷持续时间越长，同等负荷强度在持续时间上的累加就会放大其对运动员机体的刺激深度，练习的负荷强度就越大。

（4）练习间隔。练习衔接越紧密，前后两次练习的时间间隔就越短，单位时间内重复练习的次数就越多，练习的负荷强度就越大。应根据足球训练活动的特点与特定练习内容的负荷特点科学、合理地确定练习的间隔。

（5）练习难度。足球训练中练习的难度包括完成技战术动作本身的难易程度和用于完成练习的方式方法的难易程度两个方面。在其他练习条件相同的情况下，练习内容或完成练习的方式方法越复杂，完成练习的环节、连续用力的次数就越多，用于控制与完成练习有关的身体环节运动的用力程度的要求也就越高，练习的负荷强度也就越大。

（6）练习速度。足球训练中的练习速度主要是指运动员在完成练习时的移动速度、动作速度及多个动作之间的衔接速度。在同一练习中，所要求的练习速度越快，练习的负荷强度就越大。

（7）练习用力程度。在训练负荷量相同的情况下，竭尽全力地完成练习活动的运动员个体所承受的负荷强度远比有所保留地进行练习的运动员大得多。

（8）练习对抗程度。在同一练习中，练习的对抗度越大，训练负荷的强度就越大，反之亦然。练习对抗度的大小主要受下面因素的影响：完成对抗练习活动的速度或练习节奏的快慢；各种身体活动的用力程度的大小；参加对抗练习人数的多少；对抗练习空间的大小。

（9）训练课运动密度。运动密度是指运动员在一次训练课练习中的纯运动时间所占训练课总时间的比例。在其他训练条件相同的情况下，训练课的运动密度越大，训练课的总体负荷强度水平就越高。高水平足球队（如职业足球队）训练课的运动密度一般应掌握在 80% 左右，甚至更大。高校高水平足球队训练课的运动密度一般也应掌握在 60% 左右。总之，教练员应根据运动员的训练水平和训练课的具体任务及训练目标，将运动密度控制在一个合理的水平。

（三）训练课方法设计

1. 训练课方法设计的基本原则

（1）专项指向性原则。足球训练课所采用的各种训练方法手段应该有效地解决“足球”的问题。例如，训练中采用活动方向固定、匀速的 12 分钟跑，对解决足球运动员的有氧耐力问题就缺乏显著的“足球倾向性”。因为这种训练方法与运动员在实际比赛中的身体活动及供能特点不相吻合，真正的足球比赛没有固定跑道，也没有固定方向，更没有持续的周期运动。

（2）内容方法的针对性原则。学习与掌握复杂的技术动作或战术配合，采用先分解、后完整的训练方法最有效。综合发展运动员的竞技能力并实现其各种竞技能力的最佳匹配，采用比赛法最能达此训练目的。然而，旨在提高运动员短距离冲刺跑速度或快速爆发性力量的训练，采用持续训练法恐怕难以获得预期的训练效应。因此，训练课方法的选择应针对训练内容的特点而加以确定。

（3）认知能力与训练水平的适应性原则。训练中所采用的训练方法应尽可能符合运动员的认知特点与接受能力，有利于他们尽快地领会、掌握与操作，顺利进入正常的练习状态。与训练对象的认知及接受能力不相吻合的，过于烦琐、复杂的训练方法手段只会使运动员的注意力无谓地耗费在对训练方式方法本身的熟悉与掌握上，不利于练习活动的有效展开，这将是训练方法设计的重大失误。

2. 不同训练课方法的适用范围

（1）分解训练法主要适用范围

① 脚背内、外侧踢球；各种跳起空中或鱼跃头顶球；各种凌空踢球等技术动作较复杂的基本技术练习。

② 踢球腿的击球与摆腿技术动作环节；头顶球的背弓或侧转振摆发力与跃起空中击球和着地技术动作环节；凌空踢球的摆腿与击球技术动作环节等高难复杂的关键动作环节，一般可从整体技术动作中分解出来进行专门的集中强化性练习。

③ 相关练习的人数较多，练习区域涉及面较大的大局部或整体攻防战术训练，一般先分解为有限小局部（相邻位置 2~3 人）或各条线上的小组进行练习，以利于获得良好的整体攻守训练效果。

（2）完整训练法主要适用范围

① 各种方式的运、控球；身体各部位的接、停球；各种简单的传切配合或二过一战术配合等练习难度不大或不宜进行分解的练习活动。

② 快速衔接与连贯性要求较高的运球过人突破；接球摆脱；各种踢或头顶球动作方法于传球、射门、抢截球的运用；各种二元或多元组合技术练习等。

③ 旨在发展与提高局部组群或整体攻守战术能力的练习。

（3）重复训练法主要适用范围

① 需要短时间内快速、爆发性地完成的练习活动，一般宜采用短时间的重复训练法（一次练习的持续时间在 30 秒之内）。如中、远距离的大力传球与射门，各种跳起空中头顶球，有球或无球状态下的各种短距离快速冲跑，或旨在提高单个技术或组合技术动作运用的熟练性和技巧性的练习等。

② 爆发性和速度性要求较高的各种技术动作或组合技术动作的练习；各种有球或无球状态下的速度耐力和力量耐力练习等，一般宜采用中等时间的重复训练法（30秒~2分钟）。

③ 旨在提高各种技战术运用的熟练性和耐久性能力的各种基本技战术套路演练、连续的攻守对抗、各种组合技术的完整重复练习等，一般宜采用长时间的重复训练法（2~5分钟）。

（4）间歇训练法主要适用范围

① 练习速度与速度耐力要求极高的各种连续攻守技战术练习。连续地多球多点射门，连续地1对1运球过人突破与盯防，连续地多点抢断、铲球、头顶球，较大局部区域人盯人摆脱与盯防的攻守活动等，一般适宜于采用高强性间歇训练法（一次练习的持续时间在40秒之内）。

② 旨在提高运动员在较高负荷强度条件下，完成技战术配合的熟练性与稳定性的各种局部逼迫性的2对2、3对3、4对4，门前30米区域内的各种攻守战术的配合练习等，一般适宜于采用强化性间歇训练法（40~90秒）。

③ 旨在发展运动员有氧供能及有氧运动强度能力的各种身体技战术内容的练习。例如，练习组群之间的分节、分段的连续攻守，或多组群之间的轮番攻守，1对2或2对1连续攻守等练习活动，一般适合于采用发展性间歇训练法（一次练习的持续时间至少在5分钟）。

（5）持续训练法主要适用范围

① 旨在发展与提高运动员在较大强度的负荷条件下完成与运用技战术动作的熟练性、衔接性的练习活动，一般均适合于采用持续训练法，主要包括各种运球、接球、传球、头顶球与射门等单个或组合技术的反复持续性练习，用于熟悉、成型某种战术配合或攻守打法的练习活动。

② 旨在发展与提高运动员完成激烈对抗活动的持久性（专项速度耐力与力量耐力）和技战术动作运用的稳定性等练习活动。

在足球训练实践中，持续训练法经常性地同发展性、强化性间歇训练法结合应用。

（6）变换训练法主要适用范围

① 负荷变换训练法。提高身体素质的发展水平或练习活动的难度、强度，一般采用提高练习强度、减小运动量度的负荷变换形式；促使运动员学习、掌握运动技术，尤其是高难技术，适宜于采用在练习量度一定的条件下，降低练习强度的负荷变换形式；提高练习量度，降低强度的负荷变换形式更有利于巩固基本技术，形成稳定的动力定型。

② 内容变换训练法。根据足球比赛活动技战术动作的采用及其运用条件的基本变化特点进行训练内容的变化组合是其方法应用的核心。具体练习方法如下：

a. 各种基本技术组合的变换练习。例如，胸部接空中球→空中变向挑球→转身接运球摆脱→传球或射门；上步抢截球→急转回追→侧面抢截球或侧后倒地铲抢球等组合练习。

b. 某种基本技术的各种变化练习，例如脚内侧接球技术的变化练习，如向身前、左右空当接球，向左右身后接球转身或摆脱，推接或切挡地面来球，接空中或反弹球练习等。

c. 某种战术打法的几种方式的变换练习，例如防守反击方式的变换练习，如中前场快速简洁地连续短传推进的反击方式，中后场快速简洁地中长距离传球突破反击的方式，中长传球、快速短传与运球过人突破相结合的混合反击方式的变换练习等。

d. 多种战术混合运用的变换练习，例如多种防守战术混合运用的变换练习，如中前场的区域防守、中场的区域盯人防守、中后场的逼迫式人盯人防守等变换练习。

（7）特定条件训练法主要适用范围。在现代足球训练实践中，大量运用了特定条件训练法，它能更好地突出训练主题内容，有利于将练习活动锁定在特定练习情境中进行，从而更有效地实现预期的训练课目标。

① 特定规则条件练习法。根据训练课目标，通过练习规则的条件限定突出主题训练内容的方法。例如，无越位规则限制的攻守练习有利于强化与发展进攻的向前意识及能力，提高个人盯防意识及能力；限定练习的触球次数有利于提高技战术动作运用的快速和简洁性；射门瞬间攻方队员必须全线越过对方半场或规定的区域，得分方为有效的练习规则，有利于提高进攻队形的整体快速前移与整体的快速回防意识与能力等。

② 特定方法条件练习法。根据训练课目标，通过特定练习方法的限定突出主题训练内容的方法。例如，在攻守练习中限制运用中长距离的空中传球和运球过人突破，为短传渗透及进行局部的各种二过一战术配合提供更大的运用空间及重复运用次数；规定以运球过人突破的进攻方式进入目标区域或必须以这种方式射门得分的练习方法限制，显然更有利于发展与提高敢于与对手短兵相接或以少攻多的果敢意志与个人突破能力等。

③ 特定场区条件练习法。根据训练课目标，对完成练习活动的内容、方法等提出特定场区要求以突出主题训练内容的方法。

a. 练习场区的限定。例如，将攻守练习活动的展开限定在场地某一区域内以发展与提高这一特定区域的比赛能力；将不同位置队员的练习活动限定在其履行场上位置职责的主要活动场区内进行等。

b. 技战术方法运用的场区限定，如提高整体进攻速度的练习。中后场进攻：限制运用运球过人突破，限制球攻入对方半场的传球次数；前场进攻：限制形成射门前的传球次数或进攻结束的时间等。主要技战术方法运用的情况是：中后场主要以中、长传球相结合的进攻方式进行；前场主要以简洁、快速、向前的中短距离传球配合以及强行过人突破为主要进攻手段，中远距离的射门常常是结束进攻的方法手段。与之有关的快速防守能力也随之得到相应的发展与提高。

c. 战术打法有效形成的特定场区限定，如强化前场边路进攻突破传中、中路包抄抢点射门的进攻战术能力。划定边路攻守区域，限定进入边路区域进行攻守的队员人数，规定必须以边路突破传中、中路抢点射门的方式结束进攻。再如巩固与改进防守战术合理转换运用的能力。中前场防守：规定采用区域与盯人相结合的混合防守；中后场防守：规定采用紧逼人盯人的逼迫式防守等。

④ 特定对抗条件练习法。根据训练课目标，通过特定对抗条件的限定突出主题训练内容的方法。

a. 不均等对抗人数的攻守练习。根据练习的侧重，一般在实现练习内容侧重的一方安排更多的练习人数，以多攻少或以多防少，以利于其成功地运用与体会。若侧重于强化与提高进攻或防守技战术有效运用的训练活动，一般在实现练习内容侧重的一方安排较少的练习人数，以少攻多或以少防多，使他们在更困难的对抗条件下完成练习活动。

b. 限制对抗程度的攻守练习。上述训练活动若侧重于初步形成与发展有关进攻能力的方面，则可相应限制防守的对抗强度，如松动盯防或只紧逼封堵而不实施抢截，或只正面封抢而不回抢等，从而保证进攻活动的流畅性与强化完成进攻活动的成功体验。反之则应限制进攻的对抗强度，如相对放慢进攻速度、适当减小推进的深度、有所保留地实施进攻突破等。

（8）比赛训练法主要适用范围。比赛是训练的一面镜子，比赛的情况能客观地反映出前期训练的效果和训练中存在的问题。将比赛本身作为重要的训练方法运用于训练实践，可以最大限度地弥补训练方法效力局限性的不足，使运动员在一个完整而真实的比赛条件下学习、掌握和运用足球技能，全面综合地提高足球比赛所需要的体能、技术、战术、心理、智力等各种竞技能力。

（四）训练场地与攻守目标的设计

1. 训练场地的设计

（1）宽大练习场地。较大空间的练习场地适合对时空间的需求相对较大，或需要发展与提高较大纵深与宽度攻守能力的训练活动。

① 形成与发展中长距离传接球与运球过人突破能力和与此相关的防守能力的训练活动。

② 侧重于发展与提高运动员的综合耐力素质水平（有氧与无氧耐力、力量耐力）的训练活动。

③ 旨在发展、改善与提高较大局部或全队整体攻守能力的训练活动。

④ 适合于技战术水平不高的训练对象或进行较复杂、难度较大的训练活动。

（2）较小练习场地。较小练习场地的练习时空间相对紧迫，在相同练习条件下，练习的密度较大，攻守对抗更加直接、频繁，完成练习的难度更大。

① 适合于发展与提高运动员个人或几人之间在有限局部区域的攻守技战术能力的训练活动，如短距离传接球、小范围的运控球、2~3 人的 2 对 1、2 对 2、3 对 2 等攻守技战术配合练习等。

② 旨在发展与提高个人或局部的快速攻守转换意识与攻守转换速度能力所进行的训练活动。

③ 促使运动员形成与发展简洁、快速地完成比赛活动的能力所进行的训练活动。

④ 促使运动员的动作速度和灵敏协调性素质良好发展的训练活动。

⑤ 适合于训练水平较高的训练对象或为提高练习对抗度与难度所进行的训练活动。

（3）宽扁练习场地。宽扁练习场地具有纵深较短、横向空间较大的特点，为展开横向的进攻练习活动提供了较大的可利用空间，但加大了横向防守练习活动的难度。

① 适合于发展与提高运动员个体、局部或整体的进攻宽度意识及相关比赛能力，如拉开进攻宽度、边路进攻、转移进攻、进攻重心向有球局部一侧快速移动等比赛能力。

② 侧重于发展与提高运动员个体、局部或整体的横向协防意识及相关防守能力，如防守重心向有球一侧的快速倾移与收缩集中、有效地保持队员之间的横向位置联系等比赛能力。

（4）窄长练习场地。窄长的练习空间特点为运动员向前的纵深进攻意识及其相关比赛能力的有效形成与发展提供了必要的时空条件，同时也有利于运动员纵深防守意识及相关防守能力的发展与提高。

① 有利于发展与提高运动员个体或整体向前、向对手身后传球和跑动进攻的意识与相关比赛能力，如进攻重心及队形向前快速推进及前后合理衔接、纵深渗透进攻、快反进攻、插上进攻、运球过人突破、远距离射门等比赛能力。

② 有利于发展与提高运动员个体或整体的正面纵深防守和快速回追防守的意识及相关比赛能力，如防守重心的前后及时调动与防守队形的合理纵深衔接、队员之间的

纵深保护与补位、由攻转守状态下转身回撤防守的及时、快速性等比赛能力。

2. 攻守目标的设计

确立具体的攻守目标可以为训练活动指明基本方向，从而使得运动员的各种比赛能力具有明确的方向性，各种技战术方法手段的运用更加符合比赛的实际。

（1）无明确攻守目标的设计。出于简化练习条件、降低练习难度，以利于运动员能较顺利地完成训练活动的考虑，训练活动可考虑不提出具体攻守目标的要求。但这种练习条件下的训练活动一般仅适用于训练水平较低的训练对象或用于对各种基本技战术动作的学习与掌握或发展运动员一般的完成技战术动作的能力，如不同练习空间的传抢练习等。需要注意的是，类似的练习应随着训练活动的深入进行而尽快朝着有明确攻守目标要求的练习方式过渡。

（2）有明确攻守目标的设计。有明确攻守目标的练习有利于发展与提高运动员攻守活动的方向感、位置区域感及技战术运用的目的性。攻守目标可以是球门，也可以是其他目标物、目标人，可以是比赛标准球门，也可以是各种形式的小球门，或将场上的某一线段、某一区域作为攻守目标。攻守目标可大可小，目标数量可多可少。攻守目标设置的关键在于是否有利于实现训练课目标。

① 单攻守目标（单球门或一个目标人）。适合于改进和提高局部地区攻守技战术某一方面的能力，如固定套路的练习、各种对等或不对等人数半场攻守练习、射门或运球过人突破练习等。

② 双攻守目标（双球门或两个目标人）。较全面地包含比赛攻守的信息，适合于重在攻守僵持与转换能力的发展和提高，如 2 对 2、3 对 3、5 对 4 等多种对等或不对等的攻守战术练习。

③ 多攻守目标（多球门或多个目标人）。多攻守目标的训练活动动态性强，适合于形成与发展攻守点、面的合理选择和及时转移攻守重心能力的训练活动，对提高运动员驾驭比赛的灵活性、强化比赛的整体流动性具有独到之处。

④ 较大攻守目标（某一较长线段或区域）。较大攻守目标的设置提供了更多的进攻渗透突破与射门得分的有利机会，增加了在要害防守区域的保护、补位与协防难度，因而较适合于旨在发展与提高门前罚球区附近区域攻守能力的训练活动。

⑤ 较小攻守目标。5 人制、7 人制比赛小球门；练习用超小球门；由标志杆或标志盘构成的较小攻守目标等。在技术训练方面主要适合于提高传球与射门技术动作方法完成与运用的准确性，在战术训练方面主要适合于提高进攻结束阶段的战术配合的精巧、准确与娴熟性。

（3）攻守目标设置方位的设计。攻守目标的方向与位置是对训练活动方向的基本定位，同时也决定着完成训练活动的时空特点。

① 场地两端中间相对而立，直线相距较短的两个攻守目标的设置（图 9–3–4）。有效练习纵深较短、横向活动空间较大是其重要的时空间特点。

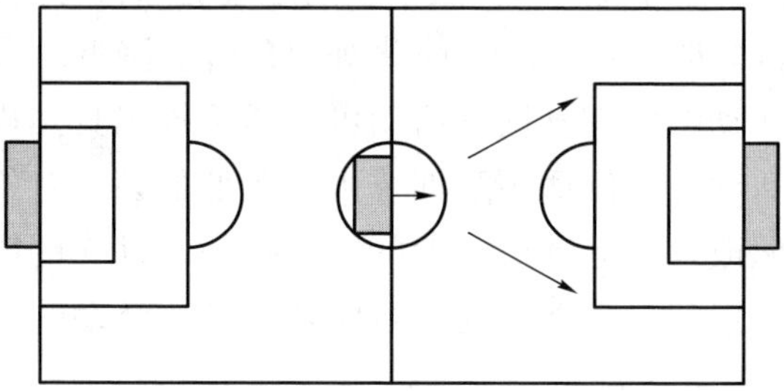

图 9–3–4

a. 适合于发展与提高拉开宽度，迂回进攻能力的攻守对抗练习。

b. 能更多、更快地出现最后一击的进攻局面，适合于发展与提高捕捉门前进攻战机和要害区域防守能力的攻守对抗练习，同时对增强射门意识，尤其是远射能力具有重要的练习空间意义。

c. 攻守转换频繁、快速而直接，适合于形成与提高快速攻守转换的意识及能力的攻守对抗练习。

② 置于场地一端左右侧的两个或全场 4 个攻守目标的设置（图 9–3–5，图 9–3–6）。其练习活动具有两个边路区域的攻守时空间较紧迫，而中路攻守时空回旋余地较大的特点。

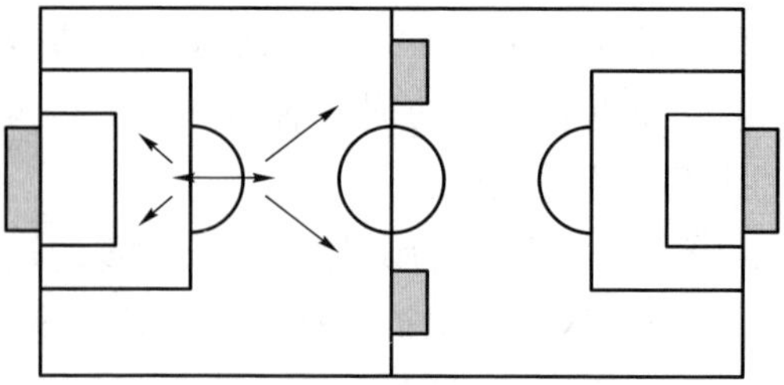

图 9–3–5

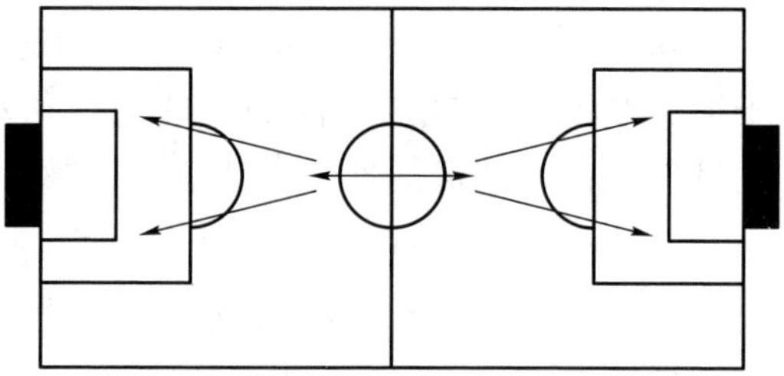

图 9–3–6

a. 适合于强化边路攻守意识，改进与提高边路攻守能力的攻守对抗练习活动。

b. 适合于发展与提高边转边、中路向两侧边路过渡性转移进攻能力和及时、有效地转移防守重心能力的练习活动。

③ 边路区域边、中两个攻守目标的设置（图 9–3–7，图 9–3–8）。其练习活动具

有活动纵深相对较大、横向宽度相对较小的时空间特点。其主要适用范围有：

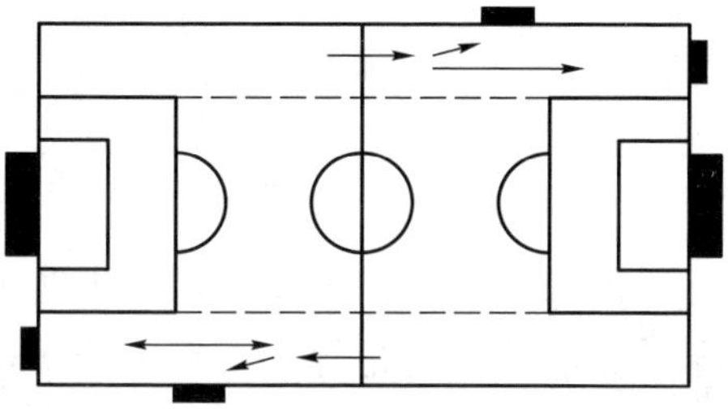

图 9–3–7

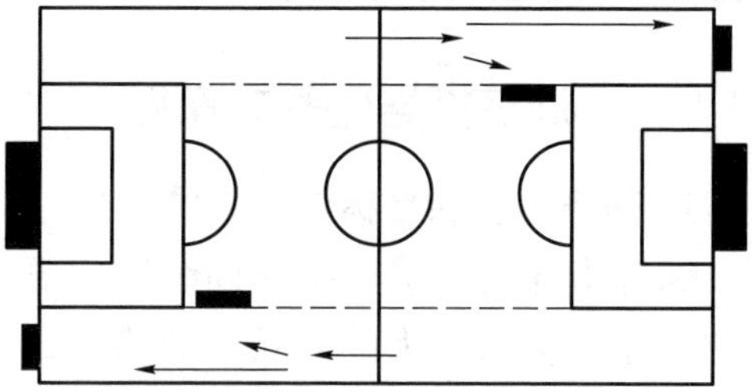

图 9–3–8

a. 左、中两个攻守目标的设置：适合于发展与提高边路个人或两人之间纵深进攻能力的练习活动；适合于发展与提高边路个人或两人之间正面或身后纵深防守能力的练习活动。

b. 右、中两个攻守目标的设置：适合于发展与提高个人或两人之间的边路内外线结合的纵深与有限宽度进攻能力的练习活动；适合于发展与提高边路个人或两人之间内外线结合的纵深防守能力的练习活动。

④ 置于场地两边与端线中间呈三角形的3个或全场6个攻守目标的设置（图 9–3–9）。练习活动具有立体攻守时空间紧迫的特点，其主要适用范围有：

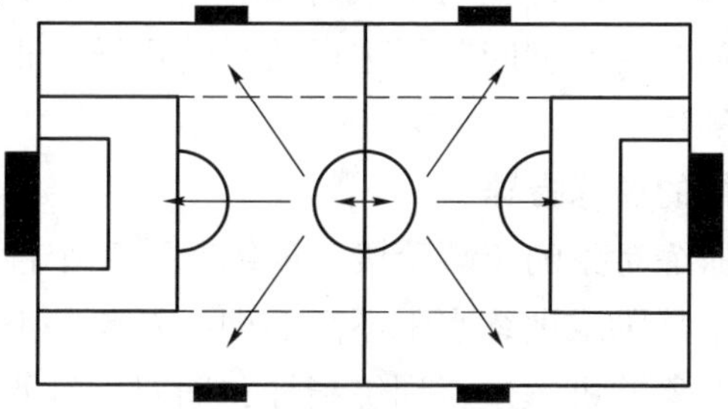

图 9–3–9

a. 适合于发展与强化边中结合、中边结合和中路渗透的立体进攻意识及能力的练习活动。

b. 适合于发展与提高快速调动防守重心，及时形成局部或整体有效防守队形，实施立体逼迫式盯人的协防意识及能力的练习活动。

c. 适合于大多数旨在发展与提高局部或整体攻守的协调性、灵活性及应变能力的练习活动。

四、训练指导的基本策略与方法要点

（一）训练指导的基本策略

1. 围绕训练课目标进行训练指导

训练指导活动重点指向训练课所要解决的主要问题内容方面，那些与训练主题无直接关系或关系不大的问题可忽略指导或不予指导。如训练主题是提高短距离传接球能力，而运球过人出现的问题即可忽略指导等。同时，训练指导内容的层次深度也应把握在恰当的深度范围内，即训练活动的完成基本达到了训练课目标的要求，在这方面的训练指导便不宜再深入进行，留待下课次相同内容练习中进一步解决。

2. 抓住训练主题的关键问题进行重点指导

训练指导必须重点针对那些直接影响练习活动完成的有效性的关键、难点和典型的问题环节而展开，以点带面，重点突破（如重点抓住摆腿和击球技术动作环节进行踢球基本技术训练的指导）的训练指导才能放大其指导效力，取得事半功倍的效果。

3. 把握适宜的训练指导度

训练指导应注意合理掌握指导的时机、方式、频率和指导力度的轻重，在必需的前提下最大限度地保持训练活动的连续性和有效练习时间，保证训练课目标的顺利实现。训练主题范围内的问题应进行提纲挈领的简洁指导，对关键与重点问题要进行具体细致的指导，对普遍存在的典型问题要进行及时的指导。视个体差异进行适当的个别指导才是有效的指导策略。

4. 合理采用区别对待的训练指导

教练员应善于根据训练对象的年龄阶段、训练水平和个性特征等方面的特点进行差异性训练指导。对低年龄段或训练水平不高的训练对象一般适宜以具体、形象的动作示范演示，结合生动形象的讲解进行训练指导；面对训练水平较高、理解与接受能力较强的训练对象，在示范演示的同时，结合相关概念与专业术语进行训练指导更为有效。

5. 互动性与权威性相结合的训练指导

教练员在实施每一个练习前，应向运动员明确练习的目的、作用与基本要求，训练指导的力度也应为他们留有一定的思考空间，并适时设置适当的练习问题情境，使运动员通过自我思考而加以解决。同时要重视运动员骨干的辅助指导作用，大力营造运动员群体互帮互学的训练活动氛围。

（二）训练指导的方法要点

1. 热身活动的基本指导方法要点

（1）概要性地讲明练习内容、练习的大致方式与要求。

（2）用哨音、口令、手势或领做等指导手段，并可结合简短的提示性语言控制热身活动过程，原则上不宜中断练习进行专门的讲解示范。

（3）运动员此时的生理惰性较大，教练员应针对练习活动的适宜动态性进行相关训练指导，指导内容的重点应放在完成练习的速度、动作幅度与节奏的合理控制方面。

2. 引导学习阶段的基本指导方法要点

（1）尽可能简洁明了地演示或讲解练习的内容和基本方式方法，提出粗略、简单的练习要求。

（2）不做过多过细的训练指导，指导的力度一般控制在初步形成特定练习的基本轮廓或练习的大模样即可，营造相对宽松的练习氛围，确保尝试性练习的流畅性而使身体活动更趋动态性。

3. 学习阶段的基本指导方法要点

学习阶段是实现训练课目标内容的主要练习阶段，一般以个别指导或分组巡回训练指导为宜。

（1）方向明确，紧紧围绕训练主题。训练指导的方式方法必须直截了当，能够有效地解决当前的主要问题。对练习活动中必然出现的非训练主题问题一般可忽略放过不予指导。

（2）抓住训练主题的重点与关键的问题。对直接影响练习活动有效性的那些重要而关键的问题应给予正确、明晰的讲解与动作示范，教练员的练习观察、纠错等指导活动也应以此为重点而展开，练习活动的非关键问题则点到为止。

（3）提出更细、更高的训练要求。学习阶段必须加强对完成练习活动的细节和质量的训练指导。例如，不仅要求运动员要正确掌握脚背内侧射门的动作方法，而且在其动作方法运用的有效性方面也应提出细节性的练习要求，如在不同射门情况下，提出射门力量的大小、射门的摆腿方式、射门的角度及方向、用左脚还是右脚射门等练习要求。

（4）合理控制训练负荷与运动员完成练习活动的自由度。教练员对影响训练活动的有序性和适宜训练负荷的负面因素必须加以严格的约束性指导，严格练习要求及练习的组织形式，严格各练习活动之间的组织衔接，确保训练活动的有效性和有序性，同时，教练员也应尽量避免过多地干预或中断练习活动，最大限度地追求练习重复的次数，确保学习阶段练习活动的较大训练负荷。

4. 巩固与提高阶段的基本指导方法要点

实现足球基本技能向实战技能的及时转化，是巩固与提高阶段进行训练指导的出发点。

（1）紧扣训练主题。在具体的训练指导实践中，对于主题训练内容运用的典型局面或经典战例一般可采用“冻结”再现重复法进行训练指导。即将练习中止定格于某一特定瞬间的练习局面，可或强化、或指正这一局面，然后多次重复练习的合理发展局面，最后恢复到自然练习状态。

（2）必须有利于凸显训练主题。特定训练课必须含有更多的训练主题，这有赖于精心的训练设计，在训练实践中采用特定条件练习法（限制触球部位、次数、距离、特定技战术运用场区、活动区域、得分方式等）和增减对抗练习信息的方法（增减攻守目标与目标面积、攻守人数、中立队员、练习用球等）来控制练习的问题情境和完成练习的主要方式方法。例如，练习规定 3 次触球、传球距离为 10～15 米、不得中长距离传球、过人运球突破射门或远射进球无效等，这些练习规定在很大程度上就将练习活动限制在了短距离传接球进攻配合与防守的练习情境中，从而使得运动员有关方面的比赛能力得到有效发展。

（3）按训练计划进行训练。要求运动员按照教练员所制定的特定练习规则和要求展开对抗练习活动，以保证运动员能更多地感受主题训练问题情境，并在这种情境中反复、多次地运用与强化本课所学内容。

（4）确保对抗练习活动的真实性与流畅性。原则上，比赛对抗程度即是巩固与提高阶段练习活动的对抗程度，教练员必须要求运动员全力投入到对抗练习活动中，在该练习阶段一般不应控制练习对抗程度。一般不宜人为地中断练习而破坏练习的流畅性，可多采用在练习进行中或练习间歇进行个别交流或重要语言提示性指导的方式，最大限度地让运动员在运用所学的同时感受比赛的真实性。

第四节 足球技战术训练

技战术训练是打基础的过程，也是比赛能量储备的过程。

一、准备活动

准备活动是指通过有效的身体练习，提高身体温度，有效伸展肌肉，增加关节活动度，激活肌肉本体感觉，逐步提高神经兴奋性的活动。准备活动可以提高人体的适应性和兴奋性水平，使人体在生理与心理上进入适宜状态，预防运动损伤，提高运动表现。有效的准备活动要实现热身、激活和激励的目的，在通常情况下，准备活动的主要内容包括各种热身操、动态拉伸、肌肉与神经激活以及各种有球或无球的跑动练习等。青少年的准备活动，宜采用趣味性游戏的方式，有助于激发情趣、提高兴奋性。

二、运控球技术练习

运球是指人球运行合一的能力，这种能力需在快速中体现，并在对抗中检验。运球是控制比赛节奏、寻找传射时机、突破对方防线的重要手段。

（一）运球技术的实战观

（1）运球本身不是比赛目的，应做到多传少运，该射不运。

（2）在本方防守区域少运，最好不运。

（3）中场组织要运传结合，合理为先。

（4）前场进攻要大胆运突，敢于博弈。

（5）要克服原地技术，具有冲击性、攻击性、威胁性。

（二）运控球技术练习示例

示例 1：快速触球练习。

目的：培养快速运控球的能力。

方法：（1）20 秒快速触球，次数越多越好。

（2）连续触球 5 次，用脚将球控制住。

（3）连续触球 5 次，快速变换方向。

部位：脚掌、脚背内外侧，脚背正面。

场地：10 米 × 10 米场地 6 块，每块 3~4 人。每人一球。

示例 2：运球护球练习（图 9-4-1）。

目的：提高运球护球的能力。

方法：4 组同时向中心运球，至中心处，做护球转身变向，按逆时针方向运球，重复至起点。

要求：转身要快，转身后快速拨球，左右方向交替做。

场地：10 米 × 10 米。

示例 3：运球对抗性练习（图 9-4-2）。

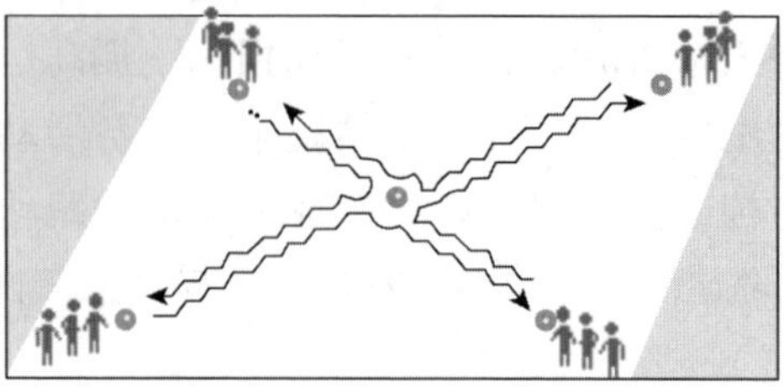

图 9-4-1

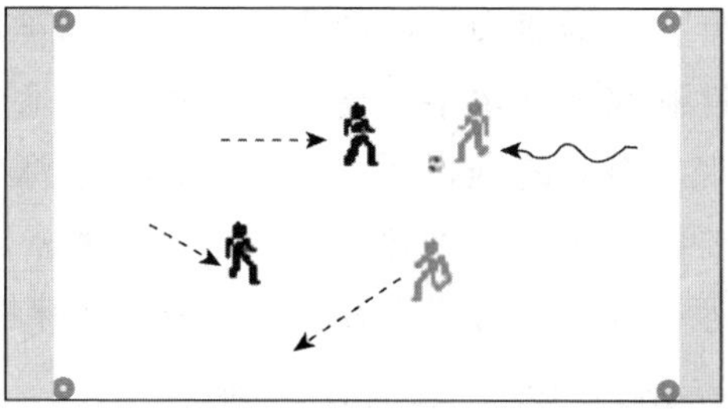

图 9-4-2

目的：提高运球突破能力。

方法：2 对 2，设法运球突破对方，并将球踩在对方底线。

要点：（1）选择运球突破方法。

（2）可和同伴做墙式传切。

场地：10 米 ×20 米。

三、传接球技术练习

传接球是足球比赛的语言。球员们通过传接球进行比赛交流，进行意识沟通，开展战术配合活动，是推进进攻、突破防线和创造射门机会的重要技术手段。

（一）传接球技术的实战观

（1）传球必须服从进攻和进球，能射不传。

（2）尽量快传球，传快球，加快进攻节奏。

（3）尽量向前传，传身后，注重渗透性、穿透性。

（4）长短结合，以长为主，加快推进，转移进攻。

（5）以传带跑，球到人到；以跑带传，人到球到。

（6）横传回传是过渡，目的是更快地向前传。

（二）传接球技术练习示例

示例 1：传球跑位练习（图 9-4-3）

目的：提高传球接应的能力和意识。

方法：将球传给任一队员后，跑到无人的边线。

变换：（1）触球次数逐步减少。

（2）计算连续传接次数、时间。

场地：10 米 × 10 米。

示例 2：机动传接练习（图 9-4-4）

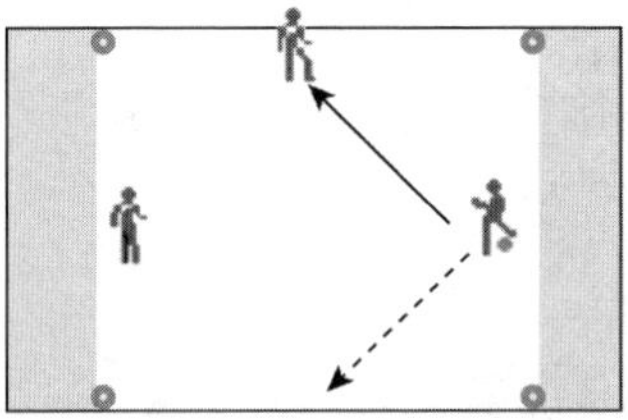

图 9-4-3

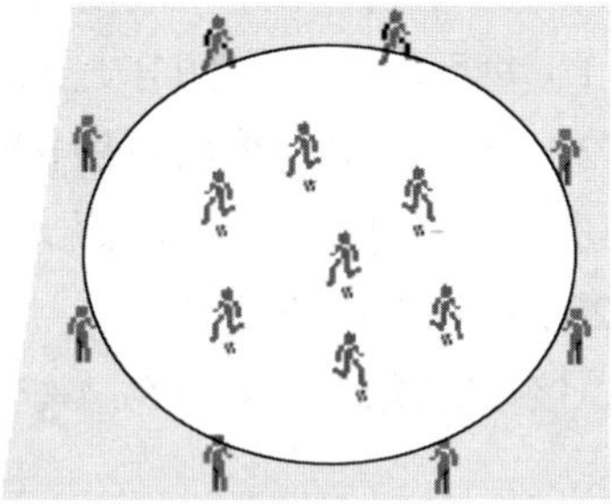

图 9-4-4

目的：提高选择传球的能力和质量。

方法：圈内队员每人 1 球，圈外队员准备接球。圈内队员机动选择圈外传球对象，准确将球传出，并与之交换角色，循环进行练习。

变换：（1）传球后上前防守，让对方运球突破。

（2）传球后与之做一次墙式传接配合。

要求：有效交流，配合默契，强调质量。

场地：根据练习人数确定场地大小。

示例 3：长传接应练习（图 9-4-5）

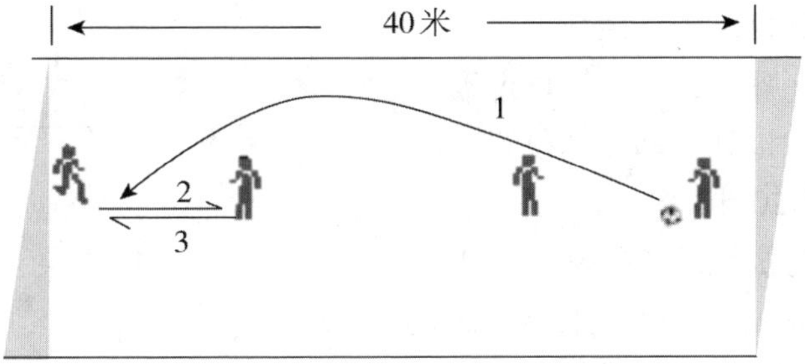

图 9-4-5

目的：提高长传球能力和接应意识。

方法：将球长传至远端队员，控球后与接应队员进行墙式传接配合，再回传远端，循环进行。

变换：不控球，将球直接传给接应队员。

要求：观察目标，长传准确，接应到位。

示例 4：传接对抗练习（图 9-4-6）

目的：提高长传、接控和接应能力。

方法：每半区 3 名进攻，1 名防守。随机长传给同伴，反复进行。

变换：（1）每区增加 1 名防守，成 3 对 2。

（2）要求几次短传后再做长传。

要求：进攻队员要拉开，选准传球目标，积极接应，提高接球质量。

场地：20 米 ×（35~40）米。

示例 5：接控方块练习（图 9-4-7）

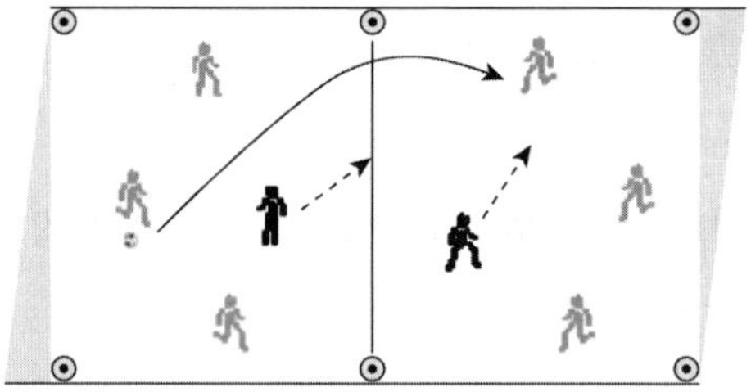

图 9-4-6

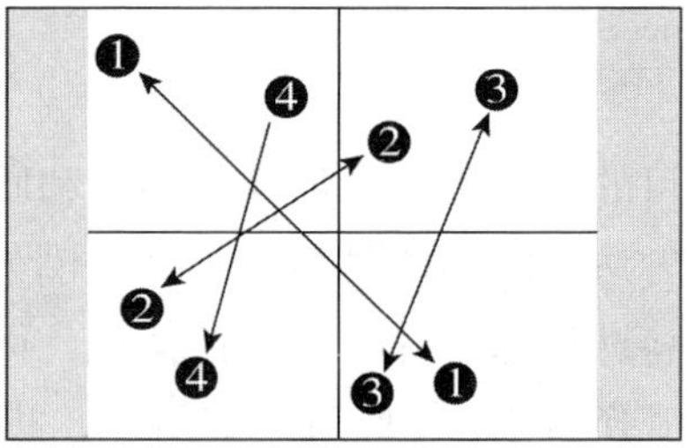

图 9-4-7

目的：提高接控球的合理性。

方法：两人一组一球，传球给同伴后，跑到另一方块。

变换：（1）限制接控触球次数。

（2）控好自己球，破坏他人球。

要点：（1）相互呼应，选好接球位置。

（2）将球接到有利传球位置。

场地：20 米 × 20 米。

示例 6：接控对抗练习（图 9-4-8）

目的：提高在对抗条件下的接控球能力。

方法：4 对 4 + 2 自由人。控球方要利用自由人，通过配合将球攻入对方底线。

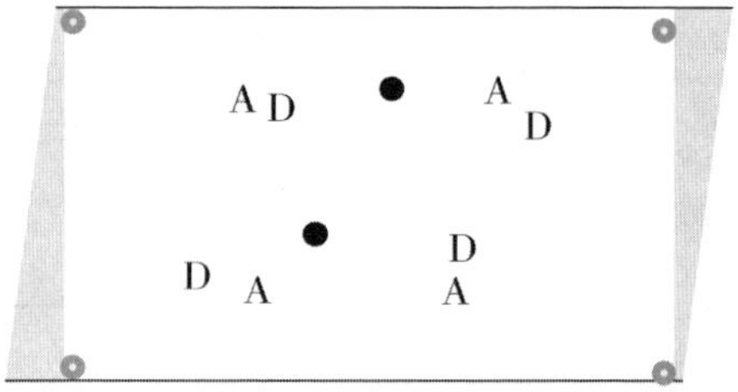

图 9-4-8

要点：（1）控球方注意拉开宽度。

（2）要主动接球，摆脱接球。

（3）接球尽可能面向进攻方向。

场地：20 米 × 30 米。

四、射门技术练习

足球比赛以球门为导向，以进球为目标，以取胜为目的。射门是实现比赛目标的唯一手段，也是最过硬、最能体现价值的技术手段。

（一）射门技术的实战观

（1）把球射进球门才是比赛的唯一目标。

（2）时不我待，机不可失，时不再来。

（3）快速、精准、简练、实用、变化。

（4）射门要果断，相信自己，敢于冒险。

（5）观察守门员站位是为了最终战胜他。

（6）射门机会不能靠等，必须靠抢。

（二）射门技术练习示例

示例 1：运球射门练习（图 9–4–9）

目的：提高运球突破射门能力。

方法：依次绕过三组不同数目的标志后射门，循环进行。

变换：（1）移动标志物的方向。

（2）换到右侧突破射门。

要求：突破后的拨、射衔接紧凑。

示例 2：传球射门练习（图 9–4–10）

图 9–4–9

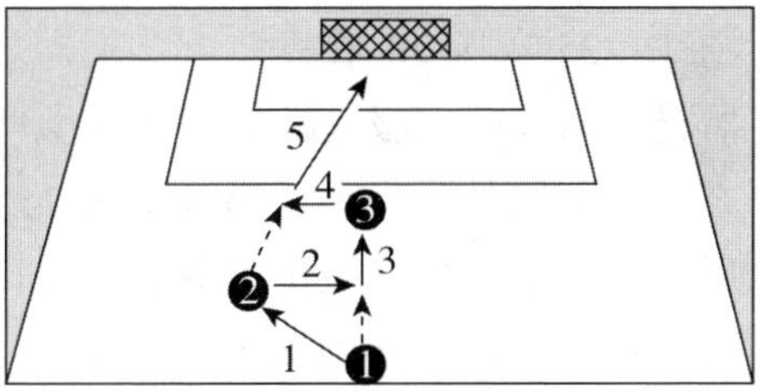

图 9–4–10

目的：提高传接配合射门的能力。

方法：三名队员如图 9–4–10 所示站位。❶ 传球给 ❷，上前接 ❶ 回传，再将球传 ❸，❸ 将球传给插上的 ❷，❷ 射门。队员逆时针轮换。

变换：(1) 连续墙式二过一。

(2) 不停球直接射门。

示例 3：传中射门练习（图 9-4-11）

目的：提高中跑包抄射门的能力。

方法：教练员传球给 ❶，❶ 与 ❷ 做墙式配合后，下低传中，❸ 在中路包抄抢点射门。

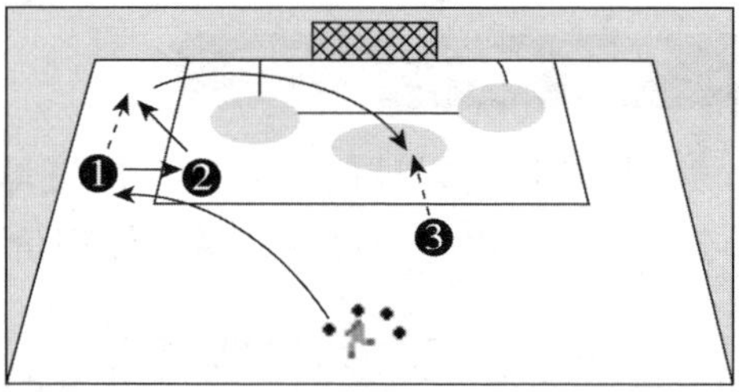

图 9-4-11

变换：(1) 传中前点、中点和远点交替。

(2) ❶ 接球后运球下底传中，❷ 和 ❸ 前后点包抄射门。

五、个人攻守战术练习

示例 1：1 对 1 运球过人练习

目的：提高 1 对 1 运球过人能力。

场地：20 米 × 10 米。

器材：球、标志服、标志桶（盘）。

方法：两人一组，一人运球过人，另一人两侧退守。20~30 秒后，两队员交换。

要求：运球队员控制好球，左右移动，突破防守队员防守；防守队员与运球队员保持好距离，利用脚步移动，封堵运球队员运球突破的路线。

示例 2：提高 1 对 1 攻守能力（图 9-4-12）

目的：提高 1 对 1 运球过人；提高脚步移动，保持身体重心，掌握抢球的时机。

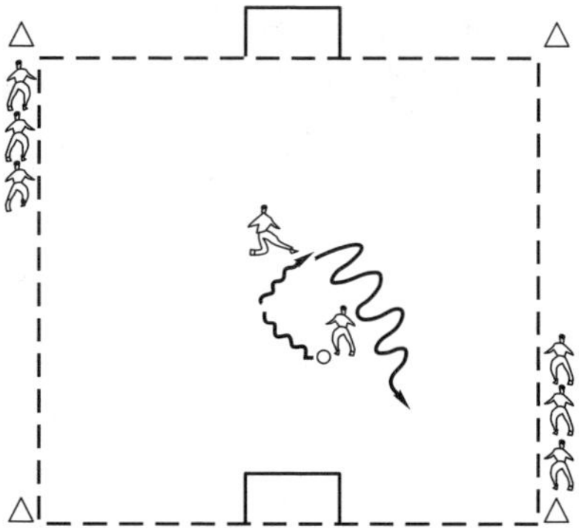

图 9-4-12

场地：25 米 × 20 米。

器材：球、标志服、标志桶（盘）。

方法：每组各出一人，形成 1 对 1，一人运球过人，另一人抢球防守。防守队员抢到球后立即反击，控球队员丢球后，立即防守。

要求：运球队员控制好球，左右移动，突破防守队员防守；防守队员与运球队员保持好距离，利用脚步移动，封堵运球队员运球突破的路线。

示例 3：1 对 1 小场地比赛（图 9-4-13）

目的：提高 1 对 1 比赛能力。

场地：20 米 × 15 米。

器材：球、标志服、标志桶（盘）、小球门。

方法：每组各出一人，形成1对1比赛。一人运球过人，另一人抢球防守。防守队员抢到球后立即反击，控球队员丢球后，立即防守。

要求：运球队员控制好球，突破防守队员射门；防守队员封堵运球队员，掌握时机抢球，反击射门。

示例4：1对1+2小场地比赛（图9-4-14）

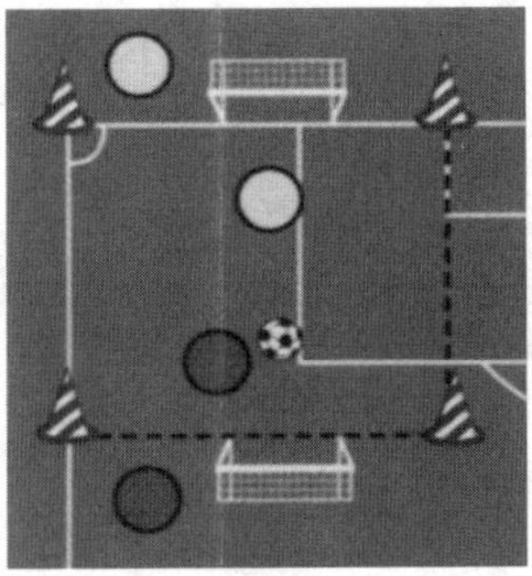

图9-4-13

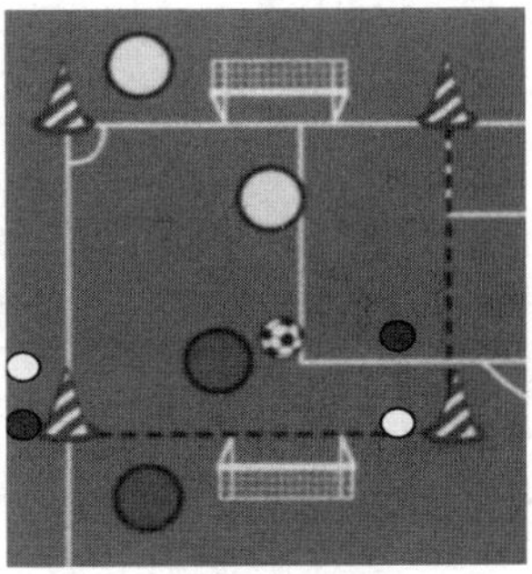

图9-4-14

目的：提高1对1比赛能力。

区域：场地大小应与参与队员数量匹配。

器材：球、标志服、标志桶（盘）、小球门。

方法：设两个球门，各有一名守门员。每组在场地两侧各有一名接应队员。进攻时，控制球队员可以传球给场外接应队员，场外接应队员直接传球给队员。防守队员抢到球后立即反击，控球队员丢球后，立即防守。

六、基础进攻战术练习

进攻战术的目标是对方球门，必须不断推进，突破对方防线，连续向对手施加压力。

1. 基础进攻战术的组织

比赛场景由球、队友、对手、场区等要素构成。每种进攻战术的变化，都构成新的战术组合体。组合体中的控球队员可称为“第一攻击”，距其最近的接应队员可称为“第二攻击”，临近游动的队员称为“第三攻击”等，进攻角色随时根据比赛场景的变化而发生转换。第一攻击的任务主要是运球或传球，二者择一，须快速判断，合理选择；第二攻击的任务就是有效策应，增强攻击线路；第三攻击的任务预测局势发展，采取相应行动，使进攻由点成面，丰富进攻变化。

2. 基础进攻战术的要点

（1）一对一时：技术合理、快速有效、果断勇敢。

（2）多攻少时：拉开空间、积极推进、形成射门。

（3）少攻多时：合理控球、迅速接应、伺机进攻。

3. 基础进攻战术练习示例

示例 1：3 对 2 进攻练习（图 9–4–15）

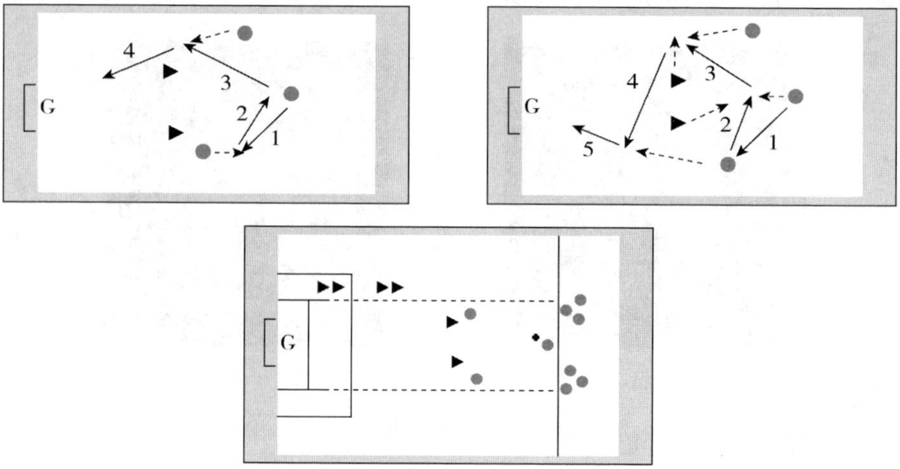

图 9–4–15

目的：提高 3 打 2 快速突破的能力。

方法：将队员分组，每组 3 对 2，攻方要以最快的方式突破射门。

要求：（1）攻方队员要拉开，要相互呼应。

（2）加快球的流动和转移速度。

（3）向前传时注意传球角度和时机。

（4）防守由消极逐步转为积极。

场地：球门线延伸至中线，加守门员。

示例 2：4 对 3 进攻练习（图 9–4–16）

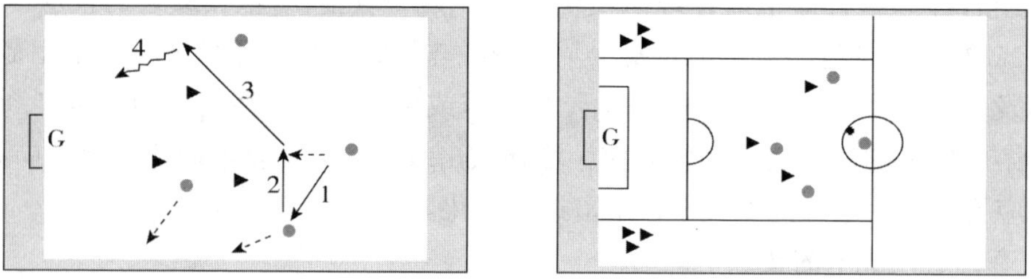

图 9–4–16

目的：提高 4 打 3 的能力。

（1）利用人数优势。

（2）利用场地宽度。

（3）利用转移速度。

方法：将队员分为攻、守各 3 组，依次轮换，每轮结束后，攻守转换。

要求：（1）提高传接质量。

（2）注意控制节奏。

变换：（1）变换场区范围。

（2）限定进攻方向。

（3）限定触球次数。

场地：1/2 场区，罚球区延长线至中线范围。

七、基础防守组织练习

进攻的结束，就是防守的开始。防守不只是中后场球员的职责任务，而是从球队失球的瞬间，场上所有队员都须承担的责任。

1. 基础防守战术的组织

防守体系的构建要做到相互间有层次、有分工。即有抢、有堵、有夹击、有补位、有协防保护。由攻转守刹那，距球最近的球员为“第一防守”，其任务是积极反抢或压迫，阻止和延缓对手的快速传球，争取防守的时间。第二防守的任务是配合第一防守，一旦对方突破第一防守，要迅速增援补位，再次实施堵截防守。第三防守是最具机动力的防守者，其任务是通过预测进攻意图，充分做好防范，注意保护机动区域和罚球区，尤其要对无球进攻队员的插上保持高度警觉，并能采取及时有效的对策。

2. 基础防守战术的要点

（1）一防一时：合理选位，防好内线，伺机抢断。

（2）少防多时：人球兼顾，形成保护，延缓对方。

（3）多防少时：积极逼防，夹击围抢，抢断成功。

3. 基础防守战术练习示例

示例 1：1 对 1 防守练习（图 9-4-17）

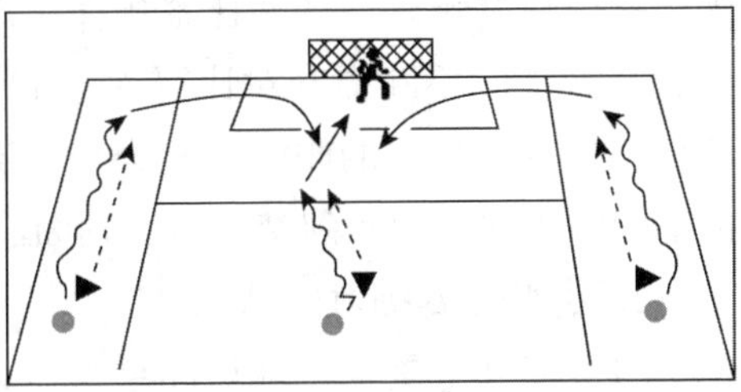

图 9-4-17

目的：提高 1 对 1 中路、边路防守能力。

方法：左、中、右路各一组，中路先开始 1 对 1 攻防，结束后留在罚球区，边路再开始，传中后，中路依然是 1 对 1 攻防，结束后回位再开始练习。

要求：(1) 防守从消极到积极。

(2) 中路防射门，边路防传中。

示例 2：防守移动保护练习（图 9-4-18）

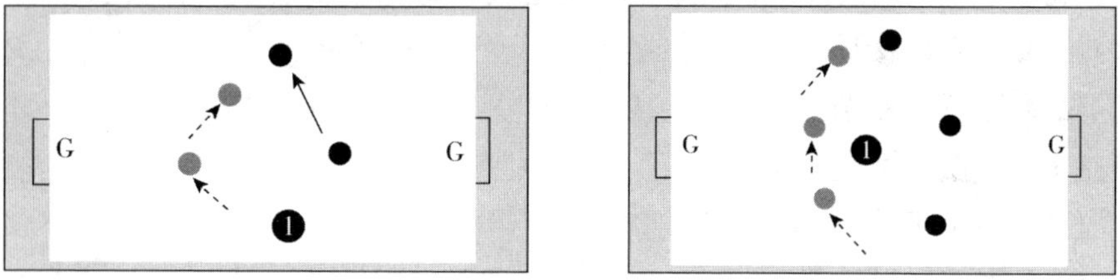

图 9-4-18

名称：2 对 2+1（机动队员）或 3 对 3+1（机动队员）。

目的：提高队员攻守转换的能力。

方法：开始时机动队员随控球方参与进攻，形成以少防多，教练发出信号后机动队员则参与防守，形成以多防少。

变换：(1) 听教练员哨音进行变换。

(2) 按规定时间进行变换。

要求：(1) 以少防多时注意协防保护，保持好角度、距离和彼此呼应。

(2) 以多防少时加强攻击性和压迫性，对有球人进行围抢和夹击。

八、4 对 4 小型比赛练习

“4 对 4”是最简化的小型比赛形式，练习虽形式简单，但却内涵丰富，因为只有 4 名以上的球员，才能同时构成比赛的纵深（前场、中场、后场）和比赛的宽度（左路、右路），它包括所有的比赛要素，体现典型的比赛特征，包含典型的比赛局面。

遵从“从比赛中学会比赛”的理念，使学生从足球启蒙阶段就在认知能力可及的范围内接受比赛熏陶，认知比赛规律，培养球场知觉，养成比赛意识，适应比赛强度，强化比赛技能。不断提升对比赛元素的认识，即攻守的目标、攻守的队形、时空的压力、球权的争夺、位置的职能、配合与交流、比赛的规则、比赛的时刻、比赛的节奏等，从而能由浅入深、由易到难、由点到面、循序渐进地提高解决比赛问题的实战能力。

1. 小型比赛练习的特点

(1) 攻守节奏快，球员注意力持久集中，比赛思维敏捷转换。

(2) 攻守转换频繁，球员跑动的距离短，快速跑比例高，机动性跑动多。

（3）队员触球的机会多，不断重复的运动刺激，容易形成条件反射，有助于比赛技能的巩固和提高。

（4）时空受限，比赛压力感强，有助于培养技术动作的速率和节奏。

（5）队员位置没明显界定，能在不同场区、不同位置进行体验和锻炼，有益于足球技能的全面发展。

（6）局面复杂多变。比赛行为必须机敏，有助于培养随机应变的应变力。

（7）可以通过改变规则和条件，场地大小与形状，训练器材与环境等因素实现特定训练目标。

2. 4对4小型比赛练习示例

示例1：4对4小型比赛的基本形式（图9-4-19）

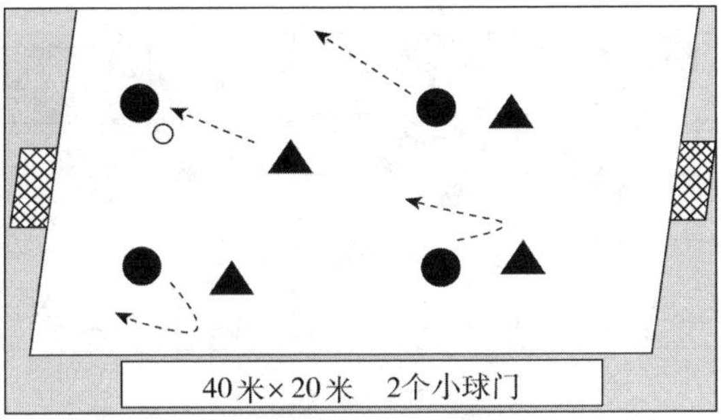

图9-4-19

示例2：以运球突破为训练目标的4对4小型比赛练习（图9-4-20）

示例3：以传球转移为训练目标的4对4小型比赛练习（图9-4-21）

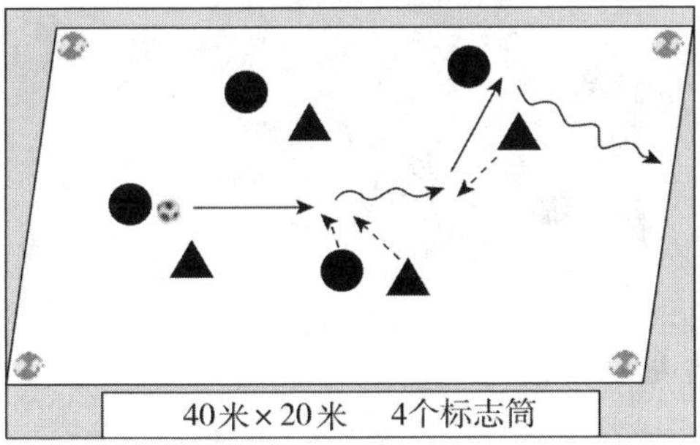

图9-4-20

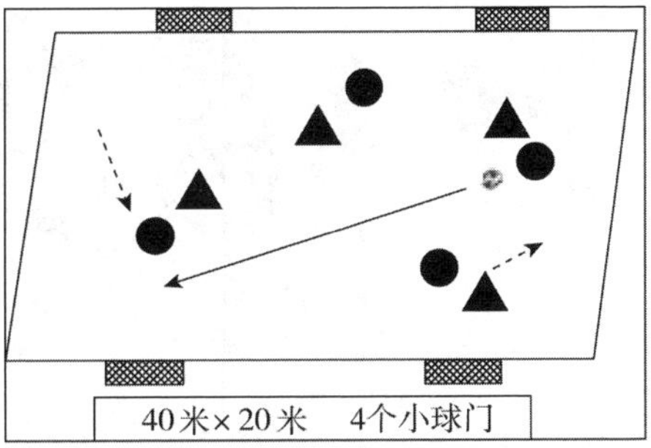

图9-4-21

示例4：以长传反击为训练目标的4对4小型比赛练习（图9-4-22）

示例5：以发挥比赛创造性为训练目标的4对4四个球门小型比赛练习（图9-4-23）

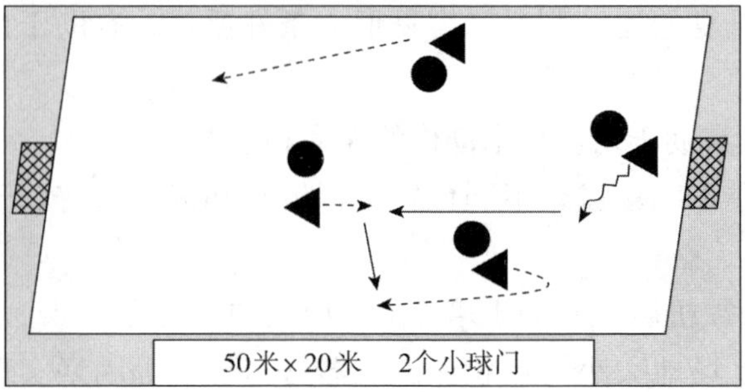

图 9-4-22

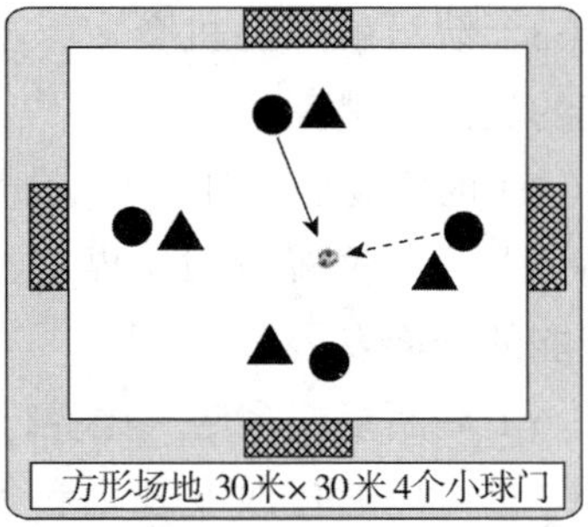

图 9-4-23

示例 6：以边路传中，中路包抄射门为训练目标的 4 对 4 小比赛练习（图 9-4-24）

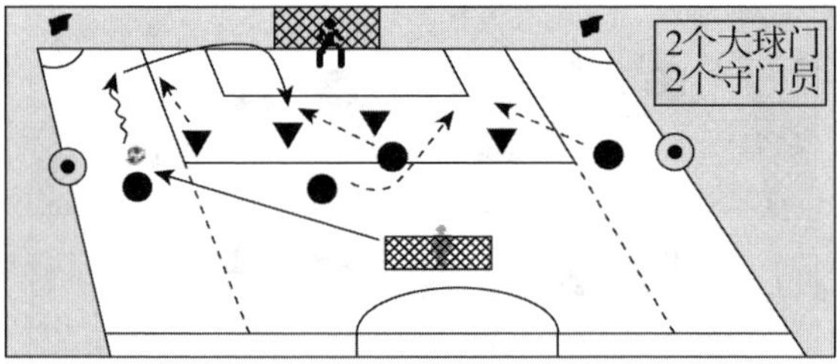

图 9-4-24

示例 7：以射门为训练目标的缩小场地区域的 4 对 4 小型比赛练习（图 9-4-25）

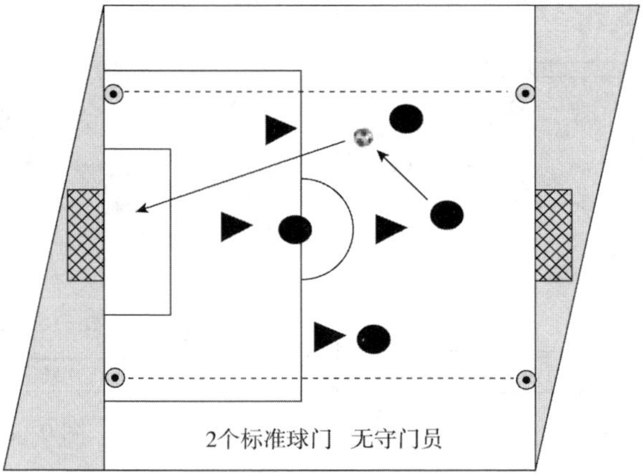

图 9-4-25

第五节　足球运动员的身体训练

在现代足球比赛中，体能是运动员速度对抗、力量对抗、意志对抗的基础，是技战术稳定发挥的保障。缺乏足球运动的专项体能，就脱离了足球属性，偏离了足球概念，丧失了体能的实际意义。因此，足球的身体训练，必须依照足球比赛的供能特征，结合足球比赛的运动特征，促使两者协同共进，全面提升运动系统和供能系统的机能水平，使身体这台“发动机”成为比赛中的“永动机”。

一、足球比赛的能量供应特征与体能训练类型

（一）足球比赛活动基本数据

足球比赛的高强度和长时间，对球员的体能有极高的要求，对球员的体能是一种挑战。比赛的动态性和复杂性，对球员的跑动能力、运动方式也有特定的要求（表 9-5-1）。

▶ 表 9-5-1　足球比赛活动基本数据

实际比赛时间约 60 分钟	后退跑距离约 200 米
实际触球时间约 3 分钟	持续活动时间在 40 秒以内约 81%
活动总距离 10 000～11 000 米	比赛中心率范围 150～190 次 / 分
走动距离 3 000～4 000 米	平均心率 165～170 次 / 分，持续时间约 41 分钟
慢跑距离 4 000～6 000 米	平均心率 180 次 / 分以上约 24 分钟
变向转身活动 400～500 次	球员平均约做 1 100 个动作
快跑和冲刺跑 600～1 000 米	热量消耗为 1 600～1 800 千卡

（二）足球运动员能量供应特征

足球比赛能量供应有两种代谢形式（有氧代谢和无氧代谢）、三个供能系统（有氧氧化供能系统、ATP-CP 系统、无氧糖酵解系统）（表 9-5-2）。这三个系统紧密相连、互相协调，共同构成球员比赛的能量供应系统。其中，无氧代谢的 ATP-CP 系统在运

球突破、抢点射门、快速反抢等重要时刻发挥着关键作用。

▶ 表 9-5-2　足球比赛主要供能特征与影响因素

<table>
<tr><th colspan="2">主要供能系统</th><th>供能特征</th><th>影响因素</th></tr>
<tr><td colspan="2">有氧供能系统</td><td>① 供能速度慢
② 释能比糖酵解大 20 倍
③ 能量功率小
④ 不产生乳酸</td><td>① 最大摄氧量大小影响有氧氧化能力
② 肌糖原储备量的多少
③ 肌肉、关节、韧带等对长时间负荷的承受力</td></tr>
<tr><td rowspan="2">无氧供能系统</td><td>非乳酸供能（ATP 供能）</td><td>① 供能时无需氧
② 供能快，功率大
③ 供能总量较少
④ 不产生乳酸</td><td rowspan="2">① 肌糖原的含量
② 脑细胞抗乳酸能力
③ 体内缓冲乳酸物质的含量</td></tr>
<tr><td>乳酸供能（糖酵解供能）</td><td>① 供能时无需氧
② 供能快，功率较大
③ 总量较多
④ 产生乳酸</td></tr>
</table>

（三）足球运动员体能训练的类型

依据足球比赛的能量供应特征，足球运动员的体能训练主要分为有氧能力训练、无氧能力训练和特定肌肉训练三类（图 9-5-1）。青少年的体能训练主要以有氧训练为基础，有机地把速度、力量、柔韧、协调、灵敏等素质练习与有球活动结合起来。

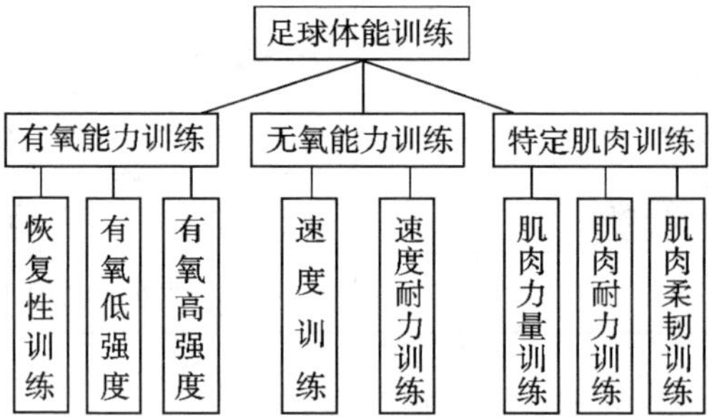

图 9-5-1　足球体能训练类型

1. 有氧能力训练

有氧训练的目标：增大心排血量；增加肌肉在延时运动时对氧的利用效能；在高

强度运动后，提高身体快速恢复能力。运动员有氧能力的提高，可增加比赛中有氧供能的比例，提高耐力，这有助于球员在较高强度的延时运动中保持体力，能有效降低由疲劳导致的精力不集中和动作变形。有氧训练的心率控制参数如表 9–5–3 所示。

▶ 表 9–5–3 有氧训练心率控制参数

有氧训练	心率 / (次 · 分 $^{-1}$)		心率最大值 /%	
	平均值	范围	平均值	范围
恢复性训练	130	80～160	65	40～80
有氧低强度	160	130～180	80	65～90
有氧高强度	180	160～200	90	80～100

(1) 恢复性训练的组织。教练员应选择相对安静的环境，安排一些轻松的身体活动，如慢跑、动态拉伸、低强度的有球练习或趣味性游戏等。使球员没有负荷强度的压力，能在轻松愉悦的状态下练习，促进机体的积极恢复。在恢复性训练中，关键要控制好“练习强度 / 脉搏”。

(2) 有氧低强度训练的组织。可安排间歇式或连续式练习形式。采用间歇练习时，每次练习时间应在 5 分钟以上；如进行无球练习，必须有强度变化，即在心率最大值 65%～90% 交替进行。

训练示例（图 9–5–2 至图 9–5–6）：

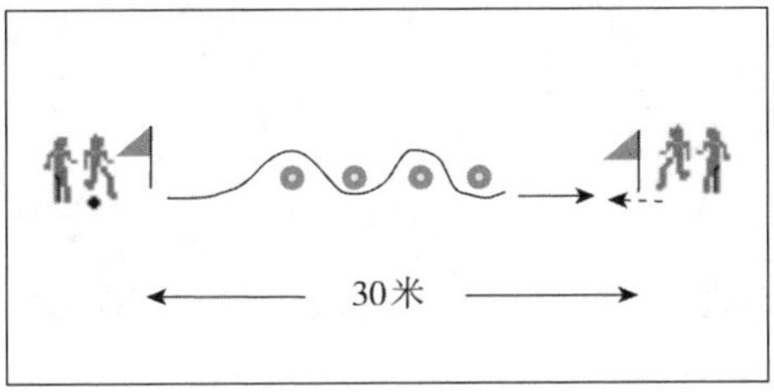

A

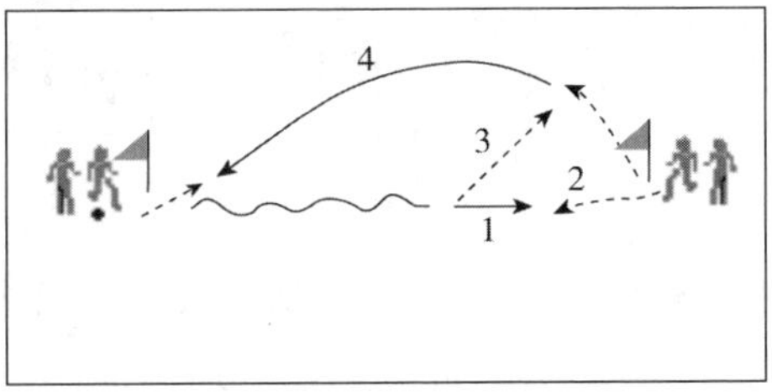

B

图 9–5–2

练习一 A：2 分钟运球传球

练习方法：运球过标志物后传球。

练习一 B：2 分钟运球二过一传球

练习方法：运球后与对面做二过一传球，对方接球后长传。

注：练习 2 分钟与练习一 A 交换。

练习二：半场 7 对 7 控球对抗（图 9–5–3）

图 9–5–3

练习组织：每队传控好本方球，并全力破坏对方的传控。

练习变化：可限制触球次数；可视情况调整场区或人数。

练习三：有氧低强度循环练习法（图 9–5–4）

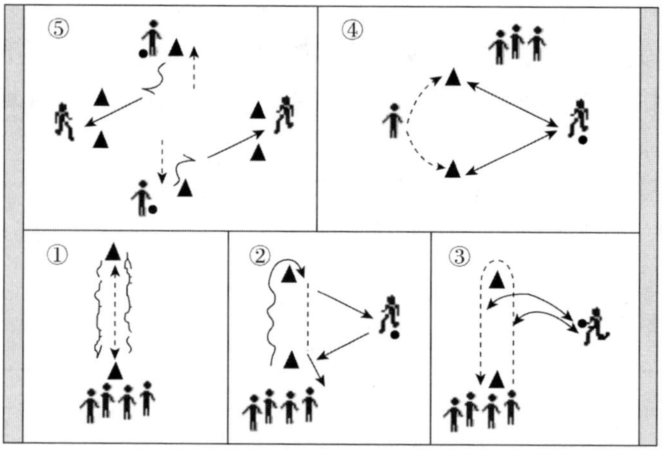

图 9–5–4

练习组织：分 5 站，每站 4 人，14 个标志物，2、3、4 站各设一个供球队员。

站 1：运球去—冲刺来回—运球返回。

站 2：运球—二过一传球。

站 3：冲刺跑途中头顶球。

站 4：侧前冲刺跑并直接回传球。

站 5：运球—传球—冲刺跑。

练习时间：每站 6 分钟，共 30 分钟。

练习四：跳跃—传球循环练习（图 9–5–5）

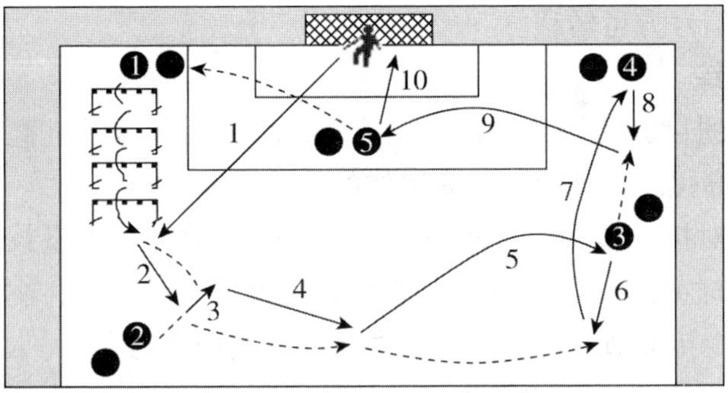

图 9-5-5

练习组织：1/2 场地，10 名队员，4 个栏架，多球。

练习步骤：从队员 ❶ 开始，跳过栏架接守门员长传，然后按逆时针方向进行传球和跑动接应，最后由队员 ❺ 接长传后完成射门。

练习时间：15 分钟。

（3）有氧高强度训练的组织。安排高强度训练，可通过运动员的心率掌握练习强度，平均心率要达到每分钟 180 次，心率变化幅度在每分钟 160~200 次，不应低于建议的下限（160 次 / 分），或低于下限的时间不应过长，并控制间歇时间。

训练示例（图 9-5-6）：

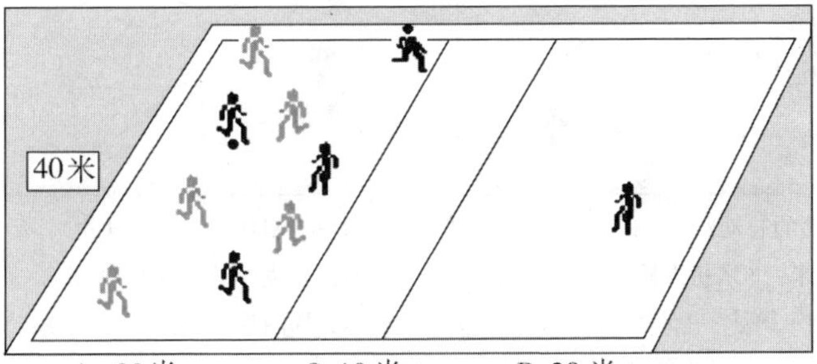

图 9-5-6 有氧高强度训练示例

练习名称：5 对 5 传抢对抗。

练习组织：在 A、B 区交替转移传抢，每次换区后，传球队员留下。

练习类型：间歇训练，每组训练持续时间 3~6 分钟，间歇 3~6 分钟，训练与间歇比例约为 1∶1。

练习变化：（1）2~3 次转移成功得 1 分。

（2）传够一定次数才可转移。

（3）听一定的信号方可转移。

2. 无氧能力训练

无氧能力训练的目标：提高快速反应能力；增强无氧系统在高强度运动中产生力量和能量的效能；高强度运动后，提高机体的快速恢复能力。

在快速激烈的对抗环境中，要求球员“爆发性”地完成大量技战术活动，如抢断球、抢点射门、运球突破、拼抢对抗、急停变向等，这些活动，主要是由 ATP-CP 系统供能。因此，青少年无氧能力的训练，主要以速度训练为主。

速度素质是人体快速运动的能力，是足球一项重要的运动素质。速度与力量结合可构成速度力量，与耐力结合则构成速度耐力。因此在速度敏感期加强速度训练，发展速度能力十分有效，也十分必要。

（1）速度训练的组织。进行足球速度训练，重要的是将认知决策速度与动作速度相结合，动作速度与身体平衡相结合，无球速度与有球速度相结合。速度训练应安排在训练的前半部，要在充分热身后进行；每次练习的时间控制在 2~10 秒，练习要竭尽全力。练习的间歇时间要充足，至少是练习时间的 5 倍，使身体基本达到完全恢复。

训练示例 1（图 9-5-7）：

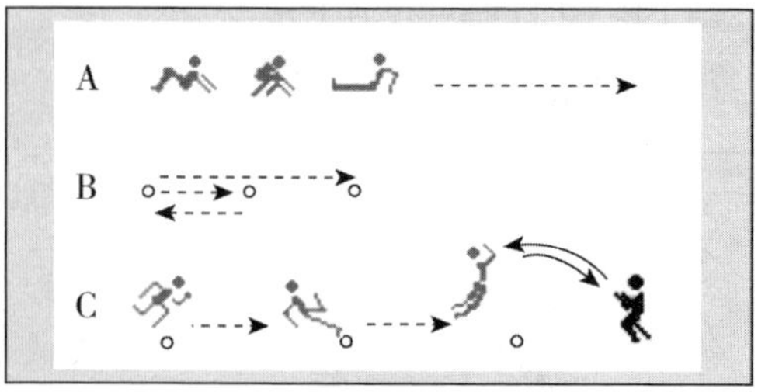

A：各种姿势的起动跑 10 米。
B：4 米 + 4 米 = 8 米折返跑。
C：4 米冲刺 + 铲球 + 4 米冲顶。

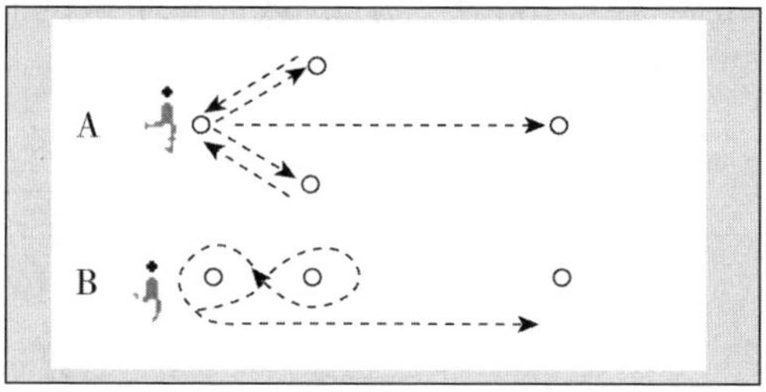

A：先斜线（2 米 × 4 次）、后直线加速（5 米）。
B：先绕“8”字跑（2 米），后直线加速跑（5 米）。
A、B 两项交替完成。

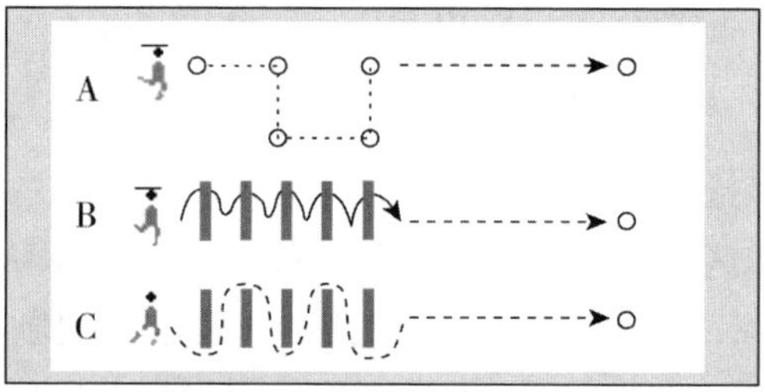

A：高抬腿前、侧、前、侧、冲刺
B：跳过 5 个栏架（40 厘米）+ 冲刺
C：绕过 5 个栏架 + 冲刺

图 9-5-7　速度练习示例

训练示例 2（图 9−5−8）：

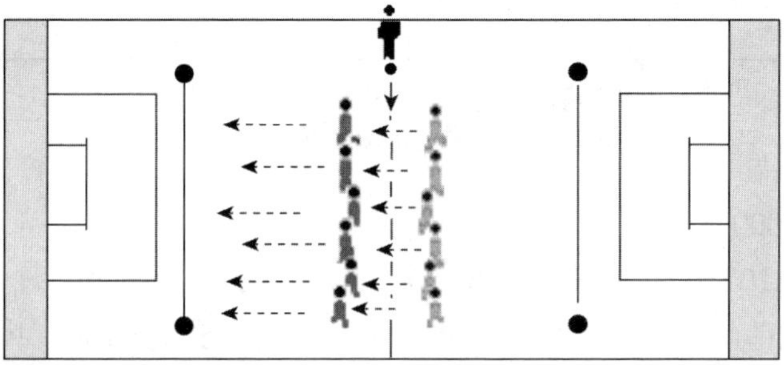

图 9−5−8 追逐游戏

练习名称：追逐游戏。

练习组织：每队各 10 人面对站立，教练向其中 2 人抛球。红方得球，红追蓝；蓝方得球，蓝追红，阻止对方跑进标志线。

练习时间：10 分钟。

训练示例 3（图 9−5−9）：

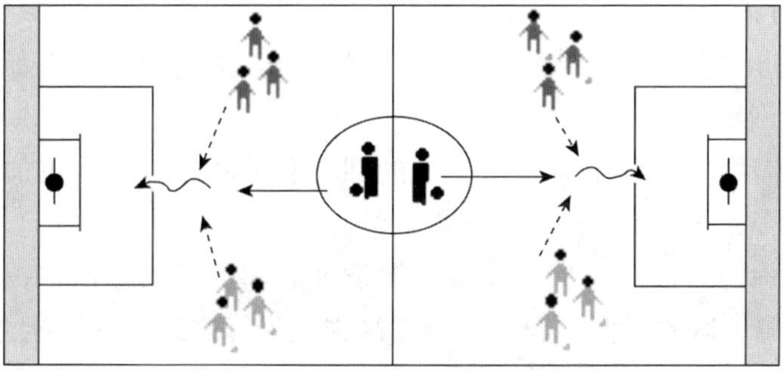

图 9−5−9 争球射门

练习名称：争球射门。

练习组织：12 人分为两组，每组 1/2 场地，每组一名守门员。两人一组，争教练发出的球，得球者攻，无球者防，交替进行。

练习时间：15 分钟。

（2）速度耐力训练的组织。速度耐力训练的运动强度应接近极限；按照快慢交替的原则组织练习；练习的时间建议掌握在 20 秒以上；速度耐力训练可分为提高性训练与维护性训练。提高性训练的目的是提高在相对较短时间内极限运动的能力；而维护性训练的目的则是提高维持高强度运动状态的能力。

训练示例4（图9-5-10）：

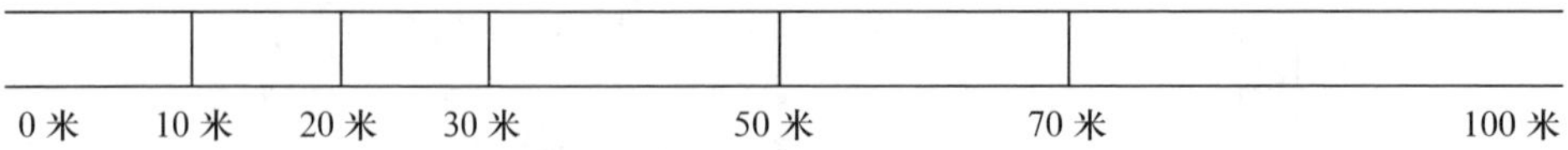

图9-5-10 速度耐力训练法示例

练习名称：3 000米速度耐力跑。

练习方法：将100米按上图分割成三个10米，两个20米和一个30米的不同段落。按要求进行不同段落的快跑或慢跑。每500米为一组，进行间歇，共进行6组。

第一组：（从左侧起）100米慢—20米快—30米慢—50米快—70米慢—30米快—（10米×5）快—50米慢—30米快—70米慢；

第二组：30米慢—（20米×2）快—（10米×3）快，来回做5次；

第三组：（10米×5）快—50米慢—30米快—70米慢—（20米×5）快—70米慢—30米快—50米慢—30米快—20米慢；

第四组：同第二组；

第五组：同第三组；

第六组：100米×5次。

练习类型：间歇式。不完全恢复，当心率恢复至120次/分，开始下一组。

3. **特定力量训练**

足球比赛所需的力量和耐力经过系统的训练会不断提高。为更加有效增强和平衡某些肌肉力量，需要进行一些特定的肌肉训练。

特定力量训练的目标：增加在比赛中爆发性肌肉力量的输出，提高肌肉维持高强度运动的效能，避免运动损伤，提高肌肉在高强度训练之后的恢复能力。

（1）力量训练组织。力量训练前要充分热身；一组练习后，要有足够的休息时间；要限定练习的速度和强度，练习时间建议在5~10秒；尽可能将传统力量训练与功能性训练结合，尤其是青少年群体，建议多以功能性训练为主；力量训练课后，要进行充分的牵拉放松。

力量练习应注意以下几点：

① 以提高速度力量为主，强调轻负重快速度进行力量练习。

② 通过功能性训练提高核心力量与关节稳定性，降低运动损伤发生的概率。

③ 注意采用极限和次极限负荷强度，以提高快肌纤维的功能，练习的次数和组数不宜过多。

④ 力量练习后，应有2~6周的减量练习阶段，以便通过“延缓转化”把所提高的

力量能力转移到速度能力上。

⑤ 多做一些快速伸缩复合练习（如多级跳、跳深等），以提高肌肉收缩时的快速力量。但在进行该类型训练前，必须具备一定水平的力量基础。

⑥ 青少年（16 岁以下）建议不采用或少采用负重形式，应以克服自身阻力为主。

⑦ 多采用功能性训练发展最大速度、加速能力与多方向移动能力。

（2）力量耐力训练的组织。力量耐力训练能够发展肌肉在无氧环境下发挥力量的能力。练习的负荷不应过大；针对一个肌群的练习要保持一定持续时间，建议在 15 秒钟以上；可以选择动态和静态方式，或两者交替进行；练习间歇建议采用不完全恢复方法。

（3）柔韧训练的组织。柔韧性训练通常采用牵拉的方法。热身活动的牵拉，可有效提高肌肉工作的适应性；而放松活动的牵拉，则可调节肌肉紧张，加快消除肌肉疲劳。牵拉练习应在肌肉预热之后进行。如果在训练或比赛前，单个动作牵拉时间不宜过长；如果在训练或比赛后，单个动作牵拉时间建议不少于 30 秒。受牵拉肌肉要保持中等强度的牵拉感，在不引起疼痛感的前提下加大拉伸动作幅度。主要牵拉方法包括静态牵拉法、动态牵拉法、本体感觉神经肌肉促进法（简称“PNF 牵拉”）、主动分离式牵拉法（简称“AIS 牵拉”）等。

第六节 足球运动员的心理训练

心理训练是一种有指向的心理施压，以提高心理承受力和适应力。

一、足球心理训练的意义与作用

（一）心理训练的意义

心理训练是足球训练不可或缺的部分。现代足球比赛胜负的偶然性、不可预测性增大了球员比赛的紧张和焦虑程度。比赛层次越高，球员对比赛的期望值越高，心理的负荷和压力就越大，其心理的比赛主导性就越强。通过有效的心理训练，可加强心理定力，增强比赛自信，排除消极干扰，变压力为动力，产生比赛增力情绪，有利于能力的正常发挥。

（二）心理训练的作用

1. 促进心理过程的完善

心理活动在比赛中起着重要的作用。一名优秀的球员，除了通过训练储备物质能量，还必须在平时的训练中重视心理训练，注意心理引导，逐步完善心理过程，提高心理素质，培养足球比赛所需要的精、气、神，促进身心统一的发展和优化。

2. 促进个性品质的发展

球队是一个整体，它由不同个性品质的球员构成，因而足球比赛既讲整体，又讲个性，相互兼容，共荣共生。球员的鲜明个性特征，容易刻画比赛的烙印。足球比赛的运动特征、位置特征（表 9-6-1），为球员个性提供了展示的平台，心理训练能促进球员的个性心理特质的发展。

▶ 表 9-6-1 不同位置队员的个性心理特征

个性品质	总体水平	后卫	前卫	前锋
果断	2.10	2.14	2.10	2.25
自制	2.43	2.27	2.50	2.75
自信	2.45	2.45	2.10	2.75
决策	2.45	2.45	2.20	2.75
意志力	2.73	2.58	2.80	2.75
适应性	2.70	2.63	2.70	2.62

资料来源：中国体育教练员岗位培训教材《足球》

3. 促进积极心态的形成

良好的比赛心态决定良好的比赛状态。心态的形成取决于认知过程和情感体验。认知过程决定对比赛的预期和心理定向，并产生相应强度的心理准备和注意力指向。情感体验则反映对比赛刺激的态度，积极态度产生动力，消极态度产生阻力。心理训练可通过优化认知和情感心理，帮助球员树立积极的比赛心态。

二、青少年心理发展特征

（一）青少年智力的发展

智力结构主要由观察力、记忆力、思维能力和操作力有机构成。据麦尔斯研究，知觉能力发展较早，其次是记忆力、动作及反应速度，思维能力虽有发展但仍不成熟，比较判断能力相对较差。青少年时期是智力发育的重要时期，积极参与学习和各种运动实践，对其智力的开发，尤其对操作思维能力的形成十分有益。

（二）青少年思维的发展

青少年时期的形象思维发展较快。因此，多采用直观式训练，"看我做""跟我学""这样踢"，都有助于建立运动表象，形成动作概念，使球员易懂易学。在思维发展期，要帮助球员学会发现比赛问题、分析比赛问题、解决比赛问题的方法，培养其阅读比赛和善于思考的习惯，促进战术思维力的发展。

（三）青少年的情感特征

青少年球员的情感丰富，容易触景生情；情感的矛盾性，导致情感爆发速度快、强度大，易自相矛盾；情感的两极性，使其在肯定与否定、积极与消极、激动与平静间激荡；情感自控力弱，引发他们的敏感、紧张、情绪外泄，无法自控或自我封闭等。足球比赛的无形压力必然导致紧张与焦虑，这是面对压力的情绪和行为反应（图 9–6–1，图 9–6–2）。因此，加强球员情绪自控力的训练，使其面对压力能调控好比赛心态尤其重要。

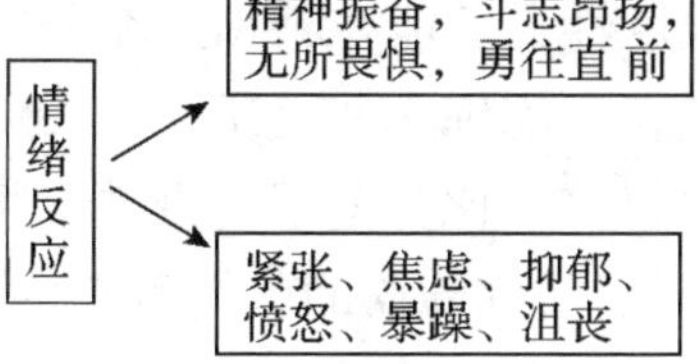

图 9–6–1　面对压力的情绪反应

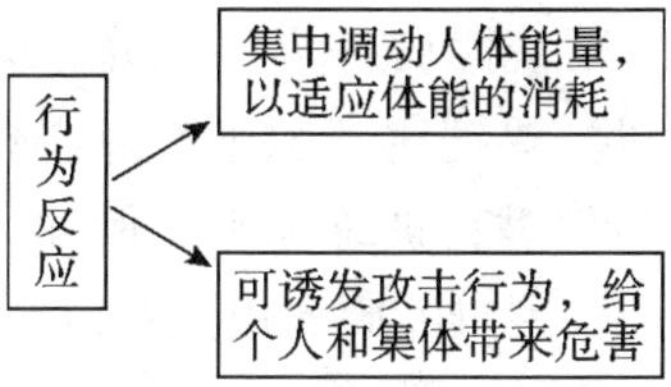

图 9–6–2　面对压力的行为反应

（四）青少年的注意特征

青少年生性活泼，其注意力水平发展相对较弱，突出表现为好奇心强、易受外界因素干扰、可诱导性强、注意转移快、集中和稳定性弱等。这些对足球技能的学习，对比赛发挥的稳定性，都会产生消极影响。教练员应采取积极有效的措施，加强青少年注意力品质的培养，使他们能全身心地投入训练和比赛。

（五）青少年自我意识的发展

自我意识简言之就是自知之明，是个体进行自我认识、自我评价、自我体验、自我控制的一种意识。青少年的自我评价感性成分多，理性成分少。对他人的评价十分敏感和在意，常会引发强烈的情绪波动。因此，训练中应多采用激励原则，多进行正面评价，多给予积极鼓励，对增强他们的自信有帮助。

三、足球运动员的心理训练

（一）改善心理品质的训练

1. 意志品质培养

意志品质是球员必须具备的心理品质。它与运动员的动机、认识、情感密切关联，并具有鲜明的目的性、果断性、坚毅性、自控性等特性，是足球运动所必须的品质特性，是球员比赛能力的要素之一，也是球队战斗力的意志体现。

培养意志品质的基本方法如下：

（1）对足球情感的培养。人们习惯视情意为一体，是因为情感不仅决定意志力的强弱，还影响意志活动的方向。积极的情感能转化为坚定不移的足球意志，形成坚不可摧的足球力量。球王贝利之所以把足球视为生命，就源于他对足球的热爱，对足球的执着和付出。教练员要通过足球教育，引导孩子从接触足球、到认识足球、到喜欢足球、到热爱足球的全过程。

（2）设置情境障碍。只有充分考虑比赛的艰巨性，才能在精神上充分准备，在训练上积极应对。要把比赛困难和障碍想得多一些，考虑细一些，研究透一点，并将其设置为情境条件进行训练模拟。例如，设置以少打多、比分落后、错判误判、湿滑场地、客场氛围等困难障碍，以此磨炼队员克服困难、排除障碍的勇气和信心。

（3）通过实战锤炼意志。从难、从严、从实战，大运动量训练是中国竞技体育的制胜法宝。其思想核心是“从实战出发”，把赛场上的残酷性、对抗强度、比赛压力体现在训练中。使队员在一种高标准、严要求的训练环境中，充分体验和感受比赛中可能遇到的困难和障碍，使队员在困境中和逆境中培养知难而进、永不气馁的意志和斗志。

2. 注意力的训练

90分钟高强度、快节奏的足球比赛，要求球员能保持最佳的注意力水平，能够全神贯注、精力集中地关注比赛的进程，关注攻守的转换，关注球的发展，关注对比赛有实际意义的各个方面，丝毫的懈怠都可能功亏一篑，出现“黑色三分钟”的结果。

注意力训练的基本方法如下：

（1）严密地组织训练。高质量的训练有益于注意力的养成。高质量的足球训练，其训练内容要富有情趣，具有吸引性，训练手段要新颖实效，富有挑战性，训练安排要紧凑严密，具有压力感。在严密组织的训练环境中，训练条件不断变换，练习形式适时更新，新的任务不断出现，有助于球员注意力的保持，有利于注意力水平的提高，日积月累，就会养成良好的注意力习惯。当球员步入赛场时，当他们接触足球时，就会自觉地调动注意力水平。拖时间的训练组织，影响的不仅是技战术训练质量，还包括球员的注意力品质。

（2）设计练习的注意点。为了加强队员训练活动的注意力指向，可以根据实际需要，采用设定条件练习，来引导球员的注意，成为注意强化的焦点。例如，传抢练习时，可限定触球的次数，触球次数就成为练习的注意点；射门练习时，要求先观察再射门，观察守门员就成为练习的注意点；转移传球时，要求几次短传后再转移长传，短传次数就成为练习的注意点等。

（3）多球门的小型足球比赛。小型比赛本身具有很多注意力元素：首先是兴趣对注意的吸引，比赛的对抗性、竞争性把球员引入取胜的境界；其次是创造力激发的功能，多球门使比赛更加机动灵活、随机应变，球员必然积极开动思维，抉择最佳的进攻方向，选择最有利的突破口；再者是比赛压力，小场地使比赛节奏加快，频繁的攻守转换，严格的时空限制，使球员不能有丝毫的懈怠。这些特点有助于注意力水平的修炼。

（二）心理调节训练

在足球比赛过程中，“认知—情感—行为”链是影响比赛水平的一个系统。人的行为受制于情绪，心理调节的作用就是对情绪进行有效调控，对心态进行积极引导，以改善球员的心境，提高情绪的稳定性，把注意力转向比赛，并产生增力的情感，加快体内物质与能量的转换。

心理调节的基本方法如下：

（1）比赛应激情绪的调节。运动员对比赛目标和自身实力否定的认知态度会导致消极的情绪体验，产生赛前紧张和焦虑状态。此时，可采用表情调节、音乐调节、呼吸调节、暗示调节法激励自我，调节情绪和提高自信。

（2）积极调动，充分准备。重大比赛前，要求球员有高水平的心理准备和动员。通过“我可以”“我能够”等积极性心理动员，使增力情绪处于上升态势，具体表现为：身体充满活力，意识清晰明确，注意力集中，动作控制自如，身体内外环境感受清楚，能适时、适度、适需调整行为，使身心处于最佳状态。

（3）合理定位，摆正角色。比赛有强有弱是客观现实，但强弱定位则取决于主观意念。意念不同，其思维定式也不同，一种是积极的“搏”，一种是消极的“保”。“保”者心理压力大，其心理活动复杂矛盾，容易内耗有限的心理能量。“搏”者精神动力强，其心理活动积极向上，容易迸发激情，有利于释放机体最强的能量。

（4）找准定向，注重过程。比赛心理定向是指对比赛的心理预期。竞技体育比的就是输赢，论的就是成败。期望胜利是一种进取的精神，是一种积极的态度，但不能背上“想赢怕输”的包袱，包袱越重，胜利的脚步就越沉重，成功的概率就越低。教练员要通过积极有效的心理诱导，使球员摆正心态，放下包袱，轻装上阵，注重比赛过程，重视水平发挥，看淡胜负名利。

（5）超越自我，体现价值。超越自我是一种精神的能动，是一种心理能量的爆发。许多比赛的失利，并不是因为对手有多么强大，而是输给了自己，未战先败，就是败在心理。超越自我，就是要排除私心杂念，摆脱失败的阴影，抛开原有的思维定式，勇于挑战，敢于碰硬，在自主意识的控制下，通过战胜自我、战胜对手，在自信的气势下，通过战胜对手体现价值。

（6）语言暗示，提升心力。语言暗示是指用特定语言对球员施加心理影响的训练方法。语言暗示分他人暗示和自我暗示两种：自我暗示（如稳住、坚持住等）是借助第二信号系统的作用，调节球员大脑的兴奋水平，使之保持稳定的心理状态；他人暗示（如顶住，压上等）既能对心态产生积极影响，又可以产生激励作用。进行语言暗示训练时，语言要精练，语调要适度，表达要通俗。要根据暗示的设定程序，循序渐进地进行暗示训练，并定期检查效果。

（7）对症下药，解开心结。无法可循会增加压力，无计可施会增加焦虑。队员在比赛中出现紧张和焦虑，通常是缺乏解决问题的策略和方法。此时，教练员可以通过改变局势或变化得分来转换心态。例如，当对方射手多次突破，对球门构成威胁时，需派专人对其实行紧逼，使其不能轻易得球，方可排忧解愁，解开心结；又如，临近终场比分落后时，队员势必会焦虑急躁，教练员通过果断换人或变换战术追平比分，方可改变心态，稳定情绪。

思考与练习

1. 如何理解进行简化足球练习的训练观念？在训练中如何设计小型比赛练习？如何理解“典型足球局面”的概念及其训练意义？

2. 分析个人或同伴的情况，设计一份年度训练计划、阶段训练计划、课时训练计划和身体训练计划。

3. 为什么足球训练课内容的选择与安排必须以足球比赛的内容为重要依据？在脚内侧接、传球技术和二过一战术配合的教学训练中，你准备安排哪些相关练习内容来实现训练课目标？

4. 在综合训练课中，安排不同训练内容的顺序应遵循原则是什么？为什么速度、灵敏、柔韧等训练内容应放在技战术训练之前，而力量耐力、有氧耐力等训练内容则应放在技战术训练之后？

5. 影响一次训练课中重复练习的次 / 组数的主要因素有哪些？在足球技术训练课中，应从哪些方面着手最大限度地追求练习的重复次 / 组数？

6. 在足球训练课中，练习空间的大小、练习人数和练习用球的数量是控制与调整训练负荷量度的重要因素。试设计 1~2 例技战术或体能练习的实例，并通过对上述三个负荷影响因素的变化来改变原有练习负荷量度的大小。

7. 根据对一次足球训练课的负荷节奏或负荷变化的理解，试画出一次 90 分钟训练课的负荷曲线图，标注出训练课的具体学习阶段及练习时段，并简要说明画出这一训练课负荷曲线的主要依据。

第十章

足球比赛的指导工作

本章提要

本章主要介绍了在现代足球比赛中，作为一名教练员如何分析比赛、阅读比赛，还介绍了教练员在赛前及赛中的决策过程、临场如何指挥球队、控制比赛以及针对不同比赛环境条件运用不同的战术。

学习目标

1. 了解足球比赛分析的内容和形式
2. 了解教练员赛前准备工作的内容
3. 了解足球教练员临场指挥要做的工作
4. 了解不同比赛环境条件下的战术运用

第一节　足球比赛的分析

一、比赛分析的内容

对足球比赛的分析，能够帮助教练员清楚地了解比赛中双方球队的优势和劣势。教练员分析比赛的内容主要包括比赛中双方所表现出来的整体打法特点以及局部、个人、定位球进攻和防守特点等方面。通过对这些内容的分析，可以反映出球队整体战术指导思想以及运动员所擅长运用的技术和战术。在分析比赛的基础上，可以帮助教练员更好地指挥球队的比赛及制订训练计划。

（一）整体打法的特点分析

足球比赛需要11名运动员在场上相互联系与协调配合。球队本身具有自己的特性，而球队的特性是由运动员的个性组成的。在比赛中，只有将运动员的技术水平、战术素养、身体素质和心理品质等方面都充分发挥出来，球队的整体实力才会提高。教练员在组建一支球队时，会根据球队目前的状况、球队的传统和特性以及运动员的能力来确定球队的打法风格。

球队的打法风格与比赛的排兵布阵有着密切的联系，它是一个球队所具有的独特的能够展现球队特点与优势、区别于其他球队的技术与战术体系。目前，世界足坛最具代表性的打法风格主要有欧洲式打法（以英格兰、德国为代表）、南美式打法（以巴西、阿根廷为代表）和欧洲拉丁式打法（以西班牙、葡萄牙为代表）。这三种打法风格各具特点，在技战术、身体和心理方面各有优势。

比赛阵型是比赛场上重要战术的组成部分，是队员在场上的位置排列形式，是球队攻守力量搭配和职责分工的基本形式，它对球队攻守战术有序地展开起着重要作用。足球比赛的阵型承载着球队战术变化的每一个细节，是形成比赛格局的重要环节。当前，世界高水平足球队在顶级比赛中主要采用4–2–3–1、4–3–3、4–4–2、3–5–2等阵型。而阵型排列不是固定的模式，即使同一阵型，根据队员技术特点的不同，其阵型的战术意识也有所不同。

教练员在分析球队整体打法特点时，要对各种打法风格的特点有充分的了解和认识，对本队和对手的打法风格要有正确的定位，并在此基础上对阵型以及人员安排进行细致的分析，找出在比赛中队员对战术指导思想执行情况成功和失败的地方，为更加完善球队的整体打法提供指导，同时也能掌握对手的战术指导思想以及执行中的优缺点，从而有针对性地制订比赛战术。

（二）进攻情况分析

1. 整体进攻

球队的整体进攻体现了整个球队协调一致行动的能力，体现了球队的进攻实力和配合能力。球队的整体机动性决定着球队实力的强弱，也是决定比赛胜负的关键。现代足球进攻战术打法更加突出整体性、多样性与实用性，进球的战术方式也多种多样。现代足球的进攻方式有阵地进攻和快速进攻，而在比赛中常用的整体进攻战术有边路进攻、中路进攻、转移进攻、层次进攻和破密集防守进攻等。教练员通过对对方球队整体进攻特点的观察，记录对方球队运用各种进攻形式的次数与效果，可以判断出该球队在进攻上的侧重点和擅长使用的进攻战术。例如，对方球队有 10 次进攻机会，一半以上从边路发起并形成威胁，这表明该球队进攻的指导思想是以边路为主。这就要求教练员分析出该队在边路进攻战术的运用中，是通过哪种方式形成威胁的，是突破还是传中，进而对防守提出具体的要求。教练员还要对该球队在所擅长的进攻战术中的主要活动区域、配合方式、突破方式、助攻的区域、助攻方式、射门区域、射门方式、关键队员的特点等方面进行具体分析，以便对防守提出具体的要求。

2. 局部进攻

在现代足球比赛中，局部配合战术越来越受到重视。具有良好的局部配合战术是一支优秀的技术型球队应具有的特征。局部进攻是指进攻中两个或几个队员之间的配合进攻，主要包括传切配合、交叉掩护配合和二过一配合。对局部进攻的分析可以从采用的配合方式和实施的区域两个方面进行。局部进攻配合传切速度快，运用形式多样，对对手防守压力大，在比赛中突破防守成功率较高。在制定防守策略时，教练员要根据对方在局部进攻中的战术合理地安排整体的防守和局部的保护与补位。

3. 个人进攻

个人进攻是指在比赛中，为了战胜对手采取的符合整体进攻目的的个人行动。个人进攻是构成局部进攻战术和整体进攻战术的重要环节。个人进攻分析主要针对个别球员在具体位置上的技术运用以及竞技水平发挥的表现，通过传球、射门、运球突破和摆脱跑位这些技术发生的次数、质量的统计分析，反映出一个球员的个人能力（对不了解的球员可通过此办法掌握其特点）。还可以通过某一具体的进攻技术的统计分析来掌握某一球员在进攻时运用技术的方式和起到的作用。例如，可以有针对性地对一名脚法出色的球星在比赛中的传球技术进行统计分析，通过统计他在比赛中运用的直接传球和间接传球，短传、中传和长传球，直传球、斜传球、横传球和回传球，向同伴脚下传球和向空当传球等，统计分析其传球的次数、区域和成功率。在他经常传出威胁球的区域应加强盯防，阻止、干扰其传球技术的发挥。

（三）防守情况分析

1. 整体防守

防守是球队获得最后胜利的根本保证。比赛中，在争取主动进攻的同时，还要力保不失球，这样才有可能保证获胜。比赛中，对于防守的观察与分析往往是与对方的进攻相呼应的，整体的防守战术安排也应根据对手的情况有针对性地制定。整体防守是指全队所采取的防守战术及思想。常用的防守战术主要有区域盯人防守、人盯人防守、混合盯人防守、向前压迫式防守、层次回撤式防守、快速密集防守。教练员和队员必须决定在某一情况下如何进行防守。

2. 局部防守

局部防守是在整体防守战术基础上对球队整体防守意识的实施，是根据场上的变化与防守位置的需要进行的局部小范围的防守配合，主要包括保护、补位和围抢。局部防守分析要按照比赛场地的位置与区域进行。通过对区域内相邻位置队员间防守配合情况的分析，可以避开对方防守密集区域，找到适宜实施围抢的区域。

3. 个人防守

球员是比赛场上的基本个体。个人防守是为了控制对手所采用的个人防守行动。个人防守是整体防守的基础，是实现整体防守成功的保证。个人防守主要包括人盯人、断球、抢球、封堵、头球、铲球和解围球等。教练员可以通过对以上各种指标数据的分析统计，评估球员个人防守能力的优势与劣势，从而有效地指导球员选择进攻与防守的战术。

（四）定位球情况分析

在现代足球比赛中，大约有 1/3 的进球都来自定位球。定位球进攻战术运用得好坏，已成为影响比赛成败的重要因素之一。定位球主要包括中点开球、任意球、角球、掷界外球、球门球和点球。定位球的分析主要包括定位球进攻和定位球防守。高水平的球队都有自己善于得分的定位球进攻战术，因此，对定位球进攻战术进行分析，可以帮助教练员有针对性地布置防守策略。与此同时，分析对手定位球的防守，可以发现并利用对手的弱点，取得进球。

1. 定位球进攻

对任意球和角球进行分析，对定位球的进攻与防守布置有很大的实际意义。任意球从进攻区域来分，可划分为罚球弧区域任意球、罚球区角及两侧区域任意球、罚球区内任意球。任意球从战术配合来分，可划分为直接射门、传球配合射门等。角球从位置上来分，可划分为左侧角球和右侧角球。角球从战术配合来分，可划分为短传角球和长传角球。教练员对定位球进攻进行分析，要关注对手经常采用，并具有威胁的战术配合及关键球员，让队员了解对手在不同区域可能使用的战术配合，以便在防守中预测并组织好防守。

2. 定位球防守

定位球的防守首先要对对方有一定的了解，分析对方守门员的特点及对方所采用的防守策略（人盯人防守、区域防守、还是混合防守），参与盯人或者保护的队员的个人能力等情况，发现并利用对手的不足。进攻时，球队应合理安排主罚球员及相关战术配合。

二、比赛分析的形式

教练员对于比赛的分析应通过有针对性、有侧重点的观察与阅读，收集各种信息并对其进行细致、深入的分析，将分析结果根据场上的变化合理地运用到比赛和训练当中。为了在不断动态变化的比赛中达到有效的控制，应高度重视训练以及比赛信息的采集。比赛分析的方式主要有临场观察分析法、录像分析观察法和软件分析法。

1. 临场观察分析法

临场观察是通过现场观察比赛来获取对某一球队、队员的认识。教练员可以对现场观察的比赛进行即刻的记录和标记，从而在赛中、赛后及时依据记录发现问题进行讲解并提出解决的方法。临场观察分析法的时效性比较强，记录的内容简捷、清晰，教练员可将出现的问题及时传达给场上的队员。

2. 录像分析观察法

录像分析观察法是教练员在赛前和赛后分析比赛常用的方法。录像分析可以从容不迫地多次重复观察比赛画面，细致研究对手和自身出现的问题，制订相应的训练计划或针对对手的战术。

3. 软件分析法

运用各种仪器分析足球比赛，可以获得比赛中双方的控球时间、射门、任意球、角球、越位、红黄牌、犯规等各种数据，还可以分析队员或对手的情况。例如，在比赛中每个球员攻入禁区的次数，从两侧进攻的次数；每个球员的体能状况，知道其在有球和无球时不同强度和不同时间段的跑动距离。

第二节 足球教练员对比赛的指导

一、教练员在赛前的决策过程

现代足球比赛是球队综合实力的竞争和较量。随着信息技术的快速发展，足球比赛对抗程度日趋激烈。教练员在赛前的准备工作不仅要求运动员调整到最佳的竞技状态，在比赛中发挥优异的运动水平，还要求教练员对球队的技术、战术及其整体状态有良好的把握。知己知彼，百战不殆。只有“知己”，才能合理地安排运动员的位置与出场人员。此外，只有把对手的身体状况、竞技状态、技术特点和战术能力等方面进行全面分析，才能做到心中有数，达到“以己之长，克彼之短”的效果。赛前准备工作主要分为信息情报的收集，研究对手、制订比赛方案，赛前准备会三个部分。

（一）信息情报的收集

1. 对手信息和情报

教练员在比赛前应全面了解对手的情况，做好赛前对手信息和情报的收集工作，对其特点及技战术方面的优劣势进行认真分析，这是从战略战术上争取比赛主动权和竞赛优势的关键。为此，教练员应该要力争获得对手更多的比赛信息。

（1）通过观看对手的比赛录像、训练、练习比赛、打探情报、现场比赛和运动员反馈等方法，可以了解对手近期比赛的信息、打法特点、核心队员的个性特征、技战术特点和身体状况，判断对方的攻击点和得分点在何处，分析对手可能出现的漏洞、弱点以及定位球的攻守特点等方面的情况。

（2）过去比赛经验。教练员凭借自己对比赛对手的认识和思维定式，在分析比赛对手时，可用以往如何与这种类型的球队进行比赛的经验来帮助分析目前的对手，进而在这种分析的基础上制定出比赛策略和方法。

（3）助理教练员的意见。教练员应重视助理教练员的意见。每个人思维方式都有其特点，在这些特点中，对事物的分析渠道和分析的顺序是不一样的，最后所得出的结果也不尽相同。这些不同的结果对主教练来说是非常重要的。

2. 本队的现状

在比赛前，教练员要对球队目前的状况有清醒的认识，包括对球队实力的评估、目前的排名情况、球队的战术打法风格、运动员的能力和状态、球队的优势和面临的困难（如伤病号和队员停赛）等。教练员在制定比赛目标和选择运动员参加比赛时，应综合考虑以上几个因素，根据运动员的能力和状态确定球队的打法。

3. 比赛环境和客观情况

客观环境因素是通过影响队员的竞技能力而间接作用于比赛成绩的。纵使教练员有卓越的指挥才能，运动员的竞技能力及比赛状态调整得都非常好，但倘若对比赛环境因素不适应，同样会影响球队的竞技能力。因此，教练员在赛前要做好调查工作，充分了解比赛环境和有关情况。

（二）研究对手，制定比赛方案

赛前，教练员应根据对方的实际情况进行充分的研究、分析，在充分了解掌握对方情况的前提下，再结合自身的特点确定应敌战术，就可以避免盲目性而取得比赛的主动权，从而达到克敌制胜的目的。

1. 确定比赛指导思想

足球比赛的最终目的是获取胜利，即尽可能多地把球攻入对方球门，同时力求少失球。最简单、最直接的办法就是把球推进到对方半场，使球靠近对方球门，同时远离本方球门，让比赛尽可能多地在对方半场进行。而在实际比赛中，指导思想需要教练员根据赛程、赛场、对手和本队的情况等多方面实际情况而定。

赛前准备工作是合理制定比赛指导思想的主要依据。如果对手相对较弱，可以采用“持续向前施压”的进攻方式，但在思想上和战术上不能轻视对手，从比赛的开始到结束应始终保持认真的态度，每个环节都不能放松，不给对手找到任何空当的机会，并在气势与实力上完全压制对手；如与本队水平相当的球队比赛，可以采用“控制节奏、稳扎稳打”的指导思想，要敢于控球，此时双方谁能争取更多的控球时间，谁就更主动。

2. 确定出场阵容

在足球比赛中，能否合理地安排先发出场的队员是整场比赛能否打好的关键。安排哪些队员先上场及上场的位置，要根据本队的实际情况、在进攻和防守中各自的职责、与同伴的合作效果、队员的身体状况、队员的红黄牌情况等方面来考虑。另外，教练员还应适当考虑对手的情况，根据对手的比赛阵型和战术打法来选择最合适的队员。正确的排兵布阵可以调动队员的积极性，充分发挥他们的技战术水平。

3. 制定比赛进攻和防守方案

比赛中的进攻和防守方案的制定要根据对手的情况，并且结合本队的特点，在尽可能地发挥队员特长的同时，又能很好地遏制对手。在球队备战中，教练员需要对进攻和防守方案的实施下很大功夫，通过 11 对 11 的比赛或者与其他球队的练习赛，选择最适合球员的战术方案，并确保所有人都能理解球队在尽力做什么。

4. 明确任务和要求，估计会遇到的困难

在分析对手情况的基础上，根据本队情况，教练员要制定一个合理的比赛目标。一个好的目标应该既有一定的难度，又是可实现的。目标的设定可以给予运动员一定压力，使其具有紧迫感，让他们提前感受到比赛的紧张环境，将注意力集中到比赛当中。在制定目标时，切忌盲目制定高出本队能力、无法实现的目标，这样不仅起不到刺激的作用，反而会给队员心理造成很大的压力，从而影响到比赛时技战术水平的发挥。

比赛中往往会出现一些突发事情，如过早的失球、开局不久就被罚下一人、核心队员意外受伤、裁判员的错判漏判、天气的突然变化等，这时，教练员要提醒运动员做好充分的思想准备，要有决心和信心去面对任何困难。

（三）赛前准备会

1. 准备会前的预备会

（1）领队、教练员组预备会。教练组成员之间的相互合作是球队成功的基本要素。预备会应以赛前准备工作为基础，主教练应该与其他教练员共同研究分析赛前准备工作中收集的资料，对对手的情况以及自己球队的整体进行分析讨论。教练员之间意见应达成一致，确定比赛的指导思想、战术打法以及出场阵容。

（2）核心队员预备会。球队中的核心队员是教练员和运动员之间沟通的桥梁，在球队中起到建立队员间相互联系、相互团结、创造球队精神、肩负比赛中战术和决断的作用。在预备会中，教练员应该与核心队员认真讨论他们应该做什么、不应该做什么以及所处位置的职责，了解核心队员对比赛的态度与想法，并通过核心队员间接了解各队员的思想情况，使核心队员明确他们在比赛中的作用，进而在比赛中发挥出自己应有的水平。

（3）预备会的其他形式。由于足球比赛的特殊性，在一场比赛中，11 名运动员合理配合但又各司其职。每个人所需要承担的任务与工作都不尽相同，因此在赛前备战时，还应考虑各个位置队员的特点，有针对性地对他们进行布置与指导。

2. 准备会

（1）准备会的主要内容。准备会一般只能由队内人员参加，一方面是激励、鼓励球员，增强队员自信心，另一方面是技战术方面的指导，如个人、小组、整体怎样准备，角球、任意球怎样组织攻防。教练员要运用简单、清楚的语言宣布本场比赛的指导思想、上场阵容、比赛进攻和防守方案，明确任务和要求，估计会遇到的困难，并且要鼓励运动员提出和讨论不清楚的问题，让他们理解自己在球队中的作用和在比赛中担负的责任。

（2）准备会的要求及注意事项。准备会最好在赛前两小时举行，此时运动员的接受能力最好。会议不要持续时间太长，尽量不要超过 40 分钟。时间过长，运动员很难保持注意力的高度集中，并且会产生逆反心理。教练员可以采用直观教具来表达自己的信息和观点。教练员要预先收集对手的资料，通过分析，对对方每名队员和整个球队的实力进行评估和预测，从而让运动员摆正比赛的态度，做到心中有数、从容应对。

二、比赛的心理指导

运动员在进入比赛场地后，身心处于高度紧张状态之中，一切心理过程都进行得异常迅速、激烈、活跃。运动员在临场出现的紧张情绪，是机体对于新的环境和竞赛气氛而产生的内部反应。在一定程度内的紧张是符合身心活动规律的，有利于集中注意力，增强肌肉力量和提高反应能力。但如果出现过度紧张，就会导致恐惧、兴奋抑制、情绪低落等情感体验，以致丧失斗志。因此，比赛中如何使运动员保持最佳的心理状态，发挥出最佳的竞技水平，是每位教练员都必须认真考虑的问题。

在足球比赛中，良好的心理指导可以使运动员做出积极的行为，而不良的心理指导与暗示则会产生消极的效果。因此，教练员必须抓住每个运动员在比赛中心理状态的变化规律，从比赛实际出发，合理运用各种方法和手段，对运动员进行适时的指导。

（一）比赛的情绪调节

在足球比赛中，运动员心理状态的稳定性往往直接关系到比赛的胜负，即使一些微小的因素，有时也会引起运动员情绪的大起大落，从而打乱比赛的节奏，扭转比赛的局势。因此，情绪控制就成为比赛中运动员心理控制的核心。

1. 表情调节

表情调节是指通过有意识地改变自己的面部和姿态的表情以控制情绪的方法。情绪状态与外部表情有着密切的联系，可以通过改变外部表情的方法相应地改变情绪状态。如运动员感到紧张焦虑时，可以有意识地放松面部肌肉，不要咬牙，或者用手轻搓面部使面部肌肉有一种放松感。当比分落后，运动员往往心情沉重、情绪低落，这时教练员可以有意识地露出微笑，让队员丢下包袱、放松心情、沉着应战。

2. 呼吸调节

指通过调整呼吸的频率、深度和方式以控制情绪的方法。当比赛紧张或运动员到达极点时，常有呼吸不畅的感觉，这时可让运动员进行缓慢的呼气和吸气练习，这有利于降低情绪的兴奋性；当运动员情绪低沉时，可采用长吸气与有力的呼气的方式，这有助于提高情绪的兴奋性。

3. 暗示调节

暗示调节是通过言语暗示控制情绪和行为的方法，也可以用手势、表情或其他暗号来进行暗示。比赛中，教练员应尽量用积极语言分析对手情况，制定战术，树立信心。在给队员传达指令时，教练员应避免使用消极词语，如用“镇定”代替“别着急”，用积极鼓励的言语代替批评责备等。教练员的言语、手势、姿态、表情和眼神等都是传递暗示信息的媒介，可能会给运动员的心理带来重要影响。

（二）控制焦虑、消除紧张的方法

1. 明确焦虑产生的原因

体育竞赛是面对面的竞争，运动员往往要承受高心理负荷和高生理负荷。比赛的不确定性、比赛的怕输心理、比赛中害怕受伤、球场观众带来的压力都会使运动员产生焦虑和紧张情绪。教练员要想很好地控制运动员的紧张与焦虑，首先要做的就是找到其产生的原因。

2. 培养运动员的自信心

在足球比赛中，教练员多用积极性的言语与行为鼓励运动员的信心。特别是在比分落后时，运动员缺乏信心，进攻或防守时积极性和主动性降低，实施技战术的成功率不高，不能很好地掌握比赛节奏和得分良机。在这种情况下，首先要让运动员把注意力集中到比赛中去，采用符合比赛实际情况所需要的技战术。教练员可以采用换人的方法向场上队员传递消息，指出对方的弱点和不足，增加全队夺取比赛胜利的信心。

3. 排除外界干扰

足球比赛会有众多的关注者，这使得比赛有时成了一种当众表演行为。这对心理素质好的队员来说可以满足其表现欲望而提高斗志，但对心理素质不好的队员来说则会表现出怯场、不安和恐惧感，进而影响临场的发挥。比赛中，教练员要根据队员的不同情况有针对性地进行指导与暗示，有意识地让队员把注意力转移到比赛中。

4. 谈话诱导减轻压力

教练员积极正面的谈话会对运动员的心理产生积极的影响，从而影响运动员的行为。教练员同运动员交谈场上情况时，必须保持清醒的头脑和积极的态度，除了指出运动员错误的原因外，更要告诉运动员改正的方法，这样会使运动员在比赛中更主动，也更有助于他们技术水平的发挥。

（三）赛前兴奋的唤起

应激刺激引起的生理反应会使个体的唤醒水平提高。而唤醒的变化与运动员的比赛表现密切相关。足球运动所需要的唤醒水平稍高于平均水平。教练员在平时的训练与比赛中要注意把握每个队员的个性，在比赛中针对不同的人进行调节开导，从而让运动员保持最佳的运动状态。

（四）教练员中场指挥的策略

中场休息时，运动员在休息时间的心理活动是随着上半场的比赛情况而发生变化的。如果比分领先，多数队员会产生一种良好的自信状态，情绪比较稳定。在这种情况下，教练员应告诫队员不能放松大意，盲目自信。如果比分落后，部分队员会垂头丧气，对下半场比赛没有信心。这时，教练员的外部情感表现及情绪变化等会对运动员有很大的影响。此时，教练员可说一些热情鼓励的话，布置下半时的比赛任务。教练员应努力控制住自己的情绪，不要过分指责队员的不足，要恰如其分地分析原因，简明扼要地提出对策，使运动员集中注意力，准确理解、领会教练员的战略意图。

（五）教练员在比赛指导时应注意的事项

在比赛过程中，教练员的一举一动都会对运动员的心理和行为造成很大的影响。不正确的指导策略会增加运动员的焦虑和兴奋度。因此，教练员在比赛中，对自己的言行与指导方式要经过慎重的考虑与部署。在与运动员交流的过程中，还应该考虑到运动员的性格特征、交谈的原因、目的和场合等。在比赛进行时，教练员应注意以下事项：

1. 不要过分地干预运动员

在比赛过程中，教练员过于频繁地对某一个运动员发出指令，告诉运动员向前跑、向后跑、传球、过人等，会使运动员缺乏主见，感觉自己做的都是错的，对教练员的指令产生依赖性，不知道最好的行动方针、不知道即将发生什么、不知道别人期望自己做什么，是运动员产生紧张焦虑的主要原因。

2. 不要对运动员所犯的过错重复指责

运动员出现过错时，教练员不应重复指出队员的错误，而应该告诉队员改正错误的方法。例如，比赛中某个队员连续被对手突破，此时，教练员应避免说“你怎么这么笨，又让对方突破了”此类的话语，而应根据对手情况向队员指出防守时应注意的问题，如：“你给对手留的空当太大，要紧紧贴住进攻队员，阻止他带球转身。”

3. 避免过激行为

教练员有时会因为比赛场上一些不利于本队的因素，做出过激的行为，而这样的过激行为会通过教练的言行举止传达给队员，进而引起队员的心理变化。在比赛中，教练员应学会控制自己的情绪，运用合理且队员容易接受的方式传达自己的信息。比赛中如出现对裁判的不满、对手意外进球等情况，教练员应表现得沉着镇定，寻找弥补的方法，而不是从行为和言语上表示不满与气愤，这样不仅解决不了问题，还会影响到队员，导致更严重的后果。

4. 正确把握战术布置时机

有些焦虑的教练员会在赛前最后一分钟向队员布置战术打法，而此时运动员不可能像赛前那样完全领会教练员的意图。在这种情况下，教练员只会把自己的焦虑带给已经非常紧张的队员，从而影响运动员技术水平的发挥。

（六）教练员的角色作用

教练员在比赛中起着十分重要的作用，扮演着多种角色，不仅是一位教师传授知识、教授技巧，还是激励运动员比赛的启发鼓舞者；不仅要像公关代理一样与媒体及各方面打交道，更要作为运动员的朋友，与运动员一起并肩作战。

三、教练员在比赛中的决策过程和临场指挥

一场足球比赛的胜负是由多种因素决定的，包括队员的身体条件、技战术水平、心理、作风等主观因素。除运动员主观因素外，还有一些客观的因素。而即使所有因素都强于对手，也不一定会取得比赛的胜利。足球比赛绝不是简单的胜与负的关系，它不仅是队员与队员之间的比赛，也是双方教练员之间的智慧较量。教练员指挥得法，比赛可反败为胜，指挥失策则可能功败垂成，这足以体现出教练员临场指挥的重要性。

（一）临场观察

在一场对抗激烈、旗鼓相当的足球比赛中，教练员能否根据比赛进程适时调整战术及打法，反映了教练员的智慧与技战术实践能力。而从容自如地驾驭比赛，也是足球教练员展现其专业智慧和专业能力的过程。在比赛中，教练员要善于发现、分析和解决问题，观察比赛双方的情况，发现问题的实质，及时采取应变对策，下达各项比赛命令，引导比赛向着本方有利的方向发展。

比赛中，教练员要着眼于全局，根据比赛局面的不断变化，合理做出应对策略，

把握住队员的思想状况和技战术发挥情况。比赛中，经常出现的问题是当比赛领先时，特别是当对手比本方实力弱时，队员会产生轻敌麻痹、行动散漫、态度不认真的情况；当比赛不顺利、比分落后时，队员可能会出现互相埋怨、急躁蛮干和消极泄气，甚至不服从裁判等行为；当比赛处于关键时刻时，队员又容易出现思想紧张或急于求成等情况。比赛中，教练员应及时发现队员的思想变化，避免队员不良情绪的产生。同时，也要观察对手的思想和情绪变化，努力发现其破绽。

教练员除了要观察双方队员的思想和情绪变化外，更要时刻关注双方球队战术打法的变化和队员的技战术水平发挥情况。例如，对手的临场情况是否与准备会的介绍、布置相吻合，如果不同，其变化在哪里，其目的是什么？本队在赛前布置的攻防战术是否奏效？整体攻守的位置、距离保持是否合理，尤其作为攻防枢纽的中场是否得力？当对方出现换人时，其战术打法的变化在哪里？被换队员的技术特点是什么？发现有球员受伤和体能下降情况时，是决定让他继续坚持比赛还是需要换人？个别球员频频失误，发挥大失水准怎么办？比赛中，教练员要及时发现问题，果断做出判断，并将信息和指示及时传达给场上队员，统一思想，打好比赛。

（二）赛前临场指导

充分做好赛前准备活动是打好比赛开局、力争掌握比赛主动权的关键环节。教练员要特别重视准备活动，要求队员在赛前 45 分钟或 1 小时到达场地，先做一般身体活动，再做专项身体活动。要充分利用赛前 20 分钟的时间，采用平时较熟悉的练习内容，使队员逐步调整自己的各项器官机能，并尽快达到最佳竞技状态。

运动员在做准备活动的同时，教练员还要注意观察对方队员的情况。观看对方队员有无变化，与自己预计的有无差异，在开赛前对本队队员再做简明的布置。

赛前，教练员千万不要对运动员喋喋不休地谈比赛该怎么打，这只会对运动员产生消极的作用，教练员在队员面前应始终保持乐观积极的心态。如果在准备活动期间发现问题，教练员可以坐在某名即将上场的运动员身边，迅速而平静地向运动员交代几句关键要点。最后，教练员要带领全队以某种语言或动作表示对取得胜利的信心，以鼓舞全队士气。

（三）临场指挥

比赛进行中，教练员能够清晰地观察到场上发生的情况，此时，教练员要用运动员熟悉的一些术语，在恰当的时间里，以积极的、具有建设性的方式清晰地招呼运动员。教练员还可以使用预先约定好的暗号来表示将采用的打法。这时，教练员应主要强调战术、队伍的比赛组织和每个运动员具体的职责以及预测比赛中可能出现的多种可能性。

比赛中，教练员要集中注意力观察在各种情况下对方的战术打法以及本队队员执行作战方案的情况，如发现有不妥之处，要及时采取措施予以纠正，及时将正确讯息传递给运动员，这有助于球队的比赛和组织。

（1）本方占据优势时。按原定比赛方案进行，坚持前一段时间成功的进攻战术和防守战术，不宜调整阵容。当对方改变战术时，要当机立断，提示本队场上队员。为了避免放松思想的产生，教练员要提醒运动员提高注意力。如要传达意图，教练员可以采用与临近队员交流，再由此队员将讯息传达给场上其他队员，或以暗号做出提示。

（2）本方处于劣势时。首先要鼓舞士气，顽强奋战，增强由被动转为主动的自信心。其次要找出战术失误的主要原因，改变战术，采取有效的对策，加强薄弱环节，减少失误，尽力发挥个人和全队的特长，要求队长或核心队员起到带头作用，保持旺盛的斗志。再次可通过场上队员的位置转换或者换人，调整阵容，稳住阵脚，重新组织力量，以新的对策来扭转被动局面。

（3）双方势均力敌时。比赛中如出现持续的拉锯战，说明双方水平接近。此时，教练员应主动改变进攻策略，转移主攻方向，灵活机动地采取措施，抓住战机，攻击对方薄弱环节，但也要防止急于求胜而造成连连失误。

在比赛的过程中，教练员发出的指令必须清晰、准确，并且要明确告诉运动员该做什么。在时间紧迫的情况下，运动员需要简洁、快速的指令。

（四）中场指导

中场休息是教练员进行临场指挥的重要时机。比赛中，教练员可以做一些记录，但是要想在比赛中或者半场时作出很大的改动是很难的。教练员想要的，就是让队员尽力做正确的事情。中场休息时，教练员的讲话内容主要包括战术指导和鼓舞士气，针对上半时的比赛情况进行简单总结，讲话时不要批评队员的个人表现，而应指出全体队员的表现如何。此时，教练员不应过多分析上半场的情况，而应对队员的下半场踢法进行指导。当上半时占据优势时，教练员要提醒队员注意对方可能做出的人员调整和战术改变，使全队有充分的思想准备，同时提出相应的要求；当球队处于劣势时，教练员应适时地安抚队员，找出劣势原因，果断调整打法。

中场休息时，教练员可通过一些简短的话语稳住队员，使其表现得更好；教练员还可以通过和队长或关键队员个别讲话进行特殊指导。通过中场指导，可以使队员明确任务和优缺点，以便在下半时更好地发挥优势。

教练员在中场休息时，要为运动员制定新的奋斗目标，让他们感到在打上、下半场两场比赛，这样可以避免运动员产生放松思想，对处于逆境中的球队可以起到振作运动员精神、鼓舞球队士气的作用。

（五）比赛最后阶段的临场指挥

当两队的比分接近，最后 15~20 分钟往往是决定比赛胜负的关键时刻。到最后的关键时刻，教练员要准确把握和利用战机，采用变换战术或替换不同技术特点的队员上场等方法。

在比赛的最后阶段，教练员要根据场上的局势和比分情况，做出相应的决策和调整：

（1）比分领先时。应着重考虑稳固防守，但不能因过于保守而给对手太多的进攻机会，而应积极争取控球权，控制比赛节奏，伺机扩大战果。

（2）比分落后时。应考虑全力以赴、大胆进攻，此时，教练员应针对对手的防守漏洞，提出行之有效的战术安排，这是争取扳平或转败为胜的最好方法，而且可以避免盲目和急躁情绪的产生。此时，教练员可以通过变阵或换人来传达自己的指导思想。

（3）比赛成平局时。教练员应根据场上的形势变化做出下一步的部署，具体的指导思想与上面的两种情况大致相同。

如有延长期比赛，教练员应考虑延长期比赛的作战方案。在 90 分钟比赛结束前，考虑把体力好、善于罚点球的队员换上场。

第三节　不同比赛环境条件下的战术运用

足球比赛的胜负受诸多因素的影响。比赛双方球员的竞技实力是制胜的重要因素，但并不是全部。那些构成整体比赛要素、与实际比赛密不可分的比赛因素，如气候变化、场地条件、战术运用变化等，对比赛结果也会直接产生重大影响。因此，在足球实战中，教练员应尽可能多地考虑到有可能影响比赛结果的因素，善于充分利用有利因素，使其服务于比赛，同时最大限度地减少不利因素给比赛带来的负面影响。

一、天气因素

（一）刮风天比赛应考虑的因素

（1）进攻时应考虑的因素。顺风进攻时，应少直传，多斜传，多远射，注意控制传球力量；逆风进攻时，应少传高空球，多传地滚球、低平球和短传球。

（2）防守时应考虑的因素。顺风防守时，应考虑整体向前逼压，注意抢断地面和空中来球，或近身逼抢对方的第一传，尽量不让对手转身控球。逆风防守时，退守要快，严防对方打身后球，拖后中卫位置可适当落后，注意及时补位，防区适当扩大，封堵对方远射。守门员应随时做好扑接对方远射的准备，掌握好出击时机，防止对方顺风吊门。

（二）严寒条件下比赛应考虑的因素

（1）充分做好赛前热身活动，使队员的身心尽快进入比赛状态，防止受伤。

（2）比赛间歇或暂停时，队员应继续保持适当的活动，以保持肌肉良好的活动能力。

（3）比赛时，队员可穿长袖比赛服，戴手套。守门员可穿绒衣绒裤，以利于保暖。本队进攻时，守门员也要保持一定的活动，防止手脚僵硬失灵。

（4）中场休息和比赛结束后，应注意保暖，防止感冒。

（三）酷暑条件下比赛应考虑的因素

（1）适当缩短热身活动时间，避免过多地消耗体能与体内水分。

（2）注意控制好攻防节奏和速度，注重跑动的预见性与合理性，防止无谓的体能消耗。进攻时，应考虑多打控制球、多传球、少运球，不宜盲目长传冲吊，而要追求进攻的成功率。防守时，应以区域盯人为主，不盲目拼抢，适当收缩防区。

（3）赛中或中场休息时，可适当补充水分，但应有控制地饮水，切忌狂饮。

二、在高原比赛应考虑的因素

（1）高原上气压低，空气中含氧量少，运动员从平原到高原地带时，身体一时不能适应，剧烈运动后会出现气喘、头晕、两腿乏力等反应。因此，高原比赛前，必须进行适应性训练，到与比赛地点相同海拔及各种条件相似的地区进行训练，以克服高原反应带来的不良后果。

（2）给队员讲明高原反应的特点、克服高原反应的手段和时间，增强队员克服高原反应的自觉性与信心。

（3）加强运动员训练和比赛后的营养，督促运动员严格遵守作息制度，保证睡眠，为第二天的训练与比赛创造有利条件。

（4）提前到达比赛地，在适应性训练过程中安排一次较大运动量的训练。如果条件允许，应进行一次实战比赛练习，以使运动员的机体适应比赛的强度，逐步克服高原反应。

（5）赛前准备活动的时间要适当，防止过多消耗体力与水分。比赛中，要特别注意掌握攻防节奏，提高传接球配合的质量，不要盲目地冲击和轻易地丢球，以减少无谓的体力消耗。中场休息时，要控制饮水，切忌狂饮。

三、场地因素

（一）在雨天草皮或泥泞场地上比赛应考虑的因素

（1）选用长钉鞋，比赛中保持较低的身体重心，以利于维持身体平衡和快速起动、急停、转身。

（2）尽量把球踢到对方半场、对方身后去打。进攻中可多采用中长传，在前场可积极采用长传冲吊和跟进补射冲击对方球门的战术。

（3）对方守门员在雨天容易“脱手”或漏球，可在罚球区附近加强射门，并组织力量跟进捡漏。

（4）在雨天草皮或泥泞球场上，球落地后的方向与速度变化无常，因此，应尽量抢在空中或在球的第一落点处理球。

（5）球在雨天草皮，尤其是人工草皮球场上运行的速度很快，因此，地面传球时，应对人传、对脚下传。向对手身后传球的力量应适当，不宜过重。在泥泞的场地上比赛时，不宜过多传地面球。

（二）在人造草皮球场上比赛应考虑的问题

人造草皮的特点是场地弹性大，地面平整、柔滑，人易滑倒。应注意以下几点：

（1）比赛宜穿多胶钉足球鞋，以防止打滑。

（2）比赛中起动、急停、急转时，要注意降低身体重心，避免摔倒。

（3）接球时，力争拿第一落点，来不及拿第一落点时要设法争抢第二落点，注意防止球反弹过高而冒顶。

（4）人造草皮适合于完成主动倒地的攻防技战术动作，且效果较好。

思考与练习

1. 足球教练员分析比赛的内容主要包括哪些方面？
2. 足球教练员赛前准备工作包括哪几个方面？
3. 足球教练员控制焦虑、消除紧张的方法有哪些？
4. 在雨天或泥泞场地上比赛，教练员应提醒运动员注意哪些问题？

第十一章 足球运动员常见运动损伤的预防、处理与康复

本章提要

本章从足球运动的特点入手，着重阐述了在足球教学、训练与比赛中较常见的运动损伤，并对足球运动损伤的原因进行了探析。在此基础上，提出并简述了足球运动损伤的预防、处理与康复治疗的原则和方法。

学习目标

1. 了解足球运动中常见运动损伤的内外因
2. 掌握运动损伤预防、处理与康复的基本方法

第一节　足球运动员运动损伤的原因

足球运动损伤是指运动员在足球运动过程中其身体受到的各种伤害。运动损伤影响运动员的训练、比赛、运动水平和运动寿命，严重时可致残，甚至死亡。在足球运动中，下肢损伤最常见，占60%~90%，且多是软组织损伤。损伤中除一般常见的擦伤及挫伤外，踝关节扭伤最常见，其次是大腿前后肌肉拉伤和挫伤，再次是膝关节损伤。在膝关节损伤中，虽然半月板撕裂、十字韧带撕裂、髌骨骨折、髌骨软骨病等发生率不高，但是一旦发生这类损伤，治疗相对比较困难。通过对足球运动员运动损伤的调查分析，将导致运动损伤的原因（表11-1-1）分为内因和外因，内因包括身体素质、心理素质、技术水平、准备活动不足、运动性疲劳等，外因包括场地、天气、训练不科学、激烈的身体对抗、装备等。

▶ 表 11-1-1　足球运动员受伤原因统计表

受伤原因	犯规动作	动作粗野	合理冲撞	技术不正确	自己不注意	准备活动不足	身体力量不足	大运动量后疲劳	急性慢性劳损	旧伤复发	场地问题	服装问题	天气问题	不可避免的意外伤
例次	92	18	36	38	25	20	14	15	30	6	12	4	5	42
百分比 /%	25.7	5.1	10.1	10.6	7.1	5.3	3.9	4.3	8.4	1.7	3.4	1.1	1.5	11.8

一、内因

（一）身体素质

足球运动员的身体素质在足球运动中扮演着重要的角色。足球运动是一项包含高强度、间歇性的反复冲刺跑以及在剧烈拼抢中进行频繁攻守转换的运动项目，能量消耗较大，对抗性强，对体能要求非常高，这些特点决定了运动员必须具备良好的身体素质。速度、力量、耐力、柔韧、灵敏等任何一项素质欠缺，都会增加运动损伤的概率。关节功能不稳定易使运动员的膝关节和踝关节受伤。而肌力不均衡也易引起足球运动员受伤，如腿部肌力不均衡的运动员在做变向跑、急停、急转以及在双方争抢对脚时容易发生损伤。另外，陈旧性损伤和不完全康复也是造成再次损伤的危险因素。

（二）心理素质

随着足球运动竞技水平的不断提高，运动员因心理素质不过硬导致运动损伤的问题越来越突出。敌视、注意力不集中、胆怯和易激动等负面的个体心理特征都可能诱发运动损伤。另外，由观众嘲笑引发的高度紧张与焦虑，也会加深损伤程度和增加损伤次数，情绪压抑、低落、愤怒、负心境效应以及竞赛焦虑等，都可能会引发运动损伤。心理素质不稳定对损伤发生率和损伤程度都有一定的影响。因此，培养教练员与运动员具备识别并避免运动损伤的心理素质非常重要。

（三）技术水平

在足球运动中，技术水平与运动损伤发生相关。技术动作不规范，违反身体解剖结构和生理特点，不符合运动的生物力学原理，都很容易造成运动损伤。如在训练与比赛中，当对手接近或紧逼时不能将球控制在比较合理的位置，做出一些违反人体解剖学原理的动作，就极易造成损伤。

（四）准备活动不足

训练和赛前、赛间热身不充分是导致运动损伤的重要因素之一。有些运动员在比赛前由于过度兴奋或紧张，身体各运动关节未预热，心肺功能还处于平静时的黏滞状态时便踏上足球场，这种状态最容易受伤；有的运动员被换上场前未进行充分热身也易受伤。比赛时的运动强度比训练时大很多，身体对抗及技术动作的完成需要肌肉、骨骼、关节、韧带共同作用，但未预热的身体承受不了大强度、突然的刺激，极易造成肌肉拉伤、骨折、关节扭伤与错位、韧带撕裂等运动损伤。轻者需要队医紧急治疗，重者则不能参加比赛甚至要进行长时间的治疗与康复，更有甚者会从此告别球场。而心肺功能在未被激活的情况下参加激烈的足球比赛，很可能使内脏自主神经紊乱，心脏骤停，导致猝死。

（五）运动性疲劳

运动性疲劳大致可分为肌肉疲劳、神经疲劳和内脏疲劳三类。肌肉疲劳时，肌肉的伸缩、放松能力都会减弱，运动员在身体对抗及自我保护方面处于弱势，易造成损伤；神经疲劳时，大脑皮质功能下降，会出现类似反应迟钝、判断失误和注意力不集中等情况，在运动中被迫做出应急动作，极易造成肌肉、骨骼、关节等的应激损伤；内脏疲劳时，多为呼吸肌和心脏疲劳，呼吸变浅变快，气体交换能力下降，肌肉及关节供氧不足，运动能力下降，加之在外界环境的强迫下，也易造成运动损伤。此三类情况可能同时出现。

二、外因

（一）场地

足球场地条件较差一直以来都是导致足球运动员损伤的直接因素。场地的质量、辅助器材的安全可靠性和灯光条件等，都与运动损伤有很大的关系。好的足球场地草坪修剪平整且软硬适中，有利于避免运动员落地受伤；差的足球场地，地面坚硬而凹凸不平，很容易造成运动员的踝关节扭伤，长时间在地面过硬的场地上踢球可引起髌骨劳损，摔倒时也容易造成骨折或擦伤。

（二）天气

由于足球运动场地大、比赛时间长、技战术复杂，因此易受到天气的影响。例如，在气温高的地方或季节，运动员在长时间、大负荷运动后，会失去大量的水分和电解质，容易引起脱水、肌肉痉挛、注意力涣散等症状，从而增加受伤概率。同样，寒冷的天气、雨雪天等也会增加受伤的概率。

（三）训练不科学

一名优秀的教练员，不仅要熟练掌握训练技能，更要善于观察运动员的身心素质和生理机能，建立科学、合理的训练计划。在日常训练中，可通过一些生理指标判断运动员的身体状况，如心率、血乳酸、最大摄氧量等，并结合运动员年龄、性别和地域等特点，合理安排训练量及训练强度。不科学的训练方法易造成运动员疲劳及损伤。

（四）激烈的身体对抗

足球运动是同场竞技类的运动项目，规则允许双方进行合理的身体对抗。由于对抗激烈，双方队员的身体接触频繁，无论是合理的还是不合理的冲撞，都容易导致运动损伤。尤其是不合理的冲撞，由于队员的粗野动作或犯规动作引起的损伤占很大比例，如比赛中故意踢人、猛烈地冲撞对方队员、背后铲球、跳起蹬踏及暴力行为等，都极易造成运动损伤。

（五）装备

运动服过紧，鞋过大、过小，运动器具质量差以及未使用护具等均可增加运动损伤概率。研究发现，不用护腿板或使用护腿板不当会增加腿伤发生率。使用护踝带的运动员比未使用者踝关节受伤率低。踝关节有旧伤且未使用半固定矫正装置的运动员的踝关节扭伤率明显升高。部分膝关节扭伤经常是由于鞋钉插进地面的深度不同而导致的。

第二节　足球运动中常见的运动损伤

足球运动损伤多发生在下肢，其中，软组织损伤较普遍。

一、急性损伤

（一）踝关节扭伤

踝关节扭伤在足球运动中很常见，主要由于足部过度内翻或外翻造成踝关节扭伤。而内翻伤即踝外侧损伤较常见，这是由于踝外侧副韧带相对薄弱，踝内侧副韧带纤维致密坚韧、面积大，内翻肌力大于外翻肌力，外踝远端较内踝远端低，而距骨关节面前宽后窄。当踝关节跖屈时，使其稳定性变差，易发生侧向运动。足球运动员在跑跳运动时，踝关节处于内旋和内翻位的状态，如踩在别人脚上或球上以及在重心不稳的情况下，足外侧着地，踝关节过度内翻导致踝外侧损伤。伤后出现踝部疼痛、肿胀，严重者有皮下淤血，伤足不敢用力着地，走路呈跛行状态。而当运动员有受伤史或伤后未痊愈时，更容易发生踝关节扭伤（图 11-2-1）。

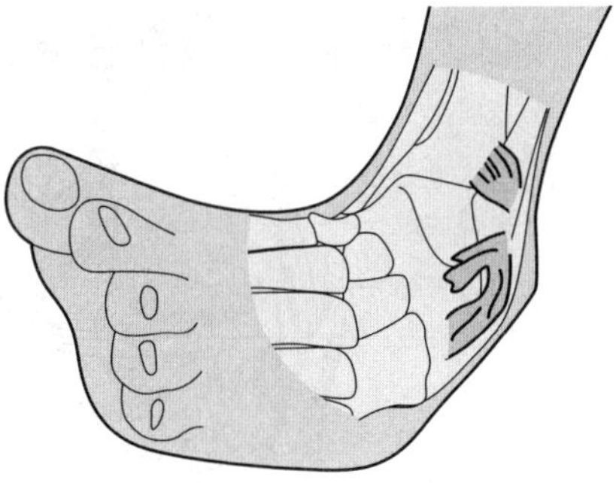

图 11-2-1　踝关节扭伤

（二）腓肠肌拉伤

腓肠肌拉伤是腓肠肌（图 11-2-2）的不完全撕裂，在足球运动中主要为急性间接暴力所致，与肌肉主动收缩的强大应力和外力的对抗有关，常发生于奔跑、跳跃或跨越等动作时。症状为突然感到损伤部位疼痛，很难用前脚掌着地行走，局部可出现出血和肿胀。损伤 2~3 天后受伤部位远端皮肤可出现瘀斑。轻微的腓肠肌拉伤经保守治疗数日即可痊愈，严重拉伤时，治疗休养时间较长，应引起重视。

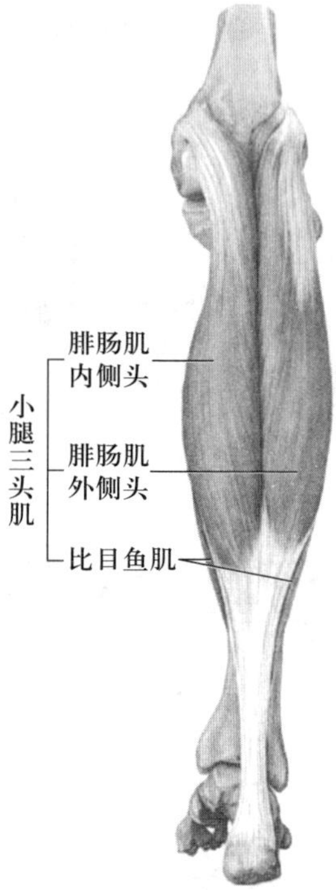

图 11-2-2　腓肠肌

（三）膝关节侧副韧带损伤

足球运动中膝关节损伤多为韧带损伤。而韧带损伤又以胫侧副韧带损伤最常见，其次为腓侧副韧带与前交叉韧带。胫侧副韧带在膝关节的韧带中最薄弱，因此最易损伤。其损伤常为膝外翻暴力所致，在足球运动中“二人对脚”时，脚与小腿固定，当小腿外旋或大腿内旋时膝外翻，或膝外侧受到暴力使膝外翻导致胫侧副韧带损伤。腓侧副韧带损伤常为膝内翻所致，此情况远远少于胫侧副韧带损伤。膝关节侧副韧带受伤时，可听到有韧带断裂的响声，很快便因剧烈疼痛而不能继续运动，膝部伤侧局部剧痛、肿胀、有时有瘀斑，膝关节不能完全伸直。胫侧副韧带损伤时，压痛点常在股骨内上髁或胫骨内髁的下缘处；外侧副韧带损伤时，压痛点在股骨外上髁或腓骨小头处（图 11-2-3）。

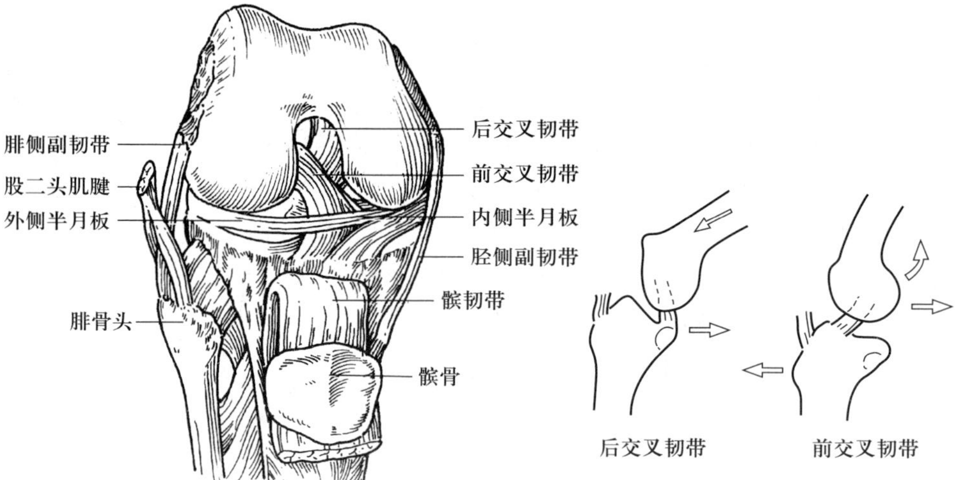

图 11-2-3　膝关节

（四）前交叉韧带损伤

足球运动中很多动作可导致前交叉韧带损伤，其中多为小腿过度旋转，同时膝内翻、外翻或膝关节过伸导致的损伤。例如，足球运动员在跑动中射门；膝关节在伸直或屈曲状态下突然减速、变向；一脚着地突然减速急停，另一脚起脚射门扭转躯干，着地扭转且膝外翻或内翻；运动员正脚背踢球“踢漏脚”时膝关节过伸；踢球时与人碰撞、腾空落地失衡时摔跤等多种情况下都会发生交叉韧带损伤。其症状为自觉有组织撕裂感，可听到“啪”的响声，随即感觉疼痛，不能完成正在进行的动作和行走，关节内出血、肿胀，随之疼痛加重，肌肉发生保护性痉挛，多数不能继续运动，甚至出现膝关节伸直和屈曲活动受限。若为前交叉韧带断裂，应在2周内进行手术修复。

（五）半月板损伤

半月板损伤主要由间接暴力所致，半月板处于股骨髁和胫骨平台之间。当膝关节伸屈同时突然猛烈扭转或膝关节扭转时突然屈伸，挤压半月板会导致其损伤。足球运动员在疾跑转向、急停转身或空踢球、接空中球时都可能引起半月板损伤。受伤后，膝关节剧痛，并迅速肿胀，不能自动伸直，少数患者会出现交锁现象和膝关节内响声。长期半蹲位，使膝关节常处于屈曲、伸直位，加上外翻和旋转动作可反复磨损外侧半月板或后角致其损伤。

（六）腘绳肌拉伤

腘绳肌（图 11-2-4）在大腿后侧，包括半膜肌、半腱肌和股二头肌。腘绳肌拉伤通常是肌肉与肌腱交界区的撕裂，此交界区很长，损伤能够发生在交界区任何部位。柔韧性下降及有腘绳肌损伤史的运动员容易发生腘绳肌拉伤。腘绳肌拉伤时，疼痛剧烈（多感觉好像有人重击大腿后部一下），迫使运动员终止活动，肌肉力量明显下降。在足球运动中，腘绳肌的急性拉伤多发生在运动员高速冲刺阶段肌肉被过度牵伸的情况下。腘绳肌拉伤是足球运动中最常见的肌肉损伤之一，且重返赛场后

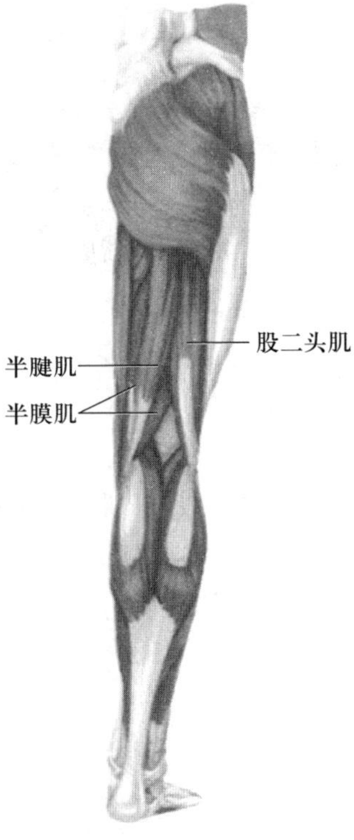

图 11-2-4 腘绳肌

复发率高。腘绳肌严重损伤时，需进行长期、全面的康复治疗，这将导致运动员长时间无法重返赛场。

（七）急性腰扭伤

急性腰扭伤常因在参加足球活动前未进行充分的热身活动，运动中过度伸屈、旋转度超过腰部耐受范围，如用力过猛、姿势不正确、突然跌扑、受到外来暴力直接击打腰部时，腰部肌肉和筋膜等受到剧烈牵拉所致。伤后出现腰部剧烈疼痛，疼痛呈持续性，严重者不能坐、站立、躺下等。

（八）脑震荡

脑震荡是头部受外力冲击引起的，由直接外力作用到头部、面部引起，如足球运动员头与头、头与门柱、头与地面以及头与球的碰撞；也可由间接性外力经身体其他任何一个部位传导到头部而引起。受伤者当即出现短暂意识障碍，常为数秒或数分钟，大多不超过半个小时。意识丧失期间伤者出现全身肌肉松弛、肌张力降低、面色苍白、呼吸浅慢等症状。清醒后伤者有逆行性近事遗忘、头痛、头晕、恶心、记忆力减退、视力模糊等症状，多数患者经短期休养后上述症状可消失。

二、慢性损伤

（一）足球踝（图 11-2-5）

足球踝是由于足部反复强力背伸活动，使胫骨远端与距骨之间直接相撞，长期刺激导致软组织瘢痕增生以及骨赘形成，进而导致踝关节胫骨前唇与距骨颈骨赘相互撞击而引起的疼痛。因此病常见于足球爱好者，故称“足球踝”。另外，用脚背、脚内侧或外侧踢球也可引起局部骨质增生。足球踝疼痛部位踝前居多，前方的骨赘可影响踝关节的背伸活动，导致背伸受限及疼痛，疼痛一般是在动作开始和终止时发生。

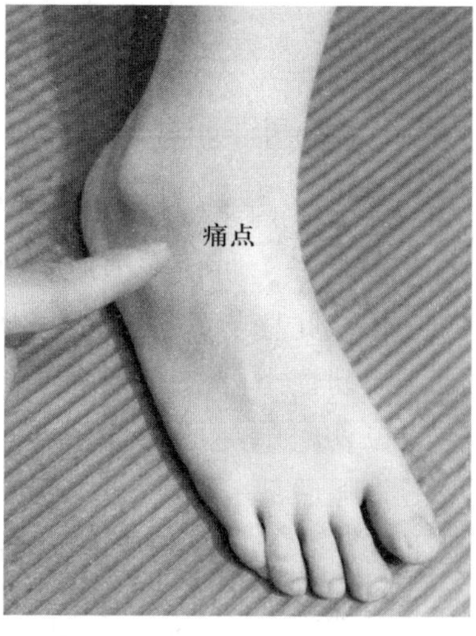

图 11-2-5 足球踝

（二）应力性骨膜炎

应力性骨膜炎又称疲劳性骨膜炎，是由于肌肉附着处的骨膜长期受到牵拉、肌张力过强，使骨膜充血、水肿或骨膜下出血，导致血肿机化、骨膜增生及炎症性改变。胫骨的应力性骨膜炎是足球运动员常见的过度使用损伤，主要表现为小腿内侧疼痛。在足球运动中，由于长期反复的跑或跳，容易发生胫骨的应力性骨膜炎。在跑跳过程中，前脚掌落地时的地面反作用力使胫前肌紧张，足部反复用力后蹬时小腿的肌肉附着点长期受牵扯、扭转或紧张，使小腿胫骨骨膜撕裂损伤。应力性骨膜炎一般伴有疼痛和肿胀，疼痛多发生在胫骨前面的骨板部。轻者或损伤早期仅在训练后疼痛，尤其在增大运动负荷后疼痛明显，休息后减轻。损伤继续发展则运动时即出现疼痛，严重者行走或不运动也疼痛，此时，运动员完全不能训练并需要长时间治疗休息，影响其正常比赛和训练。

（三）大腿内收肌腱病

大腿内收肌腱病是大腿内收肌群反复牵拉引起的腱内或腱围血管受损，引起血管腔变窄、血管硬化，使其血供减少、缺氧进而导致腱纤维或腱周围组织的变性、增生。大腿内收肌群（图 11-2-6）由长短、大小各不相同的 5 块肌肉组成，由浅及深分别为股薄肌、长收肌、耻骨肌、短收肌和大收肌，其主要作用是使下肢靠近中线，即内收动作。大腿内收肌腱病在足球运动员身上发生率较高，因为他们需要进行传球、射门和大腿侧向运动，这些运动会引起大腿内收肌的反复牵拉。其症状为疼痛、压痛，当足球运动员进行大腿侧向运动，特别是试图向他人传球时，便会诱发疼痛。

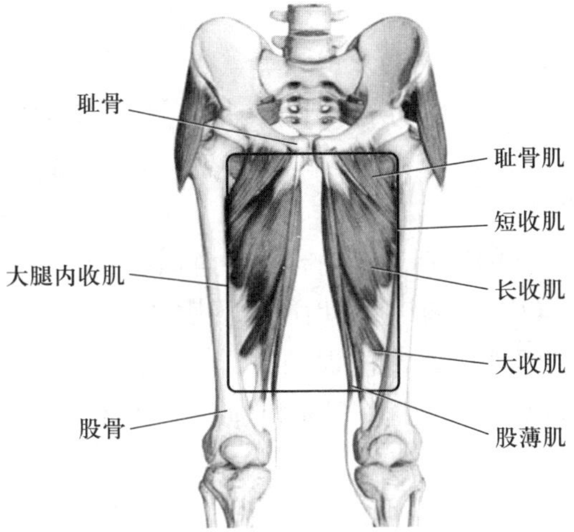

图 11-2-6　大腿内收肌群

第三节 足球运动损伤的预防、处理与康复

一、足球运动损伤的预防

预防是最好的治疗手段。在足球运动中，预防运动损伤应注意以下几点：

1. 训练前与赛前的预防

（1）训练前与赛前，热身活动一定要全面、充分地实现生理和心理的准备，并区别对待夏季和冬季的热身。

（2）准确的赛前心理调控与合理的膳食营养有助于减少运动损伤的发生。

（3）重视安全检查，注意提前排除运动场地和器材的安全隐患。

2. 训练与赛中的预防

（1）在训练与比赛中，应严格执行保护运动员身体健康的规定，运动员应注意穿好球袜，戴好护腿板、护踝带，重视足球鞋的质量等。

（2）加强裁判工作，严格执行比赛规则，对故意犯规、伤人者要从严处理。装备、场地及器材要符合比赛和训练的要求。

（3）提高医务人员的专业能力水平，合理配置医疗设备，运动员一旦发生运动损伤，应及时发现、及时处理。

3. 训练后与赛后的预防

（1）从思想上提高对运动损伤的认识，尊重队医的鉴定与建议。

（2）运动队应建立运动员个人伤病档案，对有骨折陈旧伤病史的运动员应定期复查，并提出营养和恢复方案。

4. 日常生活的预防

（1）科学安排不同阶段的运动训练内容，注意训练方法。

（2）全面提高身体素质，尤其注意均衡发展踝关节、膝关节及大腿、小腿肌群的力量和柔韧性，对易伤的肌群进行专门训练。

（3）运动员应严格遵守个人生活卫生准则，杜绝不良嗜好，如吸烟、酗酒和熬夜等。

（4）对教练员和运动员要加强职业道德教育，树立正确的比赛动机，杜绝蓄意犯规和故意伤人的行为。

二、足球运动损伤的处理

（一）急性损伤

运动中发生的损伤，轻者体表擦伤、裂伤，重者则骨折、关节脱位。运动损伤的急救非常关键，处理得当可减少并发症，缩短损伤愈合时间；若处理不当，可能会发生感染、延长损伤愈合时间，甚至留下残疾。因此，教练员和运动员掌握一些基本的运动损伤急救处理方法非常必要。

1. 擦伤

一般较轻、较小的擦伤，可用生理盐水冲洗伤部，再直接用碘伏消毒，无须包扎，一周可痊愈。较大的伤口易受污染，用碘伏在伤口周围消毒，如果创面中嵌入沙粒、炭渣、碎石等，用生理盐水棉球清除异物，适当包扎。关节周围的擦伤，在清洗、消毒后，宜涂抹消炎软膏，再用消毒敷料进行包扎。

2. 裂伤

轻微裂伤可先用碘伏和 75% 的酒精给损伤部位周边的皮肤消毒，用生理盐水清洁创口，再用止血贴粘贴。如果伤口较大、较深，污染、出血较严重时，应及时用止血带止血，用消毒敷料覆盖伤口，并及时送医院进行清创、缝合等处理，必要时可口服或注射抗生素药物预防感染。

裂伤处理

3. 挫伤

挫伤后，应立即进行局部冷敷或用冷冻喷雾剂治疗，并外敷新伤药，用海绵适当加压包扎，并抬高患肢，以减轻出血和肿胀。若挫伤伴有休克时，应使伤员平卧休息，并进行保温、止痛等处理；若疼痛剧烈者，可口服或注射止痛药物。严重者应立即送医院进一步医治。

4. 拉伤

拉伤后，应立即进行局部冷敷或用冷冻喷雾剂治疗，加压包扎，并把患肢放于受伤肌肉放松的位置，以减轻疼痛。肌纤维轻度拉伤及肌肉痉挛者，可用针刺疗法治疗。肌肉、肌腱部分或完全断裂者应在局部加压包扎、固定患肢后，立即送医院诊治，必要时予以手术治疗。

挫伤、拉伤、扭伤处理

5. 扭伤

关节扭伤后，急救处理时应仔细检查韧带是否部分撕裂或完全断裂，关节是否失去功能，然后局部冷敷或用冷冻喷雾剂治疗，用海绵垫加压包扎，并外敷新伤药，伤势严重者，应立即送医院进一步诊治。踝关节扭伤后，可立即用拇指压迫痛点。较轻或少部分断裂的韧带损伤可用黏带支持固定，并用弹力绷带包扎。若韧带完全断裂，则用海绵垫或较大的棉花垫进行加压包扎，并尽快送医院进行手术治疗。

6. 骨折

骨折发生后应立即停止伤肢的一切活动，尽快包扎固定。如有休克，应让伤员平躺保暖，针刺或点掐急救穴，如人中穴等。有伤口或开放性骨折的伤员，首先要止血，再用消毒纱布包扎，尽早送往医院进一步诊治。若伤口外有骨折断端，不可放回伤口内，以免引起感染，也不可任意去除。使用长度需超过骨折部位的夹板，且与皮肤之间放垫衬物固定。注意包扎不宜过紧。

骨折处理

7. 关节脱位

发生关节脱位后，对受伤关节进行临时固定，不可揉搓脱臼部位，防止休克，尽快送至医院。若肩部脱臼，将患侧肘关节屈曲 90°，用三角巾把前臂和肘部托起，挂在颈上；若腰椎脱臼，让伤者平躺于硬板担架上，及时送往医院处理。必要时可用镇痛药物。

（二）慢性损伤

慢性损伤较急性损伤多见，多发生于肌腱、韧带、滑囊等。多由急性损伤迁延不愈形成陈旧性损伤，或因局部长期、负荷过重，组织细微损伤累积所致。慢性损伤早期多无自觉症状，或仅有酸胀不适感，常被忽视。中后期则会出现疼痛等症状。慢性损伤的处理原则主要是缓解疼痛，改善伤部血液、淋巴循环，促进组织的新陈代谢。一般多采用综合性的治疗措施，包括理疗、按摩、药物治疗等，并尽早进行伤部功能康复训练。

三、足球运动损伤的康复

足球运动常见的运动损伤，除临床医学处理之外，科学的康复评估与治疗也至关重要。经过专业的康复评估和治疗，运动员能以最快的时间回到赛场。康复治疗需要专业的医护人员实施，运动队比较缺乏相关专业康复医护人员，往往需要到专业的康复机构进行治疗。

（一）康复原则

（1）分期治疗。运动损伤按照受伤时间，临床上可分为急性期、稳定期、恢复期。不同的时期，其康复的方式也有一定区别，在不同阶段应分别采用不同的治疗手段。

（2）区别对待。根据患者功能障碍特点、损伤情况、职业需求等，可制定个性化的康复目标和计划，并根据治疗进度和功能及时调整方案。

（3）循序渐进。根据损伤的进程，康复治疗的难度、强度和总量都应逐渐增加，使身体对运动负荷和相关治疗逐步适应。

（4）主动参与。康复训练需要患者的主动参与，这是提升康复治疗效果的关键。

（5）持之以恒。康复训练不是短期的，以功能锻炼为核心的康复训练，需要一定的时间累积才能获得显著的效果。

（6）心理疏导。通过教练、队友、朋友、师长、家人等各方提供的诸如“情绪性支持”“自尊性支持”“信息性支持”和“实质性支持”等，给运动员的伤病恢复提供显著的心理慰藉和心理支持。

（7）全面康复。运动损伤除了影响局部功能外，往往还影响患者的整体运动能力，如心肺耐力、身体协调能力以及运动成绩，因此，康复应全面考虑力量、速度、平衡、耐力以及心理等方面。

（二）常见的康复治疗方法

康复时，需要对患者的运动功能进行全面的评估，包括肌力、耐力、速度等。在科学的康复功能评估的基础之上，制定患者的康复方案。常见的康复治疗方法有以下几种：

（1）物理因子疗法。包括冷疗法、电脑中频疗法、干扰电、超短波疗法、微波疗法、光疗法、超声波疗法、磁疗法、蜡疗法。物理因子治疗有改善局部血液循环、消炎、镇痛、消肿等作用。

（2）中医传统康复。包括针灸、推拿、中药外敷、筋膜放松手法等。中医传统康复的作用与物理因子治疗的作用相似，但其治疗方式往往不需要特殊的设备，由专业人士徒手或用简单的工具即可进行，具有中医特色，值得推荐。

（3）运动疗法。包括由治疗师实施的手法治疗，如关节松动术、牵伸技术以及患者主动参与的训练，如柔韧性训练、肌力训练、本体感觉训练等。运动疗法的主要作用是增强患者的运动功能，改善本体感觉、身体平衡与协调能力等，这对运动员提高运动成绩和尽早回归赛场至关重要。

思考与练习

1. 在足球运动中，常见的运动损伤有哪些？应采取哪些预防措施？

2. 结合足球教学训练中发现的运动损伤，试分析其出现的原因以及应采取的预防措施。

3. 足球运动损伤的康复原则和治疗方法有哪些？

第十二章

足球科研工作

本章提要

本章介绍了足球科研工作的主要研究领域，阐述了足球科研工作中最常用的观察测量方法及其基本程序和要求，同时介绍了足球比赛运动表现分析的研究流程与研究层次、足球科研论文的类型与设计过程。

学习目标

1. 明确足球科研工作应遵循的科研诚信与学术规范
2. 了解足球科研的基本领域
3. 掌握足球科研工作中的观察、测量等方法
4. 掌握足球比赛运动表现分析的流程

笛卡尔说过，方法学的知识是最有用的知识。掌握足球科学研究的思路和方法，不但可以帮助人们通过科研工作认识足球运动的规律，更重要的是可以利用科学研究的成果，从理论和实践两个方面为足球工作者提供创新思维、完善创新方法，促进足球运动的健康发展。

足球运动的研究方法既有其他学科共有的普遍性，也有不同于其他学科的特殊性。

第一节　足球科研工作的科研诚信与学术规范

一、足球科研工作的科研诚信

诚信是科学研究的基石，也是足球科学研究工作者科研素养的核心内容。良好的科研诚信品行是每位足球科研工作者的立身之本，每一名足球科研工作者都应该继承和发扬这一优良传统，遵守学术规范、坚守学术诚信、完善学术人格、维护学术尊严，自觉抵制学术不端行为，弘扬求真务实、严谨自律的精神。

抵制学术不端行为是恪守科研诚信的基础，也是维护学术道德、规范学术行为、促进足球科研工作健康持续发展的保障。学术不端行为是指在科学研究和学术活动中的各种违反公认的学术准则、违背学术诚信的行为。主要包括：

（1）抄袭、剽窃、侵占他人学术成果。主要指在学术活动过程中抄袭他人作品，剽窃他人的学术观点、学术思想或实验数据、调查结果等行为。

（2）篡改他人学术成果。主要指在自己的研究成果中，故意篡改他人实验或调研数据、结论等占为己有的行为。

（3）伪造数据、捏造事实。主要指在自己的研究成果中，故意伪造实验、调研数据，或者捏造事实、结论等行为。

（4）不当署名。主要指未参加实际研究或者论著写作，而在别人的学术成果中署名，或者未经被署名人同意而署其名等行为。

（5）提供虚假学术信息。主要指在学术活动中为了达到一定目的而提供非真实信息、材料等行为。

（6）买卖或代写论文。主要指买卖论文、由他人代写或为他人代写论文等行为。

（7）其他违背学术道德的行为。

二、足球科研工作的学术规范

（一）引用与注释规范

1. 引文规范

（1）科研成果引用他人作品时，应当注明作者姓名、作品名称、作品来源，当事人另有约定或者由于作品使用方式的特性无法注明的除外。科研成果中使用的他人研究成果，包括观点、结论、数据、公式、表格、图件、程序等，必须在文中表明并在注释或文后参考文献中注明文献出处。

（2）引文原则上使用原始文献和第一手资料，凡转引他人成果，应注明转引出处，不得将未查阅过的文献转抄入自己的引文目录或参考文献目录中。

（3）引文应该了解清楚文献作者的研究方法、研究结果和结论以及这些结果结论与自己研究工作的关系，保证引用准确。为了节省篇幅或使观点更加明确，引用者可以对引文做一定限度的增删，但是要尊重原意，不可断章取义。

（4）直接引用需使用引号，间接引用应使用自己的语言来表述引文中的相关内容并加以标注。引用他人成果应适度，引用的成果不应构成本人研究成果的主要部分或核心内容。不论以何种方式将别人成果作为自己研究成果的组成部分均将构成抄袭或剽窃。

（5）引用未发表作品应征得作者同意并保障作者权益；引用未成文的口语实录应将整理稿交给作者审核并征得同意。

2. 注释规范

注释是对论著正文中某一特定内容的进一步解释或补充说明，一般排印在该页脚注，注释用数字加圆圈标注，与正文对应；也可在正文中加括号，写明注文；还可以把注释集中于全文或全书末尾（尾注）。

（二）参考文献规范

（1）参考文献是为撰写或编辑论文和著作而引用的有关文献信息资源，一般集中列于文末。其规范要点是：论文应包含作者名、题名、期刊名、出版年、期次、起止页码；专著应包含作者名、书名、出版地、出版者、出版年、版次；网络文献应包含作者名、文献名、网址、网上发布时间、访问时间。

（2）参考文献应搜集广泛，但是要罗列自己阅读过且确实有参考价值的文献，避免繁杂和遗漏。

（3）不得为了掩盖事实，冒充首创，故意删除重要参考文献。

（4）参考文献的书写格式应该按照不同期刊要求或学校要求以及国家标准《文后参考文献著录规则》（GB/T 7714—2015）编排。

（三）成果呈现规范

（1）学术成果应该是作者亲自进行深入研究后获得的创新性知识成果，是科学研究的真实结果，不得由他人代写，不得造假或夸大。

（2）学术成果不得一稿多投和重复发表。在未经正式出版的学术会议论文集上刊登的稿件，可以在正式刊物上发表；论文公开发表后收入论文集的，应注明论文的发表出处。

（3）学术成果的署名应实事求是。署名者应对该项成果承担相应的学术责任、道义责任和法律责任。

（4）研究成果发表时，应以适当方式向提供过指导、建议、帮助或资助的个人或机构致谢。致谢前应征得被致谢人同意，应指出被致谢人的具体贡献。成果正式发表时，应说明成果的资助背景。

第二节　足球科研工作的主要研究领域

一、足球教学训练管理理论的研究

在足球科研中，以足球的教学、训练、比赛和管理中的问题为研究范围的选题较常见，一般围绕足球教学、训练、比赛和管理领域中存在的实际问题展开，运用新的理论依据和新的方法、手段（即科学研究的途径），解决这些问题，寻找足球运动发展的规律。一般是从足球教学、训练、比赛和管理实际工作中、在足球知识和文献的学习和交流过程中以及从足球运动的发展和变革过程中发现问题，进而确立相关的研究领域，主要以问题为导向。例如，足球教材和教法的研究、足球发展史与现状的研究、足球训练特点的研究、足球比赛规律的研究、足球技战术运用的研究、足球训练方法和运动负荷的研究、足球运动员选材的研究、足球运动疲劳与恢复的研究、足球裁判法的研究、足球管理体制的研究、校园足球的研究等。其中，教学训练的指导思想、教学训练方法手段的创新、教学训练效果的评价等一直是研究的重点。这些内容是以球队的发展方向、训练任务、运动员条件、训练的客观环境等情况为前提的一类创造性活动，研究起来具有无限的空间和广阔的领域，具备长期发展和不断积累、稳定的研究资源。

二、比赛运动表现研究

比赛是训练的导师。分析和研究世界高水平比赛和国内外各级比赛过程，是科研人员跟踪现代足球运动发展趋势、研究国内外运动员体能表现以及运动队技战术打法特点的主要研究手段。足球比赛的分析需要更为清晰和准确的证据来论证研究的结果，比赛信息的获得和符合比赛要求的训练手段，已成为取得比赛胜利的重要条件。为此，分析比赛过程中个人和集体的运动表现、掌握训练要点就显得尤为重要。

现代足球运动要求科研人员和教练员掌握有效的比赛分析手段，能够使用一种或者几种比赛分析模型或方法，为比赛和训练提供依据。比赛表现分析主要依据比赛中的球员行为，通过客观记录和检测来获得比赛信息，从而分析和研究比赛特征，探索比赛制胜规律。近年来，随着科技手段的不断更新，对比赛过程的记录和分析出现了多种先进的科学技术手段。例如，遥测设备、可穿戴设备、计算机视频分析软件等，大大提高了比赛分析的准确性和客观性。

三、运动人体科学的应用研究

运动人体科学理论在足球科研中的应用，主要是研究运动员训练、比赛前后的生理变化，探寻足球运动的生物学规律，以指导训练实践。同时，利用人体生物学的相关指标，可以检验训练质量、监控训练过程，并对运动员进行医务监督。例如，心率指标可以反映运动强度，血乳酸含量可以分析和了解足球运动的供能特点等。

在足球科研中，经常可以见到对足球运动员生理机能和专项素质的专项研究，通过测试运动员的机能，分析和判断运动员的机能水平和训练水平；通过测试运动员的素质能力，建立评价体系和模型，用以评价某一年龄段足球运动员的素质水平。

另外，对足球运动员、裁判员、球迷的心理素质和适应能力等方面的研究，对足球技术以及比赛中常见动作模式的生物力学分析和运动技能的解剖学分析等，也是运动人体科学理论在足球科研中的应用研究。

四、与人文社会学的交叉研究

足球从业人员的相关心理、足球文化、球迷现象、道德伦理、足球运动的市场经济、俱乐部的经营管理、足球运动发展的历史、足球运动与社会体育关系的研究等，都涉及与人文社会科学领域的交叉渗透。这些研究也是足球科研的重要组成部分，是促进足球运动健康发展的重要研究领域。

第三节 观察法与测量法的运用

一、观察法

观察法是研究者通过感官或仪器，按照一定的计划，对观察对象的行为进行系统的记录而获得研究资料的方法。观察法在足球科研中运用比较普遍。例如，对一场足球比赛运动员技术运用情况的临场统计，对一堂足球训练课队员运动量的观察与记录等。

观察法主要是临场和录像观察结合统计方法，在足球科研中已沿用多年，对了解足球的技战术现状及队伍、队员的技战术水平都有很好的帮助。但是由于受到观察条件的限制，只能在临场比赛中或通过比赛录像观察，观察者受到一定的技术限制，观察的专业性和准确性也受到观察者业务能力的影响，因此，现场的观察和记录存在一定的误差。

（一）观察法的种类

观察法可分为直接观察和借助仪器观察两种方法。这两种方法在足球科研中都经常用到。

1. 直接观察

直接观察是研究者亲临现场实地观察，并对观察内容做详细记录。其优点是能够选择最佳的观察位置，掌握整个现场情况，对所要了解的内容观察得比较清楚。不足之处是不能支配和控制观察对象，一旦出现复杂情况或瞬间的变化而观察不清时，由于不能重复观察而会丢失某些资料和数据。因此，当观察的内容是随着观察对象的运动做连续记录时，方可采用直接观察的方法。例如，对足球比赛中射门效果的观察，因次数少、观察完整、有记录时间，直接观察便可以达到目的。

2. 借助仪器观察

借助仪器观察主要指借助摄、录像设备将观察对象的行为实录下来，再通过放像设备进行观察的方法。其优点在于可以重复观察和定格画面，有利于准确观察和记录。不足之处是受到观察角度和画面的限制，不能完整了解现场。当研究者不能亲临现场或观察内容比较复杂而不能随时记录时，可通过仪器收集所需资料。例如，对足球比赛中传球方式的观察，同时进行观察和记录十分困难，借助录像就比较容易解决。

随着科技的发展，借助计算机分析软件对摄、录像得到的资料进行数据采集已经普遍化。近年来，集信息化、数据化以及可视化的集成数据采集系统逐步成为该方法的主要手段，甚至实现了视频采集与数据统计的同步化，极大地提高了数据的采集效率。

（二）观察法的内容

观察法主要结合统计进行，按照内容的性质可以分为对目标事件或行为及其发生频率、时间的观察与统计；按照观察单位可以分为对个体和集体的观察与统计；按照竞技能力可分为对体能、技术与战术的观察与统计。

（三）观察法的基本步骤

1. 制订观察计划

观察计划是实施观察的依据，应包括观察的任务、目的，观察的内容，观察的对象、数量，观察的时间和方式等。计划制订得详细、可行，可以保证观察工作的顺利进行，因为观察对象的行为往往是非周期性的。例如，对中国国家足球队的国际比赛进行观察，因一年中只有几场，错过了比赛将无法观察。

2. 确定观察指标和操作定义

根据观察的内容要求，确定观察的各项指标，并明确各项指标的操作定义。例如，观察内容为中国国家足球队快速反击能力和效果，可将观察指标确定为快速反击的次数、地点、参与人数、反击路线和反击结果等，对其中的快速反击、反击地点、反击路线和反击结果等均需明确操作定义，从而使观察的资料客观、准确。

3. 做好观察前的准备工作

观察过程是连续不断地进行的，必须做好充分的准备，才能保证观察过程不间断、观察中不出问题。

观察前的准备工作由两大部分组成：

第一部分为预观察，即根据观察的计划、要求，先寻找一个同样或相似的观察对象进行观察和记录。预观察的作用有两个：一是检验观察设计是否可行，观察指标和操作定义能否在观察中加以区分和记录；二是熟悉观察的环境和方式，熟练掌握观察和记录的各项表格、符号及操作过程。根据预观察的结果，确定或调整观察记录方式。

第二部分是联系观察对象、确定观察时间以及准备观察仪器、设备和各种记录表格等。

4. 实施观察

实施观察是按照观察计划对观察对象的各项行为指标进行记录，完成研究资料收集的过程。在观察过程中，如遇到意外变化，应及时调整和修订计划。

实施观察时，要注意以下几个问题：

（1）选择最佳的观察位置。观察位置要根据观察现场的实际情况选择，既能够观察到所有记录指标，又能够观察到所有观察对象的活动情况。如果使用计算机分析系统，则应该做好指标分类，确定每个指标对应的符号，并尽可能熟练使用。

（2）集中注意力，随时观察每一个指标的出现。在观察比赛过程中，观察者常常被比赛的精彩场面所吸引，常易忘记或漏记已出现的指标，从而影响资料的完整性。因此，观察者应集中注意力，自始至终跟随观察对象的活动，才能保证观察的准确。

（3）记录过程简便快速。记录过程将使观察者的注意力暂时离开观察对象，如果记录时间过长，将漏掉部分指标。因此，记录应力求简便，多利用符号、数字等简单的方法完成记录，尽快将注意力回到观察对象上来。

5. 整理记录资料

观察时，记录下来的资料比较零乱，必须经过整理才能做进一步的分析研究。整理记录的资料可以根据指标间不同的性质特征进行分类，对可量化的指标进行汇总。例如，对比赛中射门、传球、运球等不同技术指标的记录分别整理填写到各自的表格中；又如，将每个观察对象的记录指标汇总到一张汇总表中，以便进一步统计分析。

（四）观察法的局限性

随着新技术手段的出现和更新及计算机软件系统的运用，比赛观察的客观性日益提高，对比赛的分析和认识也不断清晰和准确，从而使得足球科研的水平有了很大的提高。

但是观察法也存在着一定的局限性。因为观察者是处于局外的状况来了解比赛情况，只能记录比赛中出现的表面行为，难以了解影响整个队或队员的内在因素，对分析原因、找出解决问题的方法尚存在不足，对所记录的表面现象在进行深层次的分析和探讨时缺乏依据。如果没有其他科研方法和手段的辅助，如通过访谈或观察进一步了解与比赛有关的场外情况，就难以对场上表现进行客观的分析，找到问题的根源。在实际工作中，可以结合测量法，选择适合的测量手段和指标，通过分析得到的数据，了解和分析问题的原因，为解决问题提供依据。例如，针对运动员在比赛中体能下降的问题，可以通过测量运动员的体能指标和能力指标来判断比赛中体能下降的根本原因。

因此，在足球科研中运用观察法时，应适当选择其他辅助方法进行综合分析，进一步探讨观察到的现象和数据，研究其原因和影响因素，为找到解决问题的方法寻找依据。

（五）运用观察法的常见问题

运用观察法时常见的问题是观察的指标是否有效，是否能够反映研究中要了解的问题或比赛中的真实情况。如对进球的时间段分析，是否反映了足球比赛的进球规律，需要研究者全面了解，才能得出结论。另外，观察指标操作定义的合理性，也是影响研究效果的主要因素。

二、测量法

测量法是指运用测量工具、测量量表对研究对象的某些指标进行实际测量而获得研究资料的方法。测量法是足球科研中常用的收集资料的方法之一，主要用在对运动员身体形态、身体机能、身体素质、技术水平、战术能力和心理状态等方面的研究。例如，采用 Yo-Yo 测试可以评价运动员的专项耐力水平。

测量的目的是为训练比赛服务，因此，要对观察测量的数据进行分析。分析材料既是对所获得的各类资料进行加工整理，又是对整理后的资料进行分析、研究，根据研究任务的需要，将其系统化和条理化，以揭示出研究指标发展的规律性特征。

测量法所收集的资料一般都是定量化的数据或指标，除形态、机能和心理方面的测量已具有完善的、确定的指标外，在身体素质、技术水平、战术能力等方面还没有完整的足球测量方法和指标体系，需要研究者根据课题研究内容精心设计测量方法和测量指标，以便满足研究的需要。

（一）测量法的种类

1. 实验室测量

实验室测量主要是研究者在实验室内对受试进行人体学测量，并记录测试结果的方法。其优点在于，一方面实验室测量多借助于精密仪器可以提高测量的准确性，另一方面由于可以精确控制温度、湿度等无关变量，可以提高测量结果的信度。不足之处是由于受到测量场地的限制，难以进行足球的专项能力测试，且操作烦琐，成本较高。因此，在研究中，需要准确了解受试相关指标，或者受测量设备限制必须在实验室内完成时才可以选择实验室测量。例如，为了了解运动员的有氧机能，可以选择在实验室内测试最大摄氧量、无氧阈等指标。

2. 场地测量

场地测量是研究者在训练场地非实验室环境下对受试的相关能力进行测量并记录结果的方法。其优点在于在现场条件下对足球运动员进行测试，操作方便，成本较低，而且由于不受场地条件限制，可以对专项能力进行测量，提高测试指标的效度。不足之处在于测量精确性低于实验室测量，受温度、湿度等外部环境影响较大。场地测量是实验室测量的一种补充，甚至在一定程度上可以替代实验室测量。例如，可以利用Yo-Yo测试评定有氧能力，可以利用伊利诺伊测试评定灵敏性等。

（二）测量的手段

1. 手工测量

手工测量是研究者利用传统测量时间、长度、距离或者其他指标的工具，采用手工操作形式对受试进行测量的方法。该方法一直是足球科研工作中的常用方法，即便在科技手段日益发达的今天，也难以被现代化的智能测试设备替代。例如，利用量表对运动员进行各种心理测试。

2. 利用智能化设备测量

利用智能化设备测量是研究者利用各种智能化设备对受试的身体机能、运动表现等进行测量的方法。随着科技与信息化的快速发展，科研工作者设计出了体积更小、准确性更高、操作更方便的各种智能化设备。例如，智能背心、智能球鞋等可穿戴设备，智能足球、技战术数据采集等分析系统。这些智能化设备的广泛应用提高了足球训练的科学化，同时也提高了足球科研工作的效率。

（三）测量的内容

在足球科研工作中，测量的内容主要有：

1. 运动表现类

（1）训练指标。主要包括一般身体素质测量、专项身体素质测量以及专项技术或动作的生物力学测量等。

（2）比赛指标。主要包括受试在比赛中以跑动距离、跑动速度、运动形式以及运动时间等为主的体能指标。

2. 身体机能类

常见的身体机能测量主要包括以最大摄氧量、无氧阈、心率、呼吸等为主的心肺功能测量以及以尿素氮、肌酸激酶、睾酮、皮质醇等为主的身体机能状态测量。

3. 身体形态类

（1）体格测量。主要包括量度测量、长度测量、宽度测量以及围度测量。

（2）身体成分测量。主要对受试者的脂肪成分进行测量，如体脂比、瘦体重等。

（3）姿态测量。主要包括基本的身体姿态测量和功能性动作筛查。

4. 心理类

常见的心理学测量主要包括受试心理压力测量、情绪测量、动机测量、注意测量、认知测量以及反应能力测量等。

（四）测量法的应用步骤

（1）根据研究任务确定测量内容。例如，要研究一个运动员的传球技术水平，可选择测量运动员脚背内侧传过顶球的准确性作为测量内容。

（2）设计或选择测量方法，确定测量指标。

（3）对测量指标的可靠性、有效性和客观性进行检验。利用三性检验的方法检验所有测量指标。可靠性是指对同一对象重复测量时，其结果的一致性程度；有效性是指指标反映被测内容特征的准确程度；客观性是指不同的测量者对同一被测者的同一指标进行测量，其结果的一致程度。检验的具体方法可以参照《体育测量与评价》方面的教材。

（4）实施测量。组织研究对象按照测量方法的规则、要求逐个进行测量并记录有关数据。

（5）整理记录。将测量获得的个体数据，根据研究需要分类汇总到相应表格，为后期的分析研究做准备。

（五）测量法的问题与局限性

测量法在运用中常见的问题是测量的指标和标准能否客观评价被测量者的实际水平。由于测量的标准需要有参照，而足球运动中的很多测量方式均由研究者自行设计，如不同年龄的运动员完成快速运球技术能力的测试尚找不到可以参照的标准进行评价。因此，需要研究者通过科学的方法确定评价标准，才能够达到测量研究的目的。

采用场地测量的方法往往具有较高的外部效度，但是受到温度、湿度、环境、海拔等外部因素的影响较大，研究者在实施测量时应该注意对无关变量的控制。实验室测试虽然可以较好地控制无关变量的干扰，测试的准确性也高于场地测量，但是测试结果的外部效度相对较差，且测试过程一般较烦琐，甚至有时需要受试者携带设备，会影响其运动能力，降低测量结果的信度。

第四节 足球比赛的运动表现研究

运动表现研究主要是通过特定的方法对运动员个体或集体的竞技表现数据进行收集、统计与分析，以了解运动员的运动表现或探寻比赛规律，为足球运动训练实践提供策略的研究。该方法在足球科研工作中已经得到普遍运用，例如，对某球队在比赛中的技术应用指标和战术运用方法进行观察记录，将记录的数据经过统计学的处理，可以推断出该队技术运用的状况、优势与不足，战术方法的重点和得分手段等资料。

一、运动表现分析类型

按照分析内容，运动表现分析可以分为一般性分析与专门性分析。一般性分析主要指国内外常用的反映一场比赛或训练的一般特征指标的分析。一般性分析指标稳定性比较强，认同度较高，如角球、界外球、任意球、射门次数、犯规次数、控球率等指标。专门性分析是指为了深入研究某一个专门问题而对特定指标特征的分析，它具有深入性、特殊性和全面性等特点，如某个位置球员跑动、技战术行动特征指标、攻入前场 30 米的战术配合方式的指标以及后防线协同的有关指标等。

按照分析对象，运动表现分析可以分为对球队整体表现的分析与对球员个体表现的分析。球队整体表现分析主要将球队作为一个整体，分析结果可以反映球队的整体运动表现，如控球信息（控球率，获取或失去球权的区域特征）、传球信息（向前传球、向后传球以及横向传球等描述统计）、射门信息（射正、射高、射偏、得分、被守门员控制等情况统计）。球员个体表现分析是将运动员个体作为对象，分析结果主要反映个体的运动表现，如个人传球信息（传球次数、传球成功率、传威胁球次数等）、个人跑动信息（冲刺距离、冲刺次数、总跑动距离等）。

二、运动表现分析流程

在分析比赛之前，要根据研究目的确定分析流程。确定研究目的的途径有两个：

一是根据教练员或运动队需要；二是根据理论或实践需要。一旦确定了研究目的，就可以设计分析流程，其过程实际上就是选择指标、界定其操作性定义及其可能出现的关联结果，并根据比赛发生时序进行记录的过程。具体步骤如下：

（1）根据需要确定比赛分析层次与结构。例如，在足球比赛中，可将其划分为本方控球和对方控球两种状态，然后可以根据两种状态再划分具体分析层次（图 12–4–1）。

（2）根据目的确定具体信息和关键指标。例如，为了了解运动员传球、射门、传中以及角球等行为发生后是否控制球权的情况，可以对这些指标进行统计分析（表 12–4–1）。为了更加深入地探索其中的规律，还可以将上述事件发生的位置信息进行同步分析（图 12–4–2）。

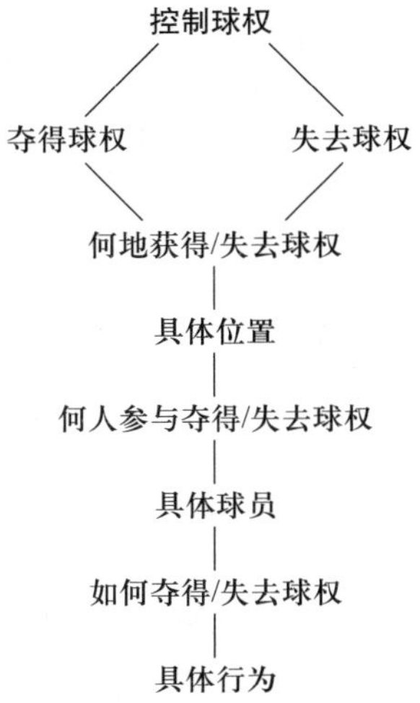

图 12–4–1 足球运动表现的层次结构图

▶ 表 12–4–1 运动员行为、效果及其对控球权的影响

运动行为	行为效果	行为结果
传球	好	继续控球
	差	失去球权
射门	射高	失去球权
	射偏	失去球权
	被阻挡	继续控球 / 失去球权
	被守门员获得	失去球权
	射中	得分
传中	好	继续控球
	差	失去球权
角球	好	继续控球
	差	失去球权

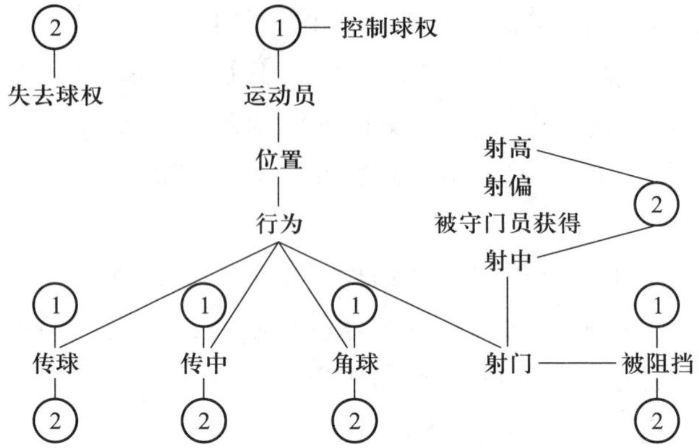

图 12-4-2　运动员行为及其对控球权影响的分析结构图

（3）根据确定的分析层次与结构，设计有效且容易学习的记录方法。通常情况下，对统计数据的记录多采用符号分析法，即将目标事件或指标定义为某种容易操作的符号，当目标事件发生时直接记录该符号的方法。例如，“M”为中场运动员、“F”为前锋运动员、“P”为传球、“C”为传中等。

（4）根据理论需要或实践需求进行研究。数据收集完成后，研究者要根据研究目的对获得的数据进行归类、统计、分析，以验证理论假设或者为训练实践提出策略。例如，对中国女子足球队快速反击战术中传球次数、进攻完成时间、参与人数等因素对快速反击效果的影响进行研究，可为球队更加针对性地安排快速反击战术训练提出建议。

三、运动表现研究层次

（一）探索性研究

探索性研究是指研究所涉及的范围与内容比较独特，为了对研究对象和内容进行初步了解，以获得初步印象和感性认识，并为日后更加深入研究提供基础或假设的研究类型。该类型的研究往往缺乏前人的经验，无同类研究成果可以借鉴。其主要目的和任务包括：① 为了扩大科学知识领域或建立新的理论体系，尝试探索新事物和规律；② 在正式研究前进行的小规模探索，为正式研究提供经验。例如，对足球比赛中新战术的研究，对运动表现与比赛获胜关系的新规律探索，均属于探索性研究。

（二）描述性研究

描述性研究是从比赛或者训练中存在的诸多现象或数据中，通过适当的方法将观察到的结果进行整理与分析，描述事物性质、结构、数量与质量特征的研究。运动表现的描述性研究是对技术指标的量化，并通过简单的归纳来分析球员与球队的表现。该类型的研究只是用数据陈列来说明指标的频率与数量，不探索指标之间的关系。其主要目的和任务包括：① 对研究对象或内容进行客观准确的描述，从杂乱的现象中，概括其主要规律和特征；② 为构建复杂的理论提供研究基础；③ 根据描述的内容提出更深层次的研究假设。例如，对足球比赛中基本技战术指标的统计与分析即是典型的描述性研究。

（三）解释性研究

解释性研究也称为因果性研究，是在认识到现象或特征是什么的基础上，进一步弄清楚现象为什么的研究，旨在探寻现象背后的原因，揭示现象发生或变化的内在规律。这种研究类型主要探索某种假设，通过对相关数据的收集，力求验证假设的可能性，解释观察事实与假设之间的关系，从而揭示事物发展存在的某种规律，进而提出新观点或新理论。其主要目的和任务包括：① 明确不同变量之间的关系及其程度；② 对研究假设进行验证，达到对问题进行解释的目的。例如，在比赛的快速反击战术中，反击所用时间以及传递次数是否会影响得分；在不同动作模式下，下肢力量训练是否会对水平冲刺能力以及垂直跳跃能力产生不同影响。

四、运动表现研究的局限性与问题

（一）对问题的解释要结合专业理论以避免“唯数据”论

足球比赛运动表现分析把技术、体能从复杂的运动表现系统中剥离出来，为描述球队或个体的运动表现，探索各个变量的内部规律提供了有利条件。但是，建立在还原论基础上的运动表现研究割裂了运动表现各因素的联系，在解释运动表现的整体功能以及对技战术指标与比赛胜负关系的研究上，难以得到令人信服的结论。例如，有研究发现，在中前场重新获得球权后，传球次数越少越容易破门，然后就认为在这种情况下，减少传球次数是提高得分的最佳策略。这种解释具有片面性，其可能的原因是，在对方还未从进攻阵型转为防守阵型时，传球次数的减少缩短了进攻的时间，降低了防守的效果，进而提高了得分的概率。

（二）比赛情景的剥离降低研究结论的外部效度

足球比赛中技战术的应用不但受到对方队员的制约，本方队员也相互影响，因此，运动表现就是个体的技术应用与对手、队友等因素构成的统一体。在剥离对手因素对技术表现的研究时，难以解释一个运动员和球队在低等级的比赛中表现出较高的技术水平，却在与高水平的对手比赛中大失水准，导致不同层次水平比赛的研究成果难以借鉴与推广。此外，运动员的表现还会受到主客场、海拔、温度、湿度、时差等因素的影响，这在一定程度上也会影响研究的外部效度。

（三）用技术统计代替战术分析难以反映真实的比赛规律

通过观察法统计分析比赛的技战术指标在足球科研工作中占有重要地位，许多研究往往对运动表现的评定仅仅通过系列技术指标呈现出来，用技术统计代替战术分析，这存在一定的局限性。主要表现在：① 比赛是双方限制与反限制的过程，在这个过程中，无论进攻还是防守，至少要考虑球、队友、对手和空间 4 个因素，如果仅仅将单一指标作为结果变量，则无法体现比赛的多维性特征，导致评价体系的生态性下降；② 传统的技术统计其前提假设为“统计指标的频数及其成功率”是决定比赛胜负的主要因素，但事实上，在单一指标上呈现的数据优势并不意味着较高的获胜概率，足球战术目标的实现是一个动态过程，而不仅仅是某个截面，单一指标无法反映战术形成的动态过程；③ 采集的指标多为显变量，无法采集潜变量，而反映足球战术的操作性指标多为后者，导致无法体现战术形成的整体性，也无法分析影响战术组织的内部因素。

第五节 足球科研论文的类型与设计

一、足球科研论文的类型

（一）总结、报告性论文

在足球科研中，这类论文主要有专题调查报告、实践经验总结等。例如，通过对理论和实际的学习，就某一问题进行专题调查，根据调查结果写出调查报告，有助于人们了解情况、发现问题、改进工作；又如，通过对足球训练实践进行总结并写出论文，介绍成功经验，指出失败教训，提出遇到的问题和改进的方法与建议等。

这类论文在理论性、创新性和系统性方面较差，无明确的研究目的，但对进一步开展研究和改进方法、指导工作有一定的实际意义。

（二）科学论文

1. 理论专题型论文

该类论文主要是研究者针对足球领域内某特定问题，运用有关知识、方法与原理，进行逻辑的、历史的分析，从而形成自己的学术理论或学术观点的研究。

理论专题型研究往往具有很强的理论性，多应用于基础理论分析，研究创新难度较大，但理论价值较高，对于丰富和发展足球理论具有一定意义。

2. 文献综述型论文

这类论文主要是研究者通过对前人某一问题研究结果的收集和分析加工，从中总结和提炼出有价值的观点、评论，使人们能够系统地了解在这一问题上的研究现状和已取得的研究成果。

文献综述型的研究在探索性和创新性方面价值不高，其成果的应用性不明显，但在丰富和发展学科理论上有较强的参考价值。

3. 描述说明型论文

该类论文是运用频数分布、平均数、标准差和变异系数等描述性方法对研究对象进行分析、比较、概括和提炼主要特征的研究。例如，对两支球队的传球总次数、长传球次数、短传次数、威胁球次数及其成功率进行统计分析，从而了解两支球队的传球特征及差异性。

描述说明型的研究主要对研究变量进行描述性分析，可以帮助了解事物的基本情况、特征，但是无法确定变量间的关系。

4. 实验观测型论文

该类论文主要根据研究假设进行合理的实验设计，是对研究对象实施干预后，对实验过程、实验数据进行观测、分析，以实验成果作为论文主要内容的研究。常见于运动人体科学的应用研究，例如，研究疲劳对运动员运动技能执行效果的影响。

实验观测型的研究由于能够对实验过程、实验环境、干预因素等进行控制，实验结果准确性较高，具有较高的内部效度，但是往往花费时间较长、成本相对较高。

（三）教研论文

教研论文属于广义的学术论文范畴，是教育工作者对教育科学领域中的理论问题和实际问题进行探讨、研究、表述教育科研成果的文章。按照内容可分为理论性研究论文和实践性研究论文，前者主要对足球教学理念、教学原理等进行理论分析，后者则主要解决足球教学中存在的问题。

（四）学位论文

学位论文是学位申请者为获得学位而提交的学术论文，是学术论文的基本形式之一，但又不同于一般的学术论文，它有固定、完整的格式。学位论文的基本结构一般包括以下几个部分：

1. 论文题目

论文的题目要表现学位论文的主题和中心内容，应对论文进行高度概括。论文题目的表述要简明扼要，不应过长，应做到准确、恰当、精练，一般包括研究对象、研究内容、研究特征三要素。例如，“优秀女子足球运动员跑动能力与比赛效果关联研究”，其中，“优秀女子足球运动员”明确了研究对象，“跑动能力与比赛效果”表明了研究内容，“关联”体现了研究特征。

2. 摘要

摘要是以第三人称，提供论文内容梗概为目的，不加评论和补充的解释，简明扼要记述论文内容的短文。摘要的内容应包括与论文同等量的信息。根据摘要的内容不同，摘要可分为指示性摘要和报道性摘要。摘要一般包括研究目的、对象与方法、结果、结论等内容，能够体现和反映研究的创新之处。

摘要写作要注意表达准确，逻辑性强，不列图表，不要罗列各章节的标题，同时避免过于笼统、空洞无物的一般论述和结论。

3. 关键词

关键词是论文的文献检索标志，是表达文献主题内容信息的自然语言词汇。这些词汇要能代表论文的主题内容，合乎规范，通用性强。关键词的数量一般为 3～8 个，按照词条的外延层次排列，每个关键词之间空一格，或用分号隔开，最末不用任何符号。

4. 前言

前言也可写为选题依据。前言部分是正文的开始，应包括三个方面的内容：一是简要地说明选择和研究这个问题的理论意义和现实意义，表明研究的价值；二是介绍本课题的国内外研究现状，对已经解决的问题和程度及尚未解决的方面加以分析，说明对本研究的影响；三是提出本研究的目的、任务和研究的内容。

5. 研究对象与研究方法

研究对象是指研究的具体范畴，而针对研究对象进行的资料采集对象，则应为调查对象，如足球运动员、足球比赛、足球队等。在文章中，要具体说明它的选取以及来源、数量和构成等因素。研究方法是指研究所采用的主要方法和手段，当采用多种方法时，应将每一种方法的名称、在研究中的作用和具体操作过程做基本介绍。特别要对研究的指标、收集资料的具体过程和方法及资料处理的方法做详细的阐述，以使读者了解方法的全过程，这既有利于为审核和评价论文提供方法依据，又便于为他人在研究同类问题时提供一个选择的方法步骤。如果方法新颖、独特，方法本身的推广、应用就具有较高的实际意义。

6. 研究结果与分析

研究结果与分析是论文的主体部分，它既要将研究的结果显示在读者面前，同时又要分析和讨论这些结果所产生的理论基础和实际意义，为揭示本质和规律、提出论文的结论提供客观依据。分析讨论要分层次、分问题逐步深入和展开，应该充分利用图表等形式将资料的处理结果表述出来，既生动又明确，借助图表对结果进行解释。

在分析过程中，应该突出重点，围绕论文的主题内容进行讨论，对于研究结果中具有创新意义、创造性的发现应着重阐述，这是研究的价值基础。而对于一般性、常识性的结果，可一笔带过，不做描述，避免面面俱到，无重点、无特色。在讨论与推论的过程中，要根据研究的目的和任务，为其寻找论据、证明论点，为推出结论、完成研究任务奠定坚实的理论基础。

研究结果与分析在文字运用上应力求简洁、恰当、合乎逻辑，较少文学修辞，较多说明与论述。

7. 结论与建议

结论是研究成果的体现，是通过对研究结果的理论分析和逻辑推论得出的理性认识。因此，结论应是研究结果的高度概括和总结，应该用精练的语言告诉大家，研究有哪些新的发现，揭示了怎样的规律和特征。

结论的写法应清楚、明确，一个观点、一条结论，不做多余的解释。切忌用研究结果代替结论，也不可简单概括和罗列分析讨论的内容。结论的措辞要严谨，未研究到的问题或未研究出结果的问题，不应靠勉强推理或猜测得出结论。结论的顺序要层次分明，符合逻辑。

建议是依据研究的成果提出改进工作的意见，或对如何推广研究成果加以说明。也可对如何进一步、更深入地研究课题所涉及的问题提出意见，作为论文建议提出。没有这些内容的，可以不写建议。

8. 参考文献

参考文献是指在研究中作者参考和引用了内容的文献资料，这些文献要在参考文献部分一一列出，以便读者查核。参考文献要按规定的格式和要求逐一列出。

9. 致谢

致谢部分是作者对在研究中提供了帮助和指导的人们表示感谢的内容，以体现作者良好的科研道德和谦逊的态度。致谢中要将需要感谢的人名、所在单位等撰写清楚、准确，不可忽略。

二、足球科研论文的设计

（一）研究选题

研究选题是体育科学研究过程的第一个环节，也是最重要的环节之一。考察一篇论文选题是否得当，主要从选题的非重复性、非边缘性、研究价值和研究视角 4 个方面来分析。

1. 非重复性研究

非重复性研究是指研究的主要内容是前人没有研究过的，或是在前人研究基础上的进一步研究，即我们常说的具有一定的创新性。

2. 非边缘性研究

非边缘性研究是指研究的内容是足球运动中的主体部分，是足球运动发展中的重要问题，研究的结果对足球运动的发展有着重要的促进作用。

3. 具备研究价值

具备研究价值是指论文研究的成果对足球运动的发展，或对研究问题的解决能够起到关键性的作用，能够对研究的内容找到问题的原因、提出解决问题的办法等。

4. 新的研究视角

新的研究视角是指对研究的问题从一个新的视角来观察和分析，从而展开新的研究思路，产生新的解决问题的思想和办法。

（二）研究内容

在研究内容的设计和开展研究过程中，需要注意以下几个问题：

1. 研究范畴与研究内容的一致性

研究范畴与研究内容的一致性是指论文的研究内容应该包括该研究范畴内的所有内容，即要包括研究主体概念的全部内涵。

2. 研究内容的深度

研究内容的深度是指论文对所得到的资料反映问题的程度以及对资料进行分析的深入程度。例如，在分析一个问题的原因时，是分析了表面原因还是看到了实质性的因素，这对研究结果的价值影响和解决问题的对策分析都是十分重要的。因此，研究内容的深度直接反映了论文作者的认识能力和学术水平，是评价一篇论文质量的重要指标之一。

3. 研究内容的系统性

研究内容的系统性是指研究论文的结构是否根据研究内容的范畴，按照逻辑关系进行了逐步和完整的研究。按照系统性的要求，研究的逻辑起点和终点应该是一个比较完整的结构，即对问题进行层层分析，最终达到研究的目的并得出结论，以此得出解决问题的办法等。

4. 研究领域的清晰度

研究领域的清晰度是说科学研究是分层有序的系统工程，每一个研究者都应当清晰界定自己的研究问题所处的研究层次和涉及的分析单位，对每一个研究点的内涵和局限性要有充分的理解，并清晰地确定自己研究的领域界限。

（三）研究方法

研究方法是评价研究过程和研究成果的重要指标之一。选择研究方法，最基础的要求是能够解决课题研究的问题。方法选择的有效性和先进性是论文研究质量的保证。通过研究方法的评价，可使其他研究者检验研究过程是否合理有效，研究结果是否真实、可靠。研究者要避免研究方法模糊不清等问题，以免影响对论文成果的评价。对学术论文研究方法的评价，主要考查以下几个方面：

1. 研究方法的适宜性

研究方法的适宜性是指研究方法能够很好地解决所要研究的问题，研究方法应具有针对性。要采用哪种或哪几种方法、研究哪些对象，任何一个研究课题的研究者都必须对此进行认真的规划和设计。

国际高水平大赛的分析和研究历来是足球科研中的重头戏，所采用的研究方法主要是观察方法和数理统计方法。比赛技战术统计的方法，客观性和真实性较强，数据具体、精确并具可比性，能够直观地反映出技战术的细微和动态特征，较好地弥补人们在判断技战术情况以及影响因素的主观经验的不足。

2. 研究方法的可操控性

研究方法的可操控性是指作者能否按照研究方法的具体要求进行正确的实施。一方面是指研究方法本身的可操控性程度，另一方面是指研究者自己是否能够熟练自如地掌握该研究方法，即研究者在整个研究过程中能够很好地控制和运用该研究方法。

3. **研究方法的完整性**

研究方法的完整性是指准备采用某种研究方法时，不仅要了解该方法的完整操作程序，同时还要了解与研究方法的相互配合和协调问题，必须熟知所选用的几种研究方法的局限性及其适用范围。考量方法体系的完整性主要包括以下几个方面：

（1）调查对象的取样方法。即要明确研究的总体、样本的大小、取样的手段等。

（2）研究的控制方法。即操纵、控制变量的方式，实验处理，仪器的配备和程序的安排等。

（3）收集研究资料的方法。即确定测量指标、测定方法，设计量表，规定数据记录方式等。

（4）资料的统计分析方法。即根据资料特征，选择数据量化处理和检验假设的方式。

（四）研究过程

研究过程是指研究的任务分配和时间安排。如何设计研究的具体程序，也是直接影响论文质量优劣的重要因素。研究者对工作量的合理预计和规划，是研究预期完成的重要保障，也是研究者在开展研究设计和执行中需要认真考虑的重要方面。

研究过程的设计主要考虑两个方面：

1. **研究的重点和难点**

研究的基本过程包括发现问题、分析界定问题、研究对策和方法制定、研究具体规划、研究实施、研究反馈和评价、研究结果提炼等一系列的阶段。研究过程的每一个阶段都有相应的工作重点和方法策略要求。研究过程中要从研究的重点内容和难点问题入手，保证工作和精力的投入，确保主要研究任务的顺利完成。对于非重点和比较容易完成的研究，可以投入有限的工作，达到研究目的即可。

2. **研究过程的控制**

研究过程的控制是指在研究过程中合理分配时间、精力和财力，并根据实际的研究情况及时调整、反馈和控制，以保证研究工作的顺利完成。能否有效地控制研究进程，关键是要筛选出直接影响研究工作顺利开展的关键环节，这其实是研究过程的管理问题。对于课题的研究，可以借鉴项目管理的经验，认真细致地分析自己的研究过程，运用各种项目管理的工具和方法，来控制研究过程。例如，利用工作进度表、任务分析表等工具提高自己的研究质量。

（五）论文的整体评价

论文的整体评价可以从论文选题、研究设计、论证过程、格式规范性、语言表达等几个方面来评估。

1. 论文选题

在足球科研工作中，论文选题要新颖，立意深刻；符合专业的培养目标和培养要求，难度要适中，选题要小而精，避免大而全；要充分掌握选题领域的研究动态，对学术史的梳理合理，理解准确，引用无误。

2. 研究设计

研究设计是论文的关键，研究任务必须具体、明确；研究方法的使用必须与研究任务、内容相对应，能够支撑研究目的的实现；概念界定清晰；实验设计严谨、无关变量控制严格。

3. 资料与数据

引用的资料、文献、注释等准确、客观、可靠，代表性强；使用的指标效度高、数据来源可靠、可信；数据处理方法合理。

4. 论证过程

要有明确的论点，论点正确、鲜明、客观，对某些问题要有深刻的见解；论据充分，资料翔实，能够使用专业知识与专业理论分析问题、解决问题，能够表现出对实际问题的概括能力，论证符合逻辑规律，推理方法运用合理，论证范围与研究范围一致；结论正确、恰当、全面、客观，有独到见解，具有较高的理论价值或较强的应用价值。

5. 格式规范性

论文的格式符合学术规范，结构严谨、层次分明、条理清晰；参考文献的引用与注释使用要规范；论文的图表设计与制作要规范。

6. 语言表达

语言表达流畅、精炼、准确、得当；标点符号使用规范，论文可读性强，篇幅适中，用词准确，具有较强的学术性语言表达能力。

第六节　我国足球科研的方法简评和展望

随着足球运动在世界范围内影响力的不断扩大，足球科研工作也得到了社会的关注。中国足球运动水平不高与我国足球科研工作的投入不够、认识不清有着直接的关系。目前，一些学者已经对我国足球科研工作的现状做了调查和研究，提出了足球科研发展的观点和方向，这为足球科研的发展提供了依据。

一、新的研究手段为足球科研注入了新的活力

近年来，运动训练有了长足的发展，涌现出了一些新的手段和方法，这为足球科研注入了新的活力。例如，计算机软件分析技术在足球比赛数据分析中得到了广泛的运用，传统的临场统计研究方法已被计算机数据处理技术所取代。研究的内容和范围也更加广泛，并且开辟了更多的、新的研究领域。如足球比赛中控球率指标的运用、足球训练中可穿戴设备、大数据的运用等，都为足球比赛与训练科研的发展提供了保障。随着科学研究手段的不断创新，足球科研的水平还会不断提高。

二、新方法的推广使足球科研更加准确和有效

由于足球比赛人数多、场地大以及规则规定在比赛中队员不能佩戴任何物品等特点，对足球比赛特征的研究一直沿用现场或录像进行目测的方法，信息和数据的收集受到了极大的限制，准确性也得不到保障。随着科技的发展和研究的需要，市场上出现了许多能够对比赛进行定量分析的数据采集与分析系统。这些系统的共同特点是能够准确地记录比赛的相关信息和数据，如队员的跑动距离、冲刺距离、跑动次数等反映体能状况的指标，还有传球次数及质量、射门次数及质量、进攻手段及质量等反映技战术运用状况的指标。这些通过现代化足球比赛数据采集与分析系统得到的信息和数据的质量较高、数量较大，且十分准确，是目测难以达到的，对提高分析比赛的有效性提供了保障。

另外，近年来还出现了利用生物力学分析手段研究和探讨足球力量训练和技术训练的研究。利用生物力学的方法监控足球训练与比赛的研究，可使得足球训练与比赛的科学化程度得到较大提高。

三、新理念使足球科研人员的研究思路更加开阔

新的研究方法和手段的出现，也不断提升了足球从业人员科学训练的理念，拓宽了训练的思路。在现阶段国内各支职业足球队和各级国家队的训练和比赛中，均采用了各项生理生化指标对训练和比赛进行监控，并根据监控数据对训练和比赛过程进行调整，从而使得训练和比赛的思路更加开阔。在各级足球运动队的训练中也普遍引入了现代力量训练方法，这对传统的足球力量训练方法有着很好的改善和补充。

这些新的变化，给足球科研工作提供了广阔的前景，使得研究领域不断拓宽，研究的科学性和合理性不断提高，研究的实用性价值也得到了充分体现。研究成果的改

善，给教练员的训练工作提供了有价值的依据，足球科研成果也得到了广泛运用和推广，这是足球科研工作发展的正确方向，也是足球科研体现价值、被社会实践工作所接纳的必经之路。

思考与练习

1. 足球科研中学术不端的表现有哪些？

2. 足球科研工作的选题领域有哪些？

3. 比赛观察有何特点？选择一个问题进行研究，设计观察指标，并对指标进行操作定义。

4. 足球比赛表现分析的研究层次有哪些？

5. 足球科研论文有哪些类型？

第十三章 足球运动竞赛与裁判工作

本章提要

本章重点介绍了足球竞赛制度和编排方法，并对足球竞赛规则的重点内容和裁判员工作基本方法进行了简要分析。通过学习本章内容，可为学生领会足球竞赛规则的精神实质、掌握裁判工作和竞赛工作方法打下基础。

学习目标

1. 掌握足球竞赛的组织方法

2. 学习并能运用规则，为从事各级别足球比赛的裁判工作打好扎实的理论和实践基础

3. 提高鉴赏足球比赛的水平

第一节　足球竞赛工作

一、竞赛制度与编排

足球竞赛制度主要根据目的任务和客观条件来确定，如时间、场地、队数、水平、住宿、交通、经费、裁判等因素。常用的足球竞赛制度包括循环制、淘汰制和混合制三种类型。

（一）循环制

1. 循环制的分类

循环制包括单循环、双循环和分组循环三种。

（1）单循环。指所有参加比赛的队在比赛中都要相遇一次，最后各队按在全部比赛中得分多少排列名次。

（2）双循环。指两次单循环，即所有参加比赛的队都要相遇两次，最后按各队在全部比赛中的得分多少决定名次。

（3）分组循环。指将所有参加比赛的队分成若干组，各组进行单循环决出各组名次，然后再按竞赛规程中规定的办法进行第二阶段的比赛。

2. 采用循环制进行比赛的特点

（1）比赛各队相遇的机会多，有利于锻炼队伍，相互学习，共同提高。

（2）各队成绩是根据全部比赛得分多少来排定名次，可避免因偶然失误而造成被淘汰的情况。

（3）最后几轮有的队因为已稳操胜券或无望取胜，可能会消极比赛。

（4）比赛时间长，比赛场次多。

3. 循环制的编排方法

（1）单循环比赛场数的计算方法。

$$X=\frac{N(N-1)}{2}$$

X表示比赛总场数，N表示队数。例如，6个队参加比赛，则比赛总场数为：

$$X=\frac{6\times(6-1)}{2}=15（场）$$

（2）单循环比赛轮数的计算方法。在单循环比赛中，各队都打完一场比赛即为一轮。若参加比赛的队是奇数，则比赛的轮数等于比赛队数；若参加比赛的队是偶数，则比赛的轮数等于比赛的队数减 1。L 表示比赛轮数。例如，9 个队参加比赛时，$L=9$，每轮比赛 4 场，1 个队轮空；8 个队参加比赛时，$L=8-1=7$，每轮比赛 4 场，无轮空队。

（3）比赛轮次表的排列方法。不论参加的队是奇数还是偶数，一般都按偶数编排。如果参加比赛的队是奇数时，再用一个“0”号代表一个队，使之成为偶数，各队碰到“0”号队时，即为轮空队。

编排时，先用号数代表队名，将其平均分为两半，前一半号数由 1 号起自上而下地写在左边，后一半号数自下而上写在右边，然后再把相对的号数用横线连接起来，这就是第一轮的比赛。一般参加比赛的队数是偶数时，1 号位固定不动；参加比赛的队数是奇数时，0 号位固定不动，其余的号数按逆时针方向移动一个位置，再用横线把相对的号数连接起来，这就是第二轮比赛。依此类推，排出其余各轮比赛。例如，8 个队参加比赛（表 13-1-1）或 5 个队参加比赛（表 13-1-2），其循环方法如下：

▶ 表 13-1-1　8 支球队单循环比赛轮次表

第一轮	第二轮	第三轮	第四轮	第五轮	第六轮	第七轮
1-8	1-7	1-6				
2-7	8-6	7-5				
3-6	2-5	8-4				
4-5	3-4	2-3				

注：按照编排方法将表中其余轮次的数据填满。

▶ 表 13-1-2　5 支球队单循环比赛轮次表

第一轮	第二轮	第三轮	第四轮	第五轮
1-0	5-0			
2-5	1-4			
3-4	2-3			

注：按照编排方法将表中其余轮次的数据填满。

轮次排出来之后，召集各队抽签，将各队队名按抽到的号数填到轮次表中，然后编出比赛的日程表。编排日程表时，应考虑场地条件、比赛时间安排、休息时间间隔长短的平等性。

（4）循环制比赛的计分方法。循环制比赛，特别是分组循环比赛的计分方法和决定名次的办法必须在竞赛规程内明确规定。

目前常用的方法包括：

① 每队胜 1 场得 3 分，平 1 场得 1 分，负 1 场得 0 分。按同一循环全部比赛的积分多少决定名次，积分多者名次列前。

② 如遇两队或两队以上积分相等，则依次按积分相等队相互之间的净胜球数、进球总和决定名次，多者名次列前。

③ 如仍相等，按同一循环全部比赛的净胜球数、进球总和决定名次，多者名次列前。

④ 如仍相等，则以抽签方法决定名次。如果涉及升降级，将另进行主客场附加赛或点球决胜负。

⑤ 如果采用主客场双循环赛制，两队净胜球相等时，以客场进球数确定名次，多者列前。

如果竞赛规程规定每场比赛必须决出胜负，应该在第② 条中写明“如遇两队积分相等，以相互之间比赛胜负确定名次，胜者列前”。

（5）分组循环比赛的注意事项。分组循环比赛时，一般采用“种子队”或“蛇形”排列分组办法，尽量多录取队参加下一阶段的比赛，并应在最后一、二轮的比赛时间安排上保持一致。

“种子队”的数目应该与分组数相等，或者是分组数的倍数，然后再用抽签的方法确定“种子队”和其他各队在各组的位置。

“蛇形”排列分组，是按上届比赛的名次进行分组，三个组 12 个队按 1~12 名的名次分组（表 13-1-3）。

▶ 表 13-1-3 “蛇形”排列分组表

第一组	第二组	第三组
1	2	3
6	5	4

注：按照编排方法将表中的空格填满。

（二）淘汰制

淘汰制就是在比赛中失败一次（单淘汰）或两次（双淘汰）即失去比赛资格，获胜者继续比赛，直到最后确定优胜者的竞赛形式。

1. 淘汰制的分类

淘汰制包括单淘汰制和双淘汰制两种。

（1）单淘汰制比赛场数和轮数的计算方法。单淘汰比赛总场数等于参加比赛的队数减 1。在计算单淘汰比赛的轮数时，若参加比赛的队数等于 2 的乘方数，则比赛轮数等于 2 的指数，若参加比赛的队数不是 2 的乘方数，则比赛轮数为略大于参加队数的 2 的指数。例如，8 个队参加比赛，$X = 8-1 = 7$。因 $8 = 2^3$，比赛为 3 轮（图 13-1-1）。

又如，5 个队参加比赛，总场数为：$X=5-1=4$。轮数计算：略大于 5 的 2 的乘方数是 8，$8=2^3$，所以比赛也为 3 轮（图 13-1-2）。

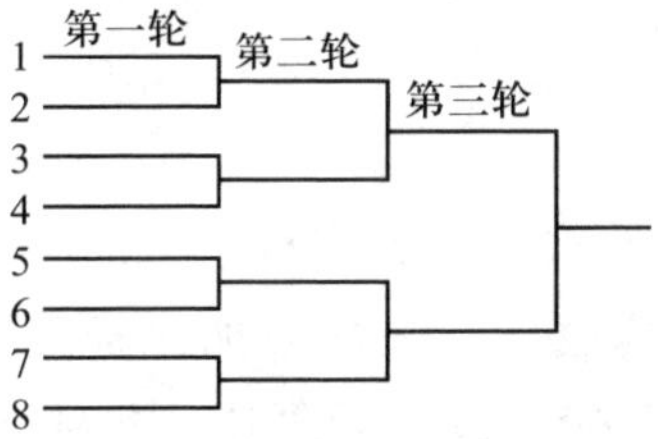

图 13-1-1 8 支球队单淘汰赛表

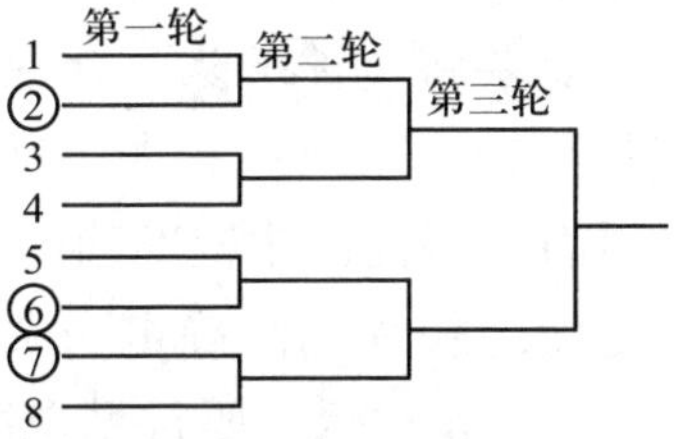

图 13-1-2 5 支球队单淘汰赛表

注：第一轮 1、5、8 为轮空队。
“○”内的号数为轮空位置。

另外，在编排轮空队时，如果参加比赛的队数是 2 的乘方数（如 4、8、16、32、64 等），则第一轮比赛没有轮空，所有的队都可参加比赛。如果参加比赛的队数不是 2 的乘方数，必须在第一轮的比赛中有部分队轮空，才能使第二轮比赛的队数成为 2 的乘方数。因此，要先计算出第一轮的轮空队数。

轮空队数等于略大于参加比赛队数的 2 的乘方数减去参加比赛的队数。为了编排方便，可按下列轮空位置表查表（表 13-1-4）。

▶ 表 13-1-4 轮空位置表

2	63	34	31	18	47	50	15
10	55	42	23	26	39	58	7
6	59	38	27	22	43	54	11
14	51	46	19	30	35	62	3

查表方法：用稍大于参加本次比赛队数的 2 的乘方数作为最大位置号数。再根据轮空队数，在轮空位置表上由左向右依次找出小于最大位置号数，就是轮空位置。与轮空位置相遇的队就是第一轮的轮空队。

例如，10 个队参加比赛，稍大于 10 个队的 2 的乘方数是 16。16−10＝6，即第一轮轮空位置依次是 2、15、10、7、6、11，与 2、15、10、7、6、11 相遇的队就是第一轮的轮空队（图 13−1−3）。

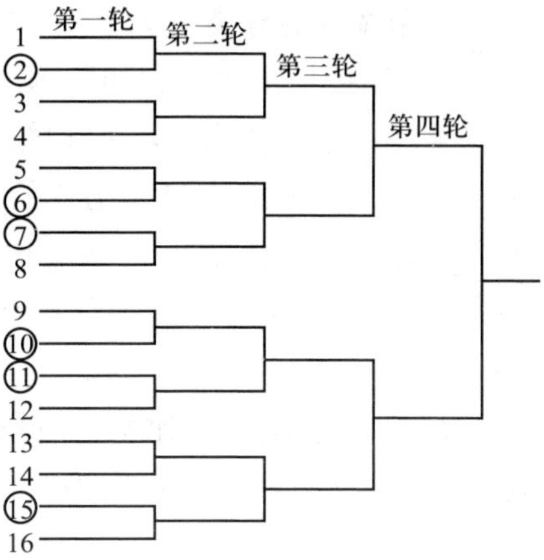

图 13−1−3　10 支球队单淘汰赛表

在确定和编排“种子队”时，一是要确定“种子队”，二是要将“种子队”合理地分布在各个区内，使强队较晚或最后相遇，这样不仅能使比赛具有吸引力，而且也能较准确地反映出比赛的水平。确定种子队应事先了解各队情况，然后把实力较强的队确定为“种子队”，其数量要根据参加比赛队数的多少而定。如果第一轮有轮空队，要首先安排“种子队”轮空，而后再让“非种子队”抽签。为了安排方便，可在下列“种子队”位置表中查出其合理位置（表 13−1−5）。

▶ 表 13−1−5　“种子”位置表

1	64	33	32	17	48	49	16
9	56	41	24	25	40	57	8
5	60	37	28	21	44	63	12
13	52	5	20	29	36	61	4

查表方法：按比赛所设的“种子队”数，在“种子”位置表上由左向右依次找出小于或等于最大位置号数，就是“种子队”的位置。

例如，有 14 个队参加比赛，设 4 个“种子队”，这样首先要使比赛队成为略大于 14 个队的 2 的乘方数，即 16。从表中可依次找出 1、16、9、8，即是“种子队”的位置（图 13−1−4）。由于设 4 个“种子队”而只有 2 个轮空位置。因此，有两个种子队在第一轮就得参加比赛。

（2）双淘汰制总场数的计算方法和编排方法。总场数（X）＝2×（参加比赛队

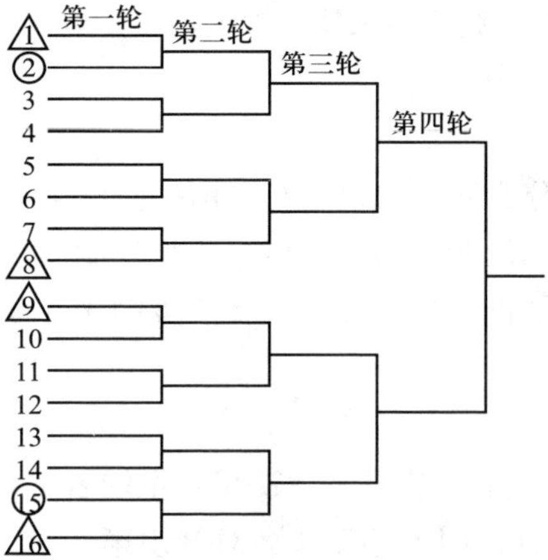

图 13-1-4　14 支球队设 4 个“种子队”的单淘汰赛表

注：“△”内的号数为种子队位置；“○”内的号数为轮空位置。

数 -1)。例如，9 个队参加比赛，$X=2\times(9-1)=16$ 场。双淘汰赛的编排方法和单淘汰赛基本相同，只是进入第二轮后，要把失败的队放在下半区编排起来再进行比赛，胜者继续比赛，败者则被淘汰。若最后决赛的两个队都只各败一场，还必须再比赛一场决定冠军。以 8 个队参加比赛为例（图 13-1-5）。

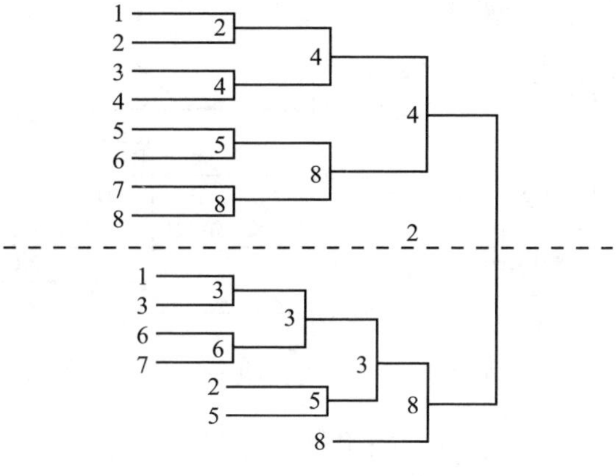

图 13-1-5　8 支球队双淘汰赛表

2. **淘汰制的特点**

（1）节省时间，常用于参加队较多、期限短或经费有限的比赛。

（2）因锻炼的机会少，比赛认真、激烈。

（3）竞赛过程机遇性强，竞赛结果偶然性大。

（三）混合制

混合制指将一次竞赛分为两个阶段进行，前一阶段采用循环制，后一阶段采用淘汰制，或者前一阶段采用淘汰制，后一阶段采用循环制。足球比赛中，经常采用的是先循环后淘汰的混合制，如世界杯足球赛决赛阶段的比赛就采用这种赛制。淘汰赛的主要方法包括：

1. 交叉赛

第一阶段分 A、B 两组进行单循环赛，决出各组的名次。第二阶段淘汰赛时，可将两组的第 1、2 名进行交叉赛，即 A 组第 1 名对 B 组第 2 名，A 组第 2 名对 B 组第 1 名进行比赛，然后两场比赛的胜者进行决赛，胜者为第 1 名，负者为第 2 名。若要排出 3、4 名时，两场比赛的负者进行附加赛，胜者为第 3 名，负者为第 4 名。同样，各组的 3、4 名也可以采用此种方法决出 5~8 名，以此类推（图 13−1−6）。

2. 同名次赛

第一阶段分 A、B 两组进行单循环赛，决出各组的名次。第二阶段淘汰赛时，两组的第 1 名进行决赛，胜者为第 1 名，负者为第 2 名；两组的第 2 名进行争夺 3、4 名的比赛，以此类推。如果第一阶段是 4 个组进行循环赛，应先将 4 个组的第 1 名进行半决赛，然后胜者与胜者决冠、亚军，负者与负者进行附加赛，决 3、4 名，以此类推（图 13−1−7）。

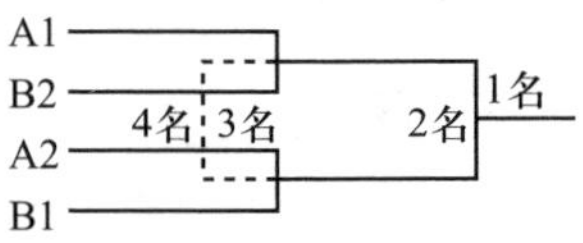

图 13−1−6 交叉赛安排图

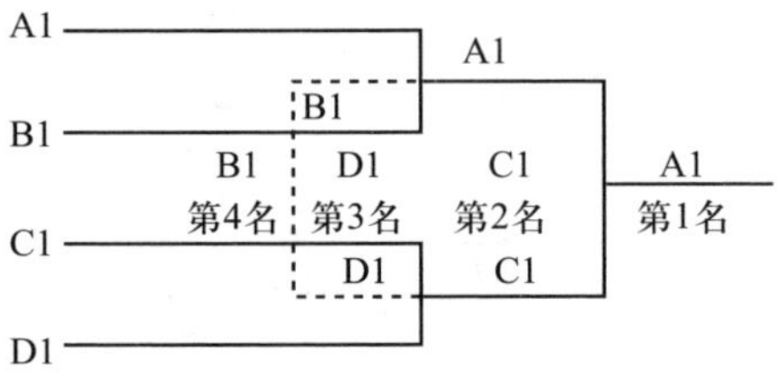

图 13−1−7 同名次赛安排图

从多年国内外重大足球赛事看，采用得最普遍的竞赛制度是将比赛分成两个阶段，先循环再淘汰的混合制。

（四）“佩奇制”（PAGE 制）

将第一阶段循环赛产生的前 4 名或分两组循环赛产生的各组前两名，按下面的顺序进行淘汰赛（图 13−1−8）。

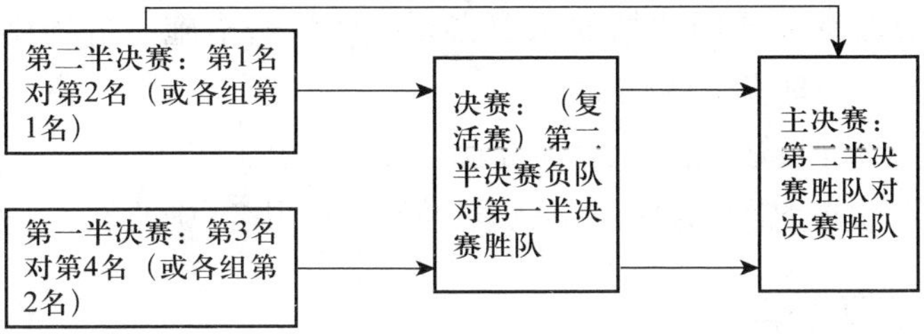

图 13-1-8 “佩奇制”循环赛示意图

（1）第一半决赛：第 3 名与第 4 名（或各组第 2 名）。

（2）第二半决赛：第 1 名与第 2 名（或各组第 1 名）。

（3）决赛（复活赛）：第一半决赛胜队与第二半决赛负队。

（4）主决赛：第二半决赛胜队与决赛胜队。

二、竞赛的组织工作

竞赛的组织工作决定比赛能否顺利进行。组织者必须根据比赛的目的、任务、比赛的性质与规模的大小，科学细致地进行安排。竞赛的组织工作主要包括竞赛前的准备工作、竞赛期间的工作和竞赛结束工作三个部分。

（一）竞赛前的准备工作

首先要成立筹委会，讨论制定比赛的组织方案、竞赛规程、组织机构以及工作计划（图 13-1-9），并明确职责等问题。

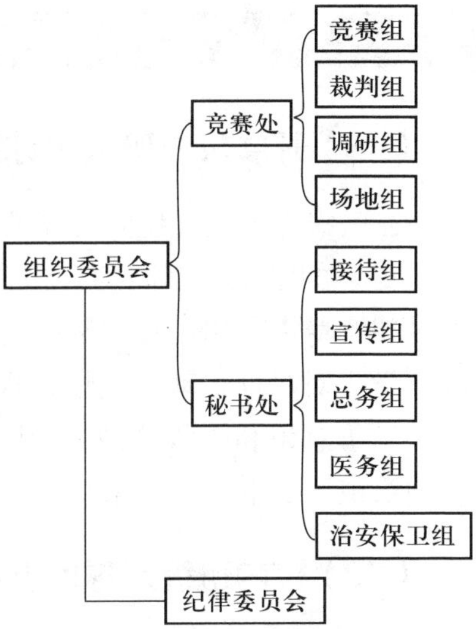

图 13-1-9 竞赛的组织形式

（二）竞赛期间的工作

（1）及时纠正不良倾向，进一步明确比赛的目的和任务。

（2）裁判组要组织裁判员进行工作总结，要深入球队宣讲规则、判罚尺度和大会纪律规定，征求意见，不断改进工作。每天比赛结束后，应及时将比赛成绩交竞赛组登记和公布。对重大问题，要及时写出书面报告，由纪律委员会处理。

（3）场地组应经常对比赛场地、器材和设备进行检查和管理。

（4）遇有特殊情况需要更改比赛日期、时间和场地时，应由竞赛组及时通知有关部门和比赛队。

（5）医务组应按季节或当地情况采取必要的防疾病措施。每场比赛前要做好医护准备工作，以便及时处理发生的伤病事故。

（6）保卫组应随时做好住宿与比赛场地的治安保卫工作。

（7）大会各部门应经常与各队取得联系，及时处理比赛中所发生的问题。

（三）竞赛结束工作

（1）各部门要总结比赛期间的工作。

（2）组织和举行闭幕式，做大会总结与发奖。

（3）装订好成绩册发给各队。

（4）安排和办理各队离会的有关事项。

（5）处理和归还所借用的运动器材和用具。

三、校内班级足球比赛的组织与实施

（一）开展校内班级足球比赛的意义

在国家大力发展校园足球的背景下，以班级为单位，组织开展校内班级足球比赛，可让更多的学生以不同的身份参与到足球活动中来，做到班班有球队，周周有比赛，使足球竞赛常态化。通过足球竞赛活动，可使广大学生能更近距离地感受和体验足球，激发学生对足球运动的热情，提高学生对足球运动的了解和认识，培养学生的健身意识、竞争意识和团队精神，帮助学生树立正确的胜负观和规则观，使公平竞赛的体育精神根植于学生的心灵深处，更好地促进学生身心健康成长。

（二）校内班级足球比赛的组织与实施

要使校内班级足球比赛的作用和功能得以有效实现，班级足球比赛的组织是否科学合理是关键。

1. 组织机构的设置

（1）组委会。组委会是校内班级足球比赛组织和管理的最高机构和核心，组委会一般包括组委会主任、组委会副主任、组委会秘书长、组委会成员等人员。按照比赛的规模和竞赛办法，组委会下常设有竞赛组、裁判组、宣传组、后勤保障组、医务组、安保组等赛事职能机构。

（2）竞赛组。竞赛组是整个比赛的中心部门，负责比赛方案的制定、每周比赛日程的安排、比赛场地器材的准备、比赛成绩的记录核实与发放等工作。

（3）裁判组。裁判组是整个比赛活动的关键部门，负责临场比赛的组织和执法工作。裁判组工作的好坏对整个赛事能否顺利进行起着关键性作用。一般情况下，裁判组由学校体育组有裁判工作经历的教师负责，裁判员可由体育老师或学生中的裁判爱好者担任。

（4）宣传组。宣传组是扩大校内班级足球比赛影响力、营造良好校园足球氛围的工作部门，主要负责校内班级足球比赛各项宣传报道方案的制定及组织落实。

（5）后勤组。后勤组是校内班级足球比赛场地设备与物质的保障单位。后勤工作是否到位，将影响整个比赛能否顺利进行。

（6）医务组。医务组是为比赛提供医务服务的保障单位，对比赛中出现的伤病事故及时进行救治和处理，以确保比赛的顺利进行。

（7）安保组。安保组是比赛的安全保障单位，及时防范和处理比赛场内外出现的各种治安事件和问题，确保整个校内班级比赛在安全平稳的状态下进行。

2. 班级比赛竞赛工作

竞赛工作是校园足球比赛组织工作的核心内容。成功的校内班级足球比赛与严密而细致的竞赛组织工作密不可分。校内班级足球比赛的竞赛工作，包括赛前、赛中和赛后的各项竞赛准备与组织工作。

（1）赛前的竞赛准备工作。① 竞赛组织者要根据学校全年的体育赛事活动计划安排和学校日常教学任务，结合班级比赛的规模大小、学校场地器材条件，设计恰当的赛制和比赛办法，制定竞赛规程。② 组织参赛球队进行分组抽签，编制比赛日程安排。③ 设计制作各种赛事用表，打印比赛规程并分发给各参赛球队。④ 在赛事后勤组的帮助下，准备好比赛场地以及比赛所需的设备及比赛用品。⑤ 组织召开有各参赛球队代表参加的赛前联席会议。

（2）赛中的竞赛工作。① 比赛开始后，竞赛组要安排专人，及时与裁判组对接，收集统计每一轮各场比赛后的比赛结果、各支球队的红黄牌情况，并撰写本轮的成绩公告，及时将本轮的成绩公告通知或下发到各支参赛球队。② 每场比赛后，组织人员对比赛场地进行整理，保管好比赛用球和其他比赛用具，为下一场比赛做好准备。

（3）赛后的竞赛工作。① 做好全部比赛的成绩统计，并根据竞赛规程排出班级比赛的全部名次和评奖结果。② 竞赛部门要在全部比赛结束前，提前准备好比赛所设各种奖项的奖品，包括奖杯、奖牌、锦旗、证书等。③ 配合宣传组做好闭幕式各项工作。

3. 参赛队伍的组织

校内班级足球比赛以教育和普及为目的。为了让更多的学生参与到比赛中来，参赛球队可以班级为单位，由班主任担任领队，班上的足球积极分子作为球队的骨干来组建；也可根据竞赛规程中有关比赛办法的规定，采用男生与女生混合组队的形式。除此之外，还可以组织班级球迷啦啦队、战况小记者、后援团等队伍，共同参加到赛事活动当中，形成场上场下齐心协力，为了同一个目标共同努力的良好竞赛氛围，使足球运动的团队精神在校园足球活动中充分得以彰显。

4. 裁判员队伍的组织

裁判工作是校内班级比赛顺利进行的重要环节。校内班级足球比赛裁判员队伍的组织，应考虑以下几方面：① 以确保比赛顺利进行为前提，组建以老带新的裁判组构架。可由熟悉足球规则、有裁判工作经验的体育教师担任裁判长全面负责赛事的裁判工作，裁判员可以由部分学校体育教师和学生中的裁判爱好者担任。② 赛前组织裁判组的裁判业务学习和培训，帮助提高裁判员的足球规则知识水平和裁判执法技能，为比赛中的裁判工作打下良好基础。③ 裁判长要重视赛后对临场裁判员执法工作的总结，帮助裁判员及时发现存在的问题，并提出改正建议。

附录：竞赛规程示例

××省少年×组足球锦标赛竞赛规程

一、竞赛日期、地点

××××年×月×日—×日在××市举行。

二、参加单位

××市、××市、××市……

三、参加办法

（1）每队限报运动员 18 人，领队 1 人，教练员 1 人，队医 1 人。

（2）运动员年龄必须是××××年1月1日以后出生者，骨龄在 17 岁以下。

（3）参赛运动员须持××××年1月1日以后省体育局核发“准赛证”参赛。

（4）各单位将报名单一式两份于赛前 20 天分别寄到省体育局竞赛处和赛区体育局，逾期未报名按不参加论。各队于赛前一天到赛区报到。

四、竞赛办法

（1）采用国家体育总局审定颁布的最新足球竞赛规则。

（2）比赛采用 11 人制，每场比赛最多可替换 5 名队员，比赛用五号球。比赛必须穿胶鞋，佩戴护腿板。

（3）每半场比赛时间为 45 分钟。中场休息不得超过 10 分钟。

（4）分两个阶段进行，第一阶段分 A、B 两组进行，每组 5 个队进行单循环比赛。第二阶段小组赛前两名队进行交叉赛，决出 1~4 名。小组的 3~5 名队进行同名次赛，决出 5~10 名。

（5）第一阶段小组循环赛决定名次的方法为：胜 1 场得 3 分，平 1 场得 1 分，负 1 场为 0 分，积分多者名次列前；如遇两队或两队以上积分相等时，则依次按相互间比赛的净胜球数、总进球数、小组赛总净胜球数、总进球数决定名次，多者列前；如仍相等，则抽签决定名次。

（6）第二阶段比赛 90 分钟平局后，以点球决胜负，首回合为 5 轮点球。

（7）第一阶段被出示的红黄牌带入第二阶段。

（8）运动员被出示的每一张黄牌将被罚款 10 元，每一张红牌将被罚款 20 元。此款将从“纪律保证金”中扣除。

（9）除不可抗拒原因（组委会另有规定）外，凡开赛时 15 分钟无故不到为弃权。凡中途停止比赛 5 分钟为罢赛。弃权、罢赛的队，取消全部比赛成绩。

（10）各参赛队必须准备至少两套不同颜色的比赛服，上衣背后的号码高 25 厘米，胸前小号码高 10 厘米，短裤左腿的号码高 10 厘米。

（11）替补席内不能多于 14 人，其中替补队员 7 人，官员 7 人。替补席内人员的服装颜色必须与双方比赛服装颜色有明显区别。

五、录取名次与奖励办法

（1）获得前 3 名的队给予奖励。

（2）比赛中评出“优秀射手”1 名，“体育道德风尚奖”1 队。

（3）比赛设“优秀裁判员奖”2 名。

六、经费

（1）各队交纳报名费 500 元。

（2）每人每天交纳食宿费 100 元。

（3）各队需交“纪律保证金”500 元。比赛期间未违反有关纪律规定，赛后将如数退还。

七、裁判长和裁判

裁判长和裁判员由省体育局选派。

八、本规程未尽事宜另行通知

第二节　足球竞赛规则分析

一、比赛场地

（1）球场。球场必须是长方形，在长 90～120 米，宽 45～90 米范围内均可。国际比赛的长宽范围为长 100～110 米，宽 64～75 米。基层比赛场地可因地制宜，但边线必须长于球门线。场内各区域尺寸固定不变。国际足联曾规定世界杯足球赛决赛阶段比赛场地为长 105 米、宽 68 米。根据竞赛规程，比赛可以在天然或人造草坪上进行。场地各线宽度不超过 12 厘米（球门线的宽度必须与球门柱宽度相等），边线与球门线应包括在场地面积之内，其他各线宽度也应包括在该区域面积之内。丈量球门区和罚球区由球门柱内沿开始（图 13-2-1）。

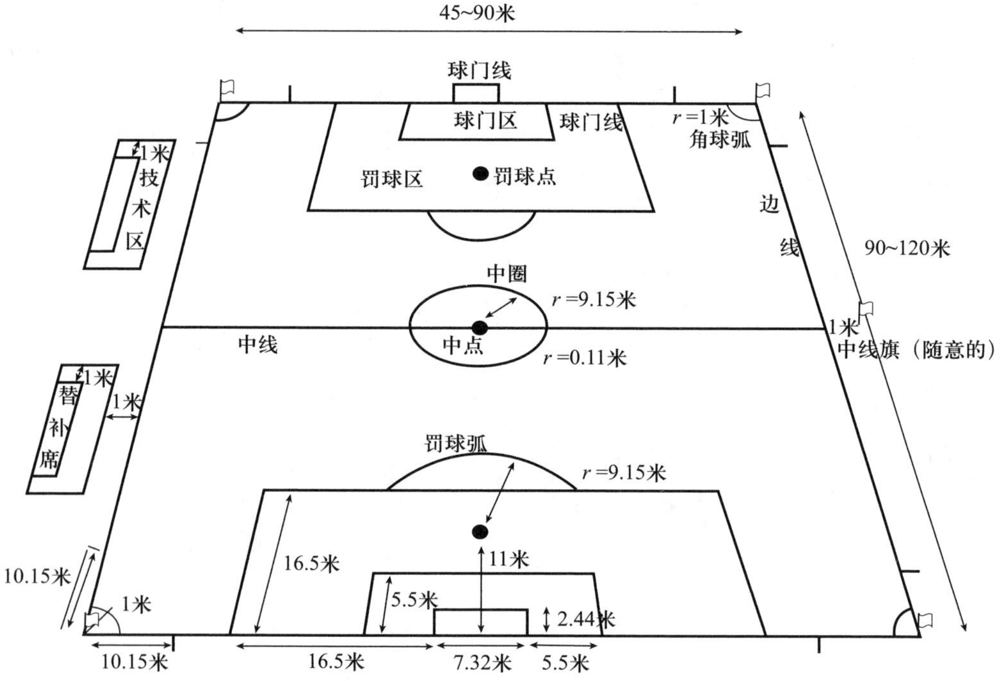

图 13-2-1　足球比赛场地示意图

（2）边线。当球的整体从地面或空中全部越过边线为界外球。比赛中任何人未经裁判员允许不得擅自出入此线。

（3）球门线。球的整体从两根球门立柱外或门横梁越过球门线后，以角球或球门球恢复比赛。

（4）两门柱间的球门线。两门柱间的球门线长 7.32 米。当球的整体在两门柱间、横梁下从空中或地面越过此线为进一球；罚球点球时，守方守门员在球罚出前必须至少有一只脚的一部分接触球门线，或与球门线平齐；攻方踢任意球时，守方队员站在此线上，不受退出 9.15 米的限制。

（5）中线。中线是开球时双方队员的限制线；开球时，除开球队员外，双方其他队员均应处于中线后的本方半场内。

（6）罚球区。守门员在本方罚球区内可以用手触球；队员在本方罚球区内犯规被判罚直接任意球时，都应判罚球点球；罚球点球时，在球未向前踢出之前，除守门员和主罚队员外，其他队员均应在罚球区及罚球弧以外，罚球点的后面；防守方踢球门球或在本方罚球区内踢任意球时，进攻方应退出罚球区且至少距球 9.15 米直至比赛恢复。当球被踢且明显移动，即为比赛恢复。

（7）球门区。队员可以在本方球门区内任何一点踢球门球和任意球；若在球门区内坠球恢复比赛时，应在当时球所在地点最近的与球门线平行的球门区线上坠球；凡在对方球门区内踢间接任意球时，应在离犯规地点最近的与球门线平行的球门区线上执行。

（8）角球弧。踢角球时，球必须放定在角球区内。

（9）罚球点。罚球点球时，球必须放定在该点上并向前踢出。

（10）中点。开球时，球必须放定在该点上，当球被踢并明显移动，比赛即为开始。

（11）中圈。开球时，守方队员须站在中圈以外的本方半场内。

（12）罚球弧。罚球点球时，除主罚队员和守门员外，其他队员应退到罚球弧以外。

（13）角旗。高度不得低于 1.50 米，顶端应为平顶，颜色应与助理裁判员手旗有明显区别，规格一般为 30 厘米 × 40 厘米。

（14）球门。门框直径不超过 12 厘米，两立柱内沿相距 7.32 米，横梁下沿与地面的垂直距离为 2.44 米，立柱与横梁宽度应相等，球门必须为白色。

（15）球门网。挂在球门后，应适当撑起，下端钉或固定在地上。

（16）第四官员席。在中线延长线外。

（17）替补席。比赛中教练员、替补队员及工作人员应在替外席上。目前，我国规定替补席为 16 个席位。主队应使用第四官员席（从第四官员席面向球场）左侧替补席。凡被罚令出场的队员，在禁赛期间不得留在替补席。

（18）技术区域。在赛前确认区内的具体人员；只允许一人在区内进行战术指挥；除裁判员允许医生进场察看伤情外，比赛中任何人都必须在替补席上；替补席中任何人都不许吸烟；区内人员应对自己的行为负责。

二、球

（1）球用皮革或其他适当的材料制成。在国际足联和洲际联合会主办的比赛中，所使用的球必须有下列三种标志之一：“国际足联专业品质”标志，“国际足联品质”标志，“国际比赛标准”（图 13-2-2）。

国际足联专业品质　　国际足联品质　　国际比赛标准

图 13-2-2　比赛用球国际认证标准

（2）球的周长为 68～70 厘米；比赛开始时球的重量为 410～450 克；压力在 0.6～1.1 个大气压（世界杯赛一般采用 0.9 个大气压力）。

（3）比赛用球由裁判员审定，正式的比赛应有备用球，目前多采用 8 个备用球。

（4）比赛中球发生破裂或损坏，裁判员应停止比赛，更换球后在球所在地点坠球恢复比赛，如球破裂或损坏之前比赛已停止，则以停止比赛时应使用的恢复比赛方式重新恢复比赛。例如，球出边线后破损，更换比赛用球后则以掷界外球方式重新恢复比赛。

（5）在罚球点球或以罚球点球决胜负期间，如果球向前移动后未触及任何队员、球门发生破裂或损坏，重罚球点球。

三、队员人数

（1）每队应为 7～11 人，其中 1 人必须为守门员。

（2）正式比赛的提名替补队员为 3～12 人，但最多不能超过 5 人次替换，位置不限。被替换下场的队员不可以在本场比赛中重新参赛。

（3）场上队员与守门员互换位置前要通知裁判员，在死球时互换，服装颜色必须符合规定；场下替补队员替换时，也应通知裁判员，在死球时先下后上进行替补，被替换下场的队员必须从距离最近的边界线处离场，除非裁判员示意其可以立即从中线或其他地点离场（例如考虑到安全和受伤因素），上场队员应从中线处上场。

（4）开赛前被罚令出场的队员，可以由替补队员替补，并不算一次换人，但不得再增加替补队员名额。比赛开始后（包括死球时或中场休息）被罚令出场的队员，不得被替补。凡被提名的替补队员无论何时被罚令出场，均不得替换。

（5）罚球点球决胜负时，除守门员受伤可以由未使用过的替补队员替补外，一律不得替换。

（6）比赛中，替补队员擅自进入比赛场地应视为违规，裁判员根据该行为是否干扰了比赛，可采取继续比赛，在比赛停止时责令替补队员离开比赛场地，采取相应的纪律措施；或罚直接任意球或点球。

四、队员装备

（1）安全性。队员不得使用或佩戴可能危及自己或其他队员安全的装备或任何物件。

（2）必需的装备。有袖子的运动上衣、短裤、护袜、护腿板、球鞋。

（3）上衣号码与短裤号码必须一致，队员之间不得重号；守门员服装颜色应区别于其他队员、裁判员和助理裁判员。队长须佩戴袖标。

（4）紧身衣、紧身裤颜色必须与队服上衣衣袖、短裤的主色颜色一致。

（5）包裹护袜的绷带必须与包裹部分的颜色一致。

（6）被裁判员令其出场整理装备的队员，必须在死球时，经裁判员检查许可后才能入场。

五、裁判员

（一）裁判员的权力

每场比赛由一名裁判员控制，他具有全部权力去执行与比赛有关的竞赛规则。

（二）裁判员的权限和职责

（1）执行规则。

（2）与其他比赛官员协作管理比赛。

（3）审定比赛用球。

（4）确保队员装备符合规定。

（5）记录比赛时间和比赛成绩。

（6）因违反规则或外界干扰，决定停止、推迟或终止比赛。

（7）决定是否停止比赛处理伤号或移至场外治疗和决定何时、何方或何人对伤号进行处理。

（8）掌握“有利”情况，不做出对犯规队有利的判罚。

（9）同时出现一种以上犯规时，判其较重的犯规。

（10）根据队员犯规情况及时使用红黄牌，这种处罚也可以在比赛成死球时进行。

（11）向对自己行为不负责任的球队官员进行劝诫或向其出示黄牌警告或出示红牌将其逐出场地及其周边。

（12）可以对未看到的情况，根据其他比赛官员的建议做出自己的决定。

（13）确保与比赛无关人员不得进入场地。

（14）比赛停止后重新开始比赛。

（15）对在赛前、赛中、赛后向队员和球队官员进行纪律处分及其他事件的情况，向有关部门提交报告。

（三）裁判员的决定

（1）裁判员根据比赛相关的事实所做出的决定（包括是否进球和比赛结果）是最终的决定。

（2）只有在比赛未重新开始或未终止前，裁判员才可以根据自己的判断或其他比赛官员的意见而改变确实不正确的决定。

（四）裁判员执法原则（图 13-2-3）

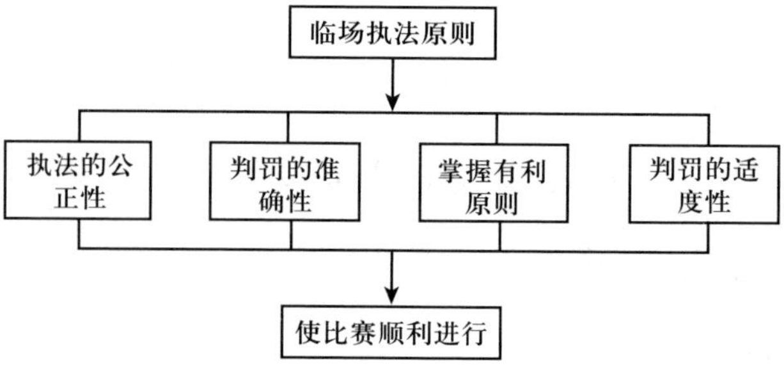

图 13-2-3　裁判员执法原则与目的

六、其他比赛官员

通常情况下，除裁判员外，足球比赛可选派的其他比赛官员包括两名助理裁判员、一名第四官员。如果比赛使用底线裁判制，则还需选派两名附加助理裁判员。如果比赛使用视频助理裁判（VAR）技术，则还需要选派一名视频助理裁判员以及至少一名助理视频助理裁判员执法比赛。其他比赛官员根据竞赛规则协助裁判员管理比赛，但最终决定必须由裁判员做出。

（一）助理裁判员

助理裁判员是裁判员的助手，他们应依据规则协助裁判员控制比赛。他们的职责由裁判员决定，一般用旗示向裁判员示意。其主要职责包括：

（1）检查比赛场地、球和队员装备。

（2）记录时间、进球和不正当行为。

（3）用旗子确定某队掷界外球、罚角球或球门球。

（4）判罚处于越位位置的队员。

（5）在助理裁判员附近罚任意球时，可以进场协助裁判员控制好 9.15 米的距离。

（6）完成裁判员交给的其他任务，如协助示意发生在裁判员视野范围以外的不正当行为、隐蔽性犯规或其他暴力事件等。

（7）踢罚球点球时负责看守门员是否提前向前移动，看清楚球的整体是否越过球门线。

（8）帮助第四官员换人或协助做好出现伤员后的管理工作。

（二）第四官员

第四官员的工作程序及内容见图 13-2-4。

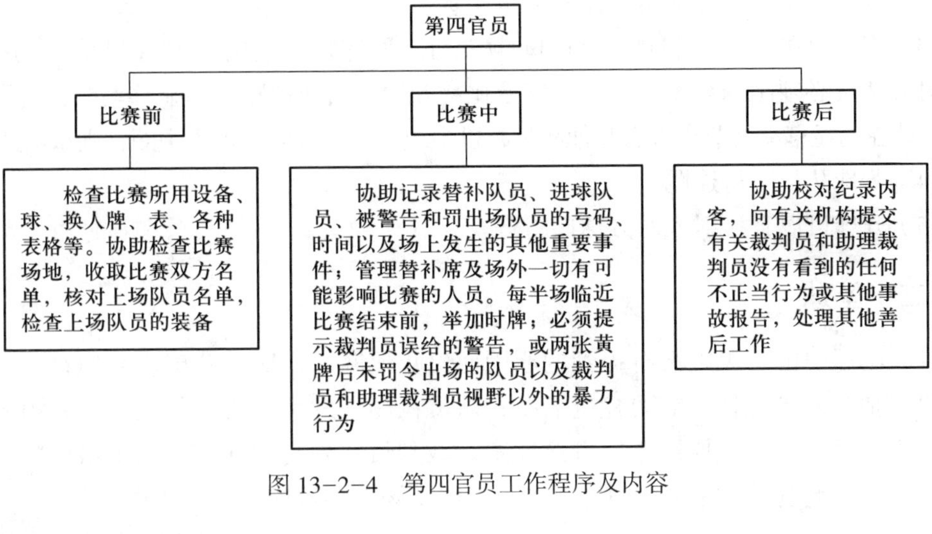

图 13-2-4　第四官员工作程序及内容

七、比赛时间

（1）正式比赛时间为 90 分钟，上下半场各 45 分钟，除经裁判员同意外，中场休息不得超过 15 分钟。如果规程规定有加时赛，则再进行 30 分钟的比赛，每半场 15 分钟，中间立即交换场地，不再休息。如果30分钟加时赛后双方比分仍为平局，则比赛仍将以互射罚球点球决定胜负。

（2）每半场比赛中因故损失的时间应扣除，补多少由裁判员决定。扣除的时间主要包括：替换队员；对伤员的护理或抬出场地；因观众进入场地而暂停比赛；球出界过远；队员延误时间，如发定位球时、换人时、进球后跳过广告牌庆祝等；受天气影响而暂停比赛；球破裂或漏气需要更换新球等；因天气炎热而采取的“补水暂停”或“降温暂停”；与视频助理裁判技术使用相关的延误。

（3）比赛最后几秒钟的进球，裁判员应将球放到开球点上再鸣哨结束比赛，表示进球有效。不再开球。

（4）比赛中的罚球点球不受时间限制，应允许延长时间执行完罚球点球。

（5）在比赛结束前3分钟内，裁判员应与助理裁判员和第四官员加强联系。

八、比赛的开始与恢复

（一）开球

（1）一场比赛各半场、加时赛各半场、进球后均以开球恢复比赛。

（2）掷硬币猜中的球队可决定本方上半场进攻方向，或者由本方开球。

（3）将球放在中点上开球时，除开球队员外，所有场上队员必须处在本方半场；开球队的对方队员必须距球至少9.15米，直至比赛开始；当球被踢且明显移动时比赛即为开始。若球在明显移动之前攻方有其他队员越过中线或防守方队员进入中圈，则重新开球。

（4）开球队员不得连踢。

（5）开球可以直接射入对方球门得分。

（二）坠球

（1）比赛中由于规则没有提到的原因而停止比赛后，应以坠球恢复比赛。此类原因主要包括：队员受伤；需要检查装备；队员在场外发生纠纷；与比赛无关的人员及动物妨碍比赛；因天气原因不宜继续比赛；裁判员在恢复比赛前，纠正错误判决；裁判员自觉身体不适，不能坚持到比赛停止；球及场地器材损坏，需要更换等。

（2）如果比赛停止时，球处于罚球区内，或比赛停止前球最后一次被触及的地点处于罚球区内，则在罚球区内坠球给守方球队的守门员。

（3）其他所有情况，裁判员坠球给最后触球球队的一名场上队员。坠球地点为球最后一次被队员、场外因素或比赛官员触及的位置。

（4）坠球时，其他所有队员（包括双方队员）必须处于距离球不少于 4 米的位置，直至比赛恢复。坠球时未执行 4 米距离规定的队员，将被出示黄牌。

（5）坠球时，当球触及地面，比赛即为恢复。

（6）如果坠球时，球未着地前队员触球、犯规、球破裂或漏气；或球着地后未经其他队员触及而出界，均应重新坠球。

（7）如果坠球后，球未经至少两名场上队员触及，被直接踢进对方球门，判球门球；如果被直接踢进本方球门，判对方踢角球。

（三）其他恢复比赛的方式

任意球（直接或间接任意球）、罚球点球、掷界外球、球门球和角球是其他恢复比赛的方式。

九、比赛进行及停止

（一）比赛进行

（1）球从球门柱、横梁或角旗杆弹回场内。

（2）球从比赛场地上的裁判员或助理裁判员身上弹回场内。

（3）队员有犯规，而裁判员未予判罚。

（二）比赛停止

（1）当球无论在地面或空中全部越过球门线或边线。

（2）当比赛已被裁判员停止时。

（3）球接触了比赛官员后仍在比赛场地内，并且：任一球队开始了一次有希望的进攻；或直接进入了球门；或控球球队发生了转换。上述情况下，比赛以坠球恢复。

十、确定比赛结果

（一）进球得分

（1）当球的整体从球门柱间及横梁下越过球门线，而此前未违反竞赛规则，即为进球得分。

（2）守门员手抛球不能直接进球得分。如果守门员手抛球直接进入对方球门，则由对方踢球门球。

（二）获胜队

（1）进球数较多的队伍为获胜队。如果双方球队没有进球或进球数相等，则该场比赛为平局。

（2）当竞赛规程规定一场比赛出现平局，或主客场进球数相同时必须有一方取胜，仅允许采取如下方式决定获胜队：

① 客场进球规则。

② 加时赛，加时赛上下半场时长相等且均不超过 15 分钟。

③ 球点球决胜。

（三）球点球决胜

（1）在比赛中已被罚令出场的队员，不得参与球点球决胜；在比赛中已执行的劝诫与警告，不得带入球点球决胜阶段。

（2）球点球决胜开始前，裁判员先掷币决定使用哪个球门，再次掷币后猜中的球队决定踢球的先后。只有比赛结束时在场地内的场上队员有资格参加球点球决胜（替换无法继续比赛的守门员的替补队员除外），但前提是该队还有未用完的替换名额。参加球点球决胜的双方队员人数应保持一致，多出的队员应予以削减并告知裁判员。

（3）球点球决胜进行中，符合资格的场上队员可与守门员互换位置。当球停止移动、离开比赛场地，或因发生违规情况而裁判员停止比赛时，则罚球完成。

（4）每次踢球由不同的场上队员执行，直至双方符合资格的队员均踢过一次后，同一名队员才可踢第二次。

（5）在双方球队各踢完 5 次球点球前，如果一队进球数已经超过另一队罚满 5 次可能的进球数，则不再继续执行球点球决胜程序。

（6）在双方球队踢完 5 轮球点球后，如果进球数相同，则继续踢球，直到出现踢完相同次数时，一队比另一队多进一球的情况为止。

十一、越位

队员处于越位位置本身并不是犯规。

（一）处于越位位置的条件

（1）在对方半场内。

（2）比球更接近于对方球门线。

（3）在该队员与对方球门线之间，对方队员不足两人。

上述三个条件中，缺少任何一条，均不属于越位（图 13-2-5）。

越位

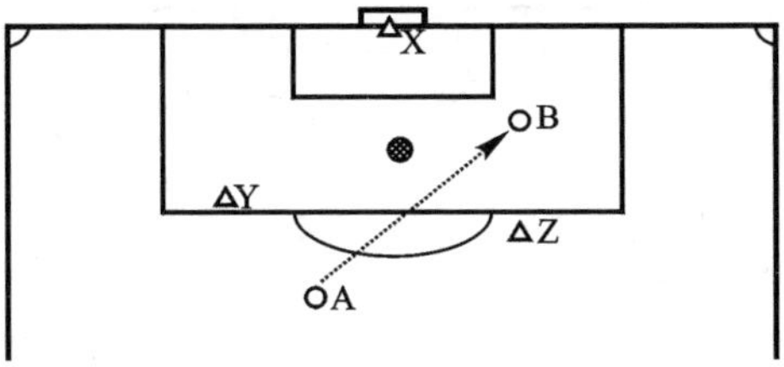

图 13-2-5　越位位置示意图

B 在对方半场，在球前，在他到对方球门线之间只有 X，此时队友 A 传球给他的瞬间，B 为越位位置

（二）判断越位位置时机

判断是否处于越位位置的时间是同队队员踢或触球的瞬间，而不是该队员接得球的瞬间（图 13-2-6，图 13-2-7）。

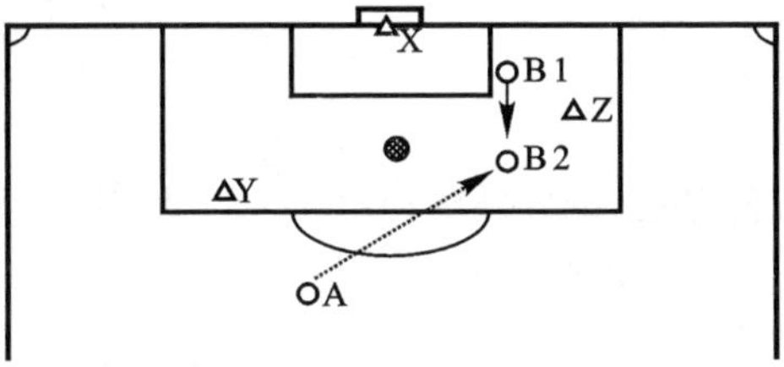

图 13-2-6　越位位置回接球犯规

A 传球瞬间，B 处于越位位置，B 由 B1 跑到 B2 位置直接得同伴 A 的传球也为越位

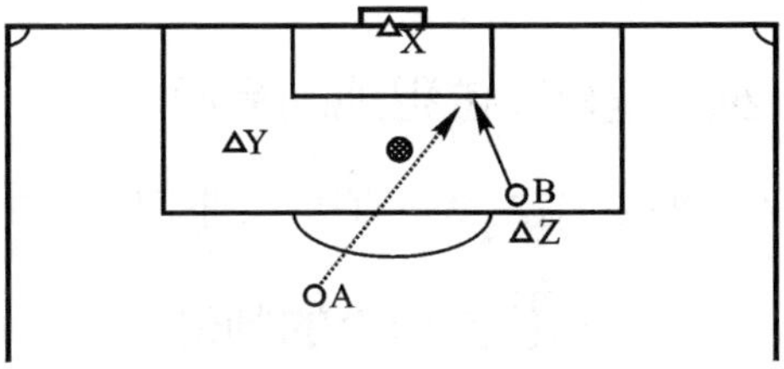

图 13-2-7　后插上进攻

A 传球瞬间，B 不处于越位位置，插上接球，则不越位

（三）越位犯规的判罚

一名队员在同队队员传球或触球的一瞬间处于越位位置，随后该队员以下列方式参与了实际比赛才被判罚越位犯规：

（1）干扰比赛。指在同队队员传球或触球后得到球或触及球。

（2）干扰对方队员。包括通过明显阻碍对方队员视线以妨碍对方队员处理球，或影响其处理球的能力，或与对方队员争抢球。也包括有明显的试图触及近处的来球的举动，且该举动影响了对方队员，或做出影响对方队员处理球能力的明显举动（图 13-2-8）。

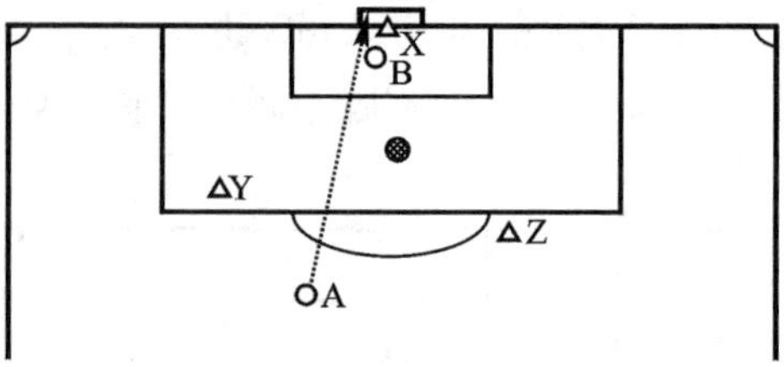

图 13-2-8 干扰对方队员越位犯规
B 在 A 射门的瞬间，站在守门员 X 面前干扰对手，
A 射门进球无效，B 为越位

（3）利用越位位置获得利益。指处于越位位置的队员在球从球门柱、横梁、比赛官员或双方队员处反弹或折射过来，以及球从任一对方队员有意救球后而来，该队员触到球或干扰对方队员，为获得利益。处于越位位置的队员在对方队员有意触球，其中包括故意手球之后得球，则不被视为获得利益。“救球”是指队员用除手或臂以外（守门员在本方罚球区内除外）的身体任何部位阻止或试图阻止将要进入球门或极为接近球门的球的行为。

裁判员判罚越位犯规后，由对方在越位犯规发生的地点踢间接任意球恢复比赛，这包括发生在越位队员的本方半场。

（四）没有越位犯规的情况

处于越位位置的队员直接接到同队队员的球门球，掷界外球和角球时，没有越位犯规。

（五）关于越位与否的判例

（1）如果一名队员因处于越位位置而暂时跑出球场，以向裁判员表明他不参与比赛，是不犯规的。但是，如果裁判员认为该队员出于战术目的，或出场后又随即进场参与比赛，应判为越位。

（2）就越位而言，任何防守队员无论何种原因，未经裁判员允许离开比赛场地，应视其为处在本方球门线或边线上直到比赛停止。守方队员故意退出场外造成攻方队员越位，在这种情况下，该攻方队员接得球并射入门内，应判进球有效。当比赛停止时，裁判员应警告该守方队员。

（3）攻方队员带球射门或发直接任意球，在直接射中的同时同队队员处于越位位置，只要该队员不干扰守门员接球或防守，应判进球有效（图 13-2-9）。如果射出的球从门框或守门员身上弹回到越位队员的脚下，该队员触球，应判越位犯规（图 13-2-10）。

（4）守方队员向外踢球，球击在进攻队员身上，反弹到处于越位位置的另一位进

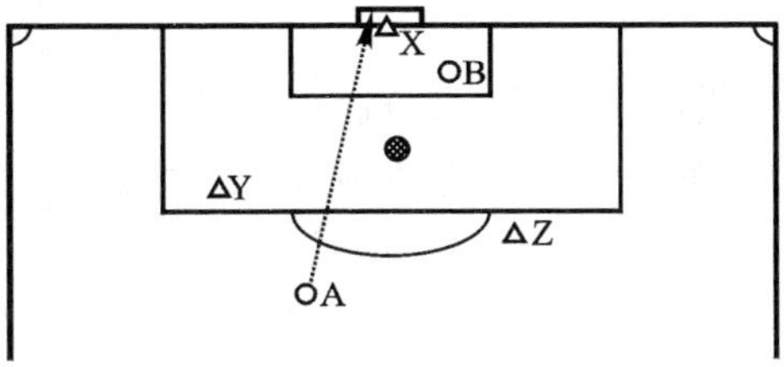

图 13-2-9 不属于越位示意图

A 射门时 B 虽处于越位位置，但 A 直接将球射入球门，B 并未干扰比赛，也未干扰守门员和其他防守队员，他不越位

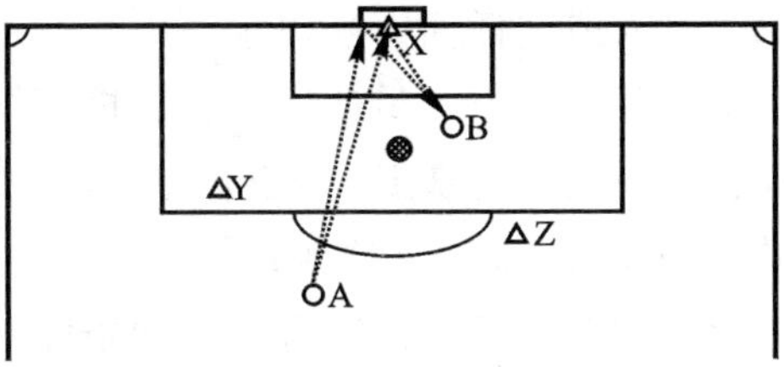

图 13-2-10 越位示意图

A 射门时 B 处于越位位置，如果此球击中门框弹出或被守门员挡出，B 得到球，应判越位，因为 B 获得了利益

攻队员处，应判罚越位犯规。

（5）攻方队员传球，球打在守方队员身上弹向处于越位位置的同队队员处，应判罚越位犯规。

十二、犯规与不正当行为

足球比赛对抗性强，又允许身体接触与碰撞，裁判员要准确掌握规则精神，善于识别和区分合理动作与犯规、勇猛顽强与动作粗野、良好风格与不正当行为，坚持严格执法，把判罚重点放在对人不对球，不正当行为及报复行为上。

（一）直接任意球和球点球的判罚

裁判员认为，如果队员草率地、鲁莽地或使用过分的力量违反下列 7 条中任何一条，将判给对方踢直接任意球。

（1）踢或企图踢对方队员。

（2）绊摔或企图绊摔对方队员。

（3）跳向对方队员。

（4）冲撞对方队员。

（5）打或企图打对方队员（包括用头顶撞）。

（6）推对方队员。

（7）用脚或其他部位抢截对方队员。

如果队员违反下列犯规中任何一种，也判给对方踢直接任意球：

直接任意球

（1）手球犯规（守门员在本方罚球区除外）。

（2）拉扯对方队员。

（3）在身体接触的情况下阻碍对方队员移动。

（4）咬人或向任何人吐口水。

（5）向球、对方队员或比赛官员扔掷物品或用手中的物品触及球。

在比赛进行中，无论球在什么位置，如果防守方队员在本方罚球区内违反了上述犯规的任何一种，将被判罚球点球。

在比赛中，合理冲撞应符合下列条件：

（1）冲撞的目的在于获得球。

（2）冲撞时，球须在双方控制范围内。

（3）一般用肩至肘关节这个部位冲撞双方相应的部位，且上臂必须贴住身体。

（4）冲撞时，并非是草率的、鲁莽的，也没有使用过分的力量。

（5）队员护球时自己不接触球，还设法阻挡对方队员使其触不到球，此时对方队员为了踢到球可以进行冲撞。

（二）间接任意球的判罚

如果守门员在本方罚球区内违反下列 4 种犯规中任何一种，将判罚给对方罚间接任意球。

（1）拖延时间（持球超过 6 秒）。

（2）在发出球之后未经其他队员触及，再次用手触球。

（3）用手触及同队队员故意踢给他的球。

（4）用手触及同队队员直接掷入的界外球。

另外，如果裁判员认为队员有下列情况任何一种的，也将判罚给对方罚间接任意球。

（1）以危险方式比赛。

（2）在没有身体接触的情况下阻碍对方队员行进。

（3）以语言表示不满，使用攻击性、侮辱性或辱骂性的语言和 / 或动作，或其他口头的违规行为。

（4）阻挡对方守门员从其手中发球。

（5）队员在比赛中被判有开球、球门球、角球、界外球、任意球、罚球点球连踢。

（6）越位犯规。

（7）因规则第十二条未提及的任何其他犯规而停止比赛，对队员进行警告或罚令出场。

（三）纪律制裁

1. 裁判员对队员的纪律制裁

（1）可警告的犯规（黄牌）。

① 犯有非体育行为：在比赛中以鲁莽的方式踢、绊、跳向、冲撞、打、推、抢截对方队员；对方掷界外球或踢任意球时，队员故意在前方挥动手臂，高喊或投掷物品进行干扰；队员在场上吸烟；队员吊挂球门横梁；故意用身体压住球，不让他人踢球；撑在同队队员肩上顶球；故意伸展双臂上下摆动，并移动位置阻挡对方前进（不论是否发生身体接触）；假摔；佯装受伤；故意将球挑起用除脚以外的任何部位传球给守门员，而利用规则设置骗局；用手击球试图得分；用手球阻止对方队员得球或阻止对方进攻；未经允许在场地内做标记等现象。

② 以言语或行动表示不满：主要是指对裁判员、助理裁判员、第四官员的决定不满，而干扰了比赛的正常进行。

③ 持续违反规则：指一名队员在被判罚了犯规并重新开始比赛后，仍然继续坚持违反可判为任意球的犯规。

④ 延误比赛恢复：主要是指死球时，为了达到拖延时间的目的，以各种方式（如慢慢系鞋带、多次移动球的地点等）延误比赛重新开始的行为。

⑤ 妨碍发角球和任意球：当以角球、任意球或掷界外球重新开始比赛时，防守队员故意不退出规定距离。

⑥ 未得到裁判员许可进入或重新进入比赛场地："进入"主要指比赛队员未随队一同加入比赛或替补队员未履行替补程序而加入比赛的情况，以及在场外疗伤或整理装备后，未经裁判员允许而"重新加入"比赛。

⑦ 未得到裁判员许可故意离开比赛场地：防守队员故意离场来制造"越位陷阱"或擅自出场、喝水等情况。

⑧ 进入裁判员回看分析区域。

⑨ 过分地做出要求回看分析（比划电视屏幕）的信号。

（2）罚令出场的犯规（红牌）。

① 严重犯规：指在比赛中队员故意使用过分的力量，或用野蛮的行为与对方队员争抢球，危及对方队员安全。

② 暴力行为：指队员行为目的不是对球，而是使用过分的力量或野蛮的方式与对方争抢，无论是否与他人发生身体接触。犯规可能在比赛中，也可能在比赛停止时；犯规的对象有对对方、对本方、对裁判员、对助理裁判员、对第四官员、对比赛官员、对观众等。

③ 违反体育道德的行为：如向对方或其他任何人吐唾沫。

④ 故意手球犯规：用故意手球破坏对方的进球或明显的进球得分机会（守门员在本方罚球区内除外）。

⑤ 破坏对方的破门得分机会：用可判为任意球或球点球的犯规破坏对方向本方移动着的明显进球得分机会。

⑥ 使用攻击性的、侮辱性的或辱骂性语言和 / 或动作。

⑦ 在同一场比赛中得到第二次黄牌警告（这是针对同一队员而言）。

另外，比赛中如果守门员在本方罚球区内用球掷击或企图掷击对方队员，将被判罚球点球并罚令出场。

2. 裁判员对球队官员的纪律制裁

（1）劝诫。球队官员如犯有下列违规行为，通常裁判员应对其进行劝诫。如果球队官员反复或过于明显地违规，则应对其警告或罚令出场。

① 以有礼貌 / 非对抗的态度进入比赛场地。

② 不配合比赛官员。例如，无视助理裁判员或第四官员的指令和要求。

③ 轻微 / 较低程度地（以语言或行动）对裁判员的决定表示异议。

④ 偶尔离开技术区域，且无其他违规行为。

（2）警告。球队官员应被警告的行为包括：

① 清晰 / 持续地违反技术区域的限制。

② 延误本方球队恢复比赛。

③ 故意进入对方技术区域（非对抗性地）。

④ 以语言或行动表示异议，包括：扔 / 踢饮料瓶或其他物品；做出明显对比赛官员缺乏尊重的动作。例如，讽刺性地鼓掌等。

⑤ 进入裁判员回看分析区域（有视频助理裁判员的比赛）。

⑥ 过分地做出要求回看分析（比划电视屏幕）的信号。

⑦ 做出挑衅或煽动性的动作或行为。

⑧ 持续做出不可接受的行为。

⑨ 表现出对比赛的不尊重。

（3）罚令出场。球队官员如果犯有以下行为，将被裁判员罚令出场：

① 延误对方球队恢复比赛，如持球、将球踢走、妨碍队员的移动等。

② 故意离开技术区域，并且有抗议或指责比赛官员、表现出挑衅或嘲讽的态度等行为。

③ 以侵略性或对抗性的态度故意进入对方技术区域。

④ 故意向场内扔 / 踢物品。

⑤ 进入比赛场地，并且与比赛官员对抗（包括在半场及全场比赛结束时）；干扰比赛、对方队员或比赛官员。

⑥ 进入视频操作室（有视频助理裁判员的比赛）。

⑦ 对对方队员、替补队员、球队官员、比赛官员、观众或其他任何人（如球童、安保人员或竞赛官员等）实施肢体侵犯或侵略性行为（包括吐口水或咬人）。

⑧ 在一场比赛中受到第二次警告。

⑨ 使用攻击性、侮辱性或辱骂性的语言或动作。

⑩ 使用未经授权的电子或通信设备，或在使用电子或通信设备时做出不当行为以及暴力行为。

（四）对某些犯规行为的解释和说明

1. 对手球犯规的说明

对手触球（包括手臂）是否犯规的识别和判罚，是裁判员执法中面临的一个难点问题。以下情况视为手球犯规：

（1）故意用手或臂触球，包含手或臂向球移动的动作。

（2）手 / 臂触球后，获得了控球权，然后进球得分。

（3）手 / 臂触球后，球直接进入了对方球门，即使是意外的手球。

攻方队员的意外手球，仅当手球后“立即”形成了进球得分时，才被判为手球犯规。

2. 判断阻止一个进球或一个明显进球得分机会犯规必须考虑的因素

（1）犯规地点与球门的距离。

（2）掌握或控制球的可能。

（3）进攻的方向。

（4）防守的位置和人数。

（5）这种犯规既可能是直接任意球也可能是间接任意球性质犯规。

3. 拉扯对方

拉扯对方包括用手、手臂及身体阻止对方移动或转动。

4. 阻碍对方行进

阻碍对方行进的定义为：当球并不在某一方队员的争抢距离之内，抢占到对方合理路线去阻挡、妨碍，使对方减慢进攻速度或改变进攻方向。

5. 以危险方式比赛

以危险方式比赛的定义为：当试图争抢球时，其行为对其他队员构成伤害威胁（包括对自己的伤害）。犯规发生在做动作队员的附近并阻止了对方因害怕受伤而去争抢球。

6. 暴力行为的判罚（表 13-2-1）

▶ 表 13-2-1　暴力行为的判罚

比赛状态	犯规地点	犯规者	犯规对象	判罚	纪律处罚	恢复方式	罚球地点
比赛进行中	比赛场地内	场上队员	对方场上队员	除非有明显进球得分机会，一般不掌握有利原则，应停止比赛	红牌	直接任意球或球点球	犯规发生地点
比赛进行中	比赛场地内	场上队员	同队的队员、替补队员、已替换下场或已罚令出场的队员、球队官员，比赛官员	除非有明显进球得分机会，一般不掌握有利原则，应停止比赛	红牌	直接任意球或球点球	犯规发生地点
比赛进行中	比赛场地内	场上队员	其他任何人	除非有明显进球得分机会，一般不掌握有利原则，应停止比赛	红牌	坠球	犯规发生地点

续表

比赛状态	犯规地点	犯规者	犯规对象	判罚	纪律处罚	恢复方式	罚球地点
比赛进行中	比赛场地外	场上队员	比赛官员、对方的场上队员、替补队员、已替换下场或已罚令出场的队员、球队官员	除非有明显进球得分机会，一般不掌握有利原则，应停止比赛	红牌	直接任意球或球点球	距犯规地点最近的边界线上以直接任意球恢复。如果该地点在犯规方罚球区内，则判罚球点球
比赛进行中	比赛场地外	替补队员、已替换下场或已罚令出场的队员、球队官员	对方场上队员、比赛官员	除非有明显进球得分机会，一般不掌握有利原则，应停止比赛	红牌	直接任意球或球点球	距犯规地点最近的边界线上以直接任意球恢复。如果该地点在犯规方罚球区内，则判罚球点球
比赛进行中	比赛场地外	场上队员	同队的队员、替补队员、已替换下场的队员、球队官员	除非有明显进球得分机会，一般不掌握有利原则，应停止比赛	红牌	间接任意球	距离犯规发生地点最近的场地边界线上

十三、任意球

（一）判罚任意球

（1）当场上队员、替补队员、已替换下场的队员、已被罚令出场的队员或球队官员犯规或违规时，判由对方罚直接任意球或间接任意球。

（2）判罚任意球的犯规应发生在比赛进行中。

（3）判罚任意球的犯规可发生在场内，也可发生在场外。

（二）任意球的种类

（1）直接任意球。直接任意球可以直接射入对方球门得分（直接射入本方球门，不算进球，应由对方踢角球）。

（2）间接任意球。间接任意球不能直接射门得分，必须经场上其他队员触及后进入球门内才算进球有效（直接射入对方球门，由对方踢球门球）。

（三）罚任意球的程序

（1）球必须放定，主罚队员不得连踢，否则由对方踢间接任意球。

（2）当球被踢并明显移动，比赛即为恢复。

（3）除守方队员站在本方球门线上外，对方队员必须至少距球 9.15 米（主罚队不要求对方退 9.15 米时，裁判员可不必维持这个要求）。

（4）守方队员在本方罚球区内踢任意球时，所有对方队员应处在罚球区外。

（5）攻方队员不允许处于距守方 3 人或更多人组成的“人墙”的 1 米范围之内。

（6）如果队员快速发出任意球，随后距球不足 9.15 米的对方该队员将球截获，裁判员允许比赛继续。但故意阻止对方快速罚球的队员必须以延误比赛恢复为由予以警告。

（7）守方队员在本方罚球区内快速罚出任意球时，如果对方队员未来得及离开罚球区，裁判员允许比赛继续。在踢任意球时，处在罚球区内的对方队员，或在比赛恢复前进入罚球区的对方队员，在比赛恢复前触及球或争抢球，应重罚任意球。

（8）如果在本方罚球区内踢出的任意球直接从罚球区外球门线出界，由对方踢角球。如果踢间接任意球时，一名队员触球后，球未移动，同队另一队员直接射入对方球门，则由对方踢球门球恢复比赛。

十四、罚球点球

（一）球点球的判罚

（1）当比赛进行时，队员在本方罚球区内，或如规则已明确的正常比赛移动中离开比赛场地后，违反可判罚直接任意球各项规定中的任何一项时，将被判罚球点球。

（2）在罚球区界线附近发生的犯规，是看犯规动作的接触点，而不是以犯规队员所处位置为准。如果队员处于罚球区外而接触点在罚球区内，则判罚球点球。反之，处于罚球区内队员的犯规接触点在罚球区外，则罚直接任意球。

（3）罚球点球可以直接射入球门得分。

（二）罚球点球的程序

（1）球必须放定在罚球点上。球门立柱、横梁和球网不能移动。

（2）必须清晰指定主罚的队员。

（3）守方守门员必须停留在球门柱之间的球门线上，面向主罚队员，且不可以触碰球门立柱、横梁或球网，直至球被踢出。

（4）主罚队员和守门员以外的其他场上队员必须处于：① 距离罚球点至少 9.15 米。② 在罚球点后。③ 在比赛场地内。④ 在罚球区外。

（5）主罚队员必须向前踢球。允许使用脚后跟踢球，只要球向前移动。

（6）在球被踢出时，防守方守门员必须至少有一只脚的一部分接触着球门线，或者与球门线齐平。

（7）当球被踢且明显移动，即为比赛恢复。当球停止移动、离开比赛场地，或因发生任何违规情况被裁判员停止比赛时，即为罚球完成。

（8）主罚队员在其他队员触及球前不得再次触球。

（9）在上下半场或加时赛上下半场结束时，允许补足时间以完成罚球点球程序。如果防守方队员（包括守门员）违规，且球点球未进 / 扑出，应重罚球点球。

（三）罚球点球违规情况的处理与结果（表 13-2-2，表 13-2-3）

▶ 表 13-2-2 球点球罚出前违规情况的处理与结果

阶段	出现情况	如果进球	如果未进球
比赛恢复前	主罚队员或同队队员违犯规则	重罚球点球	间接任意球
	主罚队员向后踢球点球	间接任意球	间接任意球
	非确认的主罚队员罚球	间接任意球并警告该队员	间接任意球并警告该队员
	主罚队员完成助跑后以假动作踢球（在助跑过程中使用假动作是允许的）	间接任意球并警告罚球队员	间接任意球并警告罚球队员
	守方队员违犯规则	进球有效	重罚球点球
	守门员违犯规则	进球有效	1. 未扑救：不重罚（除非罚球队员受到影响） 2. 扑救：重罚球点球，劝诫守门员；警告守门员后续的违规行为
	攻、守双方队员同时违犯规则	重罚球点球	重罚球点球
	守门员和主罚队员同时违犯规则	间接任意球并警告罚球队员	间接任意球并警告罚球队员

▶ 表 13-2-3 球点球罚出后违规情况的处理

阶段	出现情况	处理
球点球被罚出后	主罚队员在其他队员触球前再次触球	间接任意球（手球犯规，则判罚直接任意球）
	球向前移动过程中，被场外因素触及	1. 重踢球点球 2. 如果干扰因素未阻止防守队员处理球，球进门，进球有效
	球从守门员身体、球门横梁或球门柱弹回比赛场地，随后被场外因素触及	裁判员停止比赛，在被场外因素触及的地点坠球恢复比赛

十五、掷界外球

（一）判罚掷界外球

（1）当球的整体从地面或空中越过边线时，由最后触球队员的对方掷界外球。

（2）界外球不能直接掷进球门得分。如果球直接掷入对方球门，判踢球门球；如果球直接掷入本方球门，判踢角球。

（二）掷界外球的程序

（1）在掷出球的瞬间，掷球队员必须：① 站立并面向比赛场地。② 任何一只脚的一部分在边线上或在边线外的地面上。③ 在球离开比赛场地的地点，用双手将球从头后经头顶掷出。

（2）所有对方队员必须站在距离掷球地点所对应的边线位置至少 2 米处。

（3）当球被掷入比赛场地，即为比赛恢复。在球进入比赛场地之前，如果球接触地面，则由同一队在相同地点重新掷界外球。如果未按正确程序和要求掷界外球，则由对方掷界外球。

（4）如果一名队员以正确的方式故意将球掷向对方队员以再次触球，但未使用草率的、鲁莽的方式或过分的力量，裁判员应允许比赛继续。

（5）掷球队员在其他队员触及球前，不得再次触球。

（三）掷界外球违规情况的处理

（1）如果比赛已经恢复，掷球队员在其他队员触及球之前再次触球，则判罚间接任意球。如果掷球队员手球犯规，则：① 判罚直接任意球。② 如果手球犯规发生在掷球队员本方罚球区内，则判罚球点球。在这种情况下，如果掷球队员是守门员，则判罚间接任意球。

（2）对方队员通过不正当的方式干扰或阻碍掷球队员（包括移动至距离掷球队员少于 2 米的地点），应以非体育行为予以警告，如果界外球已经掷出，则判罚间接任意球。

十六、球门球

（一）判球门球

（1）当球的整体从地面或空中越过球门线，而最后由攻方队员触及，且并未出现进球时，则判为球门球。

（2）球门球可以直接射入对方球门得分。如果球直接进入踢球队员本方球门，则判给对方角球。

（二）踢球门球的程序

（1）球必须放定，由守方一名场上队员在球门区内任意位置踢球。

（2）当球被踢且明显移动，即为比赛恢复。

（3）对方队员必须处在罚球区外直到比赛恢复。

（三）踢球门球违规情况的处理

（1）如果比赛已经恢复，踢球队员在其他队员触及球前再次触球，则判罚间接任意球。

（2）如果比赛已经恢复，踢球队员手球犯规，则：① 判罚直接任意球；② 如果违规情况发生在踢球队员本方罚球区内，则判罚球点球，如果踢球队员是守门员，则判罚间接任意球。

十七、角球

（一）判角球

（1）当球的整体从地面或空中越过球门线，而最后触及球的是守方队员，且并未出现进球，则判为角球。

（2）角球可以直接射入对方球门得分。如果角球直接射入踢球队员本方球门，则判给对方角球。

（二）踢角球的程序

（1）球必须放定在球越过球门线时最接近的角球区内。

（2）由攻方球队中的一名场上队员踢球。

（3）当球被踢且明显移动时，比赛即为恢复。无须将球踢出角球区。

（4）不得移动角旗杆。

（5）对方队员必须距角球弧至少 9.15 米，直到比赛恢复。

（三）踢角球违规情况的处理

（1）如果比赛已经恢复，踢球队员在其他队员触球前再次触球，则判罚间接任意球。

（2）如果队员手球犯规，则：① 判直接任意球。② 如果违规情况发生在踢球队员本方罚球区内，则判罚球点球。如果踢球队员是守门员，则判罚间接任意球。③ 如果队员在以正确的方式踢角球的过程中，故意将球踢向对方队员以再次获得球权，但未使用草率的、鲁莽的方式或过分的力量，裁判员应允许比赛继续。

十八、视频助理裁判简介

（一）视频助理裁判的目标与理念

视频助理裁判技术（Video Assistant Referee，简称 VAR）是继球门线技术后的又一新兴裁判执法辅助手段，其目的在于帮助裁判员纠正那些有可能改变比赛走势和比赛结果的重大判罚决定中存在着的“清晰且明显的错误”或“遗漏的严重事件”，以确保足球比赛的最终结果不会因裁判员执法工作的重大失误而丧失公平性。

使用视频助理裁判技术是为了给足球运动带来更多的公平，因此仅限定用于改变比赛走势的情景，以避免过度地打断比赛。视频助理裁判技术的理念是：最小的干预，最大的受益。

（二）视频助理裁判技术的主要原则

（1）视频助理裁判员作为比赛官员，可独立调用其所需要的比赛画面，且仅在有关以下各类事件的判罚存在“清晰、明显的错误”或“遗漏的严重事件”时，方可协助裁判员：

① 进球 / 未进球。

② 球点球 / 不是球点球。

③ 直接红牌（不包括第二次警告 / 黄牌）。

④ 纪律处罚对象错误（裁判员对违规球队执行警告或罚令出场时错认了受处罚队员）。

（2）裁判员必须先做出决定。不允许裁判员“不做任何决定”，而后利用视频助理裁判员再做决定；对于疑似犯规的情况，裁判员在做出比赛继续的决定后也可以进行回看分析。

（3）除非回看分析充分表明裁判员做出的最初决定是“清晰、明显的错误”，否则不得更改该判罚决定。

（4）只有裁判员可发起“回看分析”。视频助理裁判员（和其他比赛官员）只可向裁判员建议发起“回看分析”。

（5）无论是基于视频助理裁判员提供的信息，还是裁判员执行了“在场回看分析”后，最终决定必须由裁判员做出。

（6）回看分析流程没有时间限制（判罚的准确性比速度更重要）。

（三）视频助理裁判员的操作程序

视频助理裁判员操作程序包括裁判员做出初始决定、查看、回看分析、裁判员做出最终决定 4 个环节（图 13-2-11）。

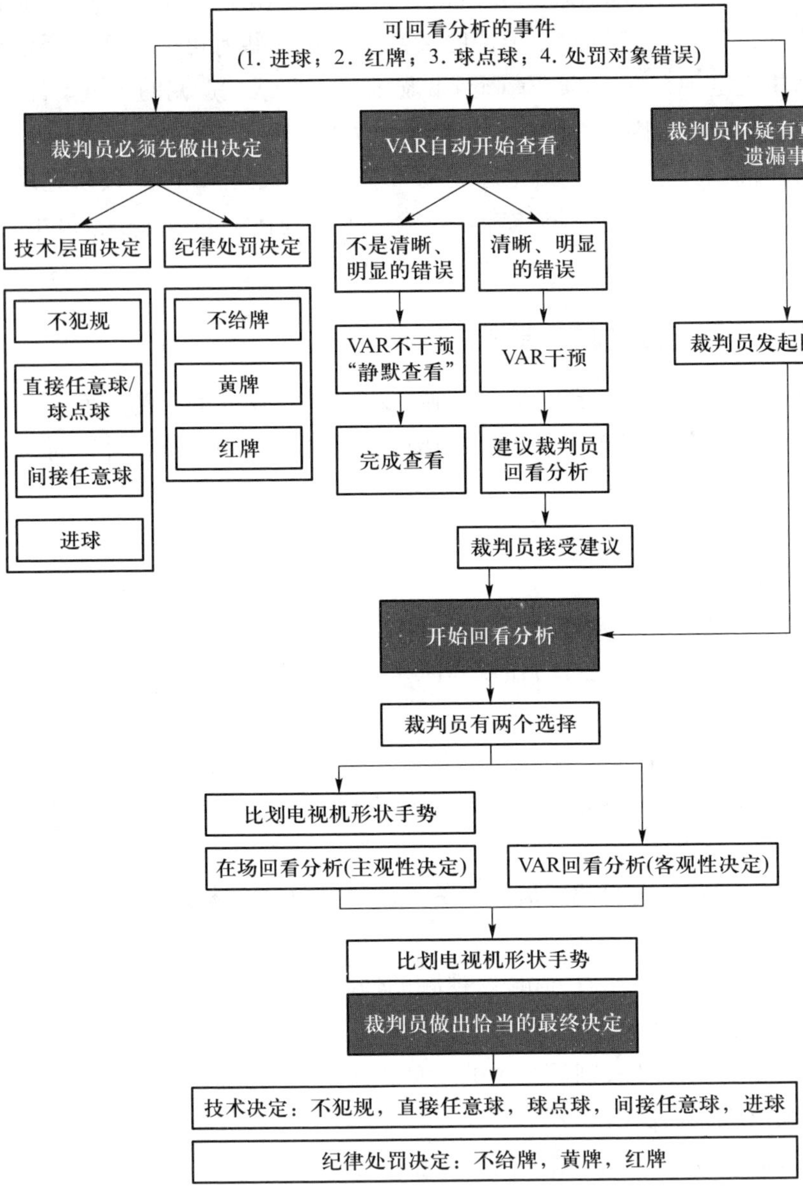

图 13-2-11 视频助理裁判技术的操作程序

第三节 足球裁判法简介

一、做好裁判工作的要素

（一）正确行使职权

从职业意义上讲，裁判员是足球场上的“法官”，是足球比赛法律文化的体现者和执行者，因此，裁判员要具有公正性和权威性。从艺术角度看，裁判员是一场大型演出的“导演”或组织者，因此，裁判员执裁工作要使比赛“演出”流畅并给人以美的享受。

规则赋予裁判员的权力是保证权、保护权和教育权。规则要保证和引导足球比赛顺利进行，要保护运动员有公正、合法踢球的权力，要通过各种形式的工作方法和手段对比赛的参与者、运动员、教练员及观众进行道德教育。

裁判员的每一次判罚不是惩罚，而是一种教育手段。因此，裁判员行使职权必须从疏导和教育着手。无论场上出现什么局面，都不能用严厉的处罚来管理比赛。

（二）裁判员工作要符合足球运动特点和具备良好的裁判意识

（1）裁判员要研究运动员心理变化的条件和内容。裁判员每次判罚不应激怒运动员，目的是让他们平静下来按规则要求行事。

（2）裁判员要充分意识到客观条件的影响。如在主场的比赛中，观众的情绪对比赛影响较大，对此，裁判员要因势利导，秉公执法，不失原则。

（3）裁判员要了解足球运动的特点和规律，这对保证比赛顺利进行有着重要意义。不能因为裁判员的严而使比赛成为“隔网运动”的表演，从而失去足球竞赛的味道；也不能松得变成一场自由搏击。对于犯规要及时抓苗头，防微杜渐，判罚一个，教育全体。

（4）裁判员要情绪稳定，不受运动员左右，对于运动员触犯个人尊严的问题，裁判员要讲究“置身于法，超乎于法”。每次判罚要站在维护规则的立场上，而不是站在维护个人尊严的角度去采取任何手段。判罚时，哨要严、面要善，充分表现出裁判员的教养。裁判员执裁只能以运动员的行为事实为依据，以规则条文为准绳来处理，不能以队员认错态度来决定自己的判罚尺度。那种以某些身体语言（如摸口袋等动作）来吓唬运动员的做法是不应该的。

（三）提高裁判工作的能力

1. 观察力

执法中要做到人球兼顾，合理选位，不仅能注意到有球地区的一个“点”，还能观察到邻近地区的一个“面”，随时了解身后所发生的情况，不失时机地处理。

2. 预见力

提高预见力的方法主要是了解比赛双方的历史与技战术打法以及主要队员的特点，根据各队的战术及队员特点采用合理的跑位和选位。

3. 记忆力

在激烈对抗的比赛中，裁判员要时刻保持头脑清醒，对每一个动作、每一名队员、每一时刻发生的事情，要有“过目不忘”的能力，否则，就可能出现给错牌、记错人、记错比分等情况。

4. 判断力

这也是优秀裁判员应当具备的条件之一。比赛中，裁判员要迅速正确地判断场上所发生的情况是否合理以及判罚后可能引起什么后果。

（四）良好的耐力和速度素质是准确判罚的身体保证

足球比赛的特点要求裁判员必须善跑，足球场的每个角落都可能成为争夺的焦点。因此，裁判员不可能固定在某一场区，要随球运动，并且能长时间跑动，因此，裁判员的体力是很重要的。实践证明，裁判员一场比赛的活动距离一般在 9 000~11 000 米。裁判员要做到能跑会跑，如比赛的焦点在哪里，就向哪里跑，跑时要以球为中心，最大限度地接近球；反应要快，脚步移动要勤；通过中场快，与队员位置不重叠，始终保持在球的左侧后方 10~15 米处，不影响队员的活动与战术配合；要始终将球、队员、助理裁判员放在自己视野之内；跑位要有预见，如发定位球时，应快速跑到球可能落的区域；队员快速进攻时，裁判员要快速直插到球最后可能传到的场区。因此，裁判员平时要加强身体素质训练，要有一定的体力储备，这样才能准确地执法。

二、裁判员临场工作的主要方法

（一）赛前准备

（1）仔细研究竞赛规程，对其中的一些特殊规定（如比赛时间、队员人数、决定胜负的方法，红黄牌处罚规定、替换方法等）条款要记牢。

（2）开好准备会，统一尺度，分析两队比赛的形势和可能出现的几种结果及其影响。裁判员要研究双方队员、教练的风格特点和历史关系等，对周围环境（如观众、记者、其他工作人员）的情况也应有所准备。对突发事件的处理方法，对各队内"重要人物"的处理对策，对处理发生在场内、场外事端的分工，做到有备无患。在准备会上彼此介绍个人习惯，明确联系的信号，分工详细具体，统一服装。

（3）带好裁判用具。用具包括裁判服（上衣，短裤）、足球袜、足球鞋、胸徽、口哨、笔、记录卡、红黄牌、计时表、气压表、挑边器、手帕、手旗及所需各种表格。

（4）按时到场，检查器材，如比赛用球、手旗、换人牌，计时表，各种表格是否达到标准或齐全。检查场地的主要内容包括：地面状况、球场各点、区、线、弧是否清晰准确，技术区的设置是否合理，球门、球网、角旗是否符合规定，场地内外是否有安全隐患，记者摄像机的位置对比赛是否有影响等。

（5）充分做好准备活动。准备活动的目的是提高中枢神经系统的兴奋性，以达到适宜的水平，使人体在比赛开始后能快速进入高效的工作状态，同时也可避免伤害事故的发生。

（6）及时发放和收取参赛队员名单。审阅名单时，对不符合规定的地方要及时解决，如名单上所填人名与秩序册名单不符、号码有差异、将停赛队员填入名单中、教练员是否已签名等。

（7）检查队员装备，在裁判员进入比赛场地检查场地设施时，就应留意正在活动的双方队员的服装颜色，若某队穿错比赛服，或两队重色时，要以秩序册为准及时调整，以免延误正常开球时间。上场前的装备检查可在休息室、过道或场边进行，检查内容包括服装颜色是否统一、号码是否重号、上衣和短裤号码是否一致、套袜颜色是否一致、护腿板、鞋钉、佩戴物、队长标志、守门员手套、帽子、指甲、女队员的发夹等是否符合规定。

（8）组织挑边。进行此工作时，裁判员、助理裁判员和第四官员应同时出席，其结果应由裁判员最后明确。遇大型重要赛事入场有其他仪式时，当场执法的裁判员在此时应向双方队员交代清楚，一切按程序进行。

最后带好球、手旗和其他用具按规定时间和方式进场，准备开球。

（二）赛中的控制

（1）公正准确，严肃认真，尺度一致。裁判员要尽可能做到从开始到结束一致，上、下半时一致，比分接近和比分悬殊一致，关键场次和一般场次一致，罚球区内外判罚一致，对待明星和普通队员一致。当出现双方消极比赛或一方故意输球时，裁判员只能根据规则执行裁判任务，认真跑位，做好每一次判罚，直至比赛结束。对两队水平悬殊、出现大比分的比赛，裁判员既没有“助弱的义务”，也没有“压强的责任”，更不能互相“找平衡”，搞所谓的“掌握”。

（2）裁判员与助理裁判员和第四官员的配合要默契。比赛中，要以裁判员为主，但也要重视助理裁判员的信号。裁判员与助理裁判员职权职责大小范围虽有不同，但目标只有一个，即保证比赛顺利进行，故应做到相互尊重、信任，彼此照顾、支持和协调配合。

（3）定位球判罚应注意的问题

① 中圈开球时，裁判员应注意：除发球队员外，其他队员是否都站在本方半场内；有无过早越过中线进圈现象；双方守门员的准备情况；开球时球是否明显移动；首先开球人是否在比赛开始后有连踢犯规；开球直接射门时，准确判断是否进球。

② 踢球门球时，应注意：球是否放到球门区内并且已放稳；发球队员是否有故意延误比赛时间的举动；对方队员是否处于罚球区外，处在罚球区内的对方队员是否有足够的时间离开罚球区。

③ 踢角球时，应注意：踢球队员是否有故意触动旗杆的行为；球的整体是否放在角球弧内；对方球员是否退出 9.15 米线以外；踢球队员在比赛恢复后是否有连踢行为（包括击中门框或场内裁判员后弹回到他的脚下又触球）；踢出的角球有无已越出球门线后又飘进场内；对角球直接射门得分的情况要格外注意；比赛停止和比赛进行中攻守双方队员是否有犯规现象，尤其注意攻方对守门员的犯规行为。

④ 掷界外球时，裁判员首先确定发球地点，可以由裁判员或助理裁判员指给队员发球地点，然后快速抢点到球可能落到的区域内；裁判员要注意手部的犯规动作，而助理裁判员则以看下肢违例为主；裁判员要注意助理裁判员的旗示，如脚下犯规、球未进场或进场后又落于场外以及掷球后有无连踢犯规等。

⑤ 罚任意球时，在判罚后首先应注意攻方队员的快攻球，攻方的发球只要地点正确、动作合理，是不用等裁判信号的；对是否放在犯规地点，特别在罚球区线或中线处故意将球移到罚球区内或前场的行为一定要及时制止；罚球时，要注意主罚队员是否有连踢现象；罚间接任意球时，第一个触球队员是否使球滚动；守方队员在球的四周是否退出 9.15 米；当裁判员维持人墙距离时，要事先对主罚队员交代清楚何时可以发出，并随时注意球的地点和主罚队员的动向，避免他们不见信号就发出或擅自移动球的地点；罚球时，要注意是否有处于越位位置的队员，尤其是攻方直接射进球门时，越位队员是否干扰了对方或取得了利益。裁判员判罚间接任意球的手势应为单臂直上

举，直至球发出并且被其他队员触及或出界成死球，或球已经明显不可能直接进入球门为止，这时其手势方能结束。

⑥ 罚球点球时，应快速跑至罚球点处，其后的工作有：将球放在罚球点上；待守方守门员在球门线上站好后再鸣哨；裁判员在罚球区内以看进球为主，并兼看主罚队员、守方守门员、其他双方队员是否有违例或犯规，如守门员是否过早向前移动；双方队员是否提前进入罚球区；主罚队员是否将球向前踢出或有假动作；队员是否有不正当行为；球被踢出后并弹回时，主罚队员的补门是否属于连踢犯规。如果比赛时间已到，需要延时罚点球，应掌握球罚出后何时可以结束比赛。

（4）场上出现犯规而需要出示红黄牌时，裁判员要快速到位，立刻控制已经发生或将要发生的冲突，及时制止或处理被犯规队员的报复行为等；记录队员号码一定要准确，不宜在人群中出示红黄牌，对伤员出牌，应在他出场之前完成，出牌时应让全场都看清楚处罚的是谁；记录时，要控制好球，防止队员在这时罚球；出示红牌后，应待被罚令出场的队员出场后再发出开始比赛的信号。当犯规发生在裁判员身后，出现助理裁判员协助信号需要协商时，不要让其他队员围观，两人要面向场内，说话简明扼要，处理果断、坚决。

（5）比赛中换人，裁判员在死球时要用信号告诉队员不要发球，并且快速移至中线第四官员附近，看准进、退场的队员号码，快速记录下来。应注意被替补上场的队员到位后再发出恢复比赛信号，尤其被替换的是守方的后卫或守门员时更要注意这一点。换人时应先下后上，待替补队员进场后，替换才结束。第四官员的工作顺序是先检查装备，然后再举牌，最后是登记。只要替补队员未进场，教练员可以改变自己的安排。场上队员与守门员互换位置时，应先通知裁判员，待死球时，经得同意再交换位置。注意服装颜色号码必须符合规定（图 13-3-1）。

图 13-3-1　换人

（6）出现伤号时，裁判员的首要任务是判断队员伤情，如果是重伤应立即停止比赛，示意医护人员进场，将伤员迅速移到场外进行检查和治疗，并尽快恢复比赛。此时应注意进场人数和他们所带物品，避免出现乱抛饮水瓶等其他可能影响比赛的行为。除守门员受伤外，任何队员受伤后均不得在场内护理。比赛恢复后，要随时留意在场外接受护理的伤员的情况，一旦看到他的示意，在合适的时机应立刻让该队员进场参赛，不必等到死球时进行。另外，比赛进行中，受伤队员应在边线处进场参赛而不应在球门线处进场，切记队员装备有血迹时，必须更换。这一问题助理裁判员和第四官员要协助好。

（7）比赛中场上出现围堵等事件时，裁判员应快速到位制止，近端助理裁判员应协助处理，另一助理裁判员应在外围观察记录，第四官员应管好技术区。

（8）赛后裁判员离场前出现骚乱，裁判员应记住肇事人员，此时比赛已经结束，裁判员仍然可以出牌。如果有对裁判员、助理裁判员等人员的攻击或无礼行为，其他人员尽快到现场保护受攻击者不受伤害。退场时，裁判员、助理裁判员在中圈附近整队同时步出场外。

（9）在中场休息总结时，首要工作包括：裁判员、助理裁判员、第四官员对照上半时所出示的红黄牌情况，进球情况，重点人员的动向，加时赛或点球决胜负应注意的问题，裁判员、助理裁判员、第四官员之间配合如何，有无漏旗、补哨、“顶牛”现象，换人情况，替补席情况，比赛时间的掌握等。在这期间，如果发现队员有不正当行为，应给予纪律处罚。第四官员应提前到记录台收取换人名单并及早检查队员装备，使下半时能按时正常开球。中场休息时的换人应在下半时开赛前举牌示意。

（10）比赛中出现有争议的进球时（指裁判员与助理裁判员之间持有不同意见，而不是队员与裁判员之间的不同看法），裁判员应主动与助理裁判员协商，根据事实情况做出最后的判决。助理裁判员和第四官员必须提示裁判员在比赛中出现的漏旗、出牌给错人、两张黄牌后未将队员罚令出场等明显错判，以便及时改正判罚。对于明显错判，应及时纠正。裁判员更改任何判决，应在比赛恢复前进行。裁判员应在每次进攻中注意助理裁判的信号，如是否有越位、是否先有犯规、是否已经先出界，进球后在鸣哨前应快速留意助理裁判员的动向，再做出判决。鸣哨后，裁判员首先要看清进球队员号码，然后快速跑到中圈附近记录进球。

（11）其他情况的处理方法

① 掌握时间的方法是在最后几分钟里，第四官员先做暗示，待裁判明确计时表无误后，给第四官员发出明确补时信号，由第四官员在最后一刻举牌让全场看清楚应补多少时间。补时的多少由裁判员来决定，一般是每换一人，补时 30 秒，医护人员进场处理伤号一次补 1 分钟。因队员拖延时间而被出示红、黄牌而停止比赛，每出现一次补 30 秒。在补时过程中又出现这些情况，由裁判员决定是否再补。

② 裁判员因伤病不能继续工作时，应由第四官员替补裁判员。此时出现犯规或进球，裁判员未看清楚时，应征询助理裁判的意见，再做出判决。

③ 由于天气原因使比赛无法进行时，裁判员应停止比赛，视情况决定是否继续进行。如果中途停止比赛，除规程另有规定外，无论剩余多少时间，应改日重赛 90 分钟，并由原裁判组执行裁判工作。

④ 发现某队参赛人数超过 11 人时，如果是替补队员，应给予警告，令其出场。停

止比赛前，如不是死球，应判由对方在球所在位置罚间接任意球恢复比赛。如果由于“场外因素”，应坠球恢复比赛。赛后将具体情况报告主办机构。

⑤ 出现少赛时间后，如果全体队员没有退场，应立即恢复比赛，补足时间。如果队员已走出场外，则在下半时开始前按上半场双方攻守方向站位，补足时间，再交换场地进行下半时的比赛。如果下半时比赛结束后队员已走无法补足时，则赛后给主办机构打报告。

⑥ 比赛中发现队员装备不符合规定时，裁判员应令其离场整理装备，待死球时，经裁判员检查认为已符合规定后才可进场参赛。对未经裁判员允许进场参赛者，应停止比赛，给予该队员警告处罚后，在停止比赛时球所在地点，由对方罚间接任意球恢复比赛。为减少这种情况的发生，临近第四官员的助理裁判员应配合裁判员工作，提醒或制止该队员擅自进场。

⑦ 发现场地器材损坏，应立即停止比赛，立即修理或更换，经检查符合规定后，重新恢复比赛。如果是在比赛进行中停止比赛，则应坠球。如果是按规定中止比赛，赛后则报告主办机构。

⑧ 比赛中队员可以随时喝水，只要他不走到场外，没有其他不正当行为，裁判员可以不管他们。第四官员在开赛前或赛中，让每队将饮用水放在中线附近距边线约 1 米处。

⑨ 裁判员认为队员故意延误比赛时间，应给予警告，如佯装受伤；发定位球借整理装备之机延误时间；裁判员鸣哨停止比赛或球出界并成死球后，故意将球踢走或扔走；组织人墙时，不退出或故意缓慢退出 9.15 米；换人时故意拖延退场时间；进球后跳过广告牌跑到观众席、脱衣服以不正当的庆祝方式等延误开球时间。

⑩ 在比赛进行中，球击中站在场内的裁判员或助理裁判员进球，应判坠球。

⑪ 加时赛开始前应召集双方队员挑边，比赛进行到第 15 分钟时，停止比赛，双方交换场地，不再休息，立刻进行比赛。

⑫ 罚球点球决胜负的主要工作包括：比赛结束时，不许双方队员退出比赛场地，组织双方队员在中圈内各占半区；允许 1~2 名教练或工作人员进场给队员送饮用水或御寒装备，以及安排队员罚球的顺序；裁判员应确定球门并组织双方队员挑边；在每名队员罚球后应记录其号码和结果；裁判员在全部过程中，要观察到罚球点及比赛用球、主罚队员、防守方守门员和攻方守门员以及站在球门线处的助理裁判员。一般情况下，每次罚中无须鸣哨，比赛结束时应鸣结束哨。在罚球点球的区域，只有当球门或球场表面不能正常使用时才可以变换地点。

（三）赛后工作

（1）不对有关比赛的事情发表任何评论。

（2）及时总结得失，认真分析原因，不互相指责和推卸责任。

（3）在任何报告表中要实事求是，不夹杂个人感情色彩。对发生过的事件要写明时间、地点、比赛队、人员、违反规则的哪个条款等。

（4）拒绝任何比赛队、任何与球队有关人员的答谢、邀请或欢送。

（5）及时填写、发送裁判员工作报告表。

三、裁判员手势

（1）直接任意球：单臂前平举或侧平举，指向罚球方向（图 13-3-2）。

裁判员的信号

（2）间接任意球：单臂上举，掌心向前（图 13-3-3）。

（3）罚球点球：单臂前平举，指向罚球点（图 13-3-4）。

（4）角球：单臂斜上举，指向踢角球的角球区方向（图 13-3-5）。

（5）球门球：单臂前平举，指向球门区（图 13-3-6）。

图 13-3-2　直接任意球手势

图 13-3-3　间接任意球手势

图 13-3-4　罚球点球手势

图 13-3-5　角球手势

图 13-3-6　球门球手势

（6）警告或罚令出场：一手持牌直臂上举，面向被处罚的队员（图 13-3-7）。

（7）继续比赛：两臂斜下伸，掌心向前，做连续前摆动作（图 13-3-8）。

图 13-3-7　警告或罚令出场手势

1　　2

图 13-3-8　继续比赛手势

四、助理裁判员旗示

助理裁判的移动与旗示

（1）越位

① 单手持旗直上举示意越位（图 13-3-9）。

② 当裁判员停止比赛时，助理裁判员指出远端队员越位（图 13-3-10）。

图 13-3-9　越位旗示

图 13-3-10　远端越位旗示

③ 中场队员越位（图 13-3-11）。

④ 近端队员越位（图 13-3-12）。

图 13-3-11　中场队员越位旗示

图 13-3-12　近端队员越位旗示

（2）掷界外球

① 右手持旗，侧斜上举指向发球方向，表示由攻方掷界外球（图 13-3-13）。

② 左手持旗，侧斜上举指向发球方向，表示由守方掷界外球（图 13-3-14）。

（3）球门球：一手持旗，前平举指向球门区（图 13-3-15）。

（4）角球：一手持旗，持旗斜下指向角球区（图 13-3-16）。

（5）换人：双手持旗横于头上（图 13-3-17）。

图 13-3-13　攻方掷界外球旗示

图 13-3-14　守方掷界外球旗示

图 13-3-15　球门球旗示

图 13-3-16　角球旗示

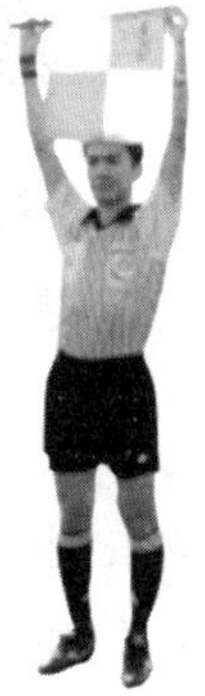

图 13-3-17　换人旗示

（6）犯规

① 右手持旗上举（图 13-3-18），当裁判员停止比赛时，斜上举指向发球方向，表示防守方犯规（图 13-3-19）。

② 左手持旗上举（图 13-3-20），当裁判员停止比赛时，斜上举指向发球方向，表示进攻方犯规（图 13-3-21）。

图 13-3-18　守方犯规旗示

图 13-3-19　守方犯规旗示

图 13-3-20　攻方犯规旗示

图 13-3-21　攻方犯规旗示

五、裁判员哨声

（1）比赛中裁判员主要通过鸣哨判罚和运用手势来控制比赛。在比赛开始、比赛时间终了、执行罚球点球、发生犯规而暂停比赛时，必须鸣哨。除特殊情况需要鸣哨外，其他情况应尽量减少鸣哨，如正常的进球、球出界、发定位球、坠球等一般不鸣哨，以使比赛进行得更紧凑。手势要准确、大方，使场内外一目了然。

（2）裁判员鸣哨要及时、果断、响亮，通过哨声长短与轻重缓急的变化，使人们易于辨别场上发生的情况。哨音的变化表示裁判员判罚的不同：

① 比赛开始：长音响亮。

② 一般犯规：短促有力。

③ 严重犯规：有力洪亮，声音有爆发力。

④ 比赛结束：一短一长或两短一长。

⑤ 制止有可能引发纠纷的行为：连续短声。

（3）裁判员鸣哨判罚后，手势是给予重新恢复比赛的信号，要及时、准确、大方，防止手势不明或过分模仿队员犯规动作的情况。

六、对角线裁判制

对角线裁判制是国内外普遍采用的裁判方法，裁判员主要沿某一对角线（图 13-3-22 中的 AB 线）活动，助理裁判员 A_1、A_2 在与裁判员相对应的半场边线外活动。当裁判员向 A 处活动时，助理裁判员 A_2 应在 M 与 K 之间的某一处，当裁判员向 B 处活动时，助理裁判员 A_1 应在 E 与 F 之间的某一处。两人共同控制门前危险区，各在球的一侧活动。这种裁判方法使有球区的争夺及助理裁判员的活动经常处于裁判员视野区，

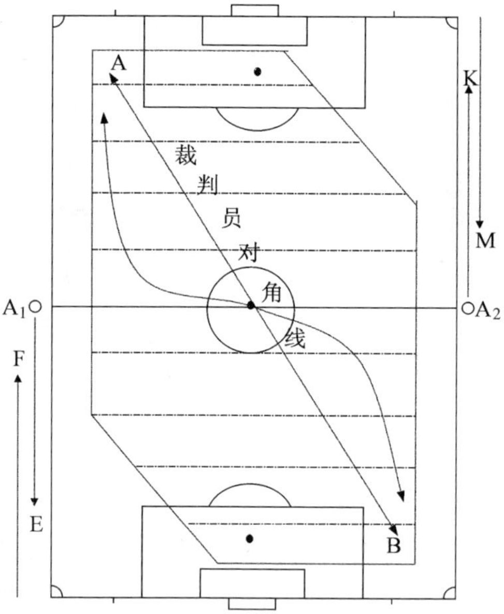

图 13-3-22 裁判员跑动路线

有利于裁判员与助理裁判员的配合。对角线裁判制的特点是裁判员在场内活动，距球较近，对双方队员的企图、动作观察比较清楚，在紧张激烈的争夺中能较好地控制比赛，进行准确及时的判罚。但是，此种裁判制对裁判员的体力和跑位能力要求较高。

七、裁判长的工作内容

裁判长是赛区裁判员的组织者、领导者，他必须精通规则，熟悉规程，其业务水平与组织才能直接关系到比赛能否顺利进行。

（1）仔细研究秩序册内容，重点放在竞赛规程中的竞赛办法上。研究内容主要包括：执行哪个版本的规则；比赛中允许替补几名队员；少年比赛替补队员的年龄和上场时间有什么限制规定；比赛时间、中场休息时间是多少；用几号球、场地大小尺寸有什么规定；对参赛队员的服装有什么规定，是否穿足球鞋（少年比赛常规定穿胶鞋，而胶鞋的界定是很重要的），比赛中是否戴护腿板；对比赛中出示的红黄牌处罚规定是否详细，如几张黄牌停赛、停几场，是否带入下阶段；如何计算比分、决定最后名次，如遇两队或两队以上积分相等时，依次以哪些项内容决定最后名次；如果分两个阶段进行，下一阶段的比赛必须决定出胜负时，罚几轮罚球点球；青少年比赛中以什么来验证队员资格；对迟到、弃权、罢赛有何处罚规定；对调入大会的裁判员构成情况要了如指掌。如果发现规程中有规定不详或不完善的，应及时与有关人员协商制定出补充规定。

（2）召集领队、教练员、全体裁判员联席会。会议的内容主要包括：学习规程中的规定；详细宣布补充的内容；学习比赛的纪律规定；裁判员执法工作要求；规则新改动部分条款内容的精神实质；秩序册中对本次比赛中独特的判罚规定；解答教练员提出的疑问；核对各队队员名单和名单号码是否正确，确定更改后的人员名单等；组织抽签，按号填轮次表，然后排出比赛日程表；检查各队两套不同颜色的比赛服装，比赛双方确定后登入轮次表中。

（3）检查比赛场地器材。检查的内容包括：场地平整情况、球门、球网是否完好或固定好；角旗、手旗、换人牌是否齐全；场地画线是否正规；场地四周布置是否合理，观众席位布置是否恰当；裁判员休息室、运动员休息室安排是否到位；医疗急救设备（如担架）是否备齐；比赛用球及相应的设备、气筒、秒表、记录本等是否备齐。对以上不合格之处，在与当地工作人员协商的情况下，应提出改进的建议，提早解决。

（4）检查各种表格是否齐全。检查的内容包括：运动员名单表、申请替换运动员表、裁判员报告表、足球比赛成绩报告单、裁判员记录卡。

（5）制作比赛用各种张贴表，如小组赛成绩表、第二阶段对阵表、竞赛日程表、红黄牌统计表：以上这4种表各制作3张，在运动员住处、赛场、裁判员休息室各贴1张。另外，还要画两张裁判员选派表分别贴在裁判员休息室和裁判长休息室。

（6）组织裁判员学习和训练。学习内容基本与教练员联席会内容相同。但裁判员的讨论还应交流典型战例的判罚；详细分析参赛队的情况和应注意的问题；预测相互之间比赛可能出现的问题；最后组织理论考试，以本次比赛涉及的规程内容和比赛中接触到的内容为主。身体素质测试一般由裁判长负责。

（7）开赛后，裁判长主要工作地点是现场，工作重点是保证比赛顺利进行。因此，应每场必到，对每场每人的工作详细记录，在赛后以及每天的总结会上进行讨论和分析。在每次分派工作后各组开准备会时，裁判长应尽可能到会旁听。总结会可以采取先小组总结，再集中全体大会总结的方式进行。最后要检查每一天各场比赛的所有表格记录情况，并整理存档。除此之外，还应检查所有公布出的表格填写情况、大会的成绩公报等。裁判长在比赛中最后的一项重要任务是在大会闭幕式上宣布成绩。

思考与练习

1. 从第十六届世界杯足球赛开始，都采取了哪些赛制，其特点是什么？
2. 有几种定位球没有越位限制？为什么这样制定规则？
3. 在足球竞赛规则中为什么要制定越位规则？在什么情况下判罚越位犯规？
4. 规则至少列举了12种属于间接任意球的犯规，你能列出来吗？
5. 在比赛中，哪些情况下应以坠球恢复比赛？
6. 足球场各点、区、线、弧的作用是什么？
7. 比赛中，队员在什么情况下犯规，裁判员判罚后在犯规地点恢复比赛？

第十四章 五人制足球

本章提要

本章介绍了五人制足球的起源与发展、比赛特点和五人制足球的竞赛规则，并对五人制足球的技战术基本教学训练方法作了简要介绍。

学习目标

1. 了解五人制足球的起源、发展和比赛特点
2. 熟悉五人制足球的竞赛规则
3. 掌握五人制足球技战术的基本教学与训练方法

第一节　五人制足球的起源与特点

一、五人制足球的起源与发展

五人制足球最早出现在 1930 年的乌拉圭首都蒙得维的亚（Montevideo），当地的一位体育教师胡安·卡洛斯·塞利亚尼（Juan Carlos Ceriani）发明了五人制足球。1936 年，首套适用于五人制足球的通用规则在巴西圣保罗公布。1958 年，巴西体育联合会制定了第一份正式的室内足球规则，之后将室内五人制足球确定为官方体育活动在巴西推广。1965 年，首届室内五人制足球国际竞赛——室内五人制足球美洲杯举行，巴拉圭队获得冠军。1971 年，国际室内足球联合会（FIFUSA）在巴西成立，首任主席是日后成为国际足联主席的乔·阿维兰热。

1982 年，首届五人制足球世界锦标赛在巴西举办，巴西队获得了冠军。1989 年，国际足联成为五人制足球的主管团体，国际室内足球联合会大部分成员转入国际足联，并引入新规则把小球的诸多种类融合成公众所熟知的五人制足球中，室内五人制足球（FUTSAL）由此诞生。2008 年，在巴西举行的第六届国际足联五人制足球锦标赛正式更名为国际足联室内五人制足球世界杯。目前，五人制足球世界杯已举办了 9 届，巴西 5 次获得冠军，西班牙 2 次获得冠军，阿根廷获得 2016 年冠军。

20 世纪 70 年代，五人制足球传入欧洲。1996 年，欧洲足球联合会举行了首届五人制足球欧洲锦标赛，在已经举办的 11 届比赛中，西班牙 7 次获得冠军，意大利 2 次获得冠军，俄罗斯获得 1 次冠军，葡萄牙获得 2018 年的冠军。五人制足球在亚洲发展时间较短，1999 年，亚洲足球联合会开始举办亚洲五人制足球锦标赛。在已经举办的 15 届比赛中，伊朗获得 12 次冠军，日本赢得 3 次冠军。

20 世纪 80 年代初，我国五人制足球才开始起步。2003 年，中国足球协会开始在全国范围内普及和推广室内五人制足球，在同年 9 月举行的全国足球代表大会上成立了全国室内五人制足球专项委员会，并把大连、北京、上海、武汉、成都和广州等 6 个城市确定为先期试点城市。2003—2004 年，我国开始举行五人制足球甲级队联赛。2003 年 7 月，我国组建了第一届室内五人制足球国家队，在 2008 年和 2010 年两届亚洲锦标赛上获得第四名。2013 年，中国第一支女子室内五人制足球国家队在成都成立。2019 年，室内五人制足球赛成为第十四届全运会比赛项目，室内五人制足球在我国的影响力正逐渐扩大。

二、五人制足球比赛的特点

（一）组织便利性

由于五人制足球场地面积小、人数少和器材简单等因素，组织较简单，既适合在青少年和足球爱好者中开展，又可作为高水平足球队的训练手段。

（二）触球机会多

由于场地小、人数少和攻防转化快等特点，场上队员触球机会多。队员多采用脚尖踢球、脚底停球、快速短传和低传配合及个人运控技术。

（三）射门次数多

比赛争夺激烈，容易形成射门，比赛的射门和进球较多，有利于培养队员的射门能力。射门的方式主要有传切突破射门、个人运球突破射门、边路传中包抄射门及中前场抢断射门等。

（四）攻守转化快

比赛双方队员之间的距离近，主要采用紧逼盯人断球反击战术，处于短兵相接的状态。攻守转化具有频繁、快速和突然的特点。

（五）战术变化多

由于比赛攻守转化快，需要队员根据场上情况不断变化战术，通过快速传球和跑位造成对方失位和漏人，从而拉开空当获得进攻和射门机会。

第二节 五人制足球竞赛规则简介

一、比赛场地

（一）球场

球场应为长方形，边线的长度必定大于球门线的长度，长度为 25~42 米，宽度为

16～25 米。国际比赛的球场长度为 38～42 米，宽度为 20～25 米（图 14-2-1）。

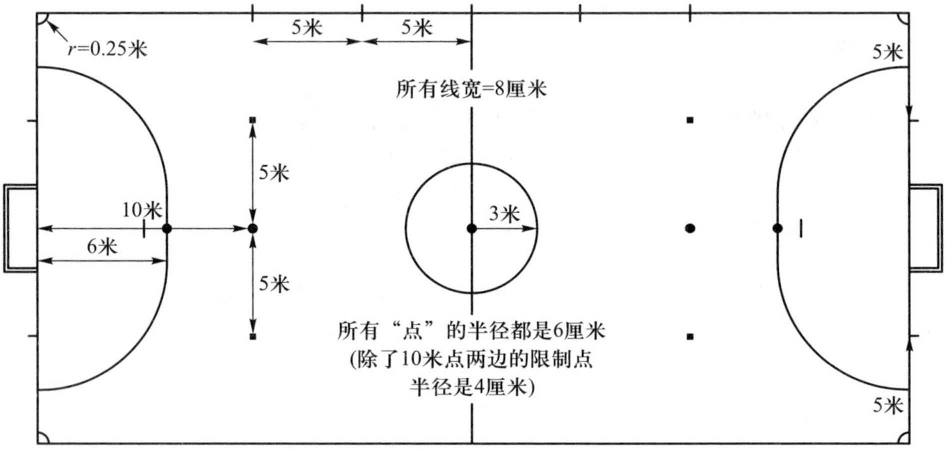

图 14-2-1　五人制足球比赛场地

（二）场地标记

比赛场地各区域的边线应包含在各区域之内，两条较长的边界线叫边线，两条较短的线叫球门线。所有线的宽度均为 8 厘米，比赛场地被中线划分为两个半场。在场地中线的中点处做一个标记，以距中点标记 3 米为半径画一个中圈。

（三）罚球区（图 14-2-2）

罚球区在场地的两端，从两球门柱外侧沿球门线量 6 米，以此为半径向场内各画一条 1/4 圆弧，并与垂直于球门柱向场内画的假想线相交。两弧线的上部与一段长 3.16

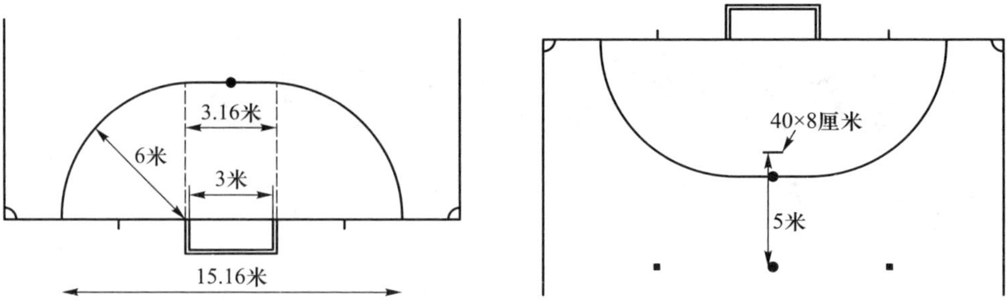

（1）　　（2）

图 14-2-2　罚球区

米的直线相接，此直线与球门线平行。弧线与球门线组成的区域范围，即为罚球区。

（四）罚球点

从两球门柱之间的中点，垂直于球门线向场内量 6 米设置罚球点，该点在罚球区线上。

（五）第二罚球点

从两球门柱之间的中点，垂直于球门线向场内量 10 米设置第二罚球点。在距两个第二罚球点左右 5 米处的场地上必须标明另外两个标记，以明确在从第二罚球点罚球时队员退后的最小距离，此标记为 8 厘米的正方形。

（六）角球弧

在比赛场地内，以距每个角 25 厘米为半径画一个 1/4 圆。在距 4 个角球弧向球门方向 5 米处的场外地上标明 4 个标记，以明确在从罚角球时防守队员退后的最小距离，此标记为长 40 厘米、宽 8 厘米。

（七）换人区

（1）换人区设在场地同一边两个替补席的前面，队员在此区域进行替换。

（2）换人区在替补席的前面，5 米长，由两条长 80 厘米、宽 8 厘米的直线限定，此两段直线与边线垂直相交，40 厘米在场内，40 厘米在场外。

（3）两个换人区靠近中线一端的直线和中线与边线相交处相距 5 米（图 14-2-3）。

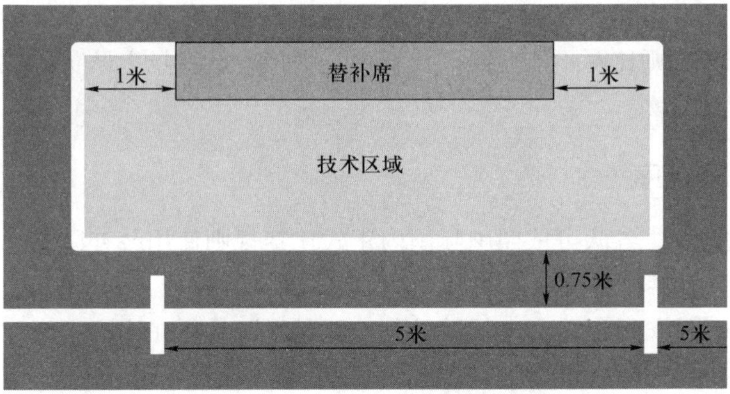

图 14-2-3　五人制比赛场地的技术区域

（4）球队的替换区位于该队防守半场一侧。

（八）球门

两球门柱内侧之间的距离是 3 米，从横梁的下沿至地面的距离是 2 米。两门柱和横梁的宽度与厚度均为 8 厘米。球门线与横梁及门柱的宽度相同。

球门柱和横梁的颜色应与场地颜色不同。球门应具有稳定系统以防止翻倒，球门不得固定于地面，但在后部应具有恰当的配重，使球门能够适度移动，以保护参与者的安全。

（九）球场表面

球场表面必须光滑、平坦而不粗糙。可选用木材或合成物质制成，应避免使用混凝土或柏油。

二、比赛用球

球为圆形，用皮革或其他合适的材料制成，圆周不短于 62 厘米、不长于 64 厘米。重量在比赛开始时，不少于 400 克，不多于 440 克，海平面气压为 0.6~0.9 个大气压力。

当球从 2 米的高度落下时，第一次反弹高度应不低于 60 厘米且不高于 65 厘米。

三、比赛队员

（一）队员人数

比赛应有两队参加，每队上场队员不得多于 5 人，其中必须有 1 名守门员。如果任何一队少于 3 人则比赛不能开始。比赛中，任何一队在场上队员人数少于 3 人，则比赛不得开始或继续。

（二）替换程序

在每场比赛中，各队可依照国际国内正式比赛规则使用替补队员。各队替补队员不得超过 9 名。比赛中替换次数不限。

替换下场的队员可以重新上场替补其他队员。队员可在比赛中或死球时随时进行替换，被替换下场的队员和替补队员进入场地无需经裁判员同意，但须遵守如下规则：

（1）离场队员须由己方换人区离场，除非规则另有提及。

（2）上场队员也须由己方换人区进场，且必须在离场队员完全走出边线后方可进场。

（3）替补队员无论上场与否，裁判均有权对其行使职权。

（4）当替补队员踏入场地，即完成了替补程序，替补队员成为场上队员。守门员可以和场上任何队员互换位置。场上队员或替补队员替换守门员必须穿着守门员服装且背后有其本人的号码。

（5）替补队员未完成替补程序前，不得踢界外球、角球等。

（三）违规／判罚

（1）换人时，如果替补队员在被替换队员还未完全离场之前就进入比赛场地，或在替换过程中替补队员从本队替换区外进入场地，裁判员应停止比赛，黄牌警告违反替补程序的队员，并要求其离场，判由对方在停止比赛时球所在地点踢间接任意球恢复比赛。

（2）换人时，如被替换队员因非室内五人制足球竞赛规则允许的原因离开场地，或没有经过本方球队替换区域，裁判员应停止比赛，黄牌警告违反替补程序的队员，判由对方在停止比赛时球所在地点踢间接任意球恢复比赛。

队员在开球前被罚令出场，只可从提名的替补队员中选一人替换。凡被提名的替补队员被罚令出场，无论是在开球前或在比赛开始后均不得替换。

只有当计时员或第三裁判员（助理裁判员）允许的情况下，替补队员在被罚令出场的队员被罚出场两分钟后方可进入比赛场地。如果在两分钟内有进球发生，则应适用以下条款：如果比赛当时 5 对 4，并且人数较多的一方进球，则 4 人一方的球队应补齐第 5 名队员；如果比赛当时双方均为 3 人或 4 人并有进球发生，则比赛双方保持原有人数不变；如果比赛当时为 5 对 3 或者 4 对 3，并且人数较多一方进球，则 3 人一方球队只可增加 1 人；如果人数较少一方进球，则不改变队员人数继续进行比赛。

四、比赛装备

（一）安全性与颜色

队员不得使用或佩戴可能危及自己或其他队员的装备或物件，只允许穿帆布、软皮面训练鞋或体操鞋，鞋底为橡胶或类似材质足球鞋。比赛两队的着装颜色必须有别于对方、裁判员及助理裁判员。每名守门员的服装颜色必须有别于其他队员、裁判员及助理裁判员。

（二）必要装备

（1）有袖上衣。

（2）短裤（守门员可以穿长裤）。

（3）护袜。

（4）护腿板。

（5）足球鞋。

五、裁判员

（一）裁判员的权利

每场比赛由两名裁判员控制，即裁判员和第二裁判员。他们在被任命的比赛中拥有全部权力去执行与比赛相关的室内五人制足球竞赛规则。

当裁判员和第二裁判员的判罚不一致时，无论何时，裁判员的决定为最终判罚。

（二）职权及职责

（1）执行室内五人制足球竞赛规则。

（2）在有助理裁判员的情况下，与其协作管理比赛。

（3）确保任何比赛用球符合规则的要求。

（4）确保队员装备符合规则的要求。

（5）对比赛进行记录。

（6）根据判断，当任何违反规则的行为发生时停止比赛。

（7）因任何外界干扰暂停、中断或中止比赛。

（8）如果裁判认为队员受伤严重则停止比赛，并确保将其移出场外。受伤队员，包括守门员不可在场内接受治疗，只能在比赛重新开始后方可重返比赛场地。

（9）如果裁判认为队员只是受轻伤，则允许比赛继续进行直到成死球。

（10）确保队员因受伤流血时离开比赛场地。因流血离场的队员在裁判员或第三裁判员确认流血已经停止，并得到裁判员信号后方可重回场地。如果裁判员已经指导医生/担架进入比赛场地，受伤队员应上担架或自行离场，违规者应以非体育行为予以警告。

（11）当一队被犯规而根据“有利”条款能获利时，则允许比赛继续进行。如果预期的“有利”在那一时刻没有接着发生，则判罚最初的犯规。

（12）当队员同时出现一种以上的犯规时，则对较严重的犯规进行判罚。

（13）当队员同时出现一种以上的不正当行为时，则对较严重的行为进行纪律制裁。

（14）对犯有可警告或罚令出场的队员采取纪律处罚。裁判员不必立即进行处罚，但必须在比赛下一次成死球时进行。

（15）在球队官员做出不负责任的举动时进行劝诫、警告或将其驱逐出技术区域及场地周边区域。

（16）确保没有未经批准的人员进入比赛场地。

（17）比赛停止后示意重新开始比赛的方式。

（18）根据本规则“裁判员和助理裁判员信号”的规定给予信号。

（19）根据比赛需要和本规则“室内五人制足球竞赛规则诠释及裁判员指南”中“比赛中随球移动选位”的建议在比赛中移动选位。

（20）向相关部门提交比赛报告，包括任何针对队员或球队官员的纪律处分信息以及任何其他在赛前、赛中或赛后发生的意外事件。

（21）在比赛中如没有计时员，裁判员应该负责记录时间。因违反规则或因外界干扰需要停止、推迟或终止比赛。

（三）裁判员和第二裁判员的决定

（1）裁判员根据与比赛相关事实所作出的决定，包括进球是否得分和比赛结果，是最终的决定。

（2）只有在比赛未重新开始或未终止前，裁判员可以根据自己的判断或助理裁判员的意见改变确实不正确的决定。

（3）裁判员与第二裁判员就某一违规行为同时发出判罚信号，双方判罚不一致时，以裁判员的判罚决定为准。

（4）如第二裁判员或助理裁判员过分干预或有不恰当的行为表现时，裁判员可解除其职责，指派他人替代，并将比赛报告提交有关部门。

六、助理裁判员

（一）职责

每场比赛应委派两名助理裁判员（一名第三裁判员和一名计时员），他们必须依照室内五人制足球竞赛规则行使职责。他们的位置在比赛场地外，平齐于中线且在两个替换区同侧。计时员应就座于计时台处，第三裁判员可就座或站立行使职责。

计时员和第三裁判员应配备适合的计时器及记录累计犯规的设备。这些设备应由管辖比赛的协会或俱乐部提供。并且需提供给他们计时台，以便其正确行使职责。

（二）第三裁判员

协助场上两位裁判员和计时员；记录参加比赛的队员；在裁判员的要求下监督球的更换；在替补队员进人比赛场地前检查其装备；记录进球队员的号码；将比赛参与者的任何犯规、不正当行为或非体育行为通知场上裁判员，场上裁判员可以决定是否予以考虑；当球队官员请求暂停时通知计时员；在计时员发出声音信号时给出规定的暂停信号，通知裁判员和双方球队暂停得到准予；记录请求的暂停；记录每个半场裁判员示意的双方球队的累计犯规；当一支球队半场累计犯规达 5 次时给出规定的信号；在计时台上摆放明显标志，示意一队在半场比赛中累计犯规已达 5 次；记录被警告或罚令出场队员的姓名和号码；在每个半场比赛开始前向每支球队官员递交一张用于请求暂停的凭证，如果球队没有提出暂停请求，在每个半场结束后将这些凭证收回；递交给每支球队官员一张表单，提示替补队员何时可以进场替换被罚令出场的球员；在裁判员的授权下，监督离场整理装备的队员重新进场；在裁判员的授权下，监督因任何受伤离场的队员重新进场；在裁判员执行警告或罚令出场出现明显错误，或有暴力行为发生在裁判员视线范围之外时，用信号通知裁判员。在任何情况下，裁判员根据比赛相关的事实做出决定；监管任何位于技术区域和替补席人员的行为，并将任何不当行为通知裁判员；记录比赛中由于外界干扰而产生的中断及其原因；提供任何其他与比赛相关的信息以协助裁判员；在需要时，按照五人制足球裁判员和其他比赛官员实践指南的相关部分要求，在比赛场地上选位；当裁判员或第二裁判员受伤或不能行使职责时，替代第二裁判员。

（三）计时员

通过以下工作，确保比赛时间与规则第七条要求相符：正确开球后开启计时器；比赛停止时停止计时器；当比赛通过踢界外球、掷球门球、角球、开球、任意球、罚球点球或 10 米点罚球或坠球正确恢复后，重新启动计时器；在有公共记分牌的情况下，记录进球、累计犯规和比赛半场；在得到第三裁判员或一名场上裁判员的通知后，以不同于裁判员的哨音或其他声音信号示意某队请求暂停；对 1 分钟暂停进行计时；以不同于裁判员的哨音或其他声音信号示意 1 分钟暂停结束；在得到第三裁判员的通知后，以不同于裁判员的哨音或其他声音信号示意某队的第 5 次累计犯规；对球队的 2 分钟减员进行计时；以不同于裁判员的哨音或其他声音信号，示意上半场结束、全场结束或当有加时赛时加时赛的半场结束；在需要时，按照五人制足球裁判员和其他比赛官员实践指南的相关部分要求，在比赛场地上选位；如果没有任命候补助理裁判员，在第三裁判员缺席的情况下，行使第三裁判员的特定职责；提供与比赛相关的任何其他信息。

七、比赛时间

（一）比赛时间

比赛分为上下两个半场，每半场 20 分钟。比赛时间由计时员负责记录，每半场结束时，应允许延长时间执行完罚球点球或累计 5 次犯规后再次判罚的直接任意球。当声音信号响起，即为半场结束，即使裁判员没有鸣哨示意比赛结束。

（二）暂停

双方球队在每个半场各有一次 1 分钟暂停的权利。使用暂停时，应遵循下列条款：

（1）球队官员有权向第三裁判员，或在无第三裁判员情况下向计时员使用暂停申请表单提出 1 分钟暂停申请。

（2）当提出暂停请求的球队控球时且成死球，计时员用不同于裁判员所使用的哨音或声音信号准予暂停。

（3）暂停期间，队员可以保留在场上或场外。但如果要喝水，则必须离开比赛场地。

（4）暂停期间，替补队员必须保持在场外。

（5）暂停期间，教练员不允许在场内给予指导。

（6）替换队员只有在暂停结束声音信号或哨音响起后进行。

（7）球队在上半场比赛没有请求暂停的，在下半场也只允许请求一次暂停。

（8）如果既没有第三裁判员，也没有计时员，球队教练员可请求裁判员给予暂停。

（9）加时赛期间没有暂停。

（三）中场休息

队员有中场休息的权利。中场休息不得超过 15 分钟。

八、比赛开始和重新开始

（一）预备

通过掷币，猜中的队决定上半场比赛的进攻方向，另一队开球。猜中的队在下半场开球，下半场两队交换比赛场地和进攻方向。

（二）开球

开球是比赛开始或重新开始的一种方式：

（1）在比赛开始时。

（2）在攻入一球后。

（3）在下半场比赛开始时。

（4）在加时赛两个半场开始时。

（三）程序

除开球队员外，所有场上队员应处在本方半场内；开球队的对方队员应距球至少 3 米直至比赛开始；球应放定在中点上；替补席一侧的裁判员鸣哨示意开球；当球被踢且明显移动时，比赛即为开始；开球可直接踢入对方球门得分；如果直接踢入本方球门，则由对方踢角球。

（四）违规判罚

如果开球队员在其他队员触球前再次触球，应由对方队在犯规地点踢间接任意球。开球程序上的其他犯规，应重新开球。

（五）坠球

比赛停止时如有下列情况，则坠球给在本方罚球区内的守方守门员：球位于罚球区内，或最后一次触球地点位于罚球区内。其他所有情况，一名裁判员将坠球给最后触球一队的队员，坠球地点在球最后触及队员、场外因素或比赛官员的位置；其他所有（双方）队员应距球至少 2 米，直至比赛恢复；当球触及地面，比赛即为恢复。

出现如下情况时，需重新坠球：球在触及地面前被队员触及；球在触及地面后，未经队员触及而离开比赛场地。

如果坠球后，球未经至少两名场上队员触及而进入球门则：若球进入对方球门，则以掷球门球恢复比赛；若球进入得到坠球队员本方的球门，则以角球恢复比赛。

如果坠球未经至少两名队员触及，因得到坠球一方的不可抗力（比如天气条件或不正确坠球）致使坠球进入任何一方球门，则应重新坠球。

九、比赛进行及死球

（一）比赛成死球

（1）当球的整体从空中或地面越过球门线或边线时。
（2）当比赛被裁判员停止时。
（3）当球击打到天花板时。

（二）比赛进行

其他所有时间，比赛都视为进行中，包括下列情形：
（1）球从球门柱或横梁弹回球场内。
（2）球从场内的裁判员或第二裁判员身上弹回场内。

十、确定比赛结果

（一）进球得分

当球的整体从两球门柱间及横梁下越过球门线，而此球并非由进攻队员（包括守门员）用手掷入、带入或故意用手或臂挡入。进球得分的队在进球前未违反规则。

（二）获胜的队

比赛中，进球数较多的队为胜者。如两队进球数相等或均未进球，则比赛为平局。

十一、犯规及不正当行为

只有在比赛进行中犯规或违规，才可判罚直接或间接任意球，以及球点球。

（一）直接任意球

如果裁判员认为，一名场上队员草率地、鲁莽地或使用过分力量对对方队员实施如下犯规，则判罚直接任意球：
（1）冲撞。
（2）跳向。
（3）踢或企图踢。
（4）推搡。

（5）打或企图打（包括用头顶撞）。

（6）用脚或其他部位抢截或争抢。

（7）绊或企图绊。

如果是有身体接触的犯规，则判罚直接任意球或球点球。

草率是指队员在争抢时没有预防措施，缺乏注意力或考虑。这种情况不必给予纪律处罚。

鲁莽是指队员的行为没有顾及到可能对对方造成的危险或后果。这种情况下应对队员予以警告。

使用过分力量是指队员使用了超出自身所需要的力量，并危及了对方的安全。这种情况应将队员罚令出场。

如果场上队员实施如下犯规时，也判罚直接任意球：

（1）手球犯规（守门员在本方罚球区内除外）。

（2）拉扯对方队员。

（3）在身体接触的情况下阻碍对方队员移动。

（4）咬人或向任何人吐口水。

（5）向球、对方队员或比赛官员扔掷物品，或用手中的物品触及球。

所有这些的犯规都被记作累计犯规。

（二）间接任意球

如果一名场上队员实施如下犯规时，则判罚间接任意球：

（1）以危险方式进行比赛。

（2）在没有身体接触的情况下阻碍对方行进。

（3）表示异议，使用攻击性、侮辱性或辱骂性的语言和 / 或动作，或其他言语违规行为。

（4）在守门员发球过程中，阻止守门员从手中发球、踢或准备踢球。

（5）犯有规则中没有提及的，又需裁判员停止比赛对队员执行警告或罚令出场的任何其他犯规。

如果守门员实施如下犯规时，也判罚间接任意球：

（1）在本方半场内，以手、臂部或脚控制球超过 4 秒。

（2）在场地内任何位置将球发出后，未经对方队员踢或触及，在本方半场内再次触及同队队员故意传给守门员的球。

（3）球被同队队员故意踢给守门员后，在本方罚球区内用手或臂部触球。

（4）接同队队员直接踢出的界外球后，在本方罚球区内用手或臂部触球。

（5）违反青少年、年长人士、残障人士和/或草根五人制足球的本土规定，将球直接掷过半场（在球越过中线的位置罚任意球）。

（三）纪律制裁

（1）裁判员从进入比赛场地进行赛前检查，至比赛结束（包括球点球决胜）离开比赛场地，均有权执行纪律处罚。

（2）如果队员或球队官员在开赛进入比赛场地前，犯有可被罚令出场的违规行为，裁判员有权阻止该队员或球队官员参加比赛。裁判员将就任何其他不正当行为提交报告。

（3）队员或球队官员，无论是在场内还是场外，对任何人实施犯规或违反五人制足球竞赛规则，可警告或罚令出场的，均将受到相应的处罚。

（4）黄牌代表警告，红牌代表罚令出场。

（5）只可对场上队员、替补队员或球队官员出示红黄牌。

（四）可警告的犯规

如果场上队员犯有下列犯规中的任何一种，将被出示黄牌予以警告：

（1）非体育行为。

（2）用语言或行动表示异议。

（3）持续违反规则。

（4）延误比赛重新开始。

（5）当以角球、踢界外球、任意球或掷球门球恢复比赛时，不退出规定的距离。

（6）未经裁判员许可而擅自入场或重新入场，或违反其他换人规定。

（7）未经裁判允许擅自离场。

如果替补队员犯有下列犯规中的任何一种，将被出示黄牌警告：

（1）非体育行为。

（2）用语言或行动表示异议。

（3）延误比赛重新开始。

（4）进入比赛场地时违反替换程序。

（五）罚令出场的犯规

如果队员犯有下列犯规中的任何一种，将被出示红牌罚令出场：

（1）严重犯规。

（2）暴力行为。

（3）向对方或其他人吐唾沫。

（4）通过手球犯规（守门员在本方罚球区内除外）或移动或推倒球门（阻止球越过球门线）破坏对方球队进球或明显进球得分机会。

（5）通过可判罚任意球的犯规，破坏对方的进球或总体上向犯规方球门移动的（球门没有守方守门员防守的）明显进球得分机会。

（6）使用攻击性、侮辱性的或辱骂性的语言或手势。

（7）在同一场比赛中得到第二次警告。

（8）替补队员破坏对方的进球或明显得分机会将被出示红牌罚令出场。

十二、任意球

（一）任意球的类型

任意球分为直接任意球和间接任意球两种。无论是直接任意球还是间接任意球，踢球时必须将球放定，踢球队员在球未经其他队员触及前，不得再次触球。

（1）直接任意球。直接踢入对方球门判为得分。如果直接任意球直接踢入本方球门，判给对方角球。

（2）间接任意球。只有当球进门前触及另一名队员才可得分。如果间接任意球直接踢入对方球门，判给对方掷球门球；如果间接任意球直接踢入本方球门，判给对方踢角球。

（二）违规 / 判罚

（1）踢任意球时，所有对方队员须距球至少 5 米直到比赛进行。当球被踢或触动时比赛即为进行。

（2）防守队在己方罚球区内踢任意球时，所有对方队员必须站在罚球区外直到比赛进行，当球离开罚球区时，比赛即为进行，在罚球区内获得的任意球可以在罚球区内任何地点执行。

（3）当踢任意球时，对方队员未遵守规定的距离，由本方队员重踢。如果比赛进行后，踢球队员在其他队员触球前再次触球，判由对方在犯规地点踢间接任意球。如果踢任意球的一方未能在 4 秒钟内将球踢出，判由对方踢间接任意球。

十三、累计犯规

（一）累计犯规规则

（1）应判罚直接任意球或罚球点球的犯规。

（2）每队在每半场的累计犯规应被记录在比赛报告中。

（3）如果某队犯规尚未累计到 5 次，对方队未因此失去进球或明显进球得分机会，裁判员可以掌握有利原则让比赛继续进行。

（4）如果裁判员掌握有利原则，当比赛成死球时，必须用规定的信号向计时员及第三裁判员示意累计犯规。

（5）如果有加时赛，加时赛中的犯规应继续累计在下半场累计犯规次数上。

（二）球队每半场第 6 次累计犯规起的直接任意球程序

球队每半场第 6 次累计犯规及后续犯规发生时，判罚第 6 次累计犯规起的直接任意球；如果第 6 次及后续的累计犯规发生在犯规方的罚球区内则判罚球点球；第 6 次累计犯规起的直接任意球可以直接得分，主罚队员应以射门为目的；第 6 次累计犯规起的直接任意球，防守队员不可排人墙防守。

球应放定在 10 米点或第 6 次累计犯规发生地点（若此地点在守方球门线与罚球区外距球门线 10 米且与之平行的假想线之间的区域）；如果第 6 次累计犯规发生在这个区域，主罚队员可以选择在 10 米点或犯规地点执行第 6 次累计犯规起的直接任意球；不得移动球门柱、横梁和球门网；应明确第 6 次累计犯规起的直接任意球的主罚队员；守方守门员应距球至少 5 米，直到球被踢出。

除了主罚队员和守方守门员之外的队员应：

（1）位于比赛场地内。

（2）距球至少 5 米。

（3）位于球的后方。

（4）位于罚球区外。

场上队员按照规则相关规定就位后，一名裁判员给出执行第 6 次累计犯规起的直接任意球的信号；主罚第 6 次累计犯规起的直接任意球的队员应将球踢向对方球门并且以直接得分为目的；允许脚后跟踢球，只要球向对方球门移动且以直接得分为目的；球被踢且明显向对方球门移动后，比赛即为恢复；主罚队员在其他队员触球前不能再次触球；如果判罚第 6 次累计犯规起的直接任意球时半场比赛即将结束，第 6 次累计犯规起的直接任意球罚球完成后半场比赛即为结束。

比赛恢复后，出现下列情况之一，罚球视为完成：

（1）球停止移动或离开比赛场地。

（2）球被除守方守门员以外的任一队员触及（包括主罚队员）。

（3）裁判员因主罚队员或主罚队员球队违规而停止比赛。

如果防守队员（包括守门员）违规且第 6 次累计犯规起的直接任意球罚失 / 被救出，则重新执行罚球。

（三）违规 / 判罚

（1）任何队员都不能提前越过该假想平行线直到球被踢并开始移动。如果守方队员违反了规定，而球未进球门，应重踢；如果球进入球门，则得分有效。

（2）主罚队员的同队队员违反本章规定，如果球进球门，应重踢；如果球未进入球门，裁判员停止比赛，判对方队在主罚队犯规的地点罚间接任意球恢复比赛。

（3）主罚队员在球踢出后违规，由对方在犯规地点踢间接任意球。

（4）两队队员同时违反本部分规定，应重罚任意球。

（5）如果由事先确定的主罚队员的队友来踢任意球，裁判员停止比赛，警告其非体育行为，由防守方在他踢球的地方踢间接任意球重新开始比赛。

违规判罚判定见表 14-2-1。

▶ 表 14-2-1 第 6 次累计犯规起的直接任意球罚球结果

违规	进球	未进球
进攻队员提前进入	重罚任意球	守方踢间接任意球
防守队员提前进入	进球有效	重罚任意球并警告防守队员
守门员违反规则	进球有效	重罚任意球并警告守门员
向后踢球	守方踢间接任意球	守方踢间接任意球
不合法的假动作	守方踢间接任意球 并警告主罚队员	守方踢间接任意球 并警告主罚队员
非经确认的主罚队员罚球	守方踢间接任意球 并警告罚球队员	守方踢间接任意球 并警告罚球队员
守门员和主罚队员 同时违反规则	守方踢间接任意球 并警告主罚队员	重罚任意球 并警告主罚队员和守门员

十四、罚球点球

比赛进行中，如果一个队在本方罚球区内违反了可判为直接任意球的犯规条例，应由对方队踢罚球点球。罚球点球可以直接进球得分，在每半场比赛或加时赛上下半场结束时，应允许延长时间执行完罚球点球。

（一）球和队员的位置

（1）球应放定在罚球点上。球门柱、横梁和球网不得移动。应明确主罚队员。

（2）守方守门员应处在球门柱之间的球门线上，面向主罚队员，且不可触碰球门柱、横梁或球网，直至球被踢出。

（3）主罚队员和守方守门员以外的其他场上队员应：在比赛场地内、距离罚球点至少 5 米、在罚球点后方和在罚球区外。

（二）程序

（1）场上队员按照规则相关规定就位后，裁判员示意执行罚球点球。主罚队员应向前踢球；允许使用脚后跟踢球，只要球向前移动。

（2）球被踢出时，守方守门员应至少有一只脚的一部分接触球门线，或与球门线平齐。

（3）当球被向前踢出且明显移动后，即为比赛恢复。

（4）主罚队员在其他队员触及球前不得再次触球。

（5）如果判罚球点球时半场比赛即将结束，球点球罚球完成后半场比赛即为结束。

（6）比赛恢复后，出现下列情况之一，罚球视为完成：停止移动或离开比赛场地；球被除守方守门员以外的任一队员触及（包括主罚队员）；裁判员因主罚队员或主罚队员一队违规而停止比赛。

（7）如果守方队员（包括守门员）违规且球点球罚失 / 被救出，则重踢球点球。

（三）违规 / 判罚

（1）如果球未进入球门，守方队员违反此规定应重踢；如果球进入球门，得分有效。

（2）如果球进入球门前，主罚队员的同队队员违反此规定应重踢；如果球未进入球门，裁判员停止比赛，判对方队在主罚队犯规的地点罚间接任意球恢复比赛。

（3）主罚队员在球踢出后违规，由对方在犯规地点踢间接任意球。

（4）如果两队队员同时违反本部分规定，应重罚球点球。

违规判罚判定见表 14-2-2。

▶ 表 14-2-2　罚球点球的结果

违规	进球	未进球
进攻队员提前进入	重罚球点球	守方踢间接任意球
防守队员提前进入	进球有效	重罚球点球并警告防守队员
守门员违反规则	进球有效	重罚球点球并警告守门员
向后踢球	守方踢间接任意球	守方踢间接任意球
不合法的假动作	守方踢间接任意球 并警告主罚队员	守方踢间接任意球 并警告主罚队员
非经确认的主罚队员罚球	守方踢间接任意球 并警告罚球队员	守方踢间接任意球 并警告罚球队员
守门员和主罚队员 同时违反规则	守方踢间接任意球 并警告主罚队员	重罚球点球 并警告主罚队员和守门员

十五、踢界外球

（一）踢界外球规则

当球的整体从地面或空中越过边线或比赛进行中球击中天花板，由最后触球队员的对方踢界外球。

踢界外球不能直接得分：如果球直接进入对方球门，判掷球门球；如果球直接进入本方球门，判罚角球。

（二）程序

（1）在踢界外球的一瞬间：球应放定在球离开比赛场地或其击中天花板最近的边线上的地点；所有对方队员应距踢界外球的边线上的地点至少 5 米。

（2）当球被踢且明显移动后，即为比赛恢复。

（3）当发球方准备好恢复比赛或裁判员示意其已准备好恢复比赛时，应在 4 秒内将球踢出恢复比赛。

（4）当界外球被踢出比赛恢复后，球未接触任何其他队员而离开了同一侧边线，则由对方在此前踢界外球的地点重踢界外球。

（5）如果队员在踢界外球时，以正确的方式故意将界外球踢向对方队员以再次触球，但并未使用草率的、鲁莽的方式或过分的力量，裁判员应允许比赛继续。

（6）踢球队员在其他队员触及球前不得再次触球。

（三）违规/判罚

（1）如果比赛恢复后，踢球队员在其他队员触及球前再次触球，则判罚间接任意球。如果踢球队员手球犯规，则判罚直接任意球。如果犯规发生在踢球队员本方罚球区内，则判罚球点球，除非踢球队员为守门员，这种情况下判罚间接任意球。

（2）对方队员不正当地干扰或阻挡发球（包括移动至距离踢球地点不足 5 米处），将因非体育行为而被警告，如果界外球已被踢出，则判罚间接任意球。

（3）对于其他违反踢界外球相关规则条文的情况，由对方踢界外球。

十六、掷球门球

当球的整体从地面或空中越过球门线，而最后由进攻队员触及，且并未出现进球，则判为掷球门球。

（一）掷球门球规则

掷球门球不可以直接得分。如果球直接进入掷球门球的守门员本方球门，则判给对方角球。如果球直接进入对方球门，判对方掷球门球。

（二）程序

（1）由守方守门员在罚球区内任何一点将球掷出或发出。

（2）当球被掷出或发出且明显移动时，即为比赛恢复。

（3）当发球方准备好恢复比赛或裁判员示意其已准备好恢复比赛时应在 4 秒内将球发出，恢复比赛。

（4）对方队员应处在罚球区外，直至比赛恢复。

（三）违规/判罚

（1）如果比赛恢复后，掷球门球的守门员在其他队员触及球前再次触球则判罚间接意球；如果守门员手球犯规，则判罚直接任意球；如果犯规发生在守门员本方罚球区内，则判罚间接任意球。

（2）如果掷球门球时，对方队员未来得及离开罚球区，裁判员允许比赛继续。在掷球门球时处在罚球区内或在比赛恢复前进入罚球区的对方队员，在比赛恢复前触及或争抢球，应重掷球门球。

（3）在比赛恢复前，如果队员进入罚球区内，对对方队员或被对方队员犯规，应重掷球门球。依据犯规情况，犯规队员可被警告或罚令出场。

（4）对于其他违反掷球门球相关规则条文的情况，重掷球门球。

十七、角球

当球的整体从地面或空中越过球门线，而最后由守方队员触及，且并未出现进球，则判为角球。角球可以直接踢入对方球门得分。如果角球直接踢入本方球门，则判给对方踢角球。

（一）球和队员的位置

（1）球应放在距球越过球门线处最近的角球区内。

（2）对方队员应距角球弧至少 5 米，直到比赛恢复。

（二）程序

（1）球应放定并由攻方队员踢球。

（2）当发球方准备好恢复比赛或裁判员示意其已准备好恢复比赛时应在 4 秒内将球发出，恢复比赛。

（3）当球被踢且明显移动时，即为比赛恢复。球无须离开角球区。

（三）违规 / 判罚

（1）如果比赛已经恢复，踢球队员在其他队员触球前再次触球，则判罚间接任意球。如果踢球队员手球犯规，则判罚直接任意球；如果犯规发生在踢球队员本方罚球区内，则判罚球点球。除非踢球队员为守门员，这种情况下判罚间接任意球。

（2）如果队员踢角球时，以正确的方式故意将球踢向对方队员以再次触球，但并未使用草率的、鲁莽的方式或过分的力量，裁判员应允许比赛继续。

（3）对于发球方其他违反角球相关规则条文的情况，由对方掷球门球；对于守方其他违反角球相关规则条文的情况，重踢角球。

第三节 五人制足球技战术教学与训练

一、五人制足球技术教学与训练

（一）接球

1. 脚底停球

五人制足球多采用前脚掌与地面形成一定夹角踩停球。由于五人制足球比赛用球较小、弹性小，踩停球便于控制来球，用前脚掌将球停于身前，有利于下一个动作的衔接（特别是假动作的衔接），同时让控球队员有时间观察场上的情况。

2. 提高接球技术的练习方法

练习 1：两个队员一组，相距 8~10 米，一人传球，一人接球。要求接球人用脚底将来球停向不同方向，并将球停过标志物。

练习 2：在 10 米 ×10 米的范围内，5 名队员一组用三个球，一人在圈里接球，其余 4 人在外面传球给中间接应者，接应者主动接球，用脚底停球变向并将球传给圈外无球者，练习开始可以不限触球次数，熟练后限制两次触球完成。

练习 3：8~10 名队员一组，一人做抢球者，其余人手拉手围成一圈用脚底传接球，练习开始时可以不用限制触球次数，熟练后限制两次或一次触球。

练习 4：三个队员一组，在整个场地中传球并跑动，要求队员必须用脚底接球，两次触球完成，但不能将球回传给传球给自己的队员。

练习 5：8~10 名队员分成两队在半场内进行抢截球练习，要求必须两次触球。也可以设置一名中间人帮助进攻方。

（二）传球

1. 挑传

挑传是五人制足球比赛中常用的技术动作之一。踢球队员的踢球腿膝关节弯曲，脚尖从球底部切入，用脚背把球向上挑起，通过小腿摆动把球送到预定方向。在面对防守队员封堵的情况下，挑传技术具有突然性和隐蔽性，能够让对方措手不及，很难做出有效防守。此外，在罚角球和界外球时，挑传是一种重要的定位球战术，能给队友创造凌空射门的机会。

2. 提高传球技术的练习方法

练习 1：两个队员一组，围绕一个三角形来进行传接球，传出的球必须从两个标志物中间穿过，传球者传完球后要马上移动到另外一个点上接球。

练习 2：三个队员平行站立在场地的一端，中间队员控球。从中间队员开始，将球传给站在场地边线一侧的队员，接着跑向接球队员的位置。接球队员将球传给对面边线的队员，再跑向对面边线接球队员的位置。这样交叉传球和跑动后，最后接球队员射门。

练习 3：三名队员一组，传球的两人站在中线和底线上做挑传球的练习，中间一人在持球人附近 2 米的范围内断其传球，球被断掉的队员与中间防守的队员互换。熟练后可以要求不同高度的传球。

练习 4：4 名队员一组，分成三组，在 2/3 个场地内进行抢截球的对抗练习。在练习的过程中，只有一组队员在防守，其他两组队员为进攻队员，即在场地内进行 4 抢 8 的练习，要求防守的一组队员一旦断到球后马上转变为进攻队员，而失误的那组队员马上变为防守队员，传接球的速度要快，攻守转化要快，熟练后可以要求两次触球。

练习 5：在 5 米 ×20 米的范围内进行 2 抢 4 的练习，要求在一半的区域内只能有三名进攻队员，控球方在进行短传三次后可以将球转移到另一个区域内的接应人，可以限制触球次数和转移球的方式。

（三）射门

1. 脚尖捅射

脚尖捅射是五人制足球比赛中场用的射门方式，进攻队员在距对方球门较近且没有足够时间和空间摆腿射门时，在触球瞬间脚尖绷紧稍微翘起，踢球的正中部完成射门。脚尖捅射时，脚触球面积小，摆腿幅度极小，球的运行没有规律，因此具有很强的隐蔽性和突然性，可使防守队员猝不及防，但射门的准确性较差。

2. 提高射门技术的练习方法

练习 1：第二点球点射门比赛。每个队员在第二点球点的距离踢一定数量的罚球，然后当守门员扑救别的球员的罚球，进球最少者被罚俯卧撑，扑救球最少者同样受罚。

练习 2：每个队员从半场线出发向球门运球并射门，可以限制各种射门条件（如在 5 秒钟内完成射门；触球三次后必须射门；必须用脚尖射门；必须带入禁区内射门，等等）。

练习 3：两名队员通过传球配合进行射门，传球者通过不同的跑动路线来接应队员的传球后，或回做球给队友射门，或是自己拿球射门（图 14-3-1）。

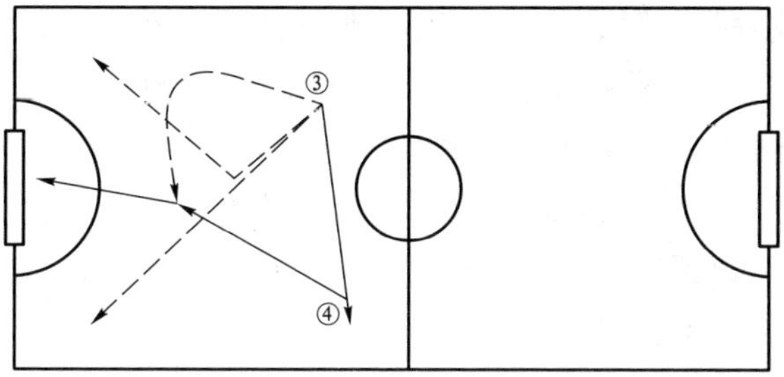

图 14-3-1 传球射门练习

练习 4：在场上的任意位置接球射门，但在射门前，进攻球员必须喊出守门员举手示意的手指数，让队员养成在射门前观察守门员位置的习惯，或者是听守门员的指令，用哪个脚来射门。

练习 5：在半场的范围内，设置两个球门和守门员，中间 1 名射门球员，场外有 6 名队员在不同的位置传球，射门球员接不同的传球进行射门，射门队员可以自己选择射哪边的球门，也可将场外队员进行编号，由守门员叫号，射门队员接那名队员的传球射门。

（四）守门员技术

1. 基本技术要求

（1）尽量用手接住球，学会接地面球、空中高球和空中半高球。

（2）用前臂和肘部向前“推”去接球或挡球。

（3）尽量快发球，通常用手掷球能使发球速度加快，尽量掷地面球。掷过顶球和用脚挑高球长传有时也非常有效。

（4）注意观察，保持好站位，封住射门的角度，特别是球门的近角度。

（5）腿和脚的反应速度要快，不要过早倒地救球。

（6）站位时两只手放在髋关节位置，肘部微微伸向身体两侧，两个膝关节尽量靠拢。

（7）学会用脚控制球和传球组织进攻。

2. 提高守门员技术的练习方法

练习 1：队员站立成两列，一列正对球门，一列在球门的一侧，比第一列更靠近球门。守门员先扑救第一列队员的射门，然后再扑救第二列的射门。

练习 2：队员分成两组进行对抗比赛，本方守门员必须大声喊出本方的触球队员名字，喊错由对方罚直接任意球。

练习 3：用两个标志筒相向摆两个球门，球门间距离可以根据情况调节。两名守门员相互间用地滚球做一脚传球，其中一人看准机会可突然发动地滚射门，另一名守门员扑救。可以调整球门的大小和要求传球的力度来增加难度。

练习4：球门区线上，每隔1米距离摆放一组球（每组两球并列）。两名射门者每次选择一组球，退后一定距离准备助跑，助跑开始前一前一后站立，前方一人通过背后手势示意后方一人本组是假射还是真射，然后两人助跑并同时到达球门区线上的一组球前面起脚完成射门动作，守门员进行扑救。

练习5：在球门区线上任选一位置，横卧摆放一个橄榄球，射门者用地滚球射门，守门员扑接。球会在地面上做出各种极不规则的连续反弹，要求守门员不能太快下地，并保持高度的注意力。

练习6：三名守门员之间站成三角形进行传接球，一人在场地中央，两人在边路。主要训练中间一人，接一侧来球，分往另一侧，多使用脚底停球。练习若干来回后接球向前射门，然后换人。

二、五人制足球战术教学与训练

（一）集体进攻的原则

1. 利用球场宽度和深度

与十一人制球场相比，五人制的场地空间较小。当一方控制球以后，控球方的队员要立即跑位，为持球队员提供多种进攻选择。接应队员应该在持球队员的两边拉开接应或在持球队员的纵深方向接应。不管球队采用菱形站位还是使用双前锋站位，重要的是让队员理解这些阵型的要点，队员要进行不间断的跑动换位，不要将阵型成为静态的站位。

2. 不间断地跑动与接应

五人制足球要求进攻方不间断地跑动接应，队友多一些无球跑动能够给持球的进攻队员提供更多的进攻机会和选择，给予其更多的帮助。

3. 恰当控球和准确传球

要保持控球权，不要运球时间过长，在狭小的空间里准确传球是有效进攻的关键，找准机会恰到好处地传球以获得射门机会。

4. 传球后快速跟进支援

所有攻方队员都要参与进攻，处在最后的队员不要始终站在禁区附近，特别是在传球给前方的队友之后要迅速跟进。但在向前跟进时，还要注意攻守平衡。

5. 快速反击获得人数优势

反击是五人制足球最有效的得分手段之一，快速反击常常在进攻方有人数优势的情况下进行。因此，要提高“2 打 1”或者“3 打 2”的能力。

6. 加强前锋分球和扯动

（1）传球给前锋，快速跑动接前锋的分球。利用一个或两个前锋靠近对方的球门，守门员或后面的队员传球给前锋队员，前锋接球后转身晃过后卫射门，或者将球分给插上接应的队员射门。

（2）前锋制造空当后传球给插上的队员。前锋拉边扯动制造空当，空当被拉出后，其他队员要迅速插上空当位置接球射门。

（二）提高集体进攻的基本训练方法

1. 传球给前锋后快速跑动

两个球门边各站一队队员。每队球门前都有一名前锋。守门员将球直接扔给前锋后，后插上队员快速跑动接应前锋的分球后射门。也可以由插上的队员将球传给前锋，也可以要求插上队员做变向跑后接前锋的分球射门。

2. 宽度和深度的利用

用标志墩在场地中央标出一个四边形。队员可以跑进里面，但不能在里面接球和运球。球可以穿过里面，但接球队员只能在外面接球。这个练习要求队员充分利用场地的宽度和长度。

3. 传球后跑向空当

前锋在场地中间向两边拉开，持球队员将球传给在对面边线的队员后，快速跑向由前锋制造出来的空当接球射门。前锋可以选择任意方向拉边，插上队员必须判断空当的位置。

4. 以多打少，三前锋比赛

进行正常的五人制足球比赛，但每个队必须有 3 名前锋在对方半场才能射门。如果不能做到，则进球无效。

5. 接力练习

“接力”就是在防守方进行人盯人防守时，进攻方利用人数优势，1 名队员跑动到持球同伴处接球，如同交接接力棒一样，然后既可以传球，又可以运球突破。

6. 反击练习

在一定的规则内练习 2 打 1、3 打 2、4 打 3 等各种形式的进攻。

（三）集体防守的原则

1. 关闭中场防守

关闭中场防守是让球远离自己球门的第一步，因为这样可以避免进攻方将球直接掷给前锋或插上队员。根据进攻方的队形，防守方一般采用两个或三个队员在中场区域防守。

2. 注重防守层次

在进行防守时，队形要有一定的层次。防守持球的进攻队员时，一名防守队员上前紧逼，其他队员应该在他们的后面建立另外一条防线，注意保护和补位。

3. 遵循球线原则

防守的队员要始终站在球的延长线上或之后，特别是在防守线最前的队员，一定要随球移动自己的防守位置。

4. 加强沟通交流

对于成功的防守来说，防守队员之间良好的交流是关键。只有良好的沟通交流，才会有统一有效的集体防守。

（四）提高集体防守的基本训练方法

1. 2防3，在小球门前区域防守

三名进攻队员相互传球，进攻队员每一次传球后，防守队员中的一名队员要逼抢持球的进攻队员，另一名防守队员退后到小门口阻挡射门，轮流逼抢和退后。

2. 关闭中场防守

两名防守队员在中场区域防守，阻断守门员扔出的球和阻断两名在后场的进攻队员向另一名在前场的进攻队员的传球。

3. 三名队员的中场区域防守

将场地划分为三块，在中间一块的是三名防守队员，他们必须要阻截另外两块场地中队员的跨区域传球。在两头场地中的队员要寻找防守队员的空隙，将球传到另一块场地的队员脚下，不允许传高球。

（五）定位球的攻守战术要求

定位球包括界外球、角球、任意球、球门球、球点球和比赛开球等。

1. 界外球和角球

（1）进攻

① 观察。将球放在线上之前，先观察。快速的发球有利于打乱防守方阵型。

② 发球。队员应该留意是否将球放在线上，留意 4 秒的发球时限和不要将支撑脚踏入场地。

③ 摆脱盯人。所有的队员要力争跑动摆脱防守队员，给发球的队员提供发球的机会。

④ 发球时机和准确传球。界外球和角球都是射门得分的良好机会，因此，发球队员应该考虑接球队员的接球时间和最习惯射门的是哪只脚。

⑤ 动作不要太明显，不要暴露自己的意图。

⑥ 发球队员在发球后应该迅速进入场地，给接球队员提供一个回传球的机会。

（2）防守

① 尽量快地组织防守，避免被进攻方突然袭击。

② 盯人时的交流最重要。

③ 单人人墙，即在球和球门之间要布置一名队员。

④ 要预想球的运动方向和进攻队员的跑动方向。

2. 任意球

（1）进攻

① 时机。抓住时机，快速发球。

② 进攻站位。所有队员都要给发球队员提供一个发球的机会。在靠近对方球门发任意球时，进攻队员要靠近球门的近端和远端的球门柱，最好呈四方形。

③ 准确传球。传球通常是躲过人墙的最好选择。

④ 跑动接球。如果队员想接传球射门，必须在传球动作完成前就要跑动，使他能在防守队员之前接到球。

（2）防守

① 尽快组织好人墙，即使发球点在远离球门的地方，也要建立一道人墙，人墙的组织要听守门员的指挥。

② 守门员负责组织人墙的第一人来封住球和球门的近端门柱之间的角度。当人墙建立在禁区内时，守门员通常将自己站在人墙的边上来封住角度。

③ 选人进行封堵，要预先选择一名队员在球被传出后上前进行封堵。

3. 开球

（1）进攻。两名队员在中圈开球，一名队员跑向对方的禁区前沿，另一名队员在发球圈的翼侧；或两名队员跑向对方的禁区前沿；或两名队员在发球圈的两侧。

（2）防守。预先安排好每个队员的职责，如谁封堵第一脚射门，谁负责阻截长传球。

（六）比赛阵型

比赛阵型是场上的队员的基本站位与职能分工，选择阵型的标准要和队员的实际情况结合起来。比赛阵型本身不能给球队带来胜利，不管采用什么样的阵型，最终导致胜利的因素是球员的身体状况和技战术能力。要根据场上 4 名队员的实际情况确定比赛阵型，必须明白每个队员的角色，实力平衡是重要的原则，这 4 名队员必须能够做到相互弥补，做到攻守平衡。选择比赛阵型一般要考虑以下因素：可用的队员；谁控制球；守门员是参与比赛还是始终在后面守门；目前的球队使用进攻阵型还是防守阵型；当前的比分情况；比赛还剩多少时间等。

五人制足球比较常用的阵型有 3–1 阵型、2–1–1 阵型、2–2 阵型等。一个有效的比赛阵型必须是灵活多变的，甚至在比赛过程中，也可以随时变化。只要队员发现正确的时间和地点，就要给予队员即兴发挥个人能力的空间。即使球队已经确定了一种比赛阵型，有时也要根据对手的实际情况而调整。例如，在实力悬殊的比赛中，球队就要把重点放在防守上。

1. 进攻阵型

在选择进攻阵型时，一定要根据队员的特点和实际能力，最好做到实力平衡，另外，也要让球员明白每个阵型球员位置的任务和职责，但不能在比赛中给予队员太多的限制，应给予球员即兴发挥的空间。

（1）3–1 阵型。此阵型是指三名后卫和一名前锋的配置。此阵型注意防守，因为一旦被断球，有三名防守队员可以进行防守，在对方罚球区前可以制造较大的空当，进攻时后卫插上助攻对方也较难防守，能给予控球前锋较大的支持。此阵型易于掌握，适合于训练时间较短的队伍使用，但需要有一名能够控球和传球的前锋，并对于后插的队员体能有一定的要求。

3–1 阵型发动进攻可以如图 14–3–2 所示，边路③号队员将球传给②号后进行斜线跑，②号可以将球传给插上的③号，由③号射门或传球到第二门柱给包抄的⑤号；或是将球传到前锋⑤号脚下，让前锋摆脱防守队员转身射门，或是②号传球后快速插上接前锋的回做球射门或传球到第二门柱给③号。

另一种常用的 3–1 阵型发动进攻的配合路线如图 14–3–3 所示，②号传球给③号后进行直斜线跑，这里要注意的是②号在进行直线跑时，速度不能太快，在进行反方向斜线跑时应快速摆脱防守对手，③号利用传直线追身球或挑过顶高球给②号，传球时要注意传球的路线与时机，②号接球直接射门或将球传到第二门柱给包抄的前锋⑤号。④号此时要适当靠近中路，防止对手的反击。

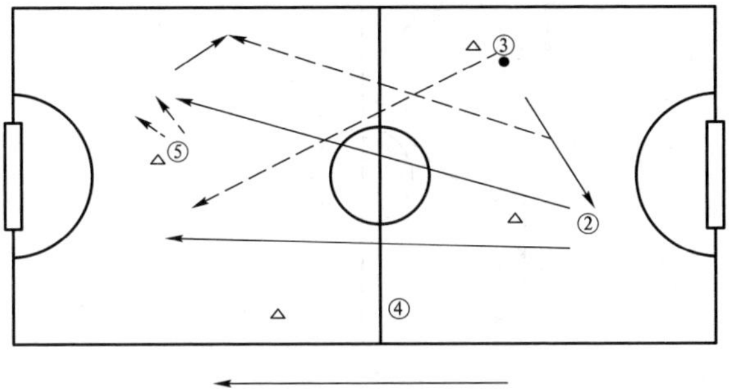

图 14-3-2 3-1 阵型配合示例 1

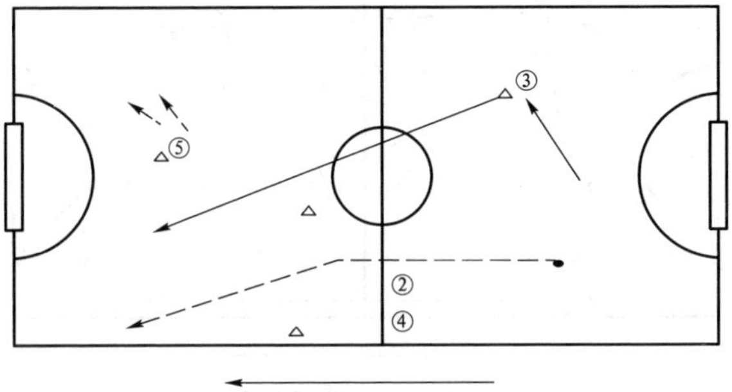

图 14-3-3 3-1 阵型配合示例 2

（2）2-2 阵型。2-2 阵型由 2 名后卫和 2 名前锋组成，这种阵型是室内五人制足球最初始的一种阵型，强调攻守平衡，因为在对方半场有 2 名前锋，对方防守较难关闭中场，向前传球的点也较多，2 名前锋可以通过穿插跑动换位和对角接应打乱对方的防守体系，为后面插上的队员制造射门得分的机会。采用 2-2 阵型发动进攻时，人员的站位分布较平均，所以在每个区域都有 1 对 1 的机会，可以通过个人突破来打开对手的防守体系。

采用 2-2 阵型发动进攻时，可以利用防守方中路空间相对较大的特点进行配合，前锋进行对角接应，如图 14-3-4 所示，② 号摆脱防守回中路接应，③ 号将球传给 ② 号后快速插上，② 号向侧后方做球，③ 号拿球后直接射门或传给在第二门柱的 ⑤ 号。此时 ④ 号应向中路靠近保持攻守平衡；或者当 ③ 号将球传给 ② 号后，④ 号在边路快速插上，② 号将球传到侧后方，④ 号接球后直接射门或传球给第二门柱包抄的 ⑤ 号，此时 ③ 号应向中路靠近，保持攻守平衡。

当对手防守关闭中路做得较好时，配合线路也可以如图 14-3-5 所示，⑤ 号移动到边路，③ 号将球从边路传给 ⑤ 号，此时 ② 号摆脱防守到中路接球，拿球后可以

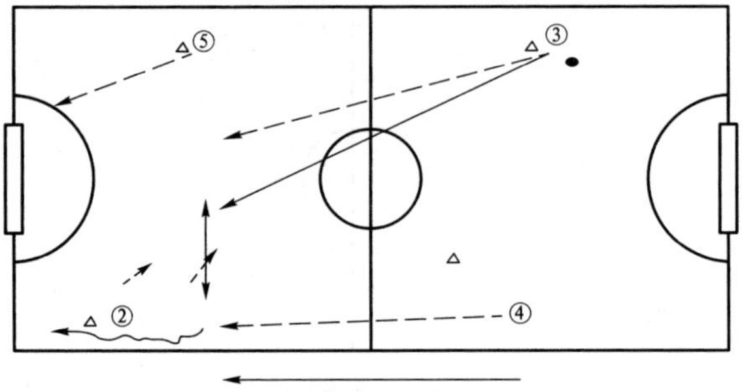

图 14-3-4 2-2 阵型配合示例 1

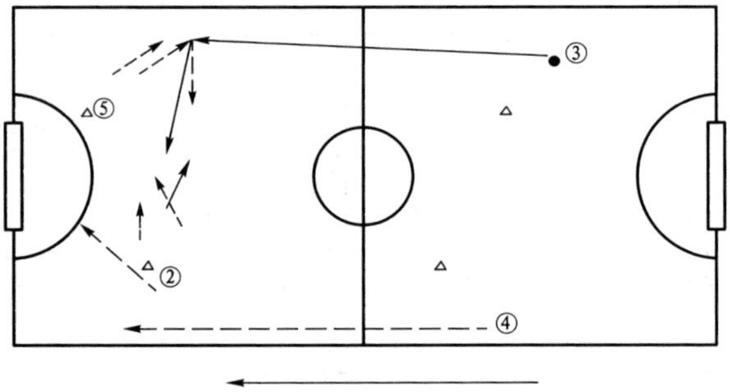

图 14-3-5 2-2 阵型配合示例 2

直接射门，也可以将球回传给⑤号，让⑤号迎上射门或传给快速后插上到第二门柱的④号，此时③号应向中路靠近，保持攻守平衡。

（3）2-1-1 阵型。2-1-1 阵型在中场增加 1 名队员，使得整个队伍的攻防层次更加清晰，中场的队员在进攻时能够接应后场队员的传球并给前锋传球，也可以在最短时间内插上接前锋的回传球，防守时又能在中场就设立一道屏障。同时，当对手进行全场紧逼防守时，2-1-1 阵型也是一个破紧逼防守较好的阵型，前提是中场队员必须站在边路。

采用 2-1-1 阵型发动进攻时，如图 14-3-6，如果对手实施紧逼防守，前锋⑤号和中场②号有意将防守队员带到一侧，此时对方后场的另一侧就会出现大片空当。此时，③号队员拿球进行 1 对 1 的突破，④号在③号进行突破时要注意随时进行中路的保护。

如图 14-3-7，前锋⑤号和中场②号同时向边路移动接应④号，④号将球传给前锋⑤号，同时中场②号突然反方向起动摆脱防守队员，⑤号直接将球传给②号，②号接球射门；或是④号在⑤号和②号移动的同时将球长传给快速插上的③号，突破对手的防线。

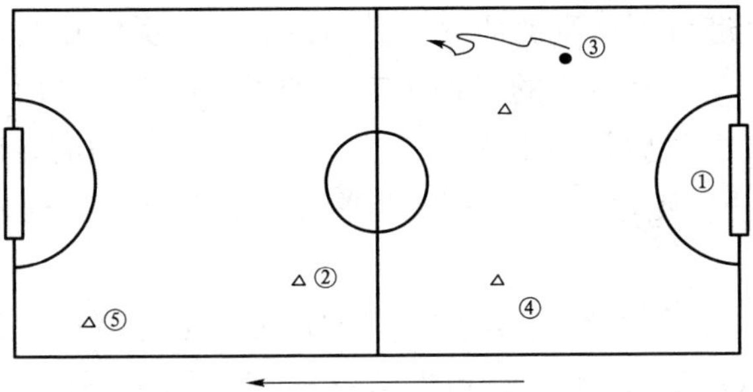

图 14-3-6 2-1-1 阵型配合示例 1

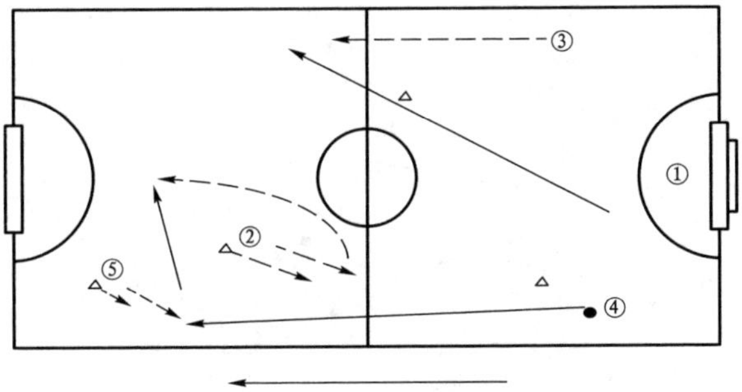

图 14-3-7 2-1-1 阵型配合示例 2

如图 14-3-8，当发球门球时对方全场紧逼，守门员可以直接将球发给插上的③号或④号，也可以将球发给中场回接的②号，让②号将球传给边路插上的③号或④号，突破对手的防线。

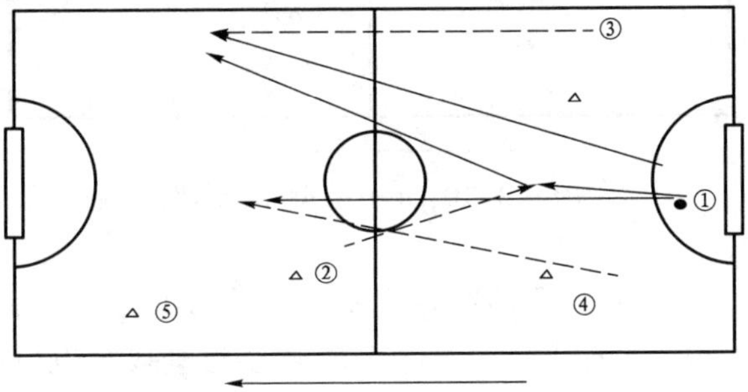

图 14-3-8 2-1-1 阵型配合示例 3

（4）4-0 阵型。过去，4-0 阵型通常在前锋队员受伤时使用。4-0 阵型在欧洲比较流行，由于巴西人在防守时关闭中场的战术一度让欧洲球队不适应，故欧洲球队在

4–0 阵型进攻体系上进行了认真的研究，其目的就是在关闭中场的球员身前或身后再增加一个进攻点，从而打破对方的保护防守。如果守方在防守时对进攻的每一个人进行紧逼防守，那防守方身后就会出现较大的空当。4–0 阵型需要球员不断跑动和穿插来实现突破，也是一个破对方全场紧逼的理想阵型，现在西班牙队在运用 4–0 阵型时相当熟练。

如图 14–3–9 所示，② 号传球给 ⑤ 号后向前插将防守队员带开，然后④ 号再斜插对方身后，⑤ 号将球传给 ④ 号，或如图 14–3–10 所示，⑤ 号和 ② 号交叉跑向对方身后，④ 号将球传到防守队员身后。

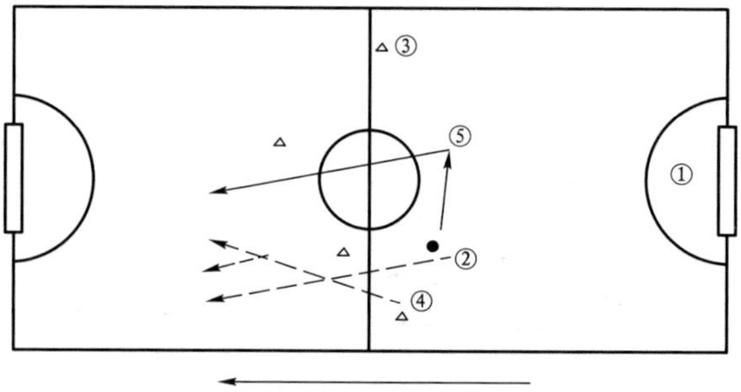

图 14–3–9　4–0 阵型配合示例 1

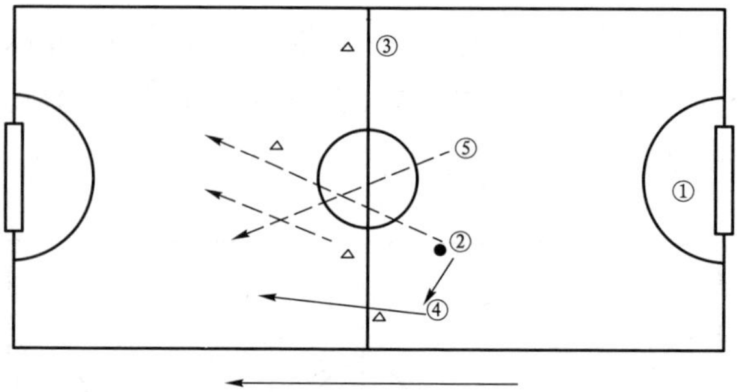

图 14–3–10　4–0 阵型配合示例 2

（5）1–2–2 阵型（5 打 4）。5 打 4 的情况一般出现在一方比分落后且比赛即将结束时，比分落后一方的守门员通常会在本队进攻时参与进攻（也可以准备一名进攻型球员换下守门员），形成以多打少的局面。这种打法是一种赌博式的打法，虽然在对方的半场形成了人多的局面，但是在本方的球门里已经没有守门员，一旦失误就会给对手射空门的机会。因此，采用这一阵型要配合熟练，而且不能轻易失误。5 打 4 的站位可以如图 14–3–11，图 14–3–12 所示。

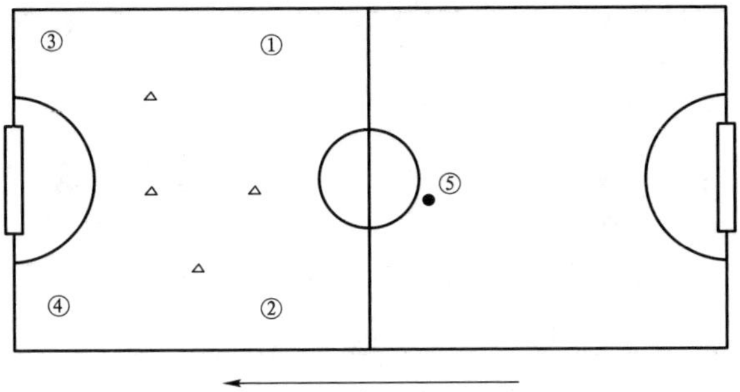

图 14-3-11　1-2-2 阵型配合示例 1

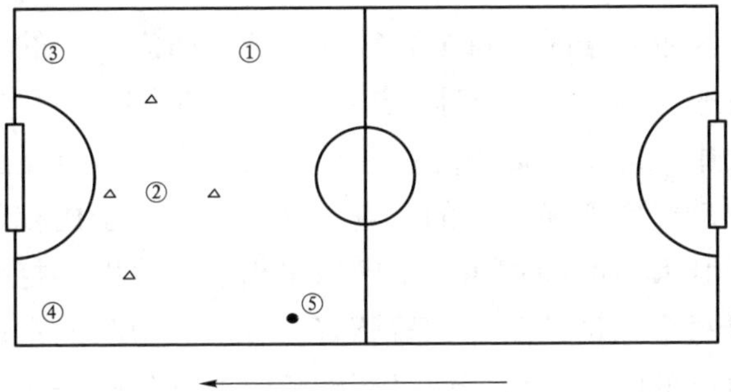

图 14-3-12　1-2-2 阵型配合示例 2

2. 全队防守战术

室内五人制足球中的全队防守战术由比赛战术体系构建而成，包括人盯人防守、区域防守和混合防守。

（1）人盯人防守。人盯人防守是指防守方的每一名球员盯防对方球队的固定球员。这种防守方式令进攻队员很难做到突破、接球、传球和射门，因为他们每一个人都在防守队员的盯防当中。目前，世界一流强队几乎全部采用人盯人防守。在五人制足球比赛中，人盯人防守更易掌握，而且避免了区域防守中存在的问题，因此被广泛采用。人盯人防守在防守时责任较明确，可以在不同的场区使用，但是每一名防守队员都要有较强的个人防守能力和清晰的头脑，在对方交叉时要提前判断对方的意图，而且要有充沛的体能作保障。在室内五人制足球比赛中，采用人盯人战术时可以有两种方案。第一种方案是赛前教练员事先决定每个球员盯防什么样的对手（最灵活的球员负责盯防最快的对手）；第二种方案是在比赛过程中防守球员自己选择防守离自己比较近的对手进行盯防。根据不同的战术需要，可以进行全场、2/3 场区、半场等不同区域的人盯人防守，在不同区域进行人盯人防守又有不同的要求（图 14-3-13）。

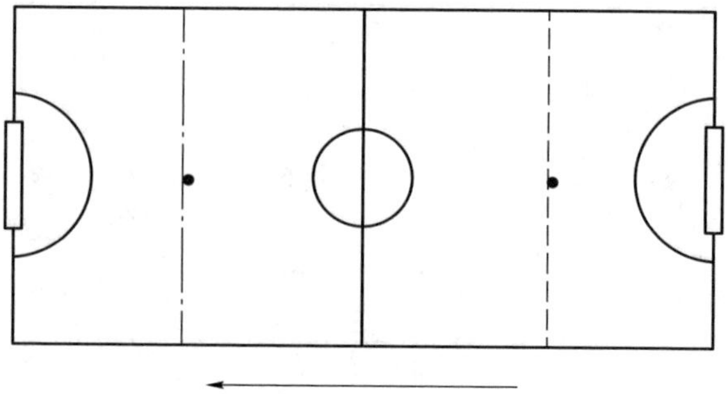

图 14-3-13 人盯人防守区域示意图

（2）区域防守。区域防守时，每个防守球员负责防守一定的区域。位于某个区域的防守球员要对任何进入本区的对方球员进行盯防，离开这个区域，就不再追踪盯防，其基本注意力主要集中在球上，而不是在具体的对手上，同时在这个区域的防守球员应根据球和队友的移动经常变换自己的位置。区域防守属于比较节省体能的一种防守战术，但经常会出现盯人不明确，在某个区域里出现进攻以多打少的局面，因此在进行区域防守时，要求每个球员的防守位置感好，补防和协防的意识强，不会随意跟随对手的跑动而离开自己的防守区域，而且还能随时对其他防守区域进行支援。区域防守一般在以少防多（4 打 5、3 打 4）和体能不足的情况下使用。

（3）混合防守。混合防守是球队在比赛中同时运用人盯人防守和区域防守的战术打法。混合防守体系由一个或两个防守球员盯防对方球队中特别突出和有进攻威胁的球员，而对其他的进攻球员则采取区域防守。在不同的区域里，防守球员可以根据场上情况，进行人盯人防守与区域防守的转换。混合防守的主要优点是限制对方球队主要队员，用较小的力量完成防守任务，而且让进攻方无法轻松掌握自己的防守体系，打乱对手的进攻体系。

思考与练习

1. 五人制足球竞赛规则规定哪些犯规要判罚直接任意球或间接任意球？
2. 五人制足球竞赛对累计犯规有哪些要求？
3. 五人制足球竞赛罚定位球恢复比赛有哪些要求？
4. 五人制足球竞赛的传接球技术有何特点？

附录

足球专业术语（中英文对照）

足球赛事

1 足球运动 football（在美国指橄榄球运动）；soccer；association football
2 国际足联世界杯 FIFA World Cup
3 朱尔斯·雷米特杯 Jules Rimet Cup
4 世界杯决赛 World Cup Finals
5 国际足联 20 岁以下世界青年足球锦标赛 FIFA U-20 World Cup
6 国际足联 17 岁以下世界青年足球锦标赛 FIFA U-17 World Cup
7 国际足联联合会杯 FIFA Confederations Cup
8 国际足联世界俱乐部杯 FIFA Club World Cup
9 国际足联室内五人制世界杯 FIFA Futsal World Cup
10 国际足联沙滩足球世界杯 FIFA Beach Soccer World Cup
11 奥运会男子足球比赛 Men's Olympic Football Tournament
12 国际足联交互世界杯 FIFA Interactive World Cup
13 国际足联青年杯 Blue Stars/FIFA Youth Cup
14 国际足联女足世界杯 FIFA Women's World Cup
15 国际足联女足 20 岁以下世界青年足球锦标赛 FIFA U-20 Women's World Cup
16 国际足联女足 17 岁以下世界青年足球锦标赛 FIFA U-17 Women's World Cup
17 奥运会女子足球比赛 Women's Olympic Football Tournament

人　员

18 足球运动员　football player；footballer
19 足球队　football team；eleven
20 队员　players
21 后卫　fullback
22 左后卫　left back
23 右后卫　right back
24 前卫　half-backs
25 边前卫　wing halfback
26 左前卫　left half
27 右前卫　right half
28 中前卫　center half
29 拖后中卫（清道夫）　sweeper；libero
30 盯人中卫　stopper
31 锋线　forward line
32 前锋　forwards；spearhead；lineman
33 边锋　winger；wing（forward）；outside（forward）
34 左边锋；左翼　left wing；outside left
35 右边锋；右翼　right wing；outside right
36 内锋　inside forward
37 左内锋　inside left
38 右内锋　inside right
39 中锋　center forward
40 双中锋　double centre-forward
41 拖后中锋　deep-lying centre-forward
42 攻击手　striker
43 中场队员　midfielder；midfield player
44 核心队员　key figure；key player

规则与裁判

45 竞赛规则　laws of the game
46 比赛场地　the field of play
47 裁判员　the referee
48 助理裁判员　the assistant referees
49 比赛进行及死球　the ball in and out of play
50 犯规与不正当行为　fouls and misconduct
51 比赛时间　the duration of the match
52 上半时（场）　first half
53 下半时（场）　second half
54 开球；比赛开始　kick off
55 加时赛；决胜期　extra period；over-time
56 突然死亡（加时赛中首先进球为胜方，比赛终止）　sudden death
57 点球决胜　Penalty shootout
58 出界　outside；out-of-bounds
59 掷界外球　throw-in
60 球门球　goal–kick
61 角球　corner（kick）
62 任意球　free-kick
63 直接任意球　direct free-kick
64 间接任意球　indirect free-kick
65 定位球　place kick；stationary ball
66 严重犯规　major offence；serious foul

67 故意犯规 intentional foul
68 越位 off-side
69 非越位 on-side
70 阻挡犯规 body check
71 拉人犯规 holding
72 推人犯规 pushing
73 危险动作 dangerous play
74 抬脚过高 foot over
75 手球犯规 hand ball
76 粗暴行动 violent conduct
77 延误比赛 delay of the game
78 持球时间过长（指守门员） excessive possession of the ball
79 警告 warning；caution；book
80 黄牌 yellow card
81 红牌 red card
82 罚出场 send off［the field］；show the red card
83 暂停 suspend
84 罚球点 penalty mark/spot
85 罚中 convert a penalty-kick
86 补时 additional time
87 有利 advantage
88 冲撞（对方队员） charge（an opponent）
89 欺骗 deceive
90 异议 dissent
91 干扰 distract
92 “降温”暂停 ‘cooling’ break
93 “补水”暂停 ‘drinks’ break
94 坠球 dropped ball
95 危及对方安全 endanger the safety of an opponent
96 使用过分力量 excessive force
97 拉扯犯规 holding offence
98 踢 kick
99 处理球 play
100 救球 save
101 佯装 simulation
102 技术区域 technical area
103 非体育行为 unsporting behaviour
104 严重犯规 serious foul play
105 暴力行为 violent conduct

踢 球

106 踢球 kick
107 罚球队员 kicker
108 得球 gain possession of the ball
109 失去控制球 lose possession of the ball
110 漏球 miskick
111 控制球 ball control；ball handling
112 凌空球 volley
113 踢反弹球 half-volley kick；dropkick
114 抛球凌空踢出 punt
115 拨球 flick the ball
116 颠球 juggling
117 弧线球 curve ball；swerving ball
118 内弧球 inswinger
119 外弧球 outswinger
120 跑动踢球 running kick
121 转身踢 turnaround kick

122 脚背内侧踢球　kick with the instep foot
123 脚尖踢球　toe kick
124 脚弓传球　pass with the inside of the foot
125 脚跟球　heel kick

传球、接球、运球

126 传球　pass
127 一次传球　first-time pass
128 传球到位　make a spot pass
129 长传　long pass
130 短传　short pass
131 三角传球　triangle passing
132 短传配合　short game
133 停球　trap；stop
134 胸部停球　chesting
135 传中　center
136 横传　cross pass；lateral pass；line pass；square pass
137 高吊传球　high lobbing pass
138 地滚球　ground pass；rolling pass
139 直传（向前传球）　pass forward
140 回传（向后传球）　pass back
141 渗透性传球　through pass
142 推传　push pass
143 接球失误　fumble；mishandle a ball
144 运球　ball handling
145 运球队员　dribbler
146 运球过人　to dribble past an opponent
147 盘带过多　excessive dribbling
148 敲传　flick pass
149 接传球　pick up a pass

头　顶　球

150 头顶球　head；header；heading
151 跳起顶球　flying header；heading with a jump
152 侧顶　head sideward

抢　　截

153 堵截　block
154 断球　intercept
155 铲球　sliding tackle
156 侧面铲球　side tackle
157 争抢球　fifty-fifty ball
158 混战　scramble

射　　门

159 进球　goal
160 破门得分　make/score/net a goal
161 破门机会　scoring opportunity
162 射门得分者　goal getter
163 帽子戏法（连中三元）　hat trick
164 扳成平局　equalizer

165 射中次数 goals
166 未射中 mishit
167 射门过高 high shot
168 射中无效 goal non-valid
169 近射 close-range shot
170 远射 long shot
171 抢点射 gate-crashing
172 冷射 snap-shot
173 劲射 hard/crashing shot；drive
174 补射 dropkick
175 转身射门 pivot shot
176 低射 grazing shot
177 直接射门 first-time/one-touch shot
178 调整后（停球）射门 second-touch shot
179 小角度射门 to shoot from a sharp angle
180 铲射 sliding shot
181 凌空射门 volley shot
182 倒钩射门 overhead kick
183 头球入门 head in
184 吊射 hanging shot
185 射空门 free shot
186 香蕉球 banana kick
187 乌龙球（踢进本方球门） own goal
188 球门右上角 top right-hand corner of the net
189 球门右下角 bottom right-hand corner of the net
190 球门左上角 top left-hand corner of the net
191 球门左下角 bottom left-hand corner of the net
192 射门 shoot
193 射手 shooter；marksman

守　门　员

194 鱼跃救球 a diving save
195 拳击球 fist the ball；punch
196 抱住球 smother
197 封住角度 shut off the angle
198 守门员 goalkeepers
199 救球 save；retrieve
200 托球 finger-tip save

进　　攻

201 中路突破 thrust down the middle
202 单刀直入 solo dive
203 突破对方防守 split the defense
204 撕破对方防线 disorganize the defense
205 正面进攻 frontal attack
206 边路进攻 outflank
207 全线压上 sweeping attack
208 助攻 assist
209 插上 spearhead
210 下底传中 run down the side line to centre the ball
211 钳形攻势 pincers movement
212 踢墙式二过一 give-and-go wall pass
213 跑位 running off the ball

214 跑位意识 positional sense
215 快攻；快速突破 fast break；counter attack
216 快速反击 fast-switching attack
217 突破 thrust

防 守

218 解围（踢出罚球区） clear
219 人墙 wall
220 筑人墙 set/line up a wall
221 补位 cover a position；fill the gap；covering
222 密集防守 tight/close defense
223 盯人防守 close-marking；man-to-man marking
224 后撤 retire

战 术

225 全攻全守型（总体型）足球 total football
226 欧洲派 European/Continental football
227 拉丁美洲派 Latin American football
228 接应 support
229 接应位置 supporting position
230 跟进 trailing
231 制造空当 create space
232 边路战术 wing play
233 控制中场 control the midfield
234 越位战术 off-side trap
235 交叉换位 scissors movement
236 WM［3–4–3］阵型 WM［3–4–3］formation
237 四前锋［匈牙利］阵型 four forwards［Hungarian］formation
238 四后卫阵型 four backs formation
239 三后卫阵型 three backs formation
240 “2–3–5”阵型 2–3–5 formation
241 “4–3–3”阵型 4–3–3 formation
242 “4–2–4”［巴西］阵型 4–2–4［Brazilian］formation
243 前场 the attacking third
244 后场 the defensive third
245 进攻型足球 offensive football
246 防守型足球 defensive football

场地、器材、装备

247 足球场 football field；pitch；ground
248 中线旗 option flag
249 中圈 central circle
250 中场 midfield；centre field
251 球门区 the goal area
252 角球区 corner area
253 角旗 corner flag
254 罚球点 penalty mark/spot
255 罚球区 the penalty area
256 罚球弧 the penalty arc

257　球门　goals
258　球门柱　goal-post
259　球门线　goal line
260　横梁　cross-bar
261　球门网　goal net
262　旗杆　flagposts
263　队员装备　the players' equipment
264　护腿板　shinguards
265　护袜　stocking
266　运动上衣　a jersey or shirt
267　短裤　shorts
268　足球鞋　football boots

参考文献

［1］王崇喜．球类运动——足球［M］．北京：高等教育出版社，2005.

［2］体育（与健康）课程标准研制组．体育（与健康）课程标准解读［M］．武汉：湖北教育出版社，2002.

［3］毛振明．探索成功的体育教学［M］．北京：北京体育大学出版社，2001.

［4］杜存锋，孙莉．体育新课程教学法［M］．北京：开明出版社，2003.

［5］邵伟德．学校体育学理论与教改探索［M］．北京：北京体育大学出版社，2002.

［6］季浏，胡增荦．体育教育展望［M］．上海：华东师范大学出版社，2001.

［7］时卫东等．现代足球教学与训练游戏［M］．北京：中国科学技术出版社，2004.

［8］周勇，赵宪宇．新课程说课、听课与评课［M］．北京：教育科学出版社，2004.

［9］［英］马尔科姆·库克．足球训练与球队管理［M］．王跃新，译．北京：人民体育出版社，1999.

［10］亚洲足球联合会．亚洲足球教练员C级培训教程［M］．2版．北京：人民体育出版社，2004.

［11］亚洲足球联合会．亚洲足球教练员B级培训教程［M］．北京：人民体育出版社，1999.

［12］［荷兰］Bert Van Lingen．足球训练［M］．杨一民，李飞宇，李连胜，译．北京：人民体育出版社，2002.

［13］杨锡让．实用运动生理学（修订本）［M］．北京：北京体育大学出版社，1998.

［14］全国体育学院通用教材——现代足球［M］．北京：人民体育出版社，2000.

［15］耿建华，毛杰．2002—2003陕西国力足球队运动损伤情况的分析与研究［J］．中国体育科技，2004，40（6）.

［16］麻雪田，王崇喜．现代足球运动高级教程［M］．北京：高等教育出版社，2002.

［17］曹镜鉴，何志林．足球裁判必读［M］．北京：北京体育大学出版社，1998.

［18］中国足球协会裁判委员会．足球裁判长工作指南［M］．北京：人民体育出版社，2001.

［19］王伟，陈永亮．最新足球规则图解［M］．北京：学苑出版社，1998.

［20］刘浩等．足球裁判法图解［M］．北京：北京体育大学出版社，2002.

［21］曹镜鉴．足球竞赛规则问答［M］．北京：北京体育大学出版社，2003.

［22］黄竹杭，刘浩，郭炳彦，等．对当前国内足球科研方法运用的研究［J］．北京体育大学学报，2001，24（1）.

［23］黄汉升．体育科学研究方法［M］．3版．北京：高等教育出版社，2015.

［24］Ian Franks，Mike Hughes．Notational Analysis of Sport［M］．2nd ed．London：Routledge，2004.

［25］赵刚，部义峰，张丽．足球运动表现研究进展、问题与趋势［J］．中国体育科技，2014，50（4）.

[26] 部义峰，刘丹．足球运动员的体能研究范式与体能训练研究 [J]．体育科学，2012，32(8)．

[27] 中国足球协会审定．足球竞赛规则 2019/2020 [M]．北京：人民体育出版社，2019．

[28] 中国足球协会审定．足球竞赛规则分析与裁判法 [M]．北京：人民体育出版社，2013．

[29] 年维泗，麻雪田，杨一民．足球 [M]．北京：北京体育学院出版社，1990．

[30] 中国足球协会审定．足球竞赛规则 2008/2009 [M]．北京：人民体育出版社，2009．

[31] [英] 亨特·戴维斯．足球史 [M]．太原：希望出版社，2005．

[32] [美] 雷纳·马滕斯．执教成功之道 [M]．钟秉枢，译．北京：北京体育大学出版社，2007．

[33] 王崇喜．球类运动——足球 [M]．2 版．北京：高等教育出版社，2009．

后 记

教材建设历来是教学改革的核心内容，也是深化教学改革、全面推进素质教育、培养创新性人才的重要依托。2018 年颁布的《普通高等学校本科专业类教学质量国家标准》对体育教育专业的课程改革提出了明确的要求。教材建设应紧跟教育教学改革的步伐，以课程改革为导向，与课程改革相互促进、相互发展。2019 年 11 月，编写组在福建师范大学召开了编写组会议。会上，编写组认真学习了全国教育大会和《中国教育现代化 2035》的有关精神，回顾和总结了前几轮教材建设的经验，明确了教育教学改革对当前教材建设的要求，力求编写出符合当代教学改革理念并适应当代学生需求的教材。编写组在以下几个方面取得了共识并力求在本版教材编写中有所突破：

1. 足球运动的发展风起云涌、日新月异，教材建设要紧跟时代的发展，应体现出鲜明的时代性。2015 年，国家颁布了《中国足球改革发展总体方案》，这是中国足球改革与发展的纲领性文件，也是中国体育史上一个里程碑式的事件。在本版教材的有关章节中，对“总体方案”的主要内容进行了介绍。2009 年开始启动的青少年校园足球活动发展迅猛、方兴未艾，本教材的部分章节对校园足球活动的发展理念与实施方略进行了阐述。

2. 教材既要具有较强的实用性，又要具有较强的启发性，要引导学生多读书、深思考、勤实践、促创新，力求做到教师好教、学生便学。本教材在足球教学、训练、竞赛等有关章节，既介绍先进的教学训练理念和实施方法，又注意理论与实践案例的有机结合，便于教师的教学、学生的理解运用和启发创新。

3. 教材要紧跟新一轮高等教育课程建设的步伐以及教育部关于着力打造具有高阶性、创新性和挑战度的线下、线上、线上线下混合、虚拟仿真“一流课程”的要求，结合足球教材的特点，积极探索“互联网＋教育”新形态，在足球教材建设的新形态方面进行尝试与探索，为打造“一流课程”创造条件。

本书编写具体分工如下：王崇喜（导言、后记），聂真新、吴剑（第一章），赵宗跃、刘桦楠（第二章、第三章），蔡向阳、水祎舟（第四章、第五章、第六章、第七章），李仪、李培（第八章），部义峰、李卫东（第九章），郎健、张英成（第十章），黄晓灵（第十一章），黄竹杭、部义峰（第十二章），刘庆伟（第十三章），周毅、李培（第十四章）。全书由蔡向阳、王崇喜、黄竹杭、赵宗跃审稿，最后由蔡向阳、王崇喜统稿。

在此次教材编写过程中，我们参阅了大量文献和资料，并吸收了以往多种版本足球教材的编写经验，另外在相关视频的拍摄与后期制作过程中得到了有关教师和学生的支持与帮助，他们为新形态足球教材建设的探索作出了贡献，在此一并表示感谢。

教材建设往往跟不上形势发展的需求，有时就是一种遗憾的工作。在教材出版之日，又会有很多变化，无论是足球改革发展实践，还是足球教学训练、科研理论创新，都会有许多新信息、新成果出现。诚恳希望广大读者与同行在使用本书时多多赐教，以期共同为足球教材的建设工作作出贡献。

编　者

2021 年 1 月 12 日